〔美〕杰弗里·A.迈尔斯
(Jeffrey A. Miles) 著

徐世勇 李超平 等译

管理与组织研究

必读的 40个理论

MANAGEMENT
AND ORGANIZATION THEORY

北京大学出版社
PEKING UNIVERSITY PRESS

著作权合同登记号 图字：01-2017-3695

图书在版编目（CIP）数据

管理与组织研究必读的40个理论 /（美）杰弗里·A.迈尔斯（Jeffrey A. Miles）著；徐世勇，李超平等译.—北京：北京大学出版社，2017.10

ISBN 978-7-301-28837-5

Ⅰ.①管… Ⅱ.①杰… ②徐… ③李… Ⅲ.①组织管理学—研究 Ⅳ.①C936

中国版本图书馆CIP数据核字(2017)第244036号

Management and Organization Theory
Jeffrey A. Miles
ISBN:978-1-118-00895-9
Copyright ©2012 by John Wiley & Sons, Inc.

All Rights Reserved. This translation published under license. Authorized translation from the English language edition, Published by John Wiley & Sons. No part of this book may be reproduced in any form without the written permission of the original copyrights holder. Copies of this book sold without a Wiley sticker on the cover are unauthorized and illegal.

本书中文简体中文字版专有翻译出版权由John Wiley & Sons, Inc.公司授予北京大学出版社。未经许可，不得以任何手段和形式复制或抄袭本书内容。
本书封底贴有Wiley防伪标签，无标签者不得销售。

书　　　名	管理与组织研究必读的40个理论 GUANLI YU ZUZHI YANJIU BI DU DE SISHI GE LILUN
著作责任者	〔美〕杰弗里·A.迈尔斯（Jeffrey A. Miles）著 徐世勇　李超平　等译
责任编辑	周　莹
标准书号	ISBN 978-7-301-28837-5
出版发行	北京大学出版社
地　　址	北京市海淀区成府路205号　100871
网　　址	http://www.pup.cn
微信公众号	北京大学经管书苑（pupembook）
电子邮箱	编辑部 em@pup.cn　　总编室 zpup@pup.cn
电　　话	邮购部 010-62752015　发行部 010-62750672　编辑部 010-62752926
印　刷　者	北京宏伟双华印刷有限公司
经　销　者	新华书店
	720毫米×1020毫米　16开本　23印张　330千字 2017年10月第1版　2024年10月第11次印刷
印　　数	33001-35000册
定　　价	59.00元

未经许可，不得以任何方式复制或抄袭本书之部分或全部内容。
版权所有，侵权必究
举报电话：010-62752024　电子邮箱：fd@pup.cn
图书如有印装质量问题，请与出版部联系，电话：010-62756370

译者序

毋庸置疑，为了实现管理与组织研究的国际化，中国学者正在努力地向西方学者学习。依据我们的观察与思考，这个学习过程大致可以分为两个方面：一是"术"的学习，主要体现为学习国际上主流的、前沿的研究设计思想与方法，以及先进的数据处理方法；二是"道"的学习，主要体现为消化及吸收西方管理与组织的经典与前沿理论。

对于"术"的学习，我们基本能"毕业"了；但在"道"的方面，我们与西方管理与组织学者还存在较大差距，在论文发表中经常被评审人指出在理论贡献方面的不足。一提到"理论"这个词，很多中国本土管理学者的脑海中会荡起一丝神秘的涟漪，但对于什么是理论却总有雾里看花之感。

"要想知道梨子的味道，就要亲口尝一尝"。我们认为，做出理论贡献的前提是要熟悉现有的理论，要近距离地去触碰、思考和批判这些理论。因此，当读到Jeffrey A. Miles教授所著的《管理与组织研究必读的40个理论》时，我们意识到，将其翻译成中文可以帮助我们达到"亲口尝梨子"这个目的。

当沉下心来开始阅读这本著作时，我们发现凭借一己之力很难完成其翻译，这催生了我们联合国内同行一起翻译该书的想法。但据我们所知，国内很多高校的科研考核制度并不将译著算作科研成果。抱着试试看的态度，我们向一些老师提出了翻译此书的想法。让我们非常意外和感动的是，大家对此事表现出了极大的热情，在很短的时间内就完成了自己负责的部分。国内共有来自36所高校的49名学者参与了本书翻译。他们分别是：

	引　言	徐世勇，中国人民大学劳动人事学院
1	吸收能力理论	刘智强，华中科技大学管理学院
2	行动者-网络理论	杨朦晰，清华大学经济管理学院
		张燕，北京大学心理与认知科学学院
3	代理理论	武欣，北京航空航天大学经济管理学院
4	议程设置理论	苗仁涛，首都经济贸易大学劳动经济学院
5	依恋理论	孟慧，华东师范大学心理与认知科学学院
6	归因理论	王永丽，中山大学管理学院
7	平衡理论	高中华，首都经济贸易大学工商管理学院
8	控制理论	罗文豪，北方工业大学经济管理学院
9	创新扩散理论	李朋波，北京第二外国语学院酒店管理学院
10	动态能力理论	杨付，西南财经大学工商管理学院
11	有效市场理论	朱金强，中央民族大学管理学院
12	伦理理论	郑晓明，清华大学经济管理学院
13	场理论	欧阳侃，上海财经大学国际工商管理学院
14	博弈论	穆桂斌，河北大学教育学院
15	目标设定理论	王雁飞，华南理工大学工商管理学院
16	镜像理论	韩雪亮，河南财经政法大学工商管理学院
17	制度理论	蔡地，山东大学管理学院
		高宇，西安交通大学经济与金融学院
18	知识基础理论	王震，中央财经大学商学院
19	媒介丰富性理论	王宏蕾，东北农业大学经济管理学院
20	心智模型理论	谢宝国，武汉理工大学管理学院

21	组织生态理论	牛雄鹰，对外经济贸易大学国际商学院
		王亮，对外经济贸易大学国际商学院
22	组织公正理论	王君妍，北京大学心理与认知科学学院
		张燕，北京大学心理与认知科学学院
23	计划行为理论	段锦云，苏州大学教育学院
24	前景理论	姜嬿，南京大学商学院
25	心理契约理论	王国锋，电子科技大学经济与管理学院
26	资源基础理论	贾建锋，东北大学工商管理学院
27	角色理论	刘平青，北京理工大学管理与经济学院
		陈洋，北京理工大学管理与经济学院
28	自我决定理论	于海波，北京师范大学政府管理学院
		晏常丽，北京师范大学政府管理学院
29	意义构建理论	曲庆，清华大学经济管理学院
30	社会资本理论	陶厚永，武汉大学经济与管理学院
31	社会认知理论	谢小云，浙江大学管理学院
		左玉涵，浙江大学管理学院
32	社会比较理论	刘得格，广州大学工商管理学院
33	社会交换理论	刘冰，山东大学管理学院
		齐蕾，山东大学管理学院
34	社会促进理论	冯彩玲，鲁东大学商学院
35	社会身份认同理论	杨杰，江西财经大学工商管理学院
36	社会网络理论	刘玉新，对外经济贸易大学国际商学院
37	利益相关者理论	潘静洲，天津大学管理与经济学部
38	结构权变理论	井润田，上海交通大学安泰经济与管理学院
39	结构化理论	于慧萍，山西财经大学公共管理学院
40	交易成本理论	白光林，江苏大学管理学院
结论		李超平，中国人民大学公共管理学院

在此我们对这些同行致以深深的敬意和谢意！

该书从六个方面出发，介绍了管理与组织领域内40个颇有影响力的理论。这六个方面包括理论概述、对理论的批判与评论、测量理论的量表清单、未来研究建议、理论的主要参考文献，以及实践启示。但是我们在翻译过程中发现，该书只是对理论进行了提要性介绍，如果有读者想深入地了解某个理论，还需要进一步阅读相关的资料。另外，为了便于大家学习与应用这些理论，我们还根据书中列出的与理论有关的量表清单，整理了部分量表，供大家在学习与研究过程中参考使用。大家可点击网址：www.obhrm.net/index.php/category: MOT量表，或者用手机扫描右方二维码查看。

最后，感谢北京大学出版社经济与管理图书事业部的林君秀主任，徐冰和周莹两位编辑，没有她们的努力推动，该书也不可能如此迅速地与读者见面。

该书涉及的理论众多，很难说都能够翻译到位，如有谬误，敬请指正！我们也希望借此为切实推动国内的管理研究尽绵薄之力。

徐世勇　中国人民大学劳动人事学院教授、博士生导师
李超平　中国人民大学公共管理学院教授、博士生导师

2017年7月

目录

引言	1
1 吸收能力理论	15
2 行动者-网络理论	22
3 代理理论	30
4 议程设置理论	37
5 依恋理论	45
6 归因理论	52
7 平衡理论	59
8 控制理论	67
9 创新扩散理论	74
10 动态能力理论	81
11 有效市场理论	88
12 伦理理论	95
13 场理论	102
14 博弈论	109
15 目标设定理论	116
16 镜像理论	123
17 制度理论	129
18 知识基础理论	136
19 媒介丰富性理论	143
20 心智模型理论	150
21 组织生态理论	157
22 组织公正理论	164
23 计划行为理论	171
24 前景理论	178

25	心理契约理论	185
26	资源基础理论	192
27	角色理论	199
28	自我决定理论	206
29	意义构建理论	214
30	社会资本理论	221
31	社会认知理论	228
32	社会比较理论	235
33	社会交换理论	242
34	社会促进理论	249
35	社会身份认同理论	256
36	社会网络理论	263
37	利益相关者理论	271
38	结构权变理论	278
39	结构化理论	285
40	交易成本理论	292

结　论	299
重要术语索引	313
参考文献	323

引言

徐世勇*译
（中国人民大学劳动人事学院）

本书旨在使学生、教师、研究人员、实践管理者和咨询师了解管理与组织领域中40个最重要理论的产生及发展趋势。新手可将此书作为一个有价值的工具来了解该领域的深度与广度，那些拥有管理与组织理论研究经验的人可利用本书更新已有的知识，并学习他们所不知道的新理论。

阅读本书后，您将能够：（1）说出并描述这40个最重要的管理与组织理论；（2）知道每个理论的优势与不足；（3）通过检验本书提出的数以百计的未来研究建议中的一个或多个建议，开展自己的研究；（4）从网络资源上查找用于测量每个理论中的重要变量的测量工具和问卷；（5）知道每个理论的五个最重要参考文献；（6）通过在您的组织中应用来源于这些理论的主要概念，帮助您提高组织的有效性。

---

* 徐世勇，中国人民大学劳动人事学院教授、博士生导师。研究领域主要为领导力、员工绩效行为、员工的招募与选拔、职业心理健康、管理理论、国际人力资源管理等。电子邮箱：xusy@ruc.edu.cn。

理 论

理论是非常有用的工具，它可以帮助我们在学术研究领域取得诸多重要成果，达成重要目标。它将帮助我们：(1) 细化与系统化我们对世界的思路与想法；(2) 产生与解释关系以及个体、团体和实体之间的相互关系；(3) 改进我们对人、群体和组织的预测和期望；(4) 获得对世界更好的理解 (Hambrick, 2007)。

关于在理论唯一且普适的定义，人们还没有达成一致的意见 (Abend, 2008)。共识的缺乏可以解释为什么在社会科学和行为科学中发展强理论是如此困难 (Sutton & Staw, 1995)。在本书中，我将理论定义为若干构念及其相互关系的一种陈述，该陈述说明一个现象如何以及为何发生 (Corley & Gioia, 2011)。理论可以是对观察、经历或记录的现象的任何连贯一致的描述或解释 (Gioia & Pitre, 1990)。

好的理论必须包含四个基本要素：(1) 什么，(2) 如何，(3) 为什么，(4) 谁、何处、何时 (Whetten, 1989)。我将在下面的章节中解释这四个基本元素。

一个好理论的"什么"元素

理论帮助我们解释现象或模式。在理论开发过程中，研究人员观察并撰写有趣的现象和事实。当记录、描述与解释这些现象和事实时，研究人员必须选择并把最重要的因素列入其中。在好的理论中，这些重要的因素被称为构念或概念，也就是"什么"（what）——好的理论的主要构件及元素。

研究人员不能囊括他们观察到的所有可能的因素，因此，他们必须决定在一个理论中哪些是应被包含其中的"正确"（right）因素，哪些因素应该被排除。研究人员应努力列出所有可能的因素（即完整性），但也应努力仅选择那些为理论提供附加值的因素（即简约性）。一般来说，研究人员倾向于在理论开发的早期阶段列入许多因素，然后通过研究与发现删除不必要或不相关的构念。

一个好理论的"如何"元素

在一个理论中确定了一系列的构念之后，理论构建的下一步是描述这些构念如何关联起来并相互影响的。通常，研究人员以文本形式描述这些关系，然后通过绘制图形或模型的方式将其操作化。在创建一个理论的概念图时，研究人员为每个构念画一个框，然后用箭头来表示某些特定因素是如何影响理论中的其他构念的。概念图中，方框之间的箭头帮助描绘理论中的某些构念对其他构念产生直接与间接影响的模式和方向。

一个理论最初被描绘成一个概念图之后，进一步的研究将会依靠这个图来检验所有构念之间的真实关系。构念及其关系与相互关系得到研究支持时，它们将被保留在理论中，但当研究不支持它们时将会被去除。

一个好理论的"为什么"元素

总而言之，一个理论的"什么"和"如何"元素组成了理论的领域，即理论主题。一个理论的"为什么"元素帮助解释"什么"与"如何"元素之间的关系。具体而言，"为什么"元素帮助解释构念以及那些因素间拟定关系背后的心理、经济和社会机制。

一个理论的"为什么"元素包括研究者的假定。这些假定是理论黏合剂，可以将理论的所有部分连在一起。在好的理论中，研究人员清晰地描述了用于解释理论的元素之间为什么组合在一起的逻辑。一个好理论通过提供令人信服且合乎逻辑的理由陈述，来辨明一个理论的"什么"和"如何"元素背后的原因，以此帮助扩展和拓宽我们的知识面。

研究人员将理论的"什么"元素和"如何"元素组合成一个模型，并从中推导出可检验的命题。命题是解释为什么一个理论的构念之间会相互影响的陈述。一个理论的基本元素是构念,而命题解释了这些构念之间的关系和影响。

在研究中研究人员检验一个理论的命题,来确定现实生活或实验室数据是否支持它们。一些研究人员将研究中的命题称为假设。在一项研究中,研究人员建立一个构念的可行的或可操作的定义,称为变量。通过调查工具可对变量进行测量,并收集数据。然后,研究人员使用统计方法来评估研究变量和假设在他们研究中的强弱程度,以支持或驳斥理论中的构念和命题。通过严谨的、有逻辑的和系统的研究,研究人员可以找到对一个理论中的构念和命题的支持,抑或,当没有找到对其构念和命题的支持时,可以修改和重述理论。

一个好理论的"谁、何处、何时"元素

一个理论的"什么""如何"与"为什么"元素永远不会适用于所有可能的条件。研究人员需要列举限制理论普适性的边界和约束条件。例如,一个理论的限制可能包括时间、情境和地理因素。比方说,一个适用于在夏天工作的美国女人的理论,也适用于在冬天工作的中国男人吗?

初次开发一个理论时,研究人员不太可能列举所有可能的"谁、何处、何时"(who, where, when)元素。但是,通过谨慎的和合乎逻辑的思考,他们应该能够列举出一个有关理论的边界和约束条件的初始清单。研究人员通过随后的研究与发现来检验这些边界和约束条件,并可提出理论家当初没有提出的新的限制条件。当找不到限制条件可保留在理论中的证据时,随后的研究和发现也可用来排除边界与约束条件。

除了包含四个基本元素,好的理论还应包含精心设计的构念。下一节将会描述好的构念。

如上所述,理论是通过命题彼此相关的构念系统(Bacharach, 1989)。构念往往不是真实的观察。相反,它们是对不能直接被观察到的现象的概念性抽象。构念通常是研究人员为了特定任务或目的而进行的有意的与自觉的创造,以此来表征个体观察的类别。构念是对真实的、现实世界的观察所进行的稳健而又概念性的概括。构念是研究人员为了人为地将真实的观察进行清晰、明确的分类而创造的强而有用的类别。例如，研究人员可能会记录世界上所有广泛不同的实体，然后将这些实体分成三个任意创建的，但非常有用的构念——动物、蔬菜和矿物。在另一个例子中，科学家可能会记录世界上的所有元素，然后创建三个构念将所有这些元素进行分类——气体、液体和固体（Suddaby，2010）。

强而有用的理论往往有完备的构念。清晰而有用的构念包括四个基本元素：（1）定义，（2）条件，（3）关系与（4）连贯性（coherence）。一个好的构念定义应该尽可能简洁地捕捉到构念的基本属性和特性。一个表述良好的构念应该准确地捕获现象的本质，而无须使用循环论证。（一个循环论证的例子是说明变革型领导者会变革组织。）一个表述良好的构念定义应该尽可能简单或简约，并使用恰当的词汇来准确描述构念。

好的理论会描绘构念的适用条件或限制条件。在自然科学中，构念能够被普适性地应用，因此，理论家往往也不会在构念上设置太多条件。然而，在社会科学中，大多数构念不能被普适性地应用，因此好的理论家会清楚表明他们所提出构念的适用条件或边界和限制条件。构念的适用条件包括空间、时间和价值。一个约束条件的价值可能是该约束条件来自员工的观点或者源于经理的观点，但不能同时来自两者的观点。

好的理论家还会具体说明其提出的构念与其他类似构念之间的关系。构念很少是凭空而建的。相反，大多数构念源于其他相似构念，或与其他相似构念相关联。一个好的理论应该严谨地描述它的构念与其他构念的相似之处和不同之处，甚至将其构念与其他相关理论中同一术语的用法区分开来。

最后，好的构念应该是连贯的，也就是说构念的定义、条件和关系是言之成理的，并且作为一个整体很好地结合在一起，即它们都以合乎逻辑的、连贯一致的方式结合在一起。

理论的重要性

理论是学术研究中最基本、最基础的组成部分（Corley & Gioia，2011）。任何想要熟识管理与组织研究领域的人都必须了解该领域最重要的理论。

在管理与组织领域，所有顶级期刊都要求其稿件有助于理论的开发与发展（Colquitt & Zapata-Phelan，2007；Hambrick，2007）。每篇论文都必须有一部分来论述关于正在研究的理论的起源和现状，以便解释研究变量之间的关系。研究人员只简单地说明论文如何有助于我们的知识或我们的理解是不够的。相反，每篇研究论文的作者都必须说明由于该研究结果，理论是如何变得更好的或是如何被推进的。

大多数顶级期刊，如《管理学会期刊》（*Academy of Management Journals, AOM*），要求投稿要做到以下一个或多个方面：（1）挑战现有理论；（2）澄清或改进现有理论；（3）将现有理论综合并整合成新理论；（4）识别和描述新的理论问题或观察，以引发新理论的搜寻和创造（LePine & Wilcox-King，2010）。澄清或挑战现有理论的文章或稿件通常由对现有理论的回顾与检验组成。这些文章经常会揭示理论中不一致的地方或者阐明引起有关理论构念新思考与新争论的假定。识别新理论问题的稿件经常提供现有的理论在解释特定现象时存在不足的证据，并有助于我们在该问题的认识上做根本性转变。综合与整合现有理论的研究经常会提出以前不存在的理论框架，例如，重新确定构念在新的前因变量和结果变量中的位置，以引起新的交流和学者的关注。没有这些理论上的改进，提交的稿件将不会被最好的学术期刊接受。

除了帮助研究人员对期刊和研究领域做出贡献，理论也有助于实践管理者更好地开展工作。它们帮助管理者更好地描述、理解、预测和控制组织中的行为。实践管理者越多地了解和应用理论，他们的组织就越能更好地在实现其使命、战略和目标方面取得进步。

组织与组织群体的理论也可以帮助政策制定者更有效地创建和管理组织。本书中的一些理论研究了整个组织或组织系统是如何相互作用和相互关联的。

当创建和制定政策的人知道并理解这些理论时，他们的决策和行动就可以帮助这些组织或组织系统更高效地运转，并能更好地实现他们的目标。

组　织

本书中的所有理论探讨了个体或群体的态度和行为的某些方面，或整个组织、群体、组织系统的某些方面。因此，为组织确定一个定义是重要且有必要的。研究人员关于组织的定义并没有达成一致。对本书而言，我将组织定义为，为了实现共同的目标或一系列目标，对人们所进行的有意安排与有意识的协调。组织有明确的目的和完整的架构，通过人们的工作和行为来实现特定的目标。组织不是人们偶然聚集在一起而形成的一个随机群体；而是一个有意识地且正式建立的实体，旨在实现其成员无法独立达到的某些目标。它是一个为实现使命、愿景、战略与目标而设计和运营的管理系统。

管　理

本书中几乎所有的理论也都考察了管理的某些方面。管理是发生在组织内部或作为组织一部分的过程。"管理"术语有三重内涵：（1）管理者实现组织愿景、使命、战略和目标的过程；（2）考察管理者和组织使用的各种方法的特定知识；（3）组织中指导和指挥他人行动以实现组织目标的个体。本书中探讨的考察管理过程的理论可能涉及以上的一层、两层或三层内涵；然而，最常见的是，一个理论将只涉及其中一层内涵。

管理可以被描述为借助人（人力资源）、资金（财务资源）、物（物质资源）和数据（信息资源）来实现组织使命、战略和目标的过程。组织中的人员可以是员工或其他个体，比如兼职或全职的、基于合同或与组织有某种其他关系的顾问。组织中使用的资金可以是组织用于达到想要的组织结果的任何类型的财务资源或资本。组织中的物可以包括物质资源，如设备、计算机、桌子、椅子和灯，甚至组织所在的建筑物。组织中的数据或知识可以是任何类型的信息，比如由组织使用以帮助实现其组织目标的数据库或档案。

一名管理者的工作是实现相对于组织期望结果而言的高绩效。好的管理能够有效且高效地实现组织期望的结果。一个有效的管理者始终能够连续地实现组织的使命、战略和目标。一个高效的管理者通常会尽可能地减少人力、财力和物质资源的浪费，最大限度地利用资金、时间、原料和人力来达成组织结果。

管理工作通常被分解成四个主要功能（functions）：（1）计划，（2）组织，（3）指导，以及（4）控制。管理的计划功能涉及分析当前状况和预测未来；确定愿景、使命、战略和目标；确定实现这些期望结果所需的资源。它还包括选择员工需要执行的任务，指明何时、如何完成这些任务，以及协调员工的活动。

管理的组织功能涉及集合与协调人力、财力、物质资源、信息资源和组织能够使用的其他资源，以实现其所期望的结果。组织活动包括吸引合格的人员加入组织，明确工作职责，为员工分配具体任务，安排和协调工作任务和活动，创造条件以促进所有资源的协调，以使组织获得最大的成功。

管理的指导功能涉及影响员工尽可能好地表现。指导活动包括将员工作为一个个体、一个组织整体，以及置于群体之中进行领导、激励与沟通。有效的指导需要引领和鼓舞员工在实现组织的愿景、使命、战略和目标时创造业绩的新高。指导活动也可包括为员工树立良好的榜样，亲自示范适当及被期待的企业行为，并向他人展示企业中工作和职业成功的方法。

管理的控制功能涉及监测员工在成果方面取得进展，并在必要时做出适当的改变。控制活动包括设定绩效标准；监测个体、群体和组织在实现既定目标方面取得的进展；向员工提供关于目标实现的进展的反馈和信息；通过比较真实绩效水平与绩效标准，识别问题区域；一旦绩效问题被识别出来，就要着手解决，如提高员工的积极性。其他控制功能还包括维持预算、削减成本和减少浪费，并在必要时对员工采取纪律处分。

这些理论是如何选出来的？

编写本书的一个重要部分是选择将要被介绍的管理与组织理论。在开始进行理论选择时，我先列出在Elton B. Stephen公司（Elton B. Stephen Company, EBSCO）的管理与组织期刊中的文章上所发表的所有理论。接下来，我根据Miner（1984, 2003）关于建立管理与组织理论的有效性和有用性的经典著作中所阐述的决策规则，缩减了这个理论列表。第一，理论必须至少已提出了10年。Miner（2003）指出，一个理论能够引起足够多的研究关注，并成长为管理与组织领域的重要理论大约需要10年时间。第二，所有理论都被证明有助于理解、解释和预测组织的运作或组织中的人的行为。本书中选择的理论已经受到最多的研究关注，是相关出版物中涉猎最多、最令人感兴趣的主题，也是所有理论中引发最多讨论的。第三，所有理论都被证明对管理与组织运作的某些方面的实践和应用有明确的影响。它们都是有效分析、应对管理与组织问题和挑战的极好的方法。第四，这些理论都引发了重要的学术研究，发展已日臻成熟，并已由研究人员进行了全面考察、分析和检验。

为了选择最好的理论，我自己提出了第五条决策规则：理论必须是"经典的"（classic）和"流行的"（current）。我对经典理论的界定是指一个理论经受住了时间的考验，并已发展成熟、众所周知且影响深远。我对流行理论的界定是，一个理论在主要的管理与组织期刊中具有活跃的、持续的研究流向，研究人员在当下可致力于相关研究。

我为什么写这本书

我撰写这本书有很多原因，其中第一个原因是个人的私心。当我还是一个学生时，我希望有这样一本书帮我快速、简单地查找和理解主要的管理与组织理论。遗憾的是，之前并没有这样的书，所以我只能独自应对。从那时起，也没有人写过这样的书，因此，最终我决定自己写一本。以下部分描述了我撰写这本书的其他原因。

文献综述

当我着手准备这本书时，我搜索了这40个理论的所有相关的书籍和期刊文章。我打印出每篇期刊文章，因为我喜欢拿在手上的真实文章，而不是在显示器上阅读它们。我也去图书馆借出每个理论相关的每本书。我总共收集了超过15米的期刊文章（如果我将所有文章摞在一起的话）和122本书！这是需要组织和存储的海量材料，因此，最终我在家里腾出一个空房间，在地板上将对应理论相关的文章和书籍堆放在一起，并在每一堆上面放置一个写有对应理论名称的标签。结果就出现了由40堆文章和书籍构成的魁伟组合。

当我看着这40堆资料时，我意识到这对管理与组织领域是一个很棒的回顾。我将这40个理论的收集视为一种拼图游戏，它使我在同一时间、同一地点看到了这个学术研究领域的全貌。我开始在心里移动这些理论拼图。我试图想象如何将这些板块组合在一起，它们如何重叠，如何使一些板块看起来比其他的更小，而有些板块看起来比其他的更大。我也意识到，似乎在板块之间有一些缝隙，未来研究需要通过弥合缝隙，从而将这些理论整合在一起。我的目标是，这本书将使你们以同我一样的方式看到管理与组织领域的全貌。

未来研究设想

这本书最重要的部分之一是收纳了400多个设想（40个理论中的每一个理论都有10个或更多的设想）来开展未来研究。这么多年来，我不知道有多少次从学生和教师那里听到，他们找不到任何有关他们想开展的学术研究的思路。因此，我的目标之一是为每个理论提供最新的研究想法。这些想法都源于40个理论中的每一个理论的最近3年的期刊文章中的"未来研究建议"部分。对那些正在为自己的研究项目、论文或学位论文寻找好想法的人来讲，本书中的未来研究设想都应该是一个良好的起点。

每个理论五本最重要的著作

任何人想要熟识管理与组织领域的理论，或想要获得该领域的学位，都需要知道与最重要的理论相关的最重要著作的名称。因此，这本书包括每个理论的五本最常被引用的著作，或在每个理论研究中被称为开创性的著作。当我攻读学位时，我必须自己去找这些著作，这花费了大量的时间。在这本书中列举这些信息一定会节省你的时间，以及省去你自己查找这些开创性著作的麻烦。

理论的调查工具

从学生那里我听到的第二频繁的评论可能是"我如何测量理论中的变量？"为此，我一定会列出几百个调查工具、问卷，以及每一个理论中最重要构念的测量方法。本书中所有的工具几乎都可以从每一个学术数据库（如EBSCO）中获得。

对管理者的启示

学术界经常因撰写的理论与现实世界无关而遭受批评。我自己曾是一个实践管理者，所以针对本书中的每一个理论，我都认真地提供了一个对管理者的启示。我的目标是向管理者提供每个理论应用的简要总结，他们可以直接将其带入工作中，用于当天的实践。

本书的结构

本书中的每一个理论都将用大约8页的篇幅来进行简要回顾和探讨。为了便于参考，它们按字母顺序呈现。每个理论的论述将遵循一个简单的格式或模板，由六个部分组成：（1）理论的简要描述；（2）对理论的批判与评论；（3）测量理论中的变量；（4）未来研究的建议；（5）理论的主要参考文献；（6）理论对实践管理者的启示。

理论的简要描述

每个理论都采用易于阅读的方式进行了简要描述。每个理论的简短描述提出并解释了理论中的主要构念，还描述了这些构念的最重要关系及其相互关系。简要描述不是对理论的每个方面进行全面而详尽的解释，而是快速回顾理论中最重要、最有帮助和最有用的方面。

对理论的批判与评论

理论描述之后是对理论的主要批判与评论的简短讨论。对一些读者来说，为每个理论保留批判部分似乎看起来会很奇怪，因为理论是分析和解决管理与组织问题的有用工具。但是，每个有用的工具都会有优势和不足，理论亦如此。比方说，锤子是一个非常有用的工具；它有许多好处，比如让我们能够有效地钉进和移除钉子。但是，锤子也有一些坏处：例如，如果你在使用锤子时不小心可能砸到拇指。尽管锤子有这些坏处，但我们不会停止使用它；它仍然是非常有用的工具。本书中呈现的理论也是如此。即使它们都有一些不足，我们也不会停止使用它们来帮助分析和应对我们重要的管理与组织问题及挑战。

而且，本书中的每一个理论都经过广泛的研究，也已证实对组织来说是非常成功和有价值的。因此，尽管每个理论的批评和不足是重要的，但它们还不足以阻止研究人员或实践管理者使用该理论。对每个理论不足的论述应当被用作在应用或使用理论时确定限制和约束条件的指南。

最后一点是，作为一个领域的专家就意味着要知道它的优势和不足。也就是说，如果你想成为管理与组织理论领域的专家，你将需要了解它们的优势及其不足。

测量理论中的变量

每个理论讨论的后一部分是一个已发表的调查测量或工具清单。理论描述和解释了构念的关系及其相互关系。但是，当人们进行研究时，他们需将构念转换为可测量的变量。这些变量的测量称为调查工具。本部分提供了已经发表的、与理论构念有关的调查工具的参考文献。调查工具包括在这些工具中的具体问题或题项。研究人员可以通过某个学术数据库，如EBSCO数据库，查找到调查工具，然后对一个理论开展自己的研究。

未来研究的建议

正如我先前指出的，在管理与组织领域进行具有独创性的学术研究，其中一个最困难的部分是创建一个原创的研究想法。每个理论论述的这一部分将会列出学生和教师可以进行未来研究的十几个领域。

理论的主要参考文献

每个想成为管理与组织领域专家的人都必须学习最重要理论的最重要的参考文献。每个理论论述的这一部分提供了一种快速学习该理论的最重要或开创性参考文献的途径。它们不是详尽的或全面的清单，但它们是学习一些最重要参考文献的非常有用而且简单的途径。这些清单源于每个理论的最常引用的参考文献，或者来自理论提出者在他们自己的研究中最常使用的参考文献。这包含每个理论的五个开创性的参考文献。

理论对实践管理者的启示

本书中呈现的40个理论都非常实用，并对应对管理与组织问题及挑战十分有用。的确，Lewin（1945）指出"没有什么比一个好的理论更实用"（p. 129）。因此，每个理论论述的最后一部分是将理论应用于处在真实组织中的真实员工情境的简要解释。

总而言之，本书是一个很好的教学、科研和实践工具，学生、教师、研究人员、咨询师和实践管理者可以使用它来了解、理解、应用和推进管理与组织研究领域中最重要的理论。

1

吸收能力理论

刘智强* 译
(华中科技大学管理学院)

吸收能力理论（absorptive capacity theory）考察了企业如何识别新知识的价值，吸收并将其应用于组织目标实现这一过程（Cohen & Levinthal, 1989, 1990）。该理论认为，吸收新知识可使组织变得更具创新性和灵活性，且相比不吸收新知识的组织有着更高的绩效水平。该理论还假设，在吸收新知识方面能力强的企业相比知识方面能力弱的企业更具竞争优势。

现实中，企业主要通过四种途径获取新的技术知识：(1) 开展自主研发（R&D）创造新知识；(2) 从日常生产运作中提取新知识；(3) 从其他组织机构或来源借鉴（borrow）新知识；(4) 购入新知识，如购买新设备、招聘高技能人才，或者聘请顾问对员工进行新技能和新方法培训等。

吸收能力理论认为，组织需要构建一个可以吸收和应用新知识的知识库（knowledge base）。对于没有构建知识库的企业，不管它们通过何种方式或者耗费多少代价获得新知识，仍然可能无法消化和吸收。换句话说，如果企业不能构建知识库，相当于把未来可能给组织带来创造性破坏的知识和技术发展"拒之门外"（Schumpeter, 1942）。

---

* 刘智强，华中科技大学管理学院教授。主要研究领域为组织中的地位竞争、领导力与领导-成员交换、管理中的伦理议题等。电子邮箱：zqliu@hust.edu.cn。

构建知识库可为企业提炼先验知识，而拥有先验知识至少可为组织提供两方面的帮助：第一，帮助吸收新知识，因为前一阶段塑造的知识吸收能力有助于后一阶段对新知识的吸收；第二，帮助持续吸收新知识，成功使用新知识可以导致自我强化，进而激励企业未来持续不断地吸收新知识。具有高吸收能力的企业倾向于主动搜索和吸收新知识，而不管其当前绩效水平如何；但是具有低吸收能力的企业则只会在面临失败或者绩效水平下降时才被动探索新知识。

为了识别、吸收和应用新知识，企业必须拥有与新知识相匹配的知识库，但是新知识应当与企业已有知识储备存在显著性差异，以便企业能以新的、有用的方式应用这些新知识。考虑到大多数组织创新都来自借鉴他人的想法而非自我开发（March & Simon, 1958），企业必须知道如何将借鉴来的新知识与已有知识相结合并成功地应用于当前的生产过程之中。

到底是什么促使企业坚持获取或拒绝获取新知识呢？吸收能力理论提炼了两类影响因素：（1）可吸收和利用的知识的数量；（2）吸收新知识面临的困难和成本。由于吸收一些类型的知识和专业技术会比吸收另一些花费更大，企业因此倾向于吸收更为廉价而非昂贵的知识；然而，企业与竞争对手之间的相互依赖会潜在中介上述两类因素的作用过程，通常竞争对手从吸收和使用新知识中获益越多，企业越不愿意吸收新知识。

对企业而言，发现和使用新知识的能力取决于员工个体的吸收能力（absorptive capacities），但是企业的吸收能力并不只是员工个体吸收能力的简单加总。组织需要依靠博学的员工来评估新知识的潜在利弊，这些员工作为企业的"守门人"（gatekeepers），能够阻止或推动新知识的进入；而且这些员工都是优秀的践行者和传播者，是新方法的崇尚者，他们支持并倡导在企业中使用新知识。依靠这些强大的、博学的"跨界者"（boundary spanners），组织可以更好地吸收和利用新知识。

Zahra 和 George（2002）对吸收能力理论进行了重构，他们依据新知识的识别、评价、消化和应用过程提出了四种能力类型或者四个维度：（1）获取；

(2)消化；(3)转换；(4)利用（他们把获取和消化称为"潜在性"吸收能力，而把转换和利用称为"实现性"吸收能力）。获取能力是指企业此前的支出水平、当前的知识储备，以及挖掘新知识的强度、速度和方向。消化能力是指能够推动企业更好地评估、解释、理解和学习新知识的惯例和过程。转换能力是指企业添加、删除、重组和重新配置新知识以在企业中使用的能力。利用能力则指企业在实践中改变惯例和过程并应用新知识的能力。Zahra 和 George 之所以区分为"潜在性"吸收能力与"实现性"吸收能力，是考虑到一些企业可能拥有很强的吸收新知识的潜力，但是无法将这些知识真正投入使用（Baker, Miner & Eesley, 2003）。

除此之外，Murovec 和 Prodan (2009)还验证了需求拉动型和科学推动型两类吸收能力。需求拉动型是指企业通过市场渠道（如客户、竞争者和供应商）获取新知识；科学推动型则指通过科研渠道（如书籍、期刊、会议、贸易展览和其他学术资源）获取新知识。如果组织希望自身尽可能有效和富有创新性，就需要从这两种渠道吸收新知识。

对该理论的批判与评论

由于未能充分界定"吸收能力"，围绕该词有多种版本的定义，吸收能力理论一直遭受诟病（Murovec & Prodan, 2009; Volberda, Foss & Lyles, 2010）。从文献看，一些研究人员虽然使用了"吸收能力"这一术语但是并没有提供相应定义（比如，Glass & Saggi, 1998; Keller, 1996）；另外，绝大多数研究人员都是从研发层面定义吸收能力的，没有从组织层面进行界定的。

前面提到，Murovec 和 Prodan (2009)发现并验证了两类不同的吸收能力：需求拉动型吸收能力和科学推动型吸收能力。依据这一研究结果，他们质疑研究人员不应该使用单一构面的量表来测量吸收能力。

除此之外，Todorova 和 Durisin (2007) 对 Zahra 和 George (2002)的理论重

构提出了质疑，认为他们在理论构建上所做的改变并没有充分立足于已有研究。第一，Todorova 和 Durisin（2007）认为不应当删除对新知识的"价值识别"这一步骤。他们主张在吸收新知识的过程中，第一步就是要认识到这种知识的价值；同时他们也强调了这一步骤对于企业的重要性，因为企业经常会受到现有知识库、僵化能力以及路径依赖等的限制而无法识别和吸收新知识（Gavetti & Levinthal, 2000; Tripsas & Gavetti, 2000）。因此，Todorova 和 Durisin（2007）建议按照Cohen 和 Levinthal（1989,1990）最初提出的理论架构将"新知识的价值识别"（Valuing new knowledge）放回第一步。

第二，Todorova 和 Durisin（2007）还批判了Zahra 和 George（2002）在理论重构中提出的一个观点，即知识转换是消化新知识的结果。Todorova 和 Durisin（2007）认为获取、消化、转换和利用新知识之间是一个更为复杂的关系，不应当简单假定：只要有新知识的获取和消化，就一定有新知识的转换和利用。他们认为这四个步骤可以相互影响，但从上一步到下一步并不存在线性关系。

Todorova 和 Durisin（2007）因此指出，潜在性吸收能力和实现性吸收能力这对看似规整（neat）的新概念应当从理论中移除（p.775）。Zahra 和 George（2002）认为潜在性吸收能力（获取和消化）必然导致实现性吸收能力（转换和利用），然而只要人们承认获取、消化、转换和利用新知识之间存在复杂的关系，潜在性吸收能力和实现性吸收能力这对概念的"因果关系"就不可能出现。

第三，Todorova 和 Durisin（2007）认为理论应该被重构为一个包含反馈循环的持续过程。考虑到Cohen和Levinthal的最初理论构想（1989,1990）强调了知识是随时间不断积累的，并且新知识的吸收是嵌入当前惯例和运作过程的，因此Todorova 和 Durisin（2007）建议纳入反馈循环，由此成功吸收新知识的过程能够循环往复并且影响未来的知识吸收行为。

对理论所包含的变量进行测量

吸收能力测量

Cadiz, D., Sawyer, J. E., & Griffith, T. L. (2009, December). Developing and validating field measurement scales for absorptive capacity and experienced community practice. *Educational and Psychological Measurement*, 69, 1035–1058.

Jimenez-Barrionuevo, M. M., Garcia-Morales, V. J., & Molina, L. M. (2011). Validation of an instrument to measure absorptive capacity. *Technovation*, 31, 190–202.

Camison, C., & Fores, B. (2010). Knowledge absorptive capacity: New insights for its conceptualization and measurement. *Journal of Business Research*, 63, 707–715.

Flatten, T. C., Engelen, A., Zahra, S. A., & Brettel, M. (2011). A measure of absorptive capacity: Scale development and validation. *European Management Journal*, 29, 98–116.

Kotabe, M., Jiang, C. X., & Murray, J. Y. (2011). Managerial ties, knowledge acquisition, realized absorptive capacity and new product market performance of emerging multinational companies: A case of China. *Journal of World Business*, 46, 166–176.

未来研究建议

（1）探讨：技术变革的速度越快，吸收能力对企业盈利能力的影响是否越大。

（2）检验吸收新知识方面，如何对互补性资源（complementary resources）

和追加性资源（supplementary resources）进行权衡和取舍。

（3）比较从多种渠道（如许可、签约等）获得各类新知识的成本和收益。

（4）探讨企业规模对企业吸收能力和绩效的影响。

（5）考察吸收外溢型知识和其他来源的知识对企业绩效的积极/消极影响。

（6）对比行业内、行业间及不同科学水平下，企业吸收能力对企业绩效的不同影响。

（7）考察知识的不同类型（如国内和国外）并探讨这些类型对知识的吸收和利用将产生何种影响。

（8）探讨并实证检验不同企业在学习和吸收能力模型上的相似性和差异性。

（9）研究吸收能力对个体知识水平、能力范围及二者交互的影响。

（10）考察企业所有制类型、研发投入水平以及与国外企业联盟对吸收能力的影响。

必读的经典文献

Cohen, W. M., & Levinthal, D. A. (1989, September). Innovation and learning: The two faces of R & D. *Economic Journal*, 99(39), 569–596.

Cohen, W. M., & Levinthal, D. A. (1990, March). Absorptive capacity: A new perspective on learning and innovation. *Administrative Science Quarterly*, 35(1, Special Issue), 128–152.

Lane, P. J., Koka, B. R., & Pathak, S. (2006). The reification of absorptive capacity: A critical review and rejuvenation of the construct. *Academy of Management Review*, 31, 833–863.

Lane, P. J., & Lubatkin, M. (1998). Relative absorptive capacity and interorganizational learning. *Strategic Management Journal*, 19, 461–477.

Zahra, S. A., & George, G. (2002). Absorptive capacity: A review, reconceptualization, and extension. *Academy of Management Review*, 27, 185–203.

| 对管理者的启示 |

吸收能力理论考察了企业如何识别新知识的价值，吸收新知识，并将其应用于组织目标实现这一过程。该理论认为，能够吸收并应用新知识的企业将比那些不具备这种能力的企业更有竞争优势。

作为一名管理者，其主要工作职责就是帮助企业更好地吸收和应用新知识以实现组织目标。第一，管理者需要帮助企业员工理解组织当前的工作内容，以建立一个强大的知识库。第二，营造一种知识文化的氛围，使得每位员工都能认识到学习和吸收新知识的重要性，从而推动企业更好地达成目标。第三，为企业找到监控外部环境的方法，并且识别出更好的更新的行事方式。第四，从企业选拔能够应用和修正新知识的人才。第五，推动建立一个能够促进新知识获取和应用的团队。第六，监控新知识的进展，持续记录和跟踪进展顺利及进展不顺利的新知识，并使用这些信息最好地推进企业内新知识的搜寻、吸收和利用这一持续循环。吸收能力理论从一个角度解释了为什么一些企业会比另一些企业表现更好。本书后面还将探讨其他理论，这些理论应用了大致相同的建构方法，但是使用了不同的变量，比如企业的动态能力、资源和知识等。

2

行动者-网络理论

杨朦晰*（清华大学经管学院） 译
张燕**（北京大学心理与认知科学学院）

行动者-网络理论（actor network theory, 也称为"转译社会学"）认为，所有实体（包括人类和非人类）所具备的形式和特征都是他们通过在活动范围内接触其他实体而得到的（Callon, 1986; Callon & Latour, 1981; Latour, 1999; Law, 1994, 1999）。

转译（translation）的内涵包括：(1) 两个不同的事物趋于相同的过程，(2) 网络构建者如何吸引潜在的行动者，以及 (3) 为兴趣提供新的解释并引导注意力（Latour, 1987; Law, 1999）。该理论认为，"社会性（存在）"（包括现有的和新的网络、利益相关者的关系、沟通模式等）应该得到解释，而不能凭空臆测。在行动过程中，各种行动者（人类和非人类）可能改变或偏离其初衷（Bryson, Crosby, & Bryson, 2009）。转译有四个"环节"（Callon, 1986）：(1)"问题化"（problematization）（如何成为不可或缺的部分），(2)"收益共享"（如何留住同盟者），(3)"招募成员"（如

---

* 杨朦晰，清华大学经管学院领导力与组织管理系博士生。主要研究领域为领导力、国际人力资源管理等。电子邮箱：yangmx.15@sem.tsinghua.edu.cn。

** 张燕，北京大学心理与认知科学学院副教授。主要研究领域为领导力、矛盾管理、团队动力学、跨文化管理等。电子邮箱：annyan.zhang@pku.edu.cn。

何定义和协调各种角色），以及（4）"动员"（代言人是否具有代表性）。

该理论又称为"物质性符号学"（Law, 1999, p.4）。符号学是研究事物本义，或探究事物在什么情况下代表其他意义的一门学科。物质性（materiality）指的是具有外部主体或内在实质的事物。根据该理论，实体（人类或非人类）与其他实体的"组合关系"使其具有物质性或实质性，也称为"关系物质性"（relational materiality）。

行动者-网络理论中的"网络"与互联网或社会网络中的"网络"一词意义不同。该理论中的术语"网络"专为此理论命名所用，早于互联网术语"网络"。鉴于人们目前对"网络"一词的混淆，作者（Latour, 1999）希望对该理论进行不同的命名。

该理论中的"网络"指的是通过各种方法将行动者之间的互动和关系"框架化"和"概括化"，形成一个局部的、实用的、聚焦的体系。该术语也表示各实体之间发生关系或互动的转型、转译或转换。当有人考察"社会性"（社会，社会力量）时，并不是要看"大局"，而是着眼于实体之间小的、局部的、直接的关联图——这与互联网或社会网络的定义恰恰相反（Latour, 1999）。该理论只着眼于各个网络，不涉及各网络之间的内容。因此，只存在局部的概括化，产生"局部化的整体"（local totalities）或"整体化的局部"（total localities）。

该理论中的术语"actor"（行动者）不能用人们常用的典型含义来理解。作者通常在理论中使用"actant"（行动体）一词，可以从概念上与专业术语"actor"一词区分开。因为该理论并不关注行动体的所作所为，相反，只侧重于"是什么赋予行动体行动、主观性、意向性和道德性"（Latour, 1999, p.18）。

该理论强调了行动体之间相互协调其努力和行动的过程。由于人类和非人类都能采取行动，所以实体之间的相互调整和反应是自然进行的。例如，人可以适应或调整正在使用的轮椅，而轮椅反过来也可以主动调整或经过他人调整后以适应使用者（比如：坐在轮椅上，推动轮椅，修理轮椅等）。这个理论最具争议的一点就是它认为行动者本身可以成为网络（Oppenheim，2007）。

需要强调的是，该理论并没有对社会行动者的行为进行解释。相反，它认为行动者已经知道自己做什么以及自身是如何受到社会力量影响的。因此，研究人员必须了解行动者的所作所为，以及这样做的原因和方式。研究人员之所以在了解行动者行为时感到困难，是因为他们不能把人为创建的类别、构念等强加到自己构建世界的行为上。该理论强调，研究人员自身的语言水平限制了他们，使其很难做到只是简单地让行动者自行建立自己的空间，并在行动过程中观察行动者（Chateauraynaud，1991；Lee & Brown，1994）。

作者认为，该理论中"行动者"和"网络"之间不需要连字符。Law和Hassard等人（1999）有时在提及该理论名称时也不用连字符。连字符可能意味着将两个术语"行动者"和"网络"连在一起，而不是将它们分开。在某种程度上，连字符表达的是：该理论研究的是单个代理者（行动者）的力量与社会（网络）力量之间的持续较量，这与该理论试图表达的意图正好相反（Latour，1999）。连字符还表明了这样一个事实，即该理论假设人类和非人类都可以作为代理者在其所处的位置采取行动。连字符的存在表示该理论关注"外部"（outside/out there）与"内部"（inside/in there）的二元区分，但实际上并非如此。该理论建议应避免随意设置标签，要关注"那"（there）是什么，而不是标记它是在"外面"（out there）还是在"里面"（in there）。

该理论主张消除二分法，如能动性/结构，微观/宏观，旧/新，内部/外部等，这种"非此即彼"的术语不尽如人意。例如，社会学中的经典辩论之一是"能动性"（agency）和"结构"（structure）。"能动性"是指个人决定自己的行为。"结构"意味着社会整体决定个体行为。关于这一问题，理论家们已经辩论了数十年，始终无法决出哪一方是"正确"答案。为了找到一个答案，研究人员先将关注点限定在一方，在发现这种方法并不令人满意后，就将关注点转移到另一方，但结果也令人失望。因此，该理论主张，应同时考虑双方观点而不是采用这种"非此即彼"的方法。研究人员应该同时着眼于两个方面，将其当作一个"可循环实体"（circulating entity），在实施行动的过程中塑造和重塑自身形式。

对该理论的批判与评论

一些研究人员认为该理论试图背离现代科学实践和方法论（Savage，2009）。该理论建议仅使用叙述性和描述性方式来观察处于自然状态下的行动者。然而，为了向科学期刊描述独特且重要的事件，研究人员必须使用标准的科学方法，而这些却被该理论所排斥。此外，该理论没有提出区别描述得好坏或有效与否的方法。

虽然一些批评者认可该理论对基本研究方法和理论提出的挑战，将"事实之物"（matters-of-fact）转变为"关切之物"（matters-of-concern）的观点（Latour，2004），以及挑战传统组织思维的方法（Alcadipani & Hassard，2010; Calas & Smirich，1999; Reed，1997; Whittle & Spicer，2008），但是他们也不赞同Latour的建议（1996，2005）只使用描述性方法（Krarup & Blok，2011）。批评者认为，如果研究人员不用较为复杂或先进的研究方法，而只是描述他们所看到的东西，将会遗漏很多事实。批评者还认为，研究人员在研究中应该做到无须"解构"行为就能有效地"重构"行为（Krarup & Blok）。

该理论研究涵盖非人类行动体，这一点值得肯定。然而，也有人批评该理论过于偏向非人类行动体而忽视了人类行动体（Habers & Koenis，1996; Krarup & Blok，2011; Newton，1999，2002）。此外，一些批评者认为，该理论将组织仅仅视为行动者网络的黑箱，无法充分描述，这样的认识是不恰当的（Hanseth，Aanestad，& Berg，2004; Krarup & Blok，2011）。

在该理论中，"折叠"（folding）一词指的是一种产生社会技术关系的行为，这种关系可以连接空间和时间。技术可以被视为随时空变迁而发展的折叠、叠加、剪辑的混合物。例如，人们对枪支的看法已经随着时间而改变。

批评者认为Latour倾向于关注社会中客观事物的折叠和叠加，而不讨论人类道德、信念等随着时间的推移是如何在社会中折叠的（McLean & Hassard，2004）。

批评者认为，不能将整个世界简化为"负责任的描述"。该理论强调了描述的重要性，但批评者认为，解释和原因对于研究人员来说同样重要（Young，Borland，&Coghill，2010）。Callon和Latour（1981）认为解释有时确实有助于理解简单的行为描述。

批评者还认为，该理论只有被用于描述人类和机器的科技问题时，才具有自身的优势。然而，当理论扩展到研究整个社会学领域时，就显得解释力不足了（Walsham，1997）。批评者认为纯粹的描述不足以与典型的科学方法相提并论。

对理论所包含的变量进行测量

1. 民族志访谈问题程式

Smith, L. (2010, Spring). Always judged: Case study of an interview using conversationanalysis. *Clinical Law Review*, 16, 423–450.

2. 多种方法

Kraal, B. J. (2007, November). *Actor-network inspired design research: Methodology and reflections.* Proceeding of the International Association of Societies for Design Research, Hong Kong.

3. 民族志访谈与问题

Gee, M. K., & Ullman, C. (1998). *Teacher/ethnographer in the workplace: Approaches to staff development.* Grayslake, IL: College of Lake County National Workplace Literacy Program. (ERIC Document Reproduction Service No. ED 423721)

未来研究建议

（1）探究企业在其网络中纳入或排除实体的决策方法。

（2）探索在网络中高效地招募和协调行动者是怎样产生期望的和非期望的结果的。

（3）考察如何在网络中添加或排除行动者使得组织内部更为一致或不一致，并对结果产生影响。

（4）针对组织认定为"事实之物"而非"关注之物"的对象和议题按类型进行分类。

（5）探索一个企业区分"事实之物"和"关注之物"的能力以及该能力对组织结果的影响。

（6）探索谁和什么对组织的影响最大和最小，及其对它们产生最大和最小影响的因素。

（7）考察有关组织中对谁施加影响以及由谁施加影响的决策是如何影响组织绩效的。

（8）考察人类和非人类在施加影响和受到影响而产生期望行为和结果过程中的个体差异。

（9）探索在何种程度上消除个人关注点或网络中的"非此即彼"的二分法能改善组织绩效。

（10）探索更为有效的转译（问题化、收益共享、招募成员、动员）如何产生更好的行动结果。

必读的经典文献

Callon, M. (1986). Some elements of a sociology of translation: Domestication of the scallops and the fishermen of St. Brieuc Bay. In J. E. Law (Ed.), *Power,* action, and belief: A new sociology of knowledge* (pp. 196–223). London: Routledge.

Latour, B. (1988). *The pasteurization of France* (A. Sheridan & J. Law, Trans.). Cambridge, MA: Belknap Press.

Latour, B. (1993). *We have never been modern* (C. Porter, Trans.). Cambridge, MA: Harvard University Press.

Latour, B. (1999). On recalling ANT. In J. Law & J. Hassard (Eds.), *Actor network theory and after* (pp. 15–25). Oxford: Blackwell.

Latour, B. (2005). *Reassembling the social: An introduction to actor-network* theory. Oxford: Oxford University Press.

对管理者的启示

行动者–网络理论考察了实体（人类和非人类）的特征与形式是如何通过与其他实体的关系形成和改变的。该理论认为，人类通过持续互动和转译来影响客观事物，并受到客观事物的影响。该理论探讨了人们如何影响技术以及技术如何影响人们等议题（例如，当你拥有你最喜欢的技术时，你是如何思考、讲话和行动的；而当你没拥有时，又是如何表现的）。

该理论主张摆脱可能限制你思维的类别和群属，相反，要专注于你的组织中自然演进和密集发生的事。该理论认为，大多数组织常会随意进行分类，比如客户与非客户、用户与非用户、竞争对手与非竞争对手，这可能会妨碍你的成功。例如，不要将人区分为你的产品的用户或非用户。想想你的产品如何影响每个人，以及其他人如何影响你的产品。人们可能没有直接购买你的产品，但他们可能会受到影响，因为他们的家人、朋友、邻居及与其发生联系的陌生人会使用你的产品。尝试让你的公司不要随意分类，或者至少尝试扩大一下类别，看看你的想法和关注点是如何随之发生改变的。这种关注点上的变化可以帮助你以新的有用的方式发现并解决自己的问题，战胜挑战。

该理论建议，不要认为你目前在组织中的行事方式是理所当然的。相反，要关注你现在所做的事，并思考更为高效的行事方式，使人和机械协同工作以实现你的目标。例如，将成排的办公桌都朝前摆放可以彰显企业中权力的层级结构。你也可以改变这种权力结构，让桌子两两相对，或者创建一个共有的"公用办公桌"（not desk）来展现组织中完全不同的权力和空间安排（Grint，1998）。

3

代理理论

武欣* 译
（北京航空航天大学经济管理学院）

自18世纪后期以来，理论家们一直探讨企业主雇用他人作为财富管理者的问题。这些财富管理者管理的是别人的钱，不能指望他们像财富的主人那样悉心照管，因此公司事务中就会经常出现管理上的疏忽（Smith, 1776, 1952）。

根据代理理论（agency theory），代理人或代理机构受雇于一个或多个委托人，根据合同开展工作，达成委托人所预期的结果，并由委托人支付报酬。由于代理人代表委托人行事，因此委托人会授予代理人一定的决策权。

代理关系发生在涉及授权的各种情况和背景下，例如可以发生在客户和服务提供者（如医生、律师、牙医、保险和房地产代理）、公民和当选代表、雇主和雇员、股东和公司管理者之间（Kiser, 1999）。在上述这些例子中，前者是委托人，后者是代理人。据Eisenhardt（1989）的综述文章介绍，代理理论已被学者们广泛应用于会计、经济、金融、政治学、组织行为和社会学等领域。

---

* 武欣，北京航空航天大学经济管理学院副教授。主要研究领域为领导力、团队管理、组织公民行为、人力资源管理有效性等。电子邮箱：wuxin@buaa.edu.cn。

描述委托–代理关系（the principal-agent relationship）主要有五个核心要素：（1）有关代理人的各种问题（例如懒惰、可靠性、可信赖性）；（2）代理人的行为如何影响委托人所预期的结果；（3）除了代理人的行为，随机因素如何对结果产生影响；（4）委托–代理关系的结果；（5）委托–代理关系中存在不对称信息（Petersen，1993）。

Arrow（1985）提出了两种关于不对称信息的模型：隐藏行动模型（hidden action model）和隐藏信息模型（hidden information model）。在隐藏行动模型中，委托人看不到代理人所采取的行动，而只能观察到行动的结果。在隐藏信息模型中，委托人能观察到代理人的行动，但不清楚行动所需的重要信息。

根据代理理论，委托人通常只能根据不完善的信息来评价代理人，这导致信息不对称。寻找代理业务的营销人员可能倾向于夸大代理人的技能、能力和才干，并且为了获取新业务可能会做出过度承诺（Davies & Prince，2010）。代理人的这种夸大其词可能导致委托人选择错误的代理人，这称为"逆向选择"（adverse selection）。

另外，代理人为了以最小的努力获得最大的报酬，可能达成低于承诺水平的结果，这称为"道德风险"（moral hazard）（Ellis & Johnson，1993）。代理人的自主性越大，工作所需的专业知识和信息越多，道德风险就越显著（Holmstrom，1979）。

代理理论关注如何解决代理关系中可能发生的两个问题（Eisenhardt，1989）。第一个是风险分担的问题，当委托人和代理人有不同的风险偏好时就可能出现该问题。第二个问题是"代理问题"（agency problem）。如果公司所有者和代理人存在利益分歧，代理人就有可能出现不当行为（Dalton，Hitt，Certo，& Dalton，2007）。如果委托人和代理人都寻求代理关系中自身利益最大化，那么代理人就可能不总是按照委托人的最大利益行事（Jensen & Meckling，1976）。

委托人通常不可能确保代理人总是基于委托人的最大利益行事。那么，有三种主要方法可以帮助减少代理问题：（1）董事会的独立性（董事会的主要作用是监督管理者的行为）；（2）公司控制权市场（通过兼并收购的方式来控制行为不端的管理者）；（3）代理人股权（公司的管理者分享公司股权，从而有助于提高股东利益）（Dalton等，2007）。

不幸的是，上述每一种方法对委托人来说都是要付出代价的（Jensen，1983）。代理成本的来源主要有：招聘、逆向选择、阐明委托人的偏好、建立激励机制、道德风险、偷窃、私下交易、监控和制定政策、约束和保险、聘请代理人监督其他代理人（Shapiro，2005）。有时，规范和控制代理人所产生的成本可能会超过改善代理人行为所带来的收益（Mitnick，1998）。

代理理论中的分析单元是约束委托人和代理人之间关系的合同（Eisenhardt，1989）。该研究侧重于为委托人带来最好结果的那类合同。这项研究考虑到了人们行动的有限理性、自利性和风险规避倾向。例如，研究人员探索了基于结果的合同是否比基于代理人行为的合同更好或更差。

代理理论有两个主要分支：实证主义代理理论（positivist agency theory）和委托人–代理人理论（principal-agent agency theory）（Jensen，1983）。实证主义观点的研究人员主要聚焦于：（1）识别出委托人和代理人对结果的期望截然相反的情境；（2）描述控制和调节委托人和代理人差异的治理机制，特别是对于大型公共公司而言（Berle & Means，1932）。例如，管理者的股权所有权有助于使所有者和管理者的利益达成一致（Jensen & Meckling，1976），高效的资本和劳动力市场可以作为信息机制来预防高层管理人员的自利行为（Fama，1980），董事会可以起到信息系统的作用，并且股东可以用该系统来监控高层管理人员的不当行为（Fama & Jensen，1983）。

委托人–代理人理论的研究人员主要关注适用于各种"代理"关系的一般理论。这一研究路线具有正式理论的特征，并且包含精确的假设界定、逻辑演绎和数学证明。委托人–代理人研究探讨在不同条件下哪种合同是最有效率的，例如在结果不确定、结果可衡量、风险厌恶和目标冲突这四种条件下，对应的是哪种合同最有效率。

对该理论的批判与评论

代理理论对管理与组织研究产生了重大影响，但它也是富有争议的（Eisenhardt，1989）。该理论已被广泛领域的学者应用，研究人员们早期对于使用该理论深入理解组织行为持乐观态度（Eisenhardt，1984）。然而，这种乐观性正在明显下降（Nyberg, Fulmer, Gerhart, & Carpenter, 2010）。

研究表明，代理问题（由代理人和委托人的欲求和目标之间的分歧引起的冲突）是真实存在并且难以解决的（Lan & Heracleous, 2010）。然而，大量越来越多的实证研究未能证明试图减少代理问题的方法的成效（Dalton, Daily, Certo, & Roengpitya, 2003; Dalton等，2007）。一篇对54项研究进行综述的文章探讨了独立董事对董事会的影响，结果发现其对公司绩效没有影响。此外，一篇类似的对31项研究的综述发现，董事长和CEO的领导角色分离对企业绩效并没有影响（Ghoshal, 2005）。

代理理论的实证主义观点丰富了诸如经济学等研究领域（Jensen, 1983），并引起了相当多的研究关注（Barney & Ouchi, 1986）。不幸的是，实证主义观点被组织研究人员批评为极简主义（Hirsch, Michaels, & Friedman, 1987; Perrow, 1986），被微观经济学家认为是同义反复的和缺乏严谨性的（Jensen, 1983）。

代理理论由于其过于简化的假设不能反映真实的商业环境，以及实证研究未能支持其基本原则而受到批评。研究人员们现在不仅寻求对该理论进行更精细的增量调整，而且也要求对该理论进行重新检验，以便研究能够向新的不同的方向发展（Lan & Heracleous, 2010）。

一些批评者抱怨代理理论并未对管理与组织理论及研究做出显著贡献。一方面，Ross（1973）认为代理问题是普遍的。另一方面，Perrow（1986）声称代理理论没有涉及任何明确的组织问题。Hirsch 和 Friedman（1986）认为代理理论过于狭窄，主要关注组织的股票价格。

对于经济学家来说，代理理论可能是革命性的，因为在这之前该领域研究只把组织当作"黑箱"，直到代理理论出现，才揭开组织内部活动的黑箱来进行检视。然而，组织学者往往认为代理理论对于解决管理与组织问题并没有明显价值。

对理论所包含的变量进行测量

1. 信息不对称量表

Jaworski, B. J., & Young, S. M. (1992). Dysfunctional behavior and management control: An empirical study of marketing managers. *Accounting, Organizations and Society*, 17, 17–35.

2. 预算松弛量表与信息不对称量表

Dunk, A. S. (1993). The effect of budget emphasis and information asymmetry on the relation between budgetary participation and slack. *Accounting Review*, 68, 400–410.

3. 供给风险源量表与风险管理技术量表

Zsidisin, G. A., & Ellram, L. M. (2003, Summer). An agency theory investigation of supply risk management. *Journal of Supply Chain Management*, 39(3), 15–27.

4. 道德风险量表

Tuttle, B., Harrell, A., & Harrison, P. (1997, Spring). *Journal of Management Information Systems*, 13(4), 7–27.

未来研究建议

(1) 考察分离委托人和代理人的物理、社会、时间或经验障碍的影响，以及它们如何影响代理关系。

(2) 探索更广泛类型的代理或"代表"关系，例如劳动分工、经验获取、知识习得，以及享受规模经济的愿望。

(3) 考虑采用一些较新的方法，如虚拟方法，来监督和控制代理人行为，包括选拔、监督和处罚过程。

(4) 考察新型代理人的不端行为，例如白领犯罪，以及代理关系中的报复性维权行为。

(5) 探讨一系列调节代理人行为的做法（从完全刚性到完全柔性）对达到委托人期望结果的影响。

(6) 对各种监督、控制和约束代理人达成组织绩效的做法进行成本–收益分析。

(7) 检验Ghoshal的论断（2005）：如果将代理理论与博弈论和谈判分析相结合，将会比单独使用代理理论能更好地反映现实世界的情形。

(8) 比较非营利组织和营利组织减少代理问题方法的有效性。

(9) 考察个体在做决策时对个人与公司利益进行成本–收益分析的程度。

(10) 探讨代理人代表委托人做决策时的个人态度（例如内疚、焦虑、后悔和否认）。

必读的经典文献

Dalton, D. R., Hitt, M. A., Certo, S. T., & Dalton, C. M. (2007). The fundamental agency problem and its mitigation. In J. F. Walsh & A. P. Brief (Eds.), *Academy of Management Annals* (Vol. 1, pp. 1–64). Mahwah, NJ: Erlbaum.

Eisenhardt, K. M. (1989). Agency theory: An assessment and review. *Academy of Management Review*, 14, 57–74.

Fama, E. F., & Jensen, M. C. (1983). Separation of ownership and control. *Journal of Law and Economics*, 26, 301–325.

Jensen, M. C. (1983). Organization theory and methodology. *Accounting Review*, 58, 319–339.

Jensen, M. C., & Meckling, W. H. (1976). Theory of the firm: Managerial behavior, agency costs, and ownership structure. *Journal of Financial Economics*, 3, 305–360.

对管理者的启示

根据代理理论，委托人（可以是一个人或多个人）不能或不想进行必要的商业活动。委托人雇用代理人或代理机构代表委托人执行这些活动。

代理理论假设每个人总是根据自己的最大利益行事。因此，代理人将以牺牲委托人的利益为代价达到自己的利益最大化。这迫使委托人采取行动来约束代理人。

委托人可以采取很多种做法来保证代理人正确行事，例如与代理人签订合同、监督代理人的行为、购买特定保险，以及雇用另一代理人监督这个代理人。所有这些遏制代理人不端行为的办法都需要委托人花费时间和金钱等资源。如果监管代理人行为的成本是划算的，那么委托人应该继续这样做。然而，如果监管代理人行为的成本不划算，那么委托人应该停止监管代理人不端行为的尝试，并且应该亲自完成预期的活动。

有效管理者的一个角色就是监管代表组织完成工作的代理人的行为。需要检查组织中由代理人代表委托人完成工作的领域。探讨有助于代理人根据委托人的最大利益行事的机制，例如建立行为准则或进行绩效评估。在可能出问题的地方改进控制代理人的方法，在缺乏控制的地方增加控制代理人的方法，这样代理人就不会对你的组织造成损害了。

4
议程设置理论

苗仁涛* 译
（首都经济贸易大学劳动经济学院）

议程设置理论（agenda setting theory, AST）起源于对大众传媒所报道议题的频率、时长与议题在公众心目中重要性之间的关联性研究（Kosicki, 1993; MacKuen, 1981; McCombs, 2004）。起初，人们担心大众传媒（mass media）在改变公众的态度和行为上发挥着强大、无处不在，且类似于"皮下注射"（hypodermic needle-like）①般的影响力（如Lasswell, 1927; Lippman, 1922）。然而，后续的研究却发现大众传媒的影响力虽然强大，但还不足以完全主宰公众的态度与行为（Klapper, 1960; Miller, 2007）。随着时间的推移，议程设置的研究对象已经从小的、短期的态度变化转向由大众传媒和其他政策制定者造成的长期社会影响。总而言之，议程设置理论最终是着眼于社会变革如何发生（Rogers, Dearing, & Bregman, 1993）。

---

* 苗仁涛，首都经济贸易大学劳动经济学院副教授。主要研究领域为战略人力资源管理、职业生涯管理、团队绩效、核心人才管理与领导力开发等。电子邮箱：mrtmiao@hotmail.com。

① 指传媒具有不可抵抗的强大力量，其作用于公众的效果就如同药剂注入皮肤一样，可产生直接、迅速的效果。——译者注

议程设置理论研究的内容包括（1）为什么是这些问题的信息可以被公众获得，而不是另一些；（2）舆论是如何改变的；（3）为什么有些问题能通过社会政策行动去研究，而有些却不能（Dearing & Rogers, 1996）。

议程设置研究表明，当人们被要求去确定国家面临的重大议题时，他们倾向于列出已被大众传媒广泛报道过的那些（Iyengar, 1990）。这些发现强有力地证明了大众传媒报道（电视、报纸、广播等）的可靠性，无论其内容涉及的是地方议题还是国家议题，其形式是实地考察还是实验室研究。

议程是指按照重要性顺序提出的，属于合理关注范围的一系列问题或政治争论（Cobb & Elder, 1983; Dearing & Rogers, 1996）。议程设置研究的是大众传媒设置影响下，人们拥有自己的个人议程的可能性问题（Rogers 等, 1993）。

Cohen（1963）在书中写道：大众传媒在告诉人们想什么时可能并不成功，但它在告诉人们应该想什么时，却相当地成功。而McCombs和Shaw（1972）则指出，议程设置理论的研究支持了这样一种观点，即大众传媒不仅能成功地告诉人们要想到什么，还能成功地告诉人们如何去想，因此大众传媒告诉了人们应该想什么。

议程设置理论研究通常涉及四个领域：（1）媒体议程设置，（2）公众议程设置，（3）政策议程设置（Rogers 等, 1993），以及（4）企业议程设置。媒体议程设置（media agenda setting）是指大众传媒机构决定哪些议题需要被宣传和讨论。公众议程设置（public agenda setting）是指决定对公众而言相对重要的那些议题。政策议程设置（policy agenda setting）是指政府机构或民选官员确定哪些议题是重要的，从而宣传和讨论这些议题。同样，企业议程设置（corporate agenda setting）是指决定那些大公司认为重要的议题。

议程设置分为两个层面。第一层探讨了大众传媒描绘的有关议题（如企业声誉）的显著性方面，研究媒体议程如何转变为公众议程（即媒体议题是如何引发公众讨论，成为公众关注的焦点话题——译者注）；关键变量是公众对议题的关注。第二层研究了传媒对重要议题属性的描述是如何影响公众对相同议题属性的感知（即公众对某些议题的强烈反映，是如何通过媒介得以反映、放大并形成公众舆论的——译者注）（McCombs & Evatt, 1995; McCombs, Shaw, & Weaver, 1997）。这里的关键变量是理解，既有实质性，也有评价性（也称为认知和情感）。新闻传媒向公众传达的不仅是事实，它们还能通过传递情感与语调来影响公众对重要议题的认知。

议程设置研究（如Staw & Epstein, 2000）涉及了大量经由大众传媒报道（频率、深度和语调）对公众感知产生影响的企业议题。企业议题是指那些令公众充满争议和不一致的议题，表现为：（1）基于利益相关者的认知差异；（2）涉及合法性对组织的影响；（3）涉及企业绩效是什么或应该是什么；（4）对组织当前或未来产生的影响（Wartick & Mahon, 1994）。例如，企业声誉的变量包括财务绩效、产品质量、员工待遇、社区参与及环境绩效（Fombrun, 1998; Fombrun, Gardberg, & Sever, 2001）。

此外，议程设置研究将组织视为强大的企业政治行动者，会积极地塑造各级政府的政策议程，还会塑造他们认为重要的，有助于商业利益的公众舆论（Berger, 2001）。组织可以通过提供资金、游说、提供证词、广告和公共关系来影响议程（Schattschneider, 1960; Schlozman & Tierney, 1986; Useem, 1980），并通过帮助员工形成和使用最佳议程促使组织变得更加成功和有效。

框架（framming）是议程设置理论的重要组成部分（Zhou & Moy, 2007）。Entman（1993）认为框架本质上具有选择性和显著性。框架意味着能够选择感知现实的各个方面，并且使得它们对受众而言变得更加显著，这种方法可以促进：（1）对特定问题的定义；（2）明确的因果解释；（3）某种道德评价；（4）建设性解决方案的产生（Entman）。运用框架构建的议题会变得更加显著。显著意味着议题对受众而言是更加明显、更有意义和更加难忘的（Entman）。增强议题的显著性能够提高受众感知议题的可能性，并且会使他们相信这项议题是重要且有意义的，因此会使他们更加有精力去记住和处理它（Fiske & Taylor, 1991）。与框架相关的是被Iyengar和Kinder（1987）称之为"启动效应"(priming effects)的概念,指的是公众有一种倾向,他们更容易记起一些被新闻传媒广泛报道过的议题。正如受访者所报告的,大量的报道往往会提高议题的重要性与显著性。

Weaver(1977,1980)研究了一个被称为"导向需求"(need for orientation)的概念,指的是某些人需要传媒引导并提供他们特定主题的背景信息。当一个人对某项议题越感兴趣,且其主题的不确定程度越高,就越需要传媒提供与该议题议程事项相关的更多信息。

根据议程设置理论,政策制定者寻求变革的关键策略取决于:(1)问题的定义,(2)框架,以及(3)制定政策产生冲突时对问题的感知(Baumgartner & Jones, 1993; Pralle, 2006; Rochefort & Cobb, 1994)。获得关注并动员公众围绕提出的问题解决方案采取行动的关键在于转变镜像的讨论和理解方式。例如,政策制定者必须将一个可以容忍的"条件"性议题转化为立即处理的"议题"(Kingdon, 1984; Stone, 1988)。议题的重新定义可以让已经衰落和式微的议题获得新生。然而,大多数议题的重新定义过程是缓慢的,只有(增)量上的变化,并且通常还需要大量的资源促使其发生更大的改变(Leech, Baumgartner, Berry, Hojnacki, & Kimball, 2002)。

最近的议程设置研究表明,除了可及性,新闻故事的内容是媒体议程设置影响的主要决定因素(Miller, 2007)。人们往往关注的是引起他们负面情绪(尤其是悲伤和恐惧)的新闻故事内容,会进而导致他们相信这个议题对国家而言非常重要。

对该理论的批判与评论

首先,批评者认为议程设置理论对舆论聚合分析的偏见是其一大弱点(McCombs 等, 1997)。进而,Iyengar(1988)认为人们不是被动地接受大众传媒内容,相反,人们会积极地解释,详细阐明,并评估传媒的内容。

其次，批评者抱怨框架的形成过程是一个散乱的概念，缺乏清晰的概念性定义，它依赖于特定的情境化操作（Brosius & Eps,1995; Entman, 1993; Scheufele, 1999）。Matthes（2009）列出了许多需要进一步研究和关注的领域。第一，框架的概念必须进一步完善。Entman（1993）经常引用框架的定义，其包括对议题的道德评价，但并没有获得理想的理论进展。有些研究人员甚至没有对议程设置、框架和启动进行区分（Iyengar & Kinder, 1987; McCombs 等, 1997; Zhou & Moy, 2007）。

第二，在支持框架的通用定义的研究人员与偏好具体议题定义的研究人员之间存在的争论。研究人员必须详细说明该框架有多综合、多普遍，才符合其通用框架的定义。许多研究是通过单个新闻文章来定义框架的，这对于特定研究可能是成功的，但在文章之外却很难推广普及。

第三，议程设置文献中的大部分框架研究是描述性研究。尽管这种研究是有益的，但却没有对框架的定义有所推进。如果要去进一步精炼框架的定义，则还需要更多的非描述性研究。

第四，以往大量研究主要专注于框架的文本或语义方面，反而，很少有研究围绕框架的视觉方面展开。事实上，若仅仅专注于语义分析会导致大量至关重要的信息遗失，而这些遗失的信息在定义和理解框架在议程设置中的工作原理方面可能发挥更大的作用。

第五，在议程设置领域的许多研究中还存在研究方法方面的问题。具体来说，许多研究的研究方法信度与效度不足。为使理论获得更大进展，未来研究应该采用更加严谨的统计方法以完善研究报告。

最后，批评者认为对显著性这个概念至今没有统一的定义，将会阻碍理论的发展（Takeshita,2005）。比如，有研究人员（如McCombs & Shaw, 1972）将议程设置描述为由传媒到公众的显著性转移。根据这个观点，显著性被认为与重要性意思相同。然而，基于认知心理学视角，也有研究人员把显著性视为记忆的易获得性和易理解性（Takeshita, 2005）。

对理论所包含的变量进行测量

1. 政治知识量表

Shaker, L.(2009, Winter).Citizens' local political knowledge and the role of media access.*Journalism and Mass Communication Quarterly*, 86, 809–826.

2. 互联网使用动机量表

Roy, S. K. (2009).Internet uses and gratifications: A survey in the Indian context. *Computers in Human Behavior*, 25, 878–886.

未来研究建议

（1）将议程设置理论扩展到企业的董事会和领导层，用以解决企业相关问题。

（2）研究信息搜寻行为对议程设置的影响。

（3）探究社交与非社交的传媒使用、信息搜寻，以及议程设置对显著议题的知识与态度影响的人口统计学差异。

（4）分析涉及第一、二层面议程设置、框架、启动、可及性及显著性的完整因果过程。

（5）探索传媒偏见效应和个体差异变量对传媒的使用、传媒的专业素养、传媒的信任，以及议题知识的影响。

（6）研究公众在多大程度上成为媒体"原始权力"的受害者，以及研究公众积极制定传媒议程的程度。

（7）探讨如何和由谁来设定和改变四种类型议程设置（公众、传媒、企业与政策）。

（8）研究公众、传媒和企业会如何处理他们面临的多个具有相同或不同竞争性的框架议题。

（9）探讨多传媒、多任务的概念性问题及其对议程设置的影响。

（10）考察传媒用户是如何设置框架，并使传媒关注特定的议程项目的。

必读的经典文献

Dearing, J. W., & Rogers, E. M. (1996).*Communication concepts 6:Agenda-setting*. Thousand Oaks, CA: Sage.

McCombs, M. (1981).The agenda setting approach.In D. D.Nimmo& K. R. Sanders (Eds.), *Handbook of political communications* (pp. 121–140). Thousand Oaks, CA: Sage.

McCombs, M. (2004).*Setting the agenda: The mass media and public opinion*. Cambridge: Polity Press.

McCombs, M., & Shaw, D. (1972, Summer). The agenda-setting function of mass media.*Public Opinion Quarterly*, 36,176–187.

Weick, K. E. (1992, September). Agenda setting in organizational behavior.*Journal of Management Inquiry*, 1, 171–182.

对管理者的启示

议程设置理论研究了大众传媒和其他政策制定者是：（1）如何帮助人们基于自己的重要议题制定个人议程；（2）如何帮助人们塑造对这些议题的看法和想法。相较于不成功的组织，成功的组织会更加积极主动地塑造公众及组织所属员工对重要议题的看法。

例如，一个组织可以将公众的注意力集中于组织自身，以帮助确保公众能引发对组织本身及其付出努力的思考。进而，也有助于塑造公众对组织的看法。例如，决策者可以通过有利于组织的方式来定义问题，诊断问题，从而帮助人们做出道德和伦理判断，并提出问题的改进方案。

成功的管理者要结合组织的愿景、使命、和目标制定恰当的议程。具体来看，就是要与组织成员展开合作：（1）以有益于组织的方式定义问题；（2）以帮助和支持组织努力的方式设计议题，如积极或消极地观察组织情境；（3）形成对重大议题的看法，如将一些议题设置为高紧要议题。

5

依恋理论

孟慧* 译
（华东师范大学心理与认知科学学院）

依恋理论（attachment theory）聚焦于个体对自己和重要他人的亲密度与距离之间的最佳平衡的感知（Ainsworth, 1967; Ainsworth & Bowlby, 1991; Bowlby, 1969, 1973, 1980）。该理论试图解释个体与他人之间的情感联结的本质（Smith, Murphy, & Coats, 1999），并假设儿童对其养育者的早期依恋经验对其成年后的社会关系和压力调节有长期影响（Adshead, 2010）。依恋理论是一种基于动物模型的心理社会发展理论，如Lorenz（1935）所发现的婴幼期动物的印记现象。Harlow等人（例如，Suomi, Harlow, &Domek, 1970）研究发现与母猴隔离饲养的幼猴，其成年后会遭受严重的情绪和社会问题，无法形成依恋（"依恋缺失"），好斗且与其他猴子交流和协作时有困难。

依恋是人们之间跨越时空的深刻而持久的情感纽带（Ainsworth, 1969; Bowlby, 1969）。依恋是互惠的，但往往又是单向的。依恋涉及特定的行为，如个体感到不安、害怕或威胁时，会想和依恋对象待在一起（Bowlby, 1969）。在亲子依恋（adult-child attachment）关系中，成年人可以通过对孩子需求的敏感和关注来让孩子感到满足。依恋行为具有跨文化的普遍性。

---

* 孟慧，华东师范大学心理与认知科学学院教授。主要研究领域为睡眠与职业健康、工作场所的人际互动、选拔与测评、人格与领导等。电子邮箱：hmeng@psy.ecnu.edu.cn。

Bowlby（1969,1973,1980）提出，丰富的早期依恋经验会影响随后个体对自我和他人的内部工作模型。这些内部工作模型会从多方面影响个体在与他人的关系中的认知、情绪和行为。研究表明，如果一个成年人对依恋关系已经形成了极其负面的看法，那么与伙伴或治疗师相处的积极体验可以帮助其重建一个良性的依恋内部工作模型（Bowlby, 1988）。

Ainsworth、Blehar、Waters和Wall（1978）将婴儿对母亲的依恋风格分为三种：安全型、焦虑–矛盾（或反抗）型和回避型（secure, anxious-ambivalent (or resistant), and avoidant）。这些风格是从婴儿单独与陌生人短暂相处时的行为表现中总结出的，即"陌生情境法"。安全型依恋的孩子在母亲离开时感到苦恼，母亲回来时表现出很快乐；母亲不在时会回避陌生人，但母亲在时，则对陌生人比较友好。焦虑–矛盾（反抗）型依恋的孩子在母亲离开时表现出强烈的忧伤，回避陌生人；而在母亲返回时又抗拒她或将她推开。回避型依恋的孩子在母亲离开时并没有表现出痛苦，会与陌生人一起玩；而当母亲返回时忽视她。

Bartholomew和Horowitz（1991）开发了一种2×2的成人依恋矩阵（matrix of adult attachment）。其中，一个轴是关于自我的模式：正或负（低依赖、高依赖）；另一个轴是关于他人的模式：正或负（低回避、高回避）。矩阵中的四个单元格是安全型（正、正）、先占型（负、正）、冷漠型（正、负）和恐惧型（负、负）。

个体的依恋模式可以影响其职业生涯和工作场所的功能（Lee & Hughley, 2001; van Ecke, 2007; Wolfe & Betz, 2004; Wright & Perrone, 2008）。安全型依恋的人倾向于信任他人，认为自己是值得爱的，并能够控制和应对压力事件（Bartholomew & Horowitz, 1991; Buelow, Lyddon, & Johnson, 2002）。先占型依恋的人信任他人而非自己；自尊较低，需要被肯定和赞美，一旦获得反馈又会回避；他们往往根据薪酬来选择工作，由此可能导致对工作和职业的满意度较低。冷漠型依恋的人不相信他人能够满足自己的需求，因而过分自我依赖；面对压力时不会寻求他人的情感支持，也不愿接受批评；他们通过强迫自己投入工作来逃避人际关系，倾向于比他人工作更长的时间也更努力，但也认为工作干扰了他们的个人生活。恐惧型依恋的人不信任他人且自尊较低，不倾向于自我表露，在建立亲密关系时比较疏离且情感投入少，其社会及情感应对能力较弱，面对压力不会向他人寻求情感支持，对上司分配的任务完成度不佳（Buelow等，2002；Hawkins, Howard, & Oyebode, 2007; Renfro-Michel, Burlew, & Robert, 2009）。

研究也表明，依恋模式（attachment models）与道德行为和标准相关（Albert & Horowitz, 2009）。一项关于三种不同文化背景下管理者和消费者的研究发现，安全型依恋和先占型依恋的人倾向于相信违反道德是错误的。而冷漠型依恋的人最有可能利用、欺骗或欺诈他人，并对不道德的情况漠然置之。

依恋模式也被发现与领导力有关（Davidovitz, Mikulincer, Shaver, Izsak, & Popper, 2007; Popper & Mayseless, 2003; Popper, Mayseless, & Castelnovo, 2000）。例如，有依恋焦虑（attachment anxiety）的领导者往往更加自利，在任务导向的情境中表现出更差的领导素质。有依恋回避（attachment-related avoidance）的领导者具有更低的亲社会动机，不会给予追随者安全感，进而导致追随者不良的社会情绪功能及其未来较差的心理健康。

研究也发现依恋模式与助人、离职意向和情绪调节有关（Richards & Schat, 2011）。Mikulincer、Shaver、Gillath和Nitzberg（2005）发现，与不安全依恋的个体相比，安全依恋的个体更可能表现出较大的同情心，也更可能帮助处于困境的人。

对该理论的批判与评论

依恋理论在许多方面受到了批评（Field, 1996）。第一，对依恋的研究主要集中于短暂分离这一有压力的情境下个体的行为。例如，Ainsworth的陌生情境法（Ainsworth, 1967, 1969; Ainsworth & Bell, 1970）观察了儿童在与母亲分离时对陌生人是怎样反应的。依恋理论需要我们在一定范围的时间段和母亲压力源下宽泛地理解依恋进程。第二，该理论有循环论证之嫌，因为依恋被定义为在即将分离时依恋个体的行为。第三，依恋理论认为基本上孩子的所有错误行为都归咎于母亲。这个理论没有考虑个体与父亲、兄弟姐妹、朋友、老师、教练、精神或宗教领袖、指导者（咨询师）、老板和上司、同事等形成的一系列依恋以及这些依恋对个体一生态度和行为的影响。第四，依恋理论倾向于仅研究外显的行为而忽略了隐蔽性（或态度性）的行为。因此，依恋理论应扩展到包括从依恋本身的多样性结果到个体一生中对不同对象的不同依恋导致的多种结果的研究。

Harris（1998, 2009）就本性说还是养育说的问题对依恋理论提出了批评。依恋理论采用养育说（nurture assumption），认为温柔和善、细心呵护、充满关爱的父母所养育的孩子也是善良、助人和友爱的。Harris（1998）指出依恋理论忽略了同龄群体、邻居、环境和遗传等其他因素对个体随后行为的重要影响。好的养育可以弥补不良的先天条件，而缺乏后天的养育会严重损害先天的优势。最后，Rutter（1979）认为与母亲的关系联结的质量很重要，而不仅仅是与母亲在一起的时间。

对理论所包含的变量进行测量

1. 关系状态量表

Bodie, G. D., Burleson, B. R., Gill-Rosier, J., McCullough, J. D., Holmstrom, A. J., Rack, J. J., Hanasono, L., & Mincy, J. (2011). Explaining the impact of attachment style on evaluations of supportive messages: A dual-process framework. *Communication Research,* 38, 228–247.

2. 工作场所意义与目的量表

Mitroff, I. I., Denton, E. A., & Alpaslan, C. M. (2009, March). A spiritual audit of corporate America: Ten years later (Spirituality and attachment theory, an interim report). *Journal of Management, Spirituality and Religion,* 6, 27–41.

3. 工作激励、组织信任与公民量表

Lin, C.-P. (2010). Modeling corporate citizenship, organizational trust, and work engagement based on attachment theory. *Journal of Business Ethics*, 94, 517–531.

4. 探索动机量表

Martin, A. M., III, Paetzold, R. L., & Rholes, W. S. (2010). Adult attachment and exploration: Linking attachment style to motivation and perceptions of support in adult exploration. *Basic and Applied Social Psychology*, 32, 196–205.

5. 关系变量量表

Paulssen, M. (2009). Attachment orientation in business-to-business relationships. *Psychology & Marketing*, 26, 507–533.

6. 成人依恋的自我报告测量

Fraley, R. C., Waller, N. G., & Brennan, K. A. (2000). An item response theory analysis of self-report measures of adult attachment. *Journal of Personality and Social Psychology*, 78, 350–365.

7. 社会群体依恋量表

Smith, E. R., Murphy, J., & Coats, S. (1999). Attachment to groups: Theory and measurement. *Journal of Personality and Social Psychology*, 77, 94–110.

未来研究建议

（1）检验成人依恋风格的个体差异如何影响各种关系的进程和结果。

（2）探讨在工作场所和家庭中人们如何形成对他人的依恋，以及这些依恋如何随着时间的推移而改变。

（3）考察员工依恋风格如何影响员工的助人行为以及随着时间的推移其对组织的承诺。

（4）检验依恋风格如何影响员工暂时停下工作去照顾生病的孩子或父母。

（5）探索在一系列的压力情境中，人们如何利用和维持不同层级的依恋对象。

（6）研究成人能够在多大程度上改变和提升他们的依恋内部工作模型，从而提升其效能。

（7）探索依恋如何影响上下级关系的形成和维持。

（8）揭示依恋与工作行为及态度之间关系的调节和中介因素。

（9）探索具有不同依恋风格的员工在工作中调节其认知、情感和行为的方式。

（10）检验关系效能和职业生涯相关的自我效能之间的关系，以及依恋对它们的影响。

（11）检验影响人们接受不安全依恋的领导者并顺应其不良影响的个体和人际因素。

必读的经典文献

Ainsworth, M.D.S. (1967). *Infancy in Uganda: Infant care and the growth of love.* Baltimore, MD: Johns Hopkins University Press.

Bowlby, J. (1969). *Attachment and loss: Vol. 1. Attachment.* New York: Basic Books.

Bowlby, J. (1988). *A secure base: Clinical applications of attachment theory.* London: Routledge.

Feeney, J. A., & Shaver, P. R. (Eds.). (1999). *Handbook of attachment: Theory, research, and clinical applications.* New York: Guilford Press.

Mikulincer, M., & Shaver, P. R. (2007). *Attachment in adulthood: Structure, dynamics, and change.* New York: Guilford Press.

对管理者的启示

依恋理论检验早期生活中与养育者形成的依恋类型如何对人们重要的态度和行为产生贯穿其一生的影响。基于接收到的来自重要他人的照料，儿童形成了对自己或正面或负面的看法（如温暖的、关爱的、关心人的、有能力的、信任他人的，或者吝啬的、不关心人的、算计的、冷漠的）以及对他人的或正面或负面的看法（如值得信任的、关爱的、支持的，或者是虚伪的、报复的、非支持性的，等等）。

人们的依恋心理表征会影响许多重要的工作态度和行为，例如愿意和他人维持亲近的程度、期望从老板及其他人那里获得人际支持和赞赏的程度、领导能力、对道德行为和标准的看法、应对压力的能力、在压力情境下向他人寻求情感支持的愿望。

在管理过程中，例如关注、赞赏、支持、培养、关心员工时，一些管理者倾向于以相同的方式对待不同的员工。依恋理论建议管理者应该了解每一个员工以分别构建有针对性的人际关系。对于每一个员工，应该找到他在人际关系亲密度、赞赏和关注、反馈和批评，以及危机情境下情感支持等方面的最适宜方式。管理者必须向其下属征询怎样的上下级关系才是最好的。然后，和下属一起建立这种人际关系，以帮助员工达到最好的工作状态。

记住：员工对人际关系的看法是在早期的生活中形成的，没有专业的帮助一般是很难改变的。因此，不要试图改变你的员工。相反，应尽量提供最佳的人际关系，以满足每个员工当前的需求和期望。

6

归因理论

王永丽*译
(中山大学管理学院)

归因理论(attribution theory)阐明了观察者是如何对自身及他人的行为结果进行因果解释的(Kelley, 1967, 1973; Weiner, 1985, 1986, 2010)。该理论试图解释,人们对过去自身成败原因的认知会如何影响今后他们对成败的态度、动机和期望(Weiner, 1974)。当人们感知到某一行为结果时,他们总会自发地询问"这种行为为什么会产生",即便没有意识到要这么做(Wong & Weiner, 1981)。

归因理论包含两个方面:自我归因(intrapersonal attributions)和人际归因(interpersonal causal attribution)(Weiner, 2000)。自我归因解释了人们如何对自身成败结果进行归因,以及这些归因会对其今后的行为表现产生何种影响。自我归因的过程有七个阶段:(1)某一结果的出现,(2)该结果引发的情感反应,(3)因果关系的前因,(4)因果关系的分类,(5)因果关系的维度,(6)相应产生的心理影响,(7)相应产生的行为后果。

自我归因的过程往往由某一结果的出现而开始。由于认知能力的局限,人们无法留意到自身所有的行为结果(Weiner, 2000),而更容易注意到那些出乎意

---

* 王永丽,中山大学管理学院教授。主要研究领域为工作-家庭平衡、家庭友好政策等。电子邮箱:wangyli@mail.sysu.edu.cn。

料的、令人不愉快的事情。当人们注意到了某一行为结果，将会产生三种可能的情感反应，包括积极的（开心的），没有预料到的（突然的）消极及消极的（沮丧的、伤心的）。

一个人对"这种行为为什么会产生"的回答往往受到多方面因素的影响，这些因素我们称之为"因果关系的前因"，如过去的成败经历、社会规范和期望等。这些前因将影响到"因果关系的分类"。行为结果的因果关系可从成就和人际交往两个角度进行分类。与成就相关的因果关系因素包括能力、努力程度、任务难度、运气、身心状态等；与人际交往相关的因素则包括生理特征、个性等。

当人们尝试对他人的行为结果做出解释时，这些解释往往来自某种因果维度。一般来说，共有三个因果维度：控制点、稳定性和可控性。控制点指人们认为影响其成败的因素的位置，是内控的（个人内部）还是外控的（外部环境）。稳定性指人们认为影响其成败的因素是否稳定、是否会随着时间推移而发生改变。可控性指人们认为其行为结果能否受个人意志所控制。

导致某一行为结果的因素往往有两类，一类是个人内部因素，另一类是外部环境因素(Heider, 1958; Rotter, 1966)。Heider发现，有三种可能的因素会导致某一行为结果的产生：能力、任务难度和努力程度。他将能力和努力程度归为个人内部因素，将任务难度归为外部环境因素。Rotter则将原因划分为内因（技能或能力）和外因（运气或机遇）两大类。

Weiner等人认为，人们对成败的解释不外乎四个因素：能力、努力程度、任务难度和运气。能力和努力程度被视作个人内部因素，任务难度和运气则被视为外部环境因素。为了进一步区分这些因素的性质和相互依存的关系，Weiner又对这些因素从控制点（内部或外部）和稳定性（稳定或不稳定）两个方面做了双向分类。据此，这四种因素可被归入一个2×2的矩阵当中（横轴为控制点，纵轴为稳定性），则人们对行为结果做出的归因共有四种：(1)能力（内部，稳定）；(2)任务难度（外部，稳定）；(3)努力程度（内部，不稳定）；(4)运气（外部，不稳定）。

此后，Weiner（2000）又在原有理论基础上增加了可控性（有意性）和整体性两个维度分类。可控性（有意性）指人们能否控制该行为的发生。整体性指成就在跨情境的情况下是否具有稳定性。

人们对行为结果的归因将对其今后的认知和情感反应产生影响。例如，当人们将成功归因于努力、勤奋等内部因素时，他们往往会产生自豪、高自尊、高自我效能感等情感，从而对未来的再次成功抱有很高的期望。然而，当人们将失败归因为个人表现不佳时，则会预期未来的再次失败，从而产生绝望和挫败感。除此之外，当人们把失败归因于自己可控的因素时，他们将会产生内疚与羞愧感。最后，人们所经历的一系列的心理过程将在未来产生相应的行为反应，如：是否努力达成某个目标。

当人们试图解释他人的行为时，他们可能并不完全准确。人们经常把他人的行为归因于内部因素，而忽视他们所处情境的重要性（Jones & Harris, 1967）。Ross (1977)将这种倾向称作"基本归因错误"，Jones则将其称作"过度归因效应"。然而，这种倾向随着时间的推移会逐渐消失 (Burger, 1991; Truchot, Maure, & Patte, 2003)。另一种归因偏差是"责备受害人"，即人们更多地将某人不幸的状况归因于内部因素而非外部 (Ryan, 1976)。行动者-观察者偏差（actor-observer effect）也是归因偏差之一，这种偏差往往出现在对负面行为的解释上。它是指人们倾向于将他人的（负面）行为归因于内部因素，而倾向于将自身的（负面）行为归因为外部因素(Jones & Nisbett, 1971)。此外，还有一种归因偏差是"自利性归因偏差"，即人们往往将成功归因于内部因素而否认自身对失败的责任(Bradley, 1978; Miller & Ross, 1975; Riess, Rosenfeld, Melburg, & Tedeschi, 1981)。

大量证据证明，自利性偏差（self-serving bias）也存在于群体和组织当中，他们也会将成功归因于群体自身而将失败归因于外部环境。这种现象被称为"利群偏差"（group-serving bias）(Forsyth & Schlenker, 1977; Johns, 1999; Salancik & Meindl, 1984; Staw, McKechnie, & Puffer, 1983)，利群偏差包含两种

类型：(1)在归因时，区分每个小组成员的贡献；(2)在归因时，把群体看成一个整体(Goncalo & Duguid, 2008)。

人们将某一行为的产生归结为外部原因还是内部原因时，往往基于以下三类信息：区别性（distinctiveness）、一致性（consensus）和一贯性（consistency）(Kelley, 1967)。区别性是指行动者是否只在该情境下产生此种反应，而不对其他情境做出反应；一致性是指其他人是否也对此情境做出了类似的反应；一贯性是指在类似的情境下，行动者是否也会产生类似的反应。研究显示，当信息属于高区别性、高一致性和高一贯性时，人们更倾向于将行为的产生归为外部原因；当信息属于低区别性、低一致性和高一贯性时，则更倾向于将行为的产生归为内部原因(DiVitto & McArthur, 1978; Orvis, Cunningham, & Kelley, 1975)。

归因理论的另一个方面是人际归因(Weiner, 2000)。人际归因包含四个步骤：(1)某一事件的发生，(2)产生该事件的原因或该事件的类型，(3)责任的主体，(4)相应产生的行为反应。事件可以是成功、失败、受到歧视、需要帮助或积极行动等。原因则可能包括不够努力、身心状况不佳、酗酒等。在感知到事件发生并明确它的原因或类型后，人们将基于对责任主体的思考得出以下两种结论：(1)是他人的责任，这会导致对他人的谴责、忽视或报复等行为的产生；(2)不是他人的责任，或不是他人可以主观控制的。这会促成对他人进行帮助等行为的产生。

对于归因理论的研究、讨论在近年来开始回暖(Martinko, Harvey, & Dasborough, 2011)，该理论已被应用到领导力(Ellis, Ilgen, & Hollenbeck, 2006; Lam, Huang, & Snape, 2007; Martinko, Harvey, & Douglas, 2007)，企业声誉(Sjovall & Talk, 2004)，创业(Chattopadhyay, 2007)，反社会行为与亲社会行为(Greitemeyer & Weiner, 2008)，个人权利(Harvey & Martinko, 2009)，组织绩效(Jeong, 2009; Tessarolo, Pagliarussi, & Mattos da Luz, 2010)和歧视 (Hegarty & Golden, 2008)等多个论题上。

对该理论的批判与评论

归因理论在因果维度的数量上受到了质疑。研究人员认为，因果维度可以多于或少于三个维度（控制点、稳定性和可控性）(Weiner, 1985)。Anderson提出了六个因果维度：控制点、稳定性、整体性、可控性、故意性（原因是否反映了行为的意图）和可变性（人能否改变决定结果的因素）。同时，Weiner认为，因果维度是高度相互关联的，彼此之间可能存在相似之处（并没有很大差异）。

这一理论还被批评只专注于结果的因果决定因素。Buss（1978）指责现有的归因理论没有充分区分原因（cause）和理由（reason）。他认为，原因能够带来改变，而理由只是驱动改变的其中一个因素，它可以是目标或追求等。

批评者还指出，归因理论并没有充分地定义行为"结果"。Buss（1978）认为，研究人员应该区分个人所实施的行为或行动和发生在个人身上的事件。理论家总会试图对人们所经历的所有事情强加因果框架，而没有考虑这些结果究竟是个人采取行动所致还是仅为这个人所经历的事件。

对该理论所包含的变量进行测量

1. 努力、能力、任务、战略以及运气归因量表

Dixon, A. L., Spiro, R. L., & Jamil, M. (2001, June). Successful and unsuccessful sales calls: Measuring salesperson attributions and behavioral intentions. *Journal of Marketing*, 65, 64–78.

2. 动机量表

De Stobbeleir, K.E.M., Ashford, S. J., & De Luque, M.F.S. (2010). Proactivity with image in mind: How employee and manager characteristics affect evaluations of proactive behaviors. *Journal of Occupational and Organizational Psychology*, 83, 347–369.

3. 归因方式问卷

Martinko, M. J., Moss, S. E., Douglas, S. C., & Borkowski, N. (2007). Anticipating the inevitable: When leader and member attribution styles clash. *Organizational Behavior and Human Decision Processes*, 104, 158–174.

未来研究建议

（1）明确基于个体和基于群体两种归因方式之间的相似点、差异点以及对相互的影响。

（2）立足于大量社会的、实践的行为，跳脱实验室研究的禁锢，探讨基于群体的归因方式的影响。

（3）观察个体和组织差异（如文化）对归因的影响。

（4）研究增强个体对群体的认同的因素如何对归因造成积极或消极的影响。

（5）探究群体成员的同质性或异质性如何对群体层面的归因造成积极或消极的影响。

（6）研究离职率是在多大程度上影响群体层面的归因，从而影响行为判断的。

（7）观察跟随者的归因方式对他们评价领导者有效性的影响。

（8）研究集体归因对团队认同、绩效和有效性的影响。

（9）研究集体归因将如何影响处于危机和日常情况下的组织绩效。

（10）探究时间对个体和集体归因的影响以及对其态度和行为的影响。

必读的经典文献

Kelley, H. H. (1967). Attribution theory in social psychology. In D. Levine (Ed.),

Nebraska symposium on motivation(Vol. 15, pp. 192–238).Lincoln: University of Nebraska Press.

Kelley, H. H., & Michela,J.L.(1980). Attribution theory and research. *Annual Review of Psychology*, 31,457–501.

Rotter, J. B. (1966). Generalized expectancies for internal versus external control of reinforcement. *Psychological Monographs*, 80,1–28.

Weiner, B. (1985). An attributional theory of achievement motivation and emotion. *Psychological Review*, 92,548–573.

Weiner, B. (1986). *An attributional theory of motivation and emotion*.New York: Springer.

对管理者的启示

归因理论阐明了人们是如何解释自己或他人的行为结果的，它研究了人们如何将某一行为的产生归结为内部原因（努力程度或能力）或外部原因（运气或任务难度）。管理者往往会自发地确定导致自身行为和员工行为的因素，并根据这些归因调整对待员工的方式。

管理者需要认识到，员工往往会出现归因错误。例如，当员工表现出色时，他们更倾向于认为是自己的功劳。然而，当员工表现不佳时，他们则会认为是由外部因素（如他们的上司）所致。管理者需要认识到这样的归因错误，并帮助他们明确真正的原因，从而提升员工的绩效。

同时，管理者还需要意识到，他们自己也会出现归因错误。例如，当员工表现出色时，管理者往往认为是自己的功劳而不是员工的。然而，当员工表现较差时，管理者则会责备员工、而不会为他们的不佳表现负责。若员工表现不佳是由管理者导致的，管理者应该通过主动承担责任的方式减少归因错误，并帮助员工提升绩效水平。

7

平衡理论

高中华* 译
(首都经济贸易大学工商管理学院)

平衡理论(balance theory,也称为一致性理论)的主要思想是保持和谐的情感(sentiments)平衡是与其他人交往的隐性目标(Heider, 1946, 1958; Newcomb, 1953, 1968)。该理论的一个主要假设是,人们总是倾向于用一种有意义的、合理的(sensible)并且一贯的方法来组织自己的思想、信念、态度和行为(Heider,1946; Osgood & Tannenbaum, 1955; Festinger, 1957; Zajonc, 1960)。

根据平衡理论的观点,人们总是通过自身的知觉过程来了解他们所处的环境以及发生于该环境(例如他们的生活空间)中的各种事件。在此过程中,人们会受到环境的影响,同时也会引起环境的变化,例如他们会向他人提出需求和看法,对他人产生归属感,要求他人承担责任。所有这些决定了他人在一个人的生活空间中究竟扮演何种角色,以及这个人如何对其他人做出反应(Heider, 1958)。

平衡理论中的一个关键概念是"情感"(Heider, 1958)。情感是个体对他人或对象的积极或消极评价。某种情感是指个体p对特定事物(例如另一个人o或对象x)所产生的感觉。

---

* 高中华,首都经济贸易大学工商管理学院副教授。主要研究领域为领导力、工作家庭关系、组织政治、知识员工激励等。电子邮箱:gaozhonghua@cueb.edu.cn。

积极情感反映"喜欢",负面情感反映"不喜欢"。情感包括情绪、思想、行为意图以及其他人或物的品质。特定情感是将两个个体或一个个体和一个对象联系在一起的连接。平衡理论假设人们决策的依据有时更有可能是感性情感而非理性思维(rational thoughts)(Peterson,2006)。

人们会意识到他们生活空间中的其他人对他们所产生的情感。例如,人们倾向于关注他们生活空间中的其他人是否喜欢他们。此外,当我们发现个体p喜欢或不喜欢另外一个个体o时,我们就会得知个体o在个体p的生活中扮演着重要角色,这是因为个体o可能对个体p的思维和行为产生影响。

根据平衡理论,人们在与他人的互动中倾向于形成平衡、和谐的状态。在平衡的状态下,人们和互动对象之间会看起来具有较高的匹配性,他们往往没有压力去改变这种状态。例如,当个体p喜欢个体o(+1),个体p喜欢x(+1)以及个体o喜欢个体x(+1)时,就会出现积极的平衡状态。在这种情况下,p-o-x这个三角组合中的所有关系都是正向的(+1,+1和+1)。同样,平衡状态下三者之间的所有关系也可以全部为负,例如当p不喜欢o(−1),p不喜欢x(−1)以及o不喜欢x(−1)时。在这种情况下,p-o-x三角组合中的所有关系都是负向的(−1,−1和−1)。例如,假设你喜欢我(正向或+1),你喜欢你的新朋友(正向或+1),但我不喜欢你的新朋友(负向或−1)。由于在数学意义上该结果 $[(+1) \times (+1) \times (-1)]$ 是负向的,因此这种状态是不平衡的。另一方面,如果我也喜欢你的新朋友(正向或+1),那么结果将是正向的 $[(+1) \times (+1) \times (+1)]$,这意味着三者形成了积极的平衡状态。

平衡理论揭示了某个体所处环境或情境中不断变化的人际交往状态。当前和未来的环境或情境可以改变一个人对人际互动的知觉。例如,Zajonc(1968a)发现,让一个人重复地接触单一的物体,可以加深该个体对该物体的喜欢程度。"单一曝光"(mere exposure)这个术语意味着互动对象对于个体而言是容易感知到的。

当人们有机会与他人在未来产生接触或进行互动时,他们有可能会改变对这些人的知觉。因此，与另外一个人始终是一个抽象、独立的陌生人相比，当这个人和自己在情感上有可能产生互惠关系时，更有可能改变人际知觉。

如上所述，平衡理论假设人们在与他人的互动中会努力实现情感方面的平衡。一般来说，人们倾向于将他们的态度与他们喜欢的人而非他们不喜欢的人保持一致（Chaiken & Eagly, 1983; Sampson & Insko, 1964）。然而，如果不能实现平衡，那么人们会对人际关系产生较高的不确定和不稳定感知，进而会让他们产生紧张感、变革需求、消极情感和生理唤醒（Burdick & Burnes, 1958; Festinger & Hutte, 1954; Jordan, 1953; Osgood & Tannenbaum, 1955; Taylor, 1967; Tsai & Levenson, 1997）。例如，当人们本应该做出一个与现在不同的选择时，人们可能会感到不适，Festinger（1957）把这种现象称为"失调"（dissonance），例如买家总是会因为自己之前做出的一些购买决策而感到后悔。为了避免不同想法之间产生的失调，人们将积极采取行动以创造一个和谐、平衡的状态。

平衡理论提供了两种补救措施来让不平衡的状态重新恢复平衡：（1）改变情感，（2）改变关系或者解除关系（Heider, 1958）。例如，Hovland、Janis和Kelley（1953）认为，如果一个人对某个演讲者持肯定态度，但是该演讲者发表了一些具有攻击性的言论，那么该听众可能会对演讲者产生更多的消极情感从而在情感方面恢复平衡状态。Treadway、Ferris、Duke、Adams和Thatcher（2007）描述了一个主管在给予某受宠的下属一次糟糕的绩效评价之后如何应对失衡状态的例子，例如该主管可以通过将该下属与此次不良的绩效表现隔离开来，这样他就可以在关系方面再次恢复平衡状态。

研究人员讨论了平衡过程到底是更具有内隐性还是更具有外显性这个问题（Insko, Sedlak, & Lipsitz, 1982）。在平衡过程中，人们可能会在特定环境刺激（例如他人或对象）上投入一些具有外显性的注意力。然而，他们不太可能会明确地经历"我喜欢你"和"你喜欢我"这样的思维过程。Insko等人认为平衡过程更多是实践导向的，因此几乎不需投入过多的外在注意力或认知就可能自动地发生。相比之下，Cacioppo和Petty（1981）却认为人们要实现复杂的平衡过程总是需要投入充足的时间或动机进行思考。

对该理论的批判与评论

平衡理论最初受到批判是因为该理论只能检验三个实体之间的关系（p，第一个人；o，第二个人；x，感兴趣的）（Cartwright & Harary, 1956）。由于过于简单，不能检验个人现实生活中更多的人或者对象，该理论受到了大量的质疑。之后，学者们对该理论进行了一些扩展，例如在平衡模型中加入无限数量的人或对象（例如Cartwright & Harary, 1956）。然而，从认知上来说这些观点让平衡理论变得更为复杂，这导致该理论在之后的运用中依然需要回到原始的三要素公式（Homburg & Stock, 2005）。

一些理论家认为平衡理论本身就是错误的。例如，有时同意他人的观点往往比反对他人的观点更会让人们感到愉快。Zajonc（1968b）就提出，平衡理论的原则会被相似相吸破坏。

一些批评者还认为平衡理论更加适用于检验积极而非消极的互动关系。例如，Newcomb（1968）仅在p喜欢o的情况下讨论了平衡与不平衡的区别，而排除了p，o和x的另外一些可能性组合。此外，一些研究人员在具体测量中只使用积极的量表，如愉快（Jordan, 1963），而不使用另外一些具有更广泛认知范围的量表。

平衡理论的一些潜在假设也受到了批评，例如指出人们并不总是希望进行无压力、平衡的人际交往（Osgood & Tannenbaum, 1955）。相反，有些人会积极地创造不平衡状态，或者寻找不平衡的情境，这是因为他们本身就很享受由不平衡带来的压力感和紧张感。

平衡理论中"平衡"与"不平衡"这种过分简化的划分方式也受到了批评。根据平衡理论，人们之间的关系要么是平衡的要么是不平衡的。之后有模型尝试界定平衡或不平衡的范围来改进平衡理论，例如Cartwright和Harary（1956）提出了"平衡程度"（degree of balance）。

批评者研究了人们形成平衡或不平衡知觉所需的时间。Cacioppo和Petty（1981）发现，人们会不由自主地把注意力投向能够给他们带来愉悦评价的他人。发现，人们会投入最少的时间来评估吸引力（*p-o*），而投入较多的时间来评估相似性或相异性（*p-x*与*o-x*相比），甚至花更多的时间来评估平衡或不平衡（*p-o-x*）。Cacioppo和Petty得出结论，三种不同的独立判断倾向可能同时发生，这非常不利于运用平衡理论进行的解释。

对理论所包含的变量进行测量

1. 销售情境中的平衡理论条目

Homburg, C., & Stock, R. M. (2005, May). Exploring the conditions under which salesperson work satisfaction can lead to customer satisfaction. *Psychology & Marketing*, 22, 393–420.

2. 一致/不一致，愉悦/不愉悦，不和谐/和谐量表条目

Insko, C. A., &Adewole, A. (1979).The role of assumed reciprocation of sentiment and assumed similarity in the production of attraction and agreement effects in *p-o-x* triads. *Journal of Personality and Social Psychology*, 37, 790–808.

3. 人际吸引力量表

McCroskey, J. C., & McCain, T. A. (1974).The measurement of interpersonal attraction. *Speech Monographs*, 41, 261–266.

4. 人际吸引力量表

McCroskey, L. L., McCroskey, J. C., & Richmond, V.P. (2006, February). Analysis and improvement of the measurement of interpersonal attraction and homophily. *Communication Quarterly*, 54, 1–31.

5. 崇拜者认同量表条目

Trail, G. T., & James, J. D. (2001, March). The motivation scale for sport consumption: Assessment of the scale's psychometric properties. *Journal of Sport Behavior*, 24, 108–127.

未来研究建议

（1）检验客户对名人和体育人物、产品和服务及其制造商的态度。

（2）探讨崇拜者对政治家、体育人物与名人工作之外行为的平衡和不平衡知觉。

（3）分析人们如何对待平衡过程知觉中（特别是在消极平衡状态下）作为单一实体的个体。

（4）比较人们作为个体性的他人与群体性的他人的平衡过程。

（5）探讨客户如何寻找某些想要或不想要的产品和服务的替代品，以重新恢复与他们所处情境平衡的能力。

（6）研究Fournier（1998）提出在平衡过程中与客户形成的15个品牌关系之间的差异。

（7）比较对他人和对象的多层次、多水平的平衡知觉（例如重视家庭而非工作）与传统的单一水平知觉之间的差异。

（8）探讨人们如何将信息（例如，广告和营销）聚焦于不平衡状态的方式可能会导致他们转向新的平衡状态，或者采取获取新平衡状态的行为（例如，购买决策）。

（9）探讨人们为了保持平衡的状态必须获得支持性沟通的程度。

（10）研究平衡和不平衡水平的范围，看在不同范围中改变人们的行为难易程度。

(11) 探讨那些能够导致人们更偏好维持不平衡状态而非平衡状态的个体差异变量。

必读的经典文献

Heider, F. (1946).Attitudes and cognitive organization. *Journal of Psychology*, 21, 107–112.

Heider, F. (1958).*The psychology of interpersonal relations*. Hoboken, NJ: Wiley.

Insko, C. A. (1984). Balance theory, the Jordan paradigm, and the Wiest tetrahedron. In L. Berkowitz (Ed.), *Advances in experimental social psychology* (Vol. 18, pp. 89–140). New York: Academic Press.

Newcomb, T. M. (1953). An approach to the study of communicative acts. *Psychological Review*, 60, 393– 404.

Newcomb, T. M. (1968). Interpersonal balance. In R. P. Abelson, W. J. Aronson, T. M. McGuire, T. M. Newcomb, M. J. Rosenberg, & P. H. Tannenbaum (Eds.), *Theories of cognitive consistency: A source book* (pp. 28–51). Chicago: Rand McNally.

对管理者的启示

平衡理论的一个主要假设是，人们总是倾向于用一种有意义的、合理的并且一贯的方法来组织自己的思想、信念、态度和行为。他们倾向于对自己喜欢或者不喜欢的人和事物保持一贯的态度，这种趋势可能会对其希望在工作团队或组织中进行的任何变革产生很大的影响。此外，人们可以相当快速地做出他们"喜欢"或"不喜欢"的判断，通常不会经过太多的思考。

当试图做出改变时，需要明确员工在哪些方面已经具有积极或消极平衡的想法。例如，一个员工可能喜欢另一个员工，因为他们都不喜欢保持整洁的工作区域，又或者都喜欢领导反复检查他们的工作。改变员工的这种想法可能很困难。如果管理者想改变这些员工的工作习惯，那么可能需要把这两个人隔离开，并且让他们都接触一些与其具有不同想法的员工。单一曝光表明，反复地与另外一个人接触有助于改变人们对这个人的知觉和态度。

此外，梳理可能保持的或积极平衡或消极平衡的想法，它们可能会阻止自己的成长以及使生活发生积极的变化。例如，某员工之所以不想在公司的垒球队打球，是因为Joe在公司的垒球队，但是该员工不喜欢Joe。为了让该员工加入公司的球队需要做两件事之一：等待Joe离开球队，或者改变该员工对Joe的想法，这样可以让该员工重新恢复平衡，对加入球队打球产生积极想法。因此，管理者应随时了解如何平衡自己对他人和事物的态度。

8

控制理论

罗文豪* 译
（北方工业大学经济管理学院）

控制理论（control theory），又称控制论（cybernetic）理论，主要考察机械的和人类的自我调节系统。该理论的中心思想已历经数十年的讨论（例如，Cannon, 1929），但直到Wiener（1948）才首先将控制理论确立为一套独特的思想体系。控制理论对诸如管理学、工程学、应用数学、经济学和医疗保健等多个不同领域都产生了重大影响。

根据控制理论，反馈回路（feedback loop）是其中的基本单元（Carver & Scheier, 1982）。反馈回路包含四个要素：（1）参考标准，（2）感应器，（3）比较器，以及（4）效应器。许多人使用恒温器的例子来描述反馈回路的四个要素如何共同作用（Klein, 1989）。当恒温器控制房间的温度时，参考标准即恒温器的设定温度，感应器是监控房间温度的装置，比较器则是将房间的当前温度与设定温度进行比较的机制，而效应器就是能够改变房间温度的装置，例如壁炉或者空调。

在反馈回路过程中，感应器（也称为输入行为）持续地比较实际温度和设定温度。如果比较显示设定和实际温度之间没有差异，则系统不采取行动来改

---

* 罗文豪，北方工业大学经济管理学院讲师。主要研究领域为组织行为学、领导与追随理论、管理理论创新等。电子邮箱：luowenhao@ncut.edu.cn。

变房间温度，而仅仅是继续监控房间的温度状况。然而，如果比较显示设定温度和实际温度之间存在差异，则系统将会采取行动来消除差异（即对室温进行调节）如果实际温度低于设定温度，则效应器（也称为输出行为）将开启火炉使房间变暖，直到达到期望的温度。如果实际温度高于设定温度，则效应器将开启空调为房间降温，直到达到期望的温度。

反馈回路既可以是正向反馈，也可以是负向反馈（Powers，1973）。一个负向反馈的例子是，管理者向员工传递"绩效表现低于标准"的信号。在这种情况下，员工将采取行动提升他的绩效表现，直至达到绩效标准。正向反馈的例子则是，管理者向员工传达"应该继续偏离绩效标准"的信号。在大多数情况下，人类活动中很少会使用正向反馈回路来帮助塑造偏离绩效标准的行为。而在机械系统中，这种情况则会经常发生。

在控制理论中，认知要素（cognitive element）和情感要素（affective element）这两类要素有助于描述人类行为（Carver & Scheier, 1981）。从认知要素来看，个体会为绩效设定目标标准，并对当前的任务表现进行信息加工，进而将当前绩效水平与目标标准进行比较。从情感要素来看，如果个体感知到期望绩效水平和实际绩效水平之间的差异时，他们会为了消除这一绩效差异而做出行为改变。

在工作情境下，员工通常会同时执行不止一项任务，这意味着他们所执行的每一项任务上都会出现反馈回路。根据控制理论，所有这些反馈回路会基于对于个体的重要性而形成一个层次结构。通过试错，能够用于减少最重要的反馈回路中绩效差异的方法，将会被用来减少那些重要层次较低的反馈回路中的绩效差异（Powers, 1973）。

例如，管理者或许会指派销售人员来增加新的销售联系人。这份工作就包含了不止一项任务，例如寻找潜在的客户以及进行初步的联络。根据控制理论，每项工作任务及其较低层次的行为（例如搜索客户，寻找地址和电话号码）都会有一个单独的反馈回路（Klein, 1989）。最终的结果是形成了一系列的反馈循环，整个循环从对于销售人员而言最重要的绩效目标（即销售更多的公司产品）开始。人的身体中也充满了层层关联的反馈回路，在不同的重要性水平上调节身体机能，例如较为重要的保持心肺呼吸，以及不那么重要的搔痒（Powers，1973）。

对该理论的批判与评论

控制理论能够有效地解释有目的的人类行为。许多研究人员试图将机械行为的控制论扩展到人类行为，同时试图保持原始控制论原理中的概念简洁性（Fellenz，1997）。然而，控制理论一再被批评在解释人类行为时过于机械化。许多批评者总结道，虽然控制理论适用于机械系统，但却不适用于人类行为（Locke，1991）。

控制理论研究者主要集中在负向反馈回路上，对于正向反馈回路几乎视而不见。在机械系统中，负向反馈回路和正向反馈回路都是普遍存在和实际有用的。然而，对于现实生活中的个体来说，人们似乎主要聚焦于负向反馈回路，而这会丧失按照偏离过去绩效标准来塑造行为的好处。

对于控制理论的一个主要批评是：系统只会在检测到差异时才采取行动来改变或改善行为。但很多时候，人类行为中的创新和变化并非来自可以检测到的差异。除了差异的检测，可能有许多原因会导致行为改变，但控制理论未考虑这些其他原因。

控制理论对绩效标准的来源和难度水平也没有提供太多的解释。该理论基本上忽略了为什么要首先设定绩效标准以及如何进行设定。谁来设定绩效标准？何时设定绩效标准？如何设定绩效标准？何时对绩效标准进行变革？上述这些问题对于最终的绩效结果会产生哪些影响？控制理论对于以上问题都没有给出任何回答。

控制理论起源于控制论系统（cybernetic systems，计算机系统），并扩展到人类系统。由于其来源上的机械设置，控制理论忽略了发送到系统中关于绩效差异的信息的意义。发送的信号仅仅是表示实际绩效是否满足绩效标准，或者高于或低于绩效标准的数据，而没有发送关于当前状态中所蕴含意义的信息。然而，信息的意义对于人类来说尤为重要。人类不仅需要知道是否达到绩效标准，更需要知道是否达到标准对于个体、组织和其他利益相关者意味着什么（Fellenz, 1997）。

对该理论所包含的变量进行测量

1. 行为-状态定向量表

Diefendorff, J. M., Hall, R. J., Lord, R. G., & Strean, M. L. (2000). Action-state orientation: Construct validity of a revised measure and its relationship to work-related variables. *Journal of Applied Psychology*, 85, 250–263.

2. 行为控制量表

Kuhl, J. (1994). Action versus state orientation: Psychometric properties of the Action Control Scale (ACS-90). In J. Kuhl & J. Beckmann (Eds.), Volition and *personality: Action versus state orientation* (pp. 47–59). Seattle: Hogrefe& Huber.

3. 治疗性自我调节问卷

Levesque, C. S., Williams, G. C., Elliot, D., Pickering, M. A., Bodenhamer, B., & Finley, P. J. (2007). Validating the theoretical structure of the Treatment Self-Regulation Questionnaire (TSRQ) across three different health behaviors. *Health Education Research*, 22, 691–702.

4. 一般因果性定向量表

Deci, E. L., & Ryan, R. M. (1985). The general causality orientations scale: Self-determination in personality. *Journal of Research in Personality*, 19, 109–134.

5. 自我调节问卷

Ryan, R. M., & Connell, J. P. (1989). Perceived locus of causality and internalization: Examining reasons for acting in two domains. *Journal of Personality and Social Psychology*, 57, 749–761.

Brown, J. M., Miller, W. R., & Lawendowski, L. A. (1999). The self-regulation questionnaire. In L. VandeCreek & T. L. Jackson (Eds.), *Innovations in clinical practice: Asource book* (Vol. 17, pp. 281–289). Sarasota, FL: Professional Resource Press.

6. 输入控制、行为控制、输出控制问卷

Snell, S. A. (1992). Control theory in strategic human resource management: The mediating effect of administrative information. *Academy of Management Journal*, 35, 292–327.

未来研究建议

（1）考察个体如何、何时以及为何推翻或改变当前的行为标准，而选择支持新标准。

（2）探讨人们如何改变和创建绩效标准的层次结构。

（3）探究向个体提供绩效差异反馈（discrepancy feedback）的最有效方法。

（4）考察人们如何协调个体和群体的绩效标准层级。

（5）研究可以减少绩效差异最有效的行动方法。

（6）探讨正向和负向绩效差异的对称性或不对称性对于相同和不同任务绩效的影响效应。

（7）考察在不同类型的组织情境和环境中输入控制、行为控制和输出控制的有效性。

（8）探究何时人们认为绩效差异太大而无法纠正，从而放弃改变绩效。

（9）考察正向和负向反馈回路的并行使用，以便向着期望的绩效标准来塑造人类行为。

（10）探讨战略性地设定简单或者难以达到的绩效标准对于正向和负向反馈回路的影响，以及对于任务绩效的进一步影响。

必读的经典文献

Carver, C. S., & Scheier, M. F. (1981). *Attention and self-regulation: A control theory approach to human behavior*. New York: Springer.

Carver, C.S., & Scheier, M.F. (1982). Control theory: A useful conceptual framework for personality-social, clinical, and health psychology. *Psychological Bulletin*, 92, 111–135.

Carver, C. S., & Scheier, M. F. (1990). Principles of self-regulation: Action and emotion. In E. T. Higgins & R. M. Sorrentino (Eds.), *Handbook of motivation and cognition* (Vol. 2, pp. 3–52). New York: Guilford Press.

Carver, C. S., &Scheier, M. F. (1999). Themes and issues in the self-regulation of behavior. In R. S. Wyer Jr. (Ed.), *Advances in social cognition: Vol. 7. Perspectives on behavioral self-regulation* (pp. 1–105). Mahwah, NJ: Erlbaum.

Klein, H. J. (1989). An integrated control theory model of work motivation. *Academy of Management Review*, 14, 150–172.

对管理者的启示

控制理论的主要思想是，根据反馈回路过程，当人们看到他们的实际绩效水平和绩效标准之间存在差异时，人们会受到激励而有所行动。作为管理者，其任务就是促进和强化员工的这种差异感知。

首先，为员工设定绩效标准。他们需要清楚地知道他们应该做什么以及如何去做。管理者应与员工合作，为他们所执行的所有重要任务制定具体的、可衡量的绩效标准。

其次，建立一套监测员工绩效水平的系统。员工们需要清楚地知道他们在执行重要任务时的效果。与他们合作创建一个系统，监视和跟踪员工执行的每项重要任务的具体绩效水平。

再次，创建另一套系统，用于将员工的实际绩效水平与绩效标准进行比较。根据控制理论，当人们看到实际表现和期望之间的差异时，他们便会受到激励。表现管理者的任务是帮助员工看到他们的实际绩效水平和期望绩效之间的任何差异。

最后，如果员工实际绩效水平和绩效标准之间存在差异，最重要的步骤是找出存在差异的原因，然后采取行动来减少差异。例如，也许员工需要得到更多有关如何执行任务的指导，需要更好的设备，或者需要培训和教育。管理者应与员工合作，了解如何帮助他们按照绩效标准来开展工作。

9

创新扩散理论

李朋波[*] 译
（北京第二外国语学院酒店管理学院）

创新扩散理论（diffusion of innovation theory）探究了信息随着时间传递给人或组织的过程，这个过程可以带来创新的应用（Bass, 1969; Rogers, 1983）。创新可以是人们感知到的新的商品、服务、实践或想法等（Rogers, 1983, 2004）。这种新颖性并不取决于该事物被创造出来的时间，而更多的指应用它去帮助满足某个需要或解决某类问题。新颖性还指人们对于他们自己使用该事物时有积极的反应，他们以前或许就知道这个事物，但可能从来没有想过要亲身使用它。

一项创新的特征有助于解释该创新的采用率。当创新具有如下特征时，它们会被更快地采用：（1）相对优势性（和现有的方法相比有相对优势）；（2）相容性（与现有的价值观、过去的经验以及当前的需求相容）；（3）易懂性（简单易懂）；（4）可试性（可以被潜在采用者尝试或使用）；（5）可观察性（采用者可以看到结果）。

扩散是一种过程，在这个过程中创新通过沟通渠道随着时间推移被传递或共享给社会系统中的人们。沟通涉及人们交换和创造信息，从而形成人们对该

---

[*] 李朋波，北京第二外国语学院酒店管理学院讲师。研究领域为领导与组织行为、人力资源管理等。电子邮箱：lpbup@sina.com。

创新的集体理解。沟通渠道包括面对面沟通、电子沟通以及其他的信息共享形式。有关创新的沟通往往涉及人与人之间的双向沟通,而不是从信息源到信息接受者的单向沟通(Rogers & Kincaid, 1981)。

创新扩散理论包括创新决策过程,该过程包含五个阶段:(1)获知;(2)说服;(3)决策;(4)实施;(5)确认(Rogers, 1983)。在获知阶段,个体开始意识到创新。一些研究人员(如:Coleman, 1966)认为个体在这个阶段是被动的,而另一些研究人员则认为个体会主动寻求创新。Hassinger(1959)认为如果个体事先并无对某些创新的需求或兴趣,那么他往往不会进行有关这些创新的沟通。个体可以是创新相关信息早期或后期的"知悉者"。Rogers(1983)这样描述道,与后者知悉者相比,早期知悉者受过更多的教育,拥有更高的社会地位,接触到更多的大众传媒、人际渠道和变革推动者,有更高的社会参与度和国际化定位。

创新的扩散需要时间,因此并不是每个人都能在同一时间采用某一项创新。以往有研究人员不同意把人划分成早期或后期的创新采用者,但是Rogers(1962)的这个描述依然是主流术语。Rogers提出,创新采用的曲线呈从左下到右上的S形。左下方曲线的斜率表明创新采用率开始是较低的,然后随着创新被迅速采用,采用率随之快速增长。曲线的上部表示某项创新能够被后期采用者采用所需经历的时间。Bass(1969)提出了现在经典的"鞍形"创新采用曲线。此外也可能存在一些其他形状的曲线。

"创新性"(innovativeness)这一术语是指一个人或一个组织相较于其他人或组织能相对较早采用某项创新的程度(Rogers, 2002)。Rogers(1983)提出了5类创新采用者,分别是:(1)创新者(敢于冒险者,占比2.5%);(2)早期采用者(adpoters)(受人尊敬者,占比13.5%);(3)早期大众(深思熟虑者,占比34%);(4)后期大众(多疑者,占比34%);(5)落后者(传统者,占比16%)。"创新性-需求的矛盾观"描述了采用创新获益最多的人往往是最后采用的人。一些个体或组织有超越其所在群体的趋向,被称作"世界主义者"（cosmopolitans），他们往往会较早采用创新；而另一些个体或组织只趋向于最直接、最邻近的群体，被称作"本地主义者"，他们往往会较晚采用创新（Gouldner, 1957; Merton, 1957; Robertson & Wind, 1983）。

随着越来越多的人采用某项创新，采用者会通过对其他人施加压力或影响来推动这项创新的采用。Rogers（1983）将这种现象称为"扩散效应"（diffusion effect）。然而，当这种压力作用过强迫使一些不太情愿的人也去采用一些他们本不必要的创新时，"过度采用"（overadoption）就可能会发生。

根据该理论，创新在组织中的扩散过程分为五个阶段：（1）议程设置；（2）匹配；（3）重新定义或重组；（4）清晰化；（5）惯例化。每个阶段都有其特定的事件、行为以及决策的发生，并且后面的阶段只能在前面的阶段完成之后才能发生。尽管有时这个过程很缓慢，但在通常情况下，组织会在这五个阶段中稳步前进。与此同时，这个过程的一个或多个阶段被跳过或者"原路折返"而不是直接通过全部的五个阶段，这些情况都是可能发生的。

创新扩散过程的前两个阶段，即议程设置和匹配，是创新采用的开端和起始阶段。起始阶段包括对信息的搜集、概念化、预测、可视化以及规划，从而引发创新采用的决策。议程设置涉及组织中的一人或多人，他们确定问题后通过寻求创新来解决问题。该过程的第二个阶段是匹配。在现实中，多数组织往往关注问题的解决办法，一旦找到这些解决办法，就会专注于将它们应用到解决特定的问题上（March, 1981）。因此，大多数组织会不断地寻找创新，然后设法将有用的创新与相关问题进行匹配。

如果前两个阶段都成功进行，那么组织将决定采用创新。新采用创新的实施涉及这个过程的后三个阶段。第三阶段被称作"重新定义"或"重组"。通常情况下，一项创新不会和组织完全匹配，因此必须对其进行修正和改进以适应组织的文化、结构以及其他方面。组织自身也可以进行调整来适应创新，比如可以组建一个新部门来监控和维持创新。

第四阶段即清晰化，是指随着创新被广泛采用，要帮助每个人都理解创新的目的、意义与功能。这一阶段涉及识别和纠正人们采用创新时可能产生的误区与副作用。

第五阶段即惯例化,是指让创新成为每个人的习惯或惯例。这一阶段的目的是帮助确保创新成为组织认同的一部分,并防止任何为支持先前方法而拒绝某项创新或实施等与该创新相悖的行为。

Rogers（2004）介绍了有关创新扩散研究的最新趋势。例如,在创新的"临界量"（critical mass）（或"临界点",tipping point）下,由于太多人采用某项创新以至于它能够自我维持而持续被采用下去（Mahler & Rogers, 1999）。该理论已经从检验人与人之间的线性沟通发展到聚焦于个体、群体和组织社会网络中的潜在创新采用者之间的沟通（Peres, Muller, & Mahajan, 2010）。最后,有关该理论的研究检验了创新的"再创造"过程,探索了一项创新是如何在扩散过程中发展、变化并且被采用者改变的。

对该理论的批判与评论

创新扩散理论的一个基本假设是所有的新方法都是有帮助且有成效的,因此应该被采用。该理论很少涉及组织用以筛选或过滤掉那些劣质创新的方法。一些创新可能并不适合一个组织的文化、使命或价值观,因此它们不应该被采用。该理论的批评者认为应更多地关注组织如何做出不采用某些创新的决策。

该理论由于假设所有创新的采用都能够产生积极效果而受到批判（Goss, 1979）。Rogers（1983）表示研究人员没有花足够的时间来检验创新采用的结果。在创新采用的过程中,决策制定者应该探讨并预测采用某项新技术的优势和劣势,然而他们很少做到这一点。通常情况下,决策制定者仅仅考察创新采用的积极方面,这可能导致灾难性的后果。该理论对创新采用的消极后果虽有一定的涉及,但这方面仍需要予以更多的关注。

该理论假设所有好的创新都会被采用,这是备受质疑的。它忽视了一些优秀的创新并没有被采用的事实。该理论没有探究为什么这些优秀的创新会被忽视而一些不好的创新却能被采用。Rogers（1983）以键盘的使用为例，提到快速Dvorak键盘（使用最频繁的字母在键盘中间）未得到采用而更慢的QWERTY键盘却被广泛使用。

该理论以消极贬义的表述例如"落后者"等词语来描述那些较晚或从来不采用创新的人，这也是受到诟病的。维持和重视传统方法，并拒绝那些可能对文化和社会产生破坏的新颖且未经检验的方法，也可能带来积极影响，但该理论忽视了这一点。

该理论倾向于仅仅关注技术创新而排除了其他类型的创新。这也许是因为Rogers（1983）具体地描述了技术创新的"硬件"和"软件"方面而忽略了其他创新类型。

对该理论所包含的变量进行测量

1. 感知属性量表

Pankratz, M,. Hallfors, D., & Cho, H. (2002). Measuring perceptions of innovation adoption: The diffusion of a federal drug prevention policy. *Health Education Research*, 17, 315–326.

2. 组织内扩散量表

Pae, J. H., Kim. N., Han, J. K., & Yip, L. (2002). Managing intraorganizational diffusion of innovations: Impact of buying center dynamics and environments. *Industrial Marketing Management*, 31, 710–726.

3. 世界主义者–当地人定向量表

London, M., Cheney, L. A., & Tavis, R. L. (1977). The relationship between cosmopolitanlocal orientation and job performance. *Journal of Vocational Behavior*, 11, 182–195.

4. 创新意识量表

Borrego, M., Froyd, J. E., & Hall, T. S. (2010, July). Diffusion of engineering education innovations: A survey of awareness and adoption rates in U.S. engineering departments. *Journal of Engineering Education*, 99, 185–207.

未来研究建议

（1）考察当前创新采用者对未来创新采用者的消极影响，以及未来创新采用者对过去创新采用者的消极影响。

（2）探究采用某项创新带来的功效以及表现该功效的设备之间的差异。

（3）考虑当前创新采用率与后期收益之间的差异，例如安全或医疗预防。

（4）开发更好的探索性策略来评估相较于当前方法更新的技术和创新的采用率。

（5）诠释"采用者""创新者"和"模仿者"的概念。

（6）探究社会系统结构和社会规范等方面如何影响创新的采用或摒弃。

（7）考察竞争性创新的属性及其对这些创新采用和摒弃的影响。

（8）探究导致创新可持续采用的临界点。

（9）探讨创新时代带来的影响，创新采用者的比重以及创新采用过程体系中采用者的数量。

（10）探究全球商业中跨行业和跨国创新的扩散模式。

必读的经典文献

Bass, F. M. (1969). A new product growth model for consumer durables. *Management Science*, 15, 215–227.

Rogers, E. M. (1983). *Diffusion of innovations* (3rd ed.). New York: Free Press.

Rogers, E. M. (2002). Diffusion of preventive innovations. Addictive *Behaviors*, 27, 989–993.

Rogers, E. M. (2002). The nature of technology transfer. Science *Communication*, 23, 323–341.

Rogers, E. M. (2004). A prospective and retrospective look at the diffusion model. *Journal of Health Communication*, 9, 13–19.

对管理者的启示

创新扩散理论探究了信息随着时间传递给人或组织的过程，这个过程可以带来创新的应用。表现优秀的管理者不会无动于衷，相反，他们会积极地寻求那些可能帮助他们解决问题或提高执行效率的创新及其他方法。管理者可以通过阅读贸易杂志、访问网站、与专家交谈、参加商业展览等方式来，来了解所在领域的前沿性创新。

一项创新能否被成功采用取决于它是被如何实施的。个体和群体应深入讨论一项创新并理解它，这将有助于组织中创新的实施。积极地与新的创新采用者一起工作，来确保他们理解一项创新被采用的方式及原因。积极响应他们的关注点并回答他们的问题以使创新被有效地使用而不是被摒弃。同个体一样，组织常常在创新采用曲线上的特殊节点上应用创新，例如要考虑应该比其他企业更早还是更晚采用某项创新。为了让组织更高效且更具竞争力，管理者应考虑是否应该改变其通常情况下采用创新的节点。

10

动态能力理论

杨付*译
（西南财经大学工商管理学院）

动态能力理论（dynamic capabilities theory）考察企业如何通过整合、构建、重新配置内外部资源和能力生成一种新能力，使其适应快速变化的环境（Teece, Pisano, & Shuen, 1997）。该理论假设，相比低动态能力的企业，高动态能力的企业具备更多优势。该理论的目的是阐释企业在回应和创造环境过程中，如何采用动态能力来创造和维持相对于其他企业的竞争优势（Teece, 2007）。

能力是指使组织相对于其竞争者表现更优异的高层级的、习得的、模式化的、重复的行为的集合（Nelson & Winter, 1982; Winter, 2003）。组织能力被称为"零级"（zero-level 或 zero-order）能力，因为它指的是组织向同批客户销售同一量级的同一产品来谋取生存（Winter, 2003, p. 991）。

动态能力被称为"一级"（first-order）能力，因为它指的是有意改变产品、生产流程、标准或企业服务的市场（Winter, 2003）。当组织通过整合、构建和重新配置其内外部资源和能力来适应快速变化的环境时，该组织就具有高动态能力。概括而言，组织能力是对现有资源的有效开发，而动态能力是对新机遇的有效开发和实施（March, 1991）。

---

* 杨付，西南财经大学工商管理学院副教授。主要研究领域为领导行为、职业发展、主动行为、团队等。电子邮箱：yfu@swufe.edu.cn。

只要企业具有执行某项任务的最低能力，不管这项任务被执行的效果是好还是差，对于企业而言，它都是具备能力的（Helfat等，2007）。企业实际上不必为了证明拥有某种能力而去使用该能力。然而，一般而言，企业必须利用其能力来维持使用它们的能力。换言之，随着时间的推移，对于企业能力而言，有一种"要么使用，要么失去"的假设（Helfat & Peteraf, 2009）。

Helfat等人（2007）提出，动态能力是"组织有目的地创建、扩展和调整其资源基础的能力"（p. 4）。组织的资源基础包括实物、人力和组织资产（Eisenhardt & Martin, 2000）。动态能力是一种习得的、稳定的行为模式，企业通过这种行为模式可以系统地创建和调整其运行方式，从而提高企业的效率（Macher & Mowery, 2009; Zollo & Winter, 2002）。例如，操作惯例从经验的积累开始，通过长时间的重复执行相似的任务而发展（Argote, 1999）。

根据Teece（2007）的观点，企业的历史和先前的路径有助于确定其当前有形和无形的头寸和资产基础，这形成了组织过程。企业运用其感知能力来识别机会。一旦这些机会被识别，企业就会投资（"抓住"）这些机会来提高其组织能力。然后，企业实际上将其组织能力重新组合或重新配置成更能适应其环境的新能力。这些新能力可以帮助企业创建新的路径、头寸和资产基础，这为企业带来了相对于其他企业而言更为持续的竞争优势。

Helfat等人（2007）确定了企业能力的两个标准：技术（内部）适应性（technical internal fitness）和进化（外部）适应性（evolutionary (external) fitness）。技术适应性是指能力被有效发挥的程度与其所产生的成本的比值。据此，动态能力并不是体现于企业是否拥有其能力。这一衡量方法可以表明，与其他企业相比，一些企业的动态能力可能或多或少在技术上是匹配的。进化适应性是指企业通过创建、扩展或调整其资源基础，以超越其他企业从外部获取生存的能力。动态能力有助于企业实现进化适应性（Teece, 2007）。

Pavlou和El Sawy（2011）构建了一个关于动态能力模型的框架。根据该框架，企业具体可做到以下几点：（1）通过感知能力来发现、解释和寻求来自内部与外部刺激的机会；（2）使用学习能力来确定必须重新修改、重建或重新配置哪种组织能力以生成新的知识；（3）运用整合能力综合了解并对其运营能力进行必要的改变；（4）利用协调能力来实现和使用重新配置的运营能力；（5）继续详细调查外部和内部刺激（Ettlie & Pavlou, 2006；Pavlou & El Sawy, 2006）。

动态能力方法倾向于将熊彼特租金（Schumpeterian rents）纳入其对可持续竞争优势的解释框架（Teece等，1997）。然而，Parayitam和Guru（2010）认为企业的动态能力既可以导致李嘉图租金，又可以导致熊彼特租金。熊彼特（1911，1934）认为企业家会因创新（战略）而获利（租金），而这个前提是其他企业家不能复制这些创新。换句话说，当创新是独创时，利润就会出现；当创新被复制时，利润就会消失；如果新的创新被创建时，利润又会重新出现。根据李嘉图(1817)，利润（租金）的产生是因为资源或能力的稀缺（如土地），这些资源或能力可以被某位企业家使用，但他的竞争对手无法使用。因此，与其他企业家相比，这位企业家将具有更低的运营成本，简而言之，这将赋予该企业家的竞争优势。正如Penrose（1959）指出的，快速变化的环境可能会改变组织资源的重要性。未来的研究应该将这两种类型的租金都纳入动态能力方法中（Parayitam & Guru, 2010）。

对该理论的批判与评论

动态能力理论因"动态能力"这一核心概念的内涵一直未能得到统一的界定而遭受人们的批评，主要源于其定义的不断变化和定义内容中的自相矛盾（Arend & Bromiley, 2009；Collis, 1994；Zahra, Sapienza, & Davidsson, 2006）。动态能力的含义通常以含糊的和不确定的方式被描述。例如，动态能力被界定为"学习惯例的惯例"，这种界定既存在术语叠用又不具备实操性（Eisenhardt & Martin, 2000）。Di Stefano, Peteraf和Verona（2010）指出，对基本术语缺乏清晰的界定将会阻碍理论的进一步发展。

这个理论也因存在同义反复而备受指责。有研究人员通过企业获得成功而确定其有动态能力（Arend & Bromiley, 2009）。例如，一些研究人员重复地陈述，动态能力能够导致成功，成功的企业具有动态能力。《追求卓越》（*In Search of Excellence*）（Peters & Waterman, 1982）和《从优秀到卓越》（*Good to Great*）（Collins, 2001）就是同义反复的两个典型例子。同时，批评者反驳说，表现不佳的企业也可以具有动态能力，或者"持续改变"的属性（Rindova & Kotha, 2001, p.1264），而这些并不能导致成功，如雅虎。正如一些批评者指出那样，不能仅仅因为一家企业不改变就表明该企业缺乏改变的动态能力（Arend & Bromiley, 2009）。

与其他类似的术语相比，动态能力在解释为什么一些企业是成功的，而其他企业不成功方面并没有提供附加值。例如，解决相似问题的术语如下：吸收能力（absorptive capacity）、内部创业（intrapreneurship）、战略适应（strategic fit）、先行者优势（first-mover advantage）、组织学习（organizational learning）和变革管理（change management）（Arend & Bromiley, 2009）。一些批评者甚至怀疑动态能力的概念是否存在（Winter, 2003）。这是由于很多研究将动态能力描述为抽象能力，从而导致研究人员认为管理者有意识地努力开发和强化动态能力在实践中可能并不有效（Winter）。

适应快速变化环境的方法有多种，动态能力的开发只是其中的一种。例如，Winter指出，随着需求的出现，企业可以做出适当的改变以适应快速变化的环境，或者采用他所谓的"点对点"（"ad hoc"）的改变方式。Winter（2003）还指出，点对点的解决问题可能是一种比投资动态能力更有效且成本更低的方法。这种方法只在需求出现时才产生相应的费用。与此相反，开发企业的动态能力则需要尝试预测变化的每一种可能的需求，并对每一个潜在的变化领域投入大量的资金。动态能力的开发通常涉及沉没成本，而点对点改变的成本通常只是暂时增加，其最终可以返回到它们的最初用途（Dunning & Lundan, 2010; Romme, Zollo, & Berends, 2010）。遗憾的是，很少有研究通过测量开发动态能力的成本和收益来解决这个问题。

　　此外，该理论因动态能力的测量问题而遭受人们的批评（Williamson，1999）。具体而言，Pavlou和El Sawy（2011）指出该理论缺乏测量模型。类似地，Galunic和Eisenhardt（2001）认为动态能力的存在往往只是假设而并没有确切地指明其组成部分。最常见的是，研究人员使用语义相远的替代词或者仅仅是模糊关联的项目来测量动态能力（例如，Arend & Bromiley, 2009；Henderson & Cockburn, 1994）。尽管该理论需要长期纵向的时间序列数据进行适当的分析，然而大多数研究人员只进行了短期的横截面检验。

对该理论所包含的变量进行测量

1. 动态能力测量

Pavlou, P. A., & El Sawy, O. A. (2011). Understanding the elusive black box of dynamic capabilities. *Decision Sciences*, 42, 239–273.

2. 联盟能力测量

Kale, P., & Singh, H. (2007). Building firm capabilities through learning: The role of the alliance learning process in alliance capability and firm-level alliance success. *Strategic Management Journal*, 28, 981–1000.

3. 运营操作能力测量

Wu, S. J., Melnyk, S. A., & Flynn, B. B. (2010). Operational capabilities: The secret ingredient. *Decision Sciences*, 41, 721–754.

未来研究建议

（1）探讨企业拥有动态能力去改变但决定不改变的边界条件。

（2）比较短期与长期动态能力开发的优势和成本。

（3）寻求一种权衡动态能力和运营能力之间的最优解决方案。

（4）考察在快速变化的环境条件下，动态能力和点对点方案之间的权衡关系。

（5）探讨与其他部门相比，企业的感知、学习、整合和协调能力的过程。

（6）创建更好地衡量感知、学习、整合和协调能力等活动的方法。

（7）根据行业和市场的成熟度来检验能力的贡献。

（8）探讨如果活动只在单个企业而不是整个行业中执行，这种活动在何种程度上可被视为一种动态能力。

（9）考察企业如何在资源可用性和环境适应性之间寻求复制与更新之间的平衡。

（10）分析和说明企业为使自己更具活力与竞争力而使用的反馈和搜索过程。

必读的经典文献

Eisenhardt, K. M., & Martin, J. A. (2000). Dynamic capabilities: What are they? *Strategic Management Journal*, 21, 1105–1121.

Helfat, C. E., Finkelstein, S., Mitchell, W., Peteraf, M., Singh, H., Teece, D., & Winter, S. G. (Eds.). (2007). *Dynamic capabilities: Understanding strategic change in organizations*. Oxford: Blackwell.

Teece, D. (2007). Explicating dynamic capabilities: The nature and microfoundations of (sustainable) enterprise performance. *Strategic Management Journal*, 28, 1319–1350.

Teece, D. (2009). *Dynamic capabilities and strategic management: Organizing for innovation and growth*. New York: Oxford University Press.

Teece, D., Pisano, G., &Shuen, A. (1997). Dynamic capabilities and strategic management. *Strategic Management Journal*, 18, 509–533.

对管理者的启示

动态能力理论考察企业如何整合、构建、重新配置内外部资源和能力以生成一种新能力。当企业能够重新塑造能力，并将其能力与不断变化的环境需求相匹配时，该企业将会超越其竞争对手。

作为管理者的任务是帮助企业感知、学习、整合和协调组织资源和能力。具体而言，首先，帮助企业感知到行业和环境中所发生的相应变化。其次，通过阅读商业期刊、文章、网站资源和其他资源，来保持在企业及行业的变革中位于前列。再次，与他人合作确定需要更新的组织能力，以更好地满足企业对快速变化环境的要求。一旦能力更新完成，与他人合作去帮助每个人都了解新的能力，并制订一个行动计划，从而实施和运用新创建的能力。接下来，设计和实施一个计划，将新能力整合到当前组织流程中，并使新能力得以运行。最后，保持进程运行，因为优秀的企业要想取得成功必须持续地满足快速变化环境的需求。

11
有效市场理论

朱金强* 译
（中央民族大学管理学院）

人们在股票市场上投资（如购买资产或证券）的目的是赚钱。但是其前提是低价买入并高价卖出。虽然这个想法听起来合理，但普遍的看法是"你不能打败市场"，因为市场是有效的，所以市场总是会赢。早在1900年，Bachelier在他的数学论文中就预计到了市场有效的概念。Cowles（1933）发现，没有任何迹象表明存在能够胜过市场的能力。

在长达四十多年的时间里，有效市场方法一直在金融界占据中心地位。Fama（1970）把有效市场定义为：证券价格总是能够反映有用信息的市场。在完全有效的市场中，证券价格充分反映了有关证券的所有可能信息。Jensen（1978）写道，在经济学中没有任何其他命题比有效市场命题能获得更坚实的实证支持。

Fama（1970）描述了可能影响价格水平的三种类型的有用信息：弱式、半强式和强式。弱式信息（weak form of information）仅指过去的价格或先前的股票业绩。半强式信息（semi-strong form of information）既包括过去的价格信息，也包括公开的有用信息，例如股票分割的公告、年度公司报告、新的安

---

* 朱金强，中央民族大学管理学院讲师。主要研究领域为领导、反生产力工作行为、亲社会违规行为、阴阳观等。电子邮箱：zhujinqiang@muc.edu.cn。

全问题等。半强式信息受到了最多关注。例如，如果证券没有被低估或高估的话，交易规则就不能产生丰厚的回报。强式信息（strong form of information）指任何人在任何时间都知道的有关证券的所有信息，包括内幕信息。Seyhun（1986）的研究表明，内部人士会从那些没有被价格体现的内幕信息中获利。

研究人员研究市场中的价格变化，以尝试创建一种可用于解释和预测价格变化的通用方法。Pearson（1905）首次探讨了最优搜索过程的问题。如果价格随机浮动，那么这对于试图预测证券价格未来走势的市场分析师来说是一个重大挑战。

Pearson 提出了试图找到一个被遗弃在田地里的醉酒者的问题。醉酒者能够沿任何随机方向走任何随机距离。Pearson 的解决方案是，找到醉酒者的最可能的地点是其出发点附近。这个问题被称为随机游走模型（random walk model）。该模型描述了股票价格会随市场中出现的意外信息而发生不可预测的变化。股价并没有意外变化，是那些有关证券的新闻或信息发生了意外变化，这反映到股票价格中而导致股价的变动。

证明市场有效的最好的证据来自研究个别组织发生的具体事件（Fama，1991）。探究具体事件的第一个研究是由Fama、Fisher、Jensen和Roll（1969）展开的，这项研究探究了股票分割事件。被探究过的其他具体事件包括收益（例如，Ball & Brown, 1968）、资本支出（例如，McConnell & Muscarella, 1985）、资产剥离（例如，Klein, 1986）和收购（例如，Jensen & Ruback, 1983）。这些具体事件的研究结果表明，一般来说，股票价格随着公司信息快速而有效地变化，这些公司信息包括：投资决策、股息变化、资本结构的变化以及由特定公司做出的公司控制决策（Fama, 1991）。

根据随机游走法，星期不应该影响股票收益的水平。然而，研究人员已经研究了可能的"星期效应"（day of the week effects），这与随机游走法相悖。Rozeff和Kinney（1976）记录了1月份效应，发现1月份的收益率比其他月份更高。例如，Cross（1973）以及Keim和Stambaugh（1984）研究了周一效应

（或周末效应），发现周一的收益往往与一周中其他几天的收益不同，有时会产生意想不到的负收益。在不同的时间和不同的国家，假日（节假日前的交易日）效应和月交替（每月的最后一天和前三天）效应的收益都被证明更高。甚至还发现天气与股票价格相关，晴天股票价格上扬，阴天股票价格下挫。总之，这些现象被称为异常现象，因为它们不能由有效市场理论来解释。这些异常现象表明信息不是改变（股票）市场价格的唯一因素。

有效市场理论的一个假定是，投资者在面对新信息时总是能够理性地行动。然而，最近的研究已经吸收了社会学家和行为学家的发现，并引入了心理学研究视角。心理学文献中的研究表明：个体的信息处理能力有限，存在偏差和偏见，容易犯错误，并倾向于在决策时依赖他人的意见。所有这些人类的弱点都与有效市场理论中的随机游走法相悖。

De Bondt和Thaler（1985）发现股票市场价格可能对意料之外的戏剧性新闻事件"过度反应"。之所以会出现这种现象是因为投资者往往对新信息反应过度，而忽视了投资的基本业绩水平。De Bondt和Thaler的工作标志着行为金融学的开端。

通过结合金融学、经济学和行为科学的理论透镜，市场有效理论已经取得了重要进展（Okhuysen & Bonardi, 2011）。通过使用认知和情绪因素来理解个人决策，如投资者行动，市场有效理论取得了长足的进步。在过去十多年中，这些行为方法的发展非常迅速，产生了许多新的洞见和新的研究领域（Subrahmanyam, 2007）。

例如，基于行为的金融研究已经考察了诸如心境、过度自信或缺乏自信的程度、过度反应或反应不足的程度、风险容忍度、第一印象、地位高低、"羊群效应"和做出决策时的确定性水平等投资者的心理因素。比如，与信心较低的投资者相比，更有信心的投资者更可能出现反应过度。Grinblatt和Keloharju（2001）发现，距离、语言和文化会影响股票交易。

进一步纳入决策者的心理因素应该能为金融研究做出更多贡献。然而，传统的金融研究和新古典的金融研究能否成功地与行为金融相结合，对此众说纷纭（Shiller, 2006）。

对该理论的批判与评论

毫无疑问，有效市场理论为理解证券市场做出了宝贵贡献。有效市场理论简明而简练，但是试图建立一个能够完全解释资产价格变化的普遍理论，是非常困难的（Dimson & Mussavian, 2000）。

大量研究发现了有效市场理论的例外情况，即仅仅依靠信息不能影响市场价格。现在已有足够的证据表明，证券价格会由于心理因素、潮流和噪音交易而偏离价值上下浮动。噪音交易是指没有"理性"地做出投资决策，即在买卖之前没有穷尽所有可用的手段和工具来充分了解情况就做出投资决策。一般来说，多数典型的散户都是噪音投资者。

Shiller（2003）写道，我们必须远离市场有效的假定以及价格变化总是反映真实信息的假定。为了进一步发展理论，研究人员需要考虑可能影响价格的其他变量，例如人类的癖好和随意反馈情况。研究人员的任务是将新古典主义有效市场理论中的概念与行为金融和行为心理学中的概念整合起来。

对该理论所包含的变量进行测量

1. 意见领袖量表与信息搜寻量表

Reynolds, F. D., & Darden, W .R. (1971).Mutually adaptive effects of individual communication. *Journal of Marketing Research*, 8, 449–454.

2. 不确定性倾向量表

Smith, J. B., &Bristor, J. M. (1994). Uncertainty orientation: Explaining differences in purchase involvement and external search. *Psychology and Marketing*, 11, 587–607.

3. 事件影响量表

Horowitz, M., Wilner, N., & Alvarez, W .(1979, May). Impact of event scale: A measure of subjective stress. *Psychosomatic Medicine*, 41, 209–218.

未来研究建议

（1）考查人们在购买证券时，获得所需信息的容易程度。

（2）探究信息寻求和信息避免行为对个人买卖证券的影响。

（3）观察个体从对信息的反应不足到反应过度的行为变化区间，及其对买卖证券的影响。

（4）考查个体差异变量以及这些变量对人们有关证券信息所表现出的反应过度、反应不足和无反应等倾向的影响。

（5）探究个体的不确定性倾向水平如何影响其购买参与度以及外部产品搜索。

（6）研究个体对特定事件反应差异的影响以及反应差异对买卖证券的影响。

（7）调查投资对风险容忍度的模式；例如，在市场收益率较高时，风险容忍度往往会上升，而在市场收益率较低时则下降。

（8）考查投资者风险容忍度的对称性；例如，对事先预料到事件的风险容忍度可能与（或可能不与）对事先未预料到的风险容忍度不同。

（9）考察投资者风险容忍度的具体化程度（即对不同的事件，投资者的风险容忍度不同——译者注），而不是一般化程度，例如实现退休、儿童教育和奢侈生活等具体目标。

（10）调查投资者在买卖证券的过程中，对新信息过度反应或不反应的程度，以及他们对未来事件（无论好坏）的预测。

（11）考查过度自信和信心不足与对新信息过度反应和反应不足的关系。

必读的经典文献

Bachelier, L. (1900). *Théorie de la speculation (Speculation theory)*. Paris, France: Gauthier-Villars.

De Bondt, W. F. M., & Thaler, R. (1985). Does the stock market overreact? *Journal of Finance*, 40, 793–805.

Fama, E. F. (1970). Efficient capital markets: A review of theory and empirical work. *Journal of Finance*, 25, 383–417.

Fama, E. F. (1991). Efficient capital markets: II. *Journal of Finance*, 46, 1575–1617.

Jensen, M. C. (1978). Some anomalous evidence regarding market efficiency. *Journal of Financial Economics*, 6, 95–102.

对管理者的启示

根据有效市场理论，投资者为了最大化他们的个人财富而做出完全理性的短期决策。不幸的是，这种观点已经被当今的许多管理者和员工所认同。人们都寄希望投入最小的努力和最短的时间来获得最大的回报。

大多数投资者只关注短期利益，大多数管理者和员工也是如此。当今，大多数人考虑的时间长度仅限三个月，或者下个季度。很多人都出现了这种短视行为，因为对管理者和员工的评估和奖励仅仅基于他们上一季度的表现，结果，管理者和员工几乎从来不考虑他们的长期绩效或公司绩效。他们从来不考虑为了获得最高的长期收益应该如何进行长期投资。

不幸的是，这种短期心态正在影响所有的员工、管理者和公司绩效。为了获得最大绩效，每个人都需要同时进行短期和长期投资。然而，只有当绩效评估方法发生变化，对员工的奖励同时依据短期和长期绩效时，人们才会同时进行短期和长期投资。大多数组织不太可能改变绩效评估方法。

根据有效市场理论，个体总是完全理性地行动，并及时获取、吸收和使用所有可用的信息。当员工和公众买卖公司股票时，管理者的任务是帮助自己的员工和公众做出理性的行为：帮助他们理解长期投资的重要性；在听到市场或公司可能出现的暂时不利好消息时，告知他们不要反应过度以致销售公司股票。

许多管理者希望他们的员工能以理性的方式工作。不幸的是，正像员工买卖证券一样，很多时候他们在工作时也并不理性，会做出不合理的行为，表现出同样的偏差、偏见和局限。当今优秀的管理者明白，他们的员工不是完全理性的机器人，不能总是高效和专业地工作。优秀的管理者应了解可能影响员工决策的行为和心理因素（例如风险容忍、过度自信和信心不足，以及盲从和优柔寡断）。

12
伦理理论

郑晓明* 译
（清华大学经济管理学院）

伦理理论（ethical theory）给予了人们应该如何为人处事的观点和建议（Brady & Hart, 2007）。伦理理论也阐明了在不同情况下，如何判断一种行为究竟是"正确的"还是"道德的"（Moore, 2007）。一般来说，伦理理论认为，当且仅当某种特定条件发生或者存在时，一种行为才能被称为"正确的"。不同的伦理理论流派往往会对"正确行为"的成立给出不同的必要条件。还有一些伦理理论流派却仅仅给出了识别"错误行为"的条件。总体而言，不存在唯一一个被普遍接受的伦理理论学说。相反，伦理理论并存多个相互对立的理论学说。

伦理理论已经被提出多年，并已经衍生出了多个学说和变种。对这些不同的学说如何进行区别和分类的问题，也依然处在争论之中（Louden, 1996）。但是，各种伦理理论学说已经大致形成了两种不同的思想流派：（1）性格伦理流派，主要考察的问题是"我们如何为人"；（2）行为伦理流派，则考察"我们如何处事"。性格伦理流派的学说侧重于以个体的品德

---

* 郑晓明，清华大学经济管理学院长聘副教授（终身教职）。主要研究领域为战略人力资源管理、积极组织行为、领导力，以及团队过程等。电子邮箱：zhengxm@sem.tsinghua.edu.cn。

或者善恶，而不是外在的普遍法则，来判断其行为的正确性（Buckle, 2002; Santas, 1993）。该流派的代表人物和方法包括柏拉图（Plato）、亚里士多德（Aristotle）和孔子（Confucius）（Brewer, 2005; Sim, 2010）。例如，孔子曾说过，"其为人也孝悌而好犯上者，鲜矣"（《论语·学而》）。如果一种行为是品德高尚者在同等情境下会选择的，那么这种行为就被认为是正确的（Sandler, 2010）。

在行为伦理流派中，伦理理论又分为两种主要观点：（1）目的论（结果主义，consequentialism）以及（2）义务论（deontological）（非结果主义）（Broad, 1959; Louden, 1996）。此外还有一类学说被称为"直觉论"（intuitionism）（Crane 等, 2011）。一些学者曾认为直觉论应该被归类到目的论中（例如，Bentham, Mill, and Sidgwick）；另一些学者则认为直觉论既可被划归为目的论，也可被划归为义务论（Rawls, 1971）。

持目的论或结果主义的学说认为，人们应毕其功于一役，以实现价值的最大化，或者是最终的结果（即目的）能够获得价值（Hull, 1979）。"目的论"这个术语源于希腊语"telos"，意为目标或目的。在此，行为的伦理性指的是，仅仅以人们行为所产生结果的"好"或"坏"来判断该行为的正确与否。在这个观点下，行为本身并没有内在的善恶之分。如果任何人在同等情境下采取同样一种行为都会产生最好的结果，那么这种行为就被认为在道德上是正确的。

这一类伦理理论往往涉及行为的实用性，强调成本和收益的对比，所以它们通常被称为"功利主义理论"（Hume, 1740, 2000; Bentham, 1789, 1996; Mill, 1863, 1998）。功利主义的实现存在很多路径：享乐论（Jeremy Bentham, John Stuart Mill, Harriet Taylor Mill）；幸福论（Paul Kurtz）；善学论(G. E. Moore)；友爱论(Joseph Fletcher)；价值多元化主义（Fritzsche & Becker, 1984）。该类理论表现为，行为功利主义（仅基于行为结果来判断行为的实用性）或规则功利主义（判断标准根据情境进行修订）。Rawls的正义论

（1971）主张，资源分配者应该本着公平、公正、无偏的原则行事。

行为伦理流派的第二种观点被称为"义务论"。"义务论"这个术语源于希腊语"deon"，意为责任、义务或必要性。"义务论"这个术语最早产生于20世纪中叶。在该思想影响下的伦理理论将符合正确伦理的行为视为人们因道德义务或道德责任而必须做的事情（Hull, 1979; Louden, 1996）。持义务论者往往也是持绝对论者，但是其中也有一部分人认为，道德的正确性应当取决于情境。持义务论者完全反对基于结果的理性，并且可能辩称所谓"道德正确"的行为也可能会产生不好的结果，反之，所谓"道德错误"的行为也可能产生好的结果。

义务论可进一步分为两派：行为派（认为人们是否背负道德义务取决于情境，例如"我不该在这种场合撒谎"），以及规则派（主张在一切情境下人们都应背负道德义务，例如在任何场合都应遵守《圣经》中的《十诫》或《黄金律》的哲学思想）。康德提出了一套道德、哲学和伦理的基本信条，以引导社会重视道德意图和道德责任。康德的"绝对命令"（1785, 1993）被认为是社会必须遵守的终极道德准则。人们必须做出符合道德的决策，令结果为普遍法则所认可，进从而能被为大众所接受（Place，2010）。

第三种行为伦理观点被称为"直觉论"（Arnold, Audi, & Zwolinski, 2010; Ross, 1930）。直觉论涉及人们无须有意识地做出理性判断就可以立即知晓的伦理准则。换句话说，受过教育的人们自然而然就了解这些道德行为准则，且无须争论和置疑即可接受。该领域最主要的学者包含Ross、Sidgwick、Moore、Ewing、Nagel和Parfit。根据这种理论观点，人们是道德行为的主体，必须履行核心的伦理义务。

根据直觉论的观点（Ross, 1930; Audi, 2004），存在几种"显见的责任"或道德义务是人们需要履行的：（1）正义（对众人公正地摊派利益与责任）；（2）无害（不对他人产生伤害）；（3）忠诚（遵守自己的诺言）；（4）补偿（弥补所有过失）；（5）善行（对他人行善）；（6）修身；（7）感恩；（8）自由（增进众人的自由和自主性）；（9）礼貌（尊重他人）。

在伦理理论研究领域，一个反复讨论的议题就是考察人们如何应对伦理困境（Schminke, Ambrose, & Noel, 1997）。有多种方法试图对伦理决策背后可能存在的伦理决策框架进行分类（例如，Brady, 1985; Kohlberg, 1984; Velasquez, 1992）。Brady的分类法（1985, 1990）将过程导向的形式主义（常常与康德的伦理观有关）和结果导向的功利主义（常常与Mill和Bentham的伦理观相关）进行比较。例如，学者们曾经检验不同伦理框架中所体现的性别差异（Schminke, 1997），并且探索了人们对基于性别产生的伦理差异的认知（Ambrose & Schminke, 1999; Schminke & Ambrose, 1997），例如，男性往往被认为更加偏向功利主义，而女性则被认为更偏向形式主义（Schminke, Ambrose, & Miles, 2003）。

对该理论的批判与评论

针对伦理理论也存在一些批判观点。很多批评者认为，尽管伦理理论听起来似乎有道理，但实际上并没有对人们做决策提供什么帮助。Hodgson（2001）写道，当人们面临具体的、重大的伦理决策时，伦理学专家无法通过给予道德知识来帮助他们。

批评者们认为，伦理理论的一个主要问题是，不同的理论观点是相互竞争的。道德教科书中充斥着在同一情境下由于应用各种伦理理论而导致结论存在冲突的伦理困境案例。在课堂中，学生们常常被要求在两个相互对立的伦理理论中任意选择一方去捍卫某个行为方向的正确性。批评者提出，既然连学者们都在艰难地试图调和不同伦理理论之间的冲突（Kelly, 2005），因此，不能奢望普通人在面临组织中的伦理困境时能有更高明的决断。

对该理论所包含的变量进行测量

1. 伦理观点量表的测量

Schminke, M., & Wells, D.(1999). Group processes and performance and their effects on individuals' ethical frameworks. *Journal of Business Ethics*, 18, 367–381.

2. 伦理定向场景

Schminke, M. (1997). Gender differences in ethical frameworks and evaluation of others' choices in ethical dilemmas. *Journal of Business Ethics*, 16, 55–65.

3. 理论困境条目反应

Schminke, M., & Ambrose, M. L. (1997). Asymmetric perceptions of ethical frameworks of men and women in business and nonbusiness settings. *Journal of Business Ethics*, 16, 719–729.

4. 伦理氛围问卷

Victor, B., & Cullen, J. B. (1988). The organizational bases of ethical work climates. *Administrative Science Quarterly*, 33, 101–125.

5. 道德氛围指标

Arnaud, A. (2010). Conceptualizing and measuring ethical work climate: Development and validation of the ethical climate index. *Business and Society*, 49, 345–358.

未来研究建议

（1）考察人们在实际工作情境中如何应用（或不应用）伦理理论的概念。

（2）探索当面临伦理困境时，人们在哪些情境下会依赖于社会共识而不借助伦理理论判断去做决断。

（3）为实际决策情境创建任务类型和情景类型，以及相匹配的伦理理论视角。

（4）基于真实组织中存在的问题，更深入地研究个体差异的变量是如何影响伦理决策的。

（5）探索跨文化因素是如何影响人们对伦理理论的偏好和个体行为的。

（6）探索何时或为何人们对共情的关注（例如，以伦理氛围指标进行测量的共情指数）和感知到的绩效之间有可能存在负向的关系。

（7）考察个体的政治行为与道德意识感知之间的关系。

（8）探索组织如何同时满足持有不同伦理视角的各种利益相关者的诉求。

（9）对一家企业的伦理观开展定量和定性的分析。

（10）寻找促进企业履行社会责任和采取可持续经营实践的关键因素。

必读的经典文献

Aristotle. (2009). *Nicomachean ethics* (W. D. Ross, Trans.). New York: World Library Classics.

Kant, I. (1993). *Groundwork of the metaphysics of morals* (3rd ed.).(J. W. Ellington, Trans.). Indianapolis, IN: Hackett. (Original work published 1785)

Mill, J. S. (1998). *Utilitarianism* (R. Crisp, Ed.). Oxford: Oxford University Press. (Original work published 1863)

Rawls, J. (1971). *A theory of justice*.Cambridge, MA: Belknap Press.

Ross, W. D. (1930). *The right and the good*.Oxford: Oxford University Press.

对管理者的启示

伦理理论给予了人应当如何为人处事的建议。这些理论也提出了一种行为是否"正确"的条件。虽然这些理论均阐明了各自有关伦理行为的观点，但并未有助于解决多个伦理理论之间的冲突。既然研究人员业已花费了大量时间去解决伦理理论之间的冲突而不得要领，普通人则更难以仅凭一己之力做到这一点。结果是，即使一个人具备伦理理论知识，最终还是不得不依靠直觉和个人观点去决定自己在真实的组织情境中应该采取什么行为才是道德正确的（Derry & Green, 1989）。

不幸的是，伦理理论仅仅能告诉我们一般意义上的道德行为。然而，管理者必须做出决策，并且据此采取行动。最终，他们往往不得不诉诸社会共识来帮助自己做出决策。遵循社会共识意味着采取为社会所接受的社会价值观。其背后的信条是，这些价值观可以为某个特定任务提供足够的社会基础。虽然该方法可能对简单的日常问题有效，但是并不能解决模糊和复杂的社会问题。例如，这种方法对于不存在清晰的社会共识的情境来说可能并无助益（Derry & Green, 1989）。

在理想状态下，组织中的个体应该能遵循伦理理论给予的建议。具体而言，员工应该可以识别出需要考虑伦理道德的情境。例如，当老板要求员工忽视产品质量而"走捷径"，从而做到对顾客及时送货，该员工就会意识到该做法存在道德问题。员工应当有能力将一种或多种伦理理论的原则运用到各自的情境中，员工的行为应该与伦理理论的要求相一致。例如，员工可以试图找到一种既能保证质量，又能及时送货的办法，而不是"走捷径"。

在组织中，管理者可以经常与员工讨论需要考虑伦理道德的情境，应当在他们真正遇到这方面的现实问题之前探讨出解决办法。管理者还应当尽量找机会对行为上符合伦理理论原则的员工给予奖励。

13

场理论

欧阳侃*译
（上海财经大学国际工商管理学院）

物理学早在20世纪20年代就有了关于场理论（field theory）的描述（Maxwell, 1921）。这个观点提出，对于描述物理现象至关重要的不是物质的电荷或粒子，而是它们所在空间的场（Einstein & Infeld, 1938）。根据爱因斯坦的理论，空间是力（重力和电磁力）的散布体系，它决定了具有某些属性的物体将会做什么。

物理学领域经常使用"相空间"来陈述影响一个事件的众多因素（Lewin, 1943a）。例如，温度、压力、时间和空间位置这些属性必须要考虑。当场理论被应用到社会科学领域时，它试图描绘行为发生的场的整体性和复杂性（Back, 1992）。要理解个体行为，必须了解行为发生的情境（现状）和在特定时间影响个体的各种因素（Lewin, 1943a）。

Lewin将场定义为"被认为是相互依存的共存事实的整体"（1946, p. 240）。Lewin（1947）认为场在不断地变化和适应，那么变与不变是群体生活在任意给定时间内以不同的量发生的相对概念。Lewin用"准静止平衡"（quasi stationary equilibrium）来描述不断变化的群体行为节奏和模式，这是不断变化的环境影响群体的结果（Burnes, 2004）。

---

* 欧阳侃，上海财经大学国际工商管理学院助理教授。主要研究领域为员工主动行为、工作恢复、领导力等。电子邮箱：ouyangkan@mail.shufe.edu.cn。

场包括个体的"生活空间"（life space）（Lewin, 1951）。不要将生活空间与地理环境混淆，生活空间是感性的，也就是说，它必须被个体感知。场的边界条件是生命空间的基本特征。感知到的边界条件取决于个体，例如个体的性格、动机、认知结构等。此外，任何事件的属性都由其与其作为组件的事件系统的关系来确定。

场理论是理解个体认知、情感、行为方面的有用框架（Houston, Bettencourt, & Wenger, 1998）。该理论从生活空间开始，它由与个体相关的所有共存因素组成，例如自我感知、需要、需求、欲望等。个体行为是生活空间中所有的不同力量对个体影响的结果。心理场内发生的任何行为或变化仅取决于事件发生的特定时间的心理场。因此，个体行为的研究应该以场是一个整体的角度来进行（Lewin，1943a），例如领导领域的研究（Wheatley, 2006）。

Lewin（1951）提出"力场"（force field）一词来描述场内的驱动力和阻力决定行为是否发生变化以及在何种程度上发生变化。Lewin提出了三种不同类型的冲突情况：（1）个体处于两个相等强度的正力之间（参加一个重要的商业会议或参加孩子的独奏）；（2）个体处于两个相等强度的负力之间（复习考试或考试失败）；（3）个体处于两个相等强度的对立力量之间（为了追求渴望的事业而离开家）（Riordan & Riordan, 1993）。

所有的对抗力量作用于个体，使之产生心理紧张，从而为个体采用目标导向的行为方式提供动机，这种目标导向的方式可以减少个体感知到的紧张水平（Houston 等, 1998）。场内具有正力的物体会被接近，具有负力的物体会被躲避（Diamond, 1992）。研究人员的困难之处在于量化所有这些作用于个体的各种力量的强度、方向和持续时间。根据场理论，理解各种正力和负力如何影响个体使其以某种特定方式行事的动机演算比理解哪些力量会结合起来更加重要。

场理论的研究人员以三种重叠和相互关联的方式使用"场"这个构念（Martin，2003）。第一是Lewin强调的图形化的拓扑学意义的场（Lewin，1936）。在这种情况下，场是我们放置人员或机构的简化维度的分析区域。对个体的研究包括他们在场内的位置以及他们与同一场内其他个体的相互关系。第二是作为力的组织的场，如源于物理学的磁场（Bourdieu, 1985, 1988）。第三是作为竞技场或战场的场（Back, 1992）。

场理论的一个核心原则是场内行为者的活动由他们在场内的相对位置和他们彼此之间的相互关系来决定。行为者之间的相互关系能够促进主观性和文化的共享。Lewin将作用于个体的力量绘制成图表，也就是之后被称为的"浴缸"（"浴缸"的得名源于Lewin用椭圆代表个体的生活空间）。群体活动的生活空间图表至今仍在使用，如系统化个体-群体关系法（Sjovold, 2007），让人联想到Lewin的浴缸图表。这些图表在物理和非物理科学领域的复兴在一定程度上是因为数学和计算机建模及模拟的进步提高了绘制出这些图表的可能性。

场理论也被应用于组织研究中（如 Sauder, 2008）。研究探讨了场层面的组织变革机制，提出了三种一般性的方法。第一，Meyer及其同事展示了突发性的变化如何破坏场均衡，从而为新的场域规范、边界和层级关系的出现创造机会（如 Haveman, Russo, & Meyer, 2001; Meyer, Gaba, & Colwell, 2005）。第二，研究现有组织逻辑的变化如何导致新的实践和惯例（如 Thornton & Ocasio, 1999）。第三，研究随着常规的渐进式制度变化，场是如何逐渐变化的（如 Scott, Ruef, Mandel, & Caronna, 2000）。遗憾的是，这些方法没有完全解释新的场层面的行为者如何融入业已完善的结构化的组织场域中（Sauder, 2008）。

根据场理论，当场可以帮助我们基于个体或组织相对于彼此的当前位置来描述个体或组织的集合时，那么场便是存在的。这种方法对于研究组织尤其有用。组织场域联合各组织，从而产生共同的文化和观点。例如，组织共享供应商和客户会导致组织场域的出现。组织场域涵盖和协调多种制度化活动。一个组织的行为可以通过它相对于其场内的每个其他组织的位置来解释。该场内的每一个位置都会影响组织主观体验到的动机，这些动机告诉组织"应该做什么"（Martin, 2003）。

对该理论的批判与评论

场理论的批评者认为场理论不是一个理论，只是一种方法（Gold, 1992）。他们认为场理论没有一套常见的假定和命题，因此不能推导出经验假设，这使得场理论更像是一种语言、取向或仅仅是一个观点，并不是一个真正的理论（Jones, 1985）。

关于场理论是理论还是方法的困惑一部分是由Lewin自己造成的。他写道："场理论可能最好被称为一种方法，即一种分析因果关系和建立科学结构的方法"（1943a, p. 294）。然而，有研究人员表明场理论作为一个理论，有大量的定义和公理，基于此已经有过假设的推导（如Deutsch, 1954）。

批评者还认为场理论是"后知觉的和前行为的"（Brunswik, 1943）。根据场理论，为了预测个体和组织将如何行动，作用于这些实体的所有条件（包括正力和负力）必须是已知的。Lewin称这是"纯理论的状况"，并以伽利略的自由落体研究作为例子。这个纯理论的状况是时间的一个截面，是在特定时刻作用于实体的力的快照，但这个截面不是静态的；相反，它是动态的，因为这个特定时刻随着时间在不断变化。

批评者也抱怨场理论的动机演算。使用演算法来计算作用于个体的所有正力和负力，其结果是这个人只是做了他想做的事（Diamond, 1992）。换句话说，可以创造任何力来解释已实施行为的动机。

此外，批评者认为场理论本身是重言式的和不可证伪的（Diamond, 1992）。场理论需要知道作用于个体或组织的相互依存的共存力的总和。该理论也是同义反复的，因为它提出行为应该被定义为人格和环境的函数，同时环境是人格的函数，人格是环境的函数。

根据场理论，每个个体或组织应根据其相对于场内每个其他实体的位置进行分析。场内的每一个位置都会影响组织主观体验到的动机，这些动机告诉组织"应该做什么"（Martin, 2003）。不幸的是，场理论在这就停止了，并没有接着解释所有这些发生的原因（Martin, 2003）。

对该理论所包含的变量进行测量

1. 院长的排名量表

Sauder, M. (2008). Interlopers and field change: The entry of U.S. News into the field of legal education. *Administrative Science Quarterly*, 53, 209–234.

2. 家族目标量表

Riordan, D. A., & Riordan, M. P. (1993, April). Field theory: An alternative to systems theories in understanding the small family business. *Journal of Small Business Management*, 31, 66–78.

未来研究建议

（1）探讨对同时处于均衡或变化状态的个体或组织进行研究所存在的难点。

（2）探讨组织内多个层级随时间推移而呈现的非线性变化。

（3）研究个体如何对影响自身的正力和负力进行动机演算。

（4）研究个体或组织考虑或回避其在生活空间感知到的力所涉及的机制。

（5）研究个体如何建立其生活空间的边界。

（6）探索个体生活空间如何随时间推移而不断变化，以及哪些因素导致这些变化。

（7）基于作用于个体或组织的力，研究实体离开知觉状态进入行为状态的点。

（8）创建由计算机生成的涵盖所有力的个体或组织生活空间的图表。

（9）研究同一场所内不同个体或组织感知的生活空间的相似性和差异性。

（10）探讨管理者如何帮助员工加强正力的影响和减少负力的影响。

必读的经典文献

Deutsch, M. (1954). Field theory in social psychology. In G. Lindzey (Ed.), *Handbook of social psychology* (pp. 181–222). Reading, MA: Addison-Wesley.

Lewin, K. (1943). Defining the"field at a given time". *Psychological Review*, 50, 292–310.

Lewin, K. (1951). *Field theory in social science* (D. Cartwright, Ed.). New York: Harper & Brothers.

Martin, J. L. (2003, July). What is field theory? *American Journal of Sociology*, 109, 1–49.

Mey, H. (1972). *Field theory: A study of its applications in the social sciences.* New York: St. Martin's Press.

对管理者的启示

管理者应与员工交谈，帮助他们了解自己的生活空间；帮助员工认识其生活空间的边界，知道谁在其生活空间内，以及自己与这些人在生活空间内的相对位置。

管理者应告知员工正力和负力会对他们的行为方式产生影响。这些力会让员工产生紧张感，从而导致其通过特定的行为方式来缓解这种紧张。例如，玩视频游戏的力和为客户完成报告的力可能都会对员工施加影响。帮助员工识别这些力，帮助他们抵制负力以及遵循有利于实现预期组织目标的正力。管理者也可以发挥自己的正力来帮助抵消那些作用于员工身上的负力。

如果有必要，管理者可以帮助员工改变其生活空间的边界，并改变他们对身处其生活空间内的人的感知。例如，员工的生活空间可能存在消极的个体，这些个体对员工施加负力，使其从事消极行为。管理者应帮助员工消除这些负力，并尽可能用积极的个体来取代。积极的个体可以让员工表现得更积极，从而获得更好的组织结果。个体对作用在自己身上的力越理解，他们就能更好地理解自己行为发生的原因。

14
博弈论

穆桂斌* 译
(河北大学教育学院)

博弈论(game theory)研究个体局中人在对局中为了赢得对一个或多个竞争者的博弈,是如何做决策的。局中人被假定是深奥、聪明的个体能动者,在一个复杂难解的环境中追求自己有限的目标。Von Neumann 和 Morgenstern (1944)基于两个或多个人玩室内游戏的类比,比如下棋、扑克或桥牌等,提出了他们的初始模型。博弈论研究有关策略的博弈,而不是像掷骰子那样的随机博弈。策略博弈包含两个或多个参与者在做出行为选择时,其得失有赖于自己对手所采取的行为。策略博弈中存在一些不确定性,因为没有一个局中人能够清楚地知道其对手究竟会做什么。博弈论对经济学的影响最大,同时也对管理学、会计学、生物学、金融、法律、营销和政治学等也产生了巨大的影响。

博弈论的基本概念包括:局中人(一个理性的、自利的决策实体);策略(一种规则,它引导局中人在博弈的每个阶段该采取哪种行为);结果(局中人做出的每一个可能的决策所带来的后果);收益(从博弈的特定结果获得的满意程度);均衡(博弈中最优的决策序列)(Madhani, 2010; Rasmusen, 1989)。

在一个典型的博弈中,局中人可采用的策略是有限的。个体对得失的感知

---

* 穆桂斌,河北大学教育学院心理学系教授。主要研究领域为组织行为、人才测评与激励、领导力开发等。电子邮箱:guibinmu@163.com。

映射于不同可能组合的矩阵中。在可能的备择决策方案中,也许存在一个不论对手采取什么行动,都能为局中人带来最理想结果的获胜策略。

在一些博弈中,可能没有明确的获胜策略,因此博弈会持续下去直到达到一个均衡。当每个局中人基于其对手的行为而获得可能的最佳结果时,纳什均衡(Nash equilibrium)就会出现(Nash, 1951)。如果博弈没有达到均衡,则很可能某一局中人通过采取不同的行为获得了更好的结果。均衡点是博弈论的基本成分。均衡点的集合是那些零和博弈中所有成对的相对"好策略"的集合。

博弈论中有一些基本假设(Herbig, 1991)。如在博弈中,信息是完整的,所有局中人都知道博弈的全部规则,并知道其他局中人在所有可能结果中的选择偏好;每个局中人在做决策时都完全了解所有优先的选择;博弈中的局中人都是聪明的,将理性地采取行动,做出最大化其收益的决策;当面临不确定性时,每个局中人将基于预期收益的概率进行主观估计;每个局中人都会换位思考,并且能够从他们的视角来进行推理;博弈人的行为是竞争性的而不是合作的,因为每个局中人将采取最大化自己收益的行为;合作行为(cooperative behavior)可能导致个体的结果不是最佳,但对所有局中人来说结果较好;大多数博弈是多向与动态的,会随着环境因素和局中人位置的变动而变化;博弈是相互依存的,因为一个局中人的行为有赖于其他局中人的决策;单方面的决策是不可能的;博弈的结果由博弈的时间长短决定;博弈论寻求在活跃的局中人之间建立一个均衡,这个均衡不一定是最佳的结果。

在博弈论的一般研究中,基于博弈中局中人的数量,可分为七类:(1)单人博弈(一个人试图解决问题);(2)双人博弈;(3)三人博弈;(4)少数人博弈(4–20人,如委员会、俱乐部、小群体);(5)多人博弈(二十到数百人,如村庄、小企业和部落);(6)数量大但有限的博弈;以及(7)无限数量人的博弈。

Harsanyi(1967, 1968a, 1968b)研究了不完全信息下的博弈。在博弈之初,局中人仅掌握关于自己的信息,但没有对手们的信息。随着博弈的展开,局中人基于对手的行为不断升级对他们的认识。很多最近的研究考察了合作和非合作博弈的组合或混合形式，例如两形博弈（Brandenburger & Stuart，2007）。

对该理论的批判与评论

许多实践者质疑博弈论在解决日常商业问题中的有用性。博弈论的批评者通常将他们的批评集中在该理论的几个基本假设上（Herbig, 1991）。例如，博弈论的一个基本原则是，局中人在做决策时是理性的。事实上在商业环境中，人们所做的决策并不一定总是最优的。人们往往会摒弃那些看似理性的动机而采用那些非理性动机。例如，人们会基于CEO的情绪偏好或者与销售代表的个人关系来做出决定。非理性行为（irrational actions）在商业中频繁地发生，比如在试图误导或欺骗对手时。企业的目标也会根据竞争对手的目标来回变动，比如究竟是注重长期发展还是短期目标。

博弈论假设完全信息是确定已知的。而在现实中，未来是不确定和不可预测的，公司和管理者都容易忘记相关信息（Thomadsen & Bhardwaj, 2011）。批评者争论道，在精准信息下博弈论的预测是最好的，但当局中人对其对手的历史和资料信息所知甚少时，博弈论的预测就缺乏准确性了。商业环境中，信息不完全是常态，而不是例外。大多数企业对自己的能力和目标心知肚明，但对他们竞争对手的了解往往很欠缺。因此，博弈论未被证明是能为管理行为开出精确处方的有用工具，它主要是描述在特定情况下发生了什么的一种方式（Roy, 2003）。

博弈论中的假设是，期望的结果是基于概率而不是固定情形的选择。例如，如果选A成功的概率是6/11，选B成功的概率是5/11，基于概率人们做出了选A的决策。在现实中，大多数组织并不想要他们的管理者们基于这样的简单概率来做决策。

博弈论假设行为多为竞争性的，并以牺牲别人为代价来最大化自己的个人利益。然而在商业中，还需要考虑与其他商业实体的长期和持久的关系。在这种情况下，合作和互惠行为可能比个体利益最大化的决策对组织更有帮助。

博弈论对于只有少数局中人的简单博弈是有帮助的，因为所处的环境可预测，并且影响决策的变量很少，但是当情况变得复杂并且涉及大量影响决策的变量时，该理论就显得力不从心了。对于数量无限大、不断重复的博弈，可能的结果是"任何事情都可能发生"，应对策略将变得非常宽泛和复杂。

博弈论在理解个体行为背后的原因方面不是很有效，例如，人们如何描绘或排序他们的选择。真实世界中的决策者们经常不根据概率法则来评估不确定事件，他们也不总是做出最大化自己预期收益的决策。博弈论可能无法充分解释人们的行为，因为人们在未来的结果未知或不确定时，是没有能力全面地分析复杂的决策情境的。

Camerer (1991) 认为博弈论应用于商业环境中有四个主要缺陷：（1）筷子问题[①]（博弈论模型太难，以致无法在现实生活中使用，因为它们涉及复杂的数学公式和计算）；（2）拼贴画问题（博弈论的那些模型只是形成了一种不连贯的杂烩，导致没有一般的原则）；（3）测试问题（模型在现实生活中难以测试）；（4）潘多拉盒子问题（模型可以解释一切，但在日常生活的应用中却显得毫无用武之地）。

对该理论所包含的变量进行测量

1. 决策者特征量表

Scharlemann, J. P. W., Eckel, C. C., Kacelnik, A., & Wilson, R. K. (2001). The value of a smile: Game theory with a human face. *Journal of Economic Psychology*, 22, 617–640.

---

① 对西方人而言，使用筷子是件难度很大的事情，意指博弈论在实际运用中有很大的难度。——译者注

2. 承诺与牺牲量表

Van Lange, P.A.M., Agnew, C. R., Harinck, F., & Steemers, E. M. (1997). From game theory to real life: How social value orientation affects willingness to sacrifice in ongoing close relationships. *Journal of Personality and Social Psychology*, 73, 1330–1344.

3. 预测精确性量表

Green, K. C. (2002). Forecasting decisions in conflict situations: A comparison of game theory, role-playing, and unaided judgment. *International Journal of Forecasting*, 18, 321– 344.

未来研究建议

（1）考察时间对局中人在博弈中决策时的影响，包括时间的连续性、周期性或固定的数量。

（2）探索做博弈决策时，复杂性、决策情境和预期结果对其的影响。

（3）研究在做博弈决策时面对的不同类型的问题（如复杂或简单的问题）或问题的组合。

（4）考察合作博弈、非合作博弈及组合博弈间，在决策和结果上的相似性和差异。

（5）考察静态与动态，以及不断修订、改变或适应其他局中人和条件，将如何影响决策和结果。

（6）探索常规的与新颖的条件（例如新市场、新技术和新制度等）对博弈行为和结果的影响。

（7）考察复杂性和冗余性相对于简单和静态条件对博弈行为和结果的影响。

（8）考察局中人的激情和情绪对博弈行为和结果的影响。

（9）探索理性、非理性及两者的组合对博弈决策和结果的影响。

（10）考察得失满意程度的区间对博弈决策和结果的影响。

（11）研究变化的环境条件对博弈决策和结果的影响，这些可变条件囊括从可预测的几个稳定的变量到不可预测的许多变化的变量。

必读的经典文献

Kreps, D. (1990). *Game theory and economic modeling*. Oxford: Oxford University Press.

Myerson, R. B. (1997). *Game theory: analysis of conflict*. Cambridge, MA: Harvard University Press.

Nash, J. (1951, September). Non-cooperative games. *Annals of Mathematics*, 54, 286–295.

Schelling, T. C. (1960). *The strategy of conflict*. Cambridge, MA: Harvard University Press.

Von Neumann, J., & Morgenstern, O. (1944). *Theory of games and economic behavior*. Princeton, NJ: Princeton University Press.

对管理者的启示

博弈论研究个体局中人为了赢得对一个或多个竞争者的博弈是如何来做决策的。该理论为管理者提供了一些启示（Fisher, 2008; Miller, 2003）。例如，员工将永远努力最大化自己的利益，而不是管理者的。员工更愿意花费公司的钱来谋求自己的利益，而不是谋求公司的利益。

尽管基于员工的业绩来决定他们的报酬可以最大限度地激励他们去工作，但也迫使员工去冒很多不必要的风险。理想情况下，报酬的支付应基于员工的努力过程而不是他们的完成结果；然而，衡量员工的努力比衡量最终的结果要困难得多。因而建议管理者基于员工的个体绩效而不是群体的努力程度来付酬，因为在一个大的群体中经常会有搭便车现象的存在。

如果赢了就保持原有策略，但如果输了，就需要改变策略。如果选择使用一个独立的、不合作的策略比合作的策略结果好，那就保持原有的策略。如果不成功，就采取其他策略。

在博弈中补充新的玩家进入。例如，如果个体置身于一个双人博弈中，就可以把它变成一个三人博弈。特别是当得知这个新入局的人将是一个非合作者时，这会是一个于己有利的情况。新入局者将会忠实地执行博弈的规则。

以退为进，敢于把谈判带到失败的边缘。这能向其他各方发出令人信服的姿态，即个体并不是总以自己的利益行事，这可以赢得更多的力量。管理者应谨记，谈判失利所得到的经常决定着谈判成功所得到的。

建立互惠的形式。各方合作的最佳推动者之一知道自己未来将不得不和他们进行互动。因此，直接或间接建立有利于互惠的情形，有助于加强未来的互惠。

管理者应向其他各方展示与他们合作的承诺是可信的。可以通过限制自己的未来选择来建立信任，一旦背叛合作，就直接出局。如果未履行对其他局中人承诺的话将面临名誉扫地的境遇。此外，真诚地提供信任，从而帮助建立互信。

创造这样一种情形，使双方都不能擅自破规离局，否则将面临损失。该境况体现了纳什均衡的思想，即当各方均无更好的选择时，按兵不动，静观其变是最好的决策。

员工的公平感是其行为的强烈驱动力。配置物资、责任、工作和其他重要的资源，会将个体的嫉妒值降到最低。管理者应创设如下情形，即决策过程一致、透明，决策结果显著公平。

将大的群组拆分成较小的群组。在小群组中，组内成员的合作更容易达成。然而，创建更多的群体也会导致群体内或群体间的合作变得困难。

15

目标设定理论

王雁飞*译
(华南理工大学工商管理学院)

目标设定理论(goal setting theory)的提出主要基于一个重要常识:生命是一个目标导向行动的过程(Locke & Latham, 1990, 2002)。目标是个体想要达成的结果(Locke, Shaw, Saari, & Latham, 1981)。组织中受到激励的员工会集中或调动其注意力向目标进发直至最终实现。对于个人而言,目标有两种:内部目标是对成就的渴求,外部目标则是员工寻求的某种特定对象或条件,例如,绩效水平、销售额或升职(Locke, 1996; Locke & Latham, 2006)。管理与组织领域中,目标设定对任务绩效的积极作用已经得到广泛且重复的验证(Locke, Shaw, Saari, & Latham, 1981)。

根据目标设定理论,个体在目标兼具挑战性和具体的情况下的绩效水平会达到最高,所以为个体设置的目标越具有挑战性,越有可能导致高绩效。当所设置的目标具体且有挑战性时,目标达成情况就可以成为有效评估员工绩效的客观依据(Locke & Latham, 2006)。

目标主要通过影响个体的行动方向、努力程度以及坚持时间进而作用于绩效。例如,与仅仅被告知尽力而为的员工相比,那些被设置了关于质量或误差

---

* 王雁飞,华南理工大学工商管理学院教授、博士生导师。主要研究领域为组织行学、人力资源管理、知识与创新管理等。电子邮箱:wangyf@scut.edu.cn。

更加清晰、具体目标的员工会有更高质量的产出。但是也有例外，对于一些创造性工作来说，设置清晰、具体的目标并不容易。人们从小就被教育，如果要实现目标，就要锁定目标，排除其他干扰因素，坚持不懈。

研究也发现，只有在个体对目标有很强的专注力且具备达成目标的知识和能力时，目标设定与绩效才呈正比（Locke, 1968; Locke & Latham, 2006），同时也要保证所设定的目标清晰、具体，例如，销售100台计算机；或者描述所期望的绩效水平，例如，下午五点前完成列表上的七个任务。否则，绩效可能会低于不设定目标的情况。

为了达到高绩效，帮助个体提高其对目标的承诺非常重要（Locke, Latham, & Erez, 1988）。在简单或模糊目标设定的情况下，提升个体的目标承诺（commitment）通常不是问题，然而在困难目标设定的情况下则不同。目标承诺只有在所设定的目标清晰、具体且有挑战性的情况下才能有助于达成高绩效。一个人只有在相信其设定的目标重要且可以达到，至少是可以逐步达到的情况下才会产生高的目标承诺。

当为员工设定目标或允许他们为自己设定目标时，目标设定可以导致更高水平的绩效（Hollenbeck & Brief, 1987）。同时，当员工的目标是由权威人士设定的，期望绩效水平的出现会使员工聚焦并达成被分配的目标。当员工的目标是由自己设定的，且管理者或上司向其详细解释了设定该目标的原因时，同样发现了员工绩效水平的提升。然而，与目标自我设定的条件相比，过于粗糙或简略且没有任何解释目标设定的条件下，例如，"做这个或其他"，员工的绩效水平会更低。

研究发现，目标设定在给予反馈条件下的绩效达到最高水平（Locke, 1967）。对于某些任务来说，绩效状况显而易见，例如，修剪草坪。但是对于那些员工无法确定自己表现如何的任务，定期给予其绩效反馈对于他们达成目标会大有帮助。

高自我效能感（self-efficacy）的个体会为自己设定更高的目标（Locke &

Latham，2006），他们通常不满足于低目标或低绩效水平。管理者可以通过教育培训来提升员工的技能水平，或为其寻找可以效仿的对象并充分信任其具备完成绩效目标的能力，这些均有助于提高其自我效能感。

目标设定对于复杂任务的效果可能比较弱（Earley, 1985; Jackson & Zedeck, 1982; Wood, Mento & Locke, 1987）。随着任务复杂度的增加，员工完成该任务所需要的知识和技能会增多，同时也需要使用更多样化的手段和策略。因此，当个体在完成任务过程中没有找到合适的策略和方法时，目标设定产生的效果可能会比较弱。

对该理论的批判与评论

自从目标设定理论提出后，其有效性受到组织与管理理论有史以来最严苛和最彻底的检验。检验情境从现场到实验室，参与这些研究的被试来自8个国家，包括所有年龄阶段，数量超过4万人，被检验的任务超过88种，其时间跨度范围从一分钟到数年不等。结果发现，目标设定的有效率达到了90%（Locke, 1996）。

然而，对目标设定理论的批评也不少（Latham & Locke, 2006; Locke & Latham, 2009; Ordoñez, Schweitzer, Galinsky & Bazerman, 2009）。批评者认为目标设定理论的效果被夸大了（Ordoñez 等, 2009）。目标设定理论宣称目标设定在任何情境条件下都是有效的，但实际情况并非如此。

批评者认为该理论过于强调目标的具体性和明确性（Ordoñez等，2009）。过于具体的目标可能使员工过分专注目标本身而忽视其他重要的组织行为，例如，创新、创造力和灵活性。同时也需要更多的研究来揭示具体性程度不同的目标设定对任务绩效的影响，因为Staw和Boettger（1990）发现，太精确的目标可能降低指定任务的绩效水平。

批评者认为，该理论忽视了众多目标设定所带来的问题（Ordoñez等，

2009）。Shah、Friedman和Kruglanski（2002）发现，如果同时设定多个目标，个体往往倾向于只关注其中一个。

批评者认为，大多目标设定研究忽视了设定目标的时间范围（Ordoñez等，2009）。例如，如果设定目标是短期的，那么管理者通常会关注短期绩效而牺牲长期绩效。Cheng、Subramanyam和Zhang（2005）也发现，关注季度绩效目标的实现可能导致企业忽视长期研发方面的投资努力。

批评者还认为，目标难度与任务绩效的关系并非该理论所强调的正向和线性的关系。如果设定的目标太具挑战性，可能会导致一些组织不愿意看到的结果，例如，不道德行为和冒险行为（Larrick, Heath, & Wu, 2009; Ordoñez等，2009）。

最后，有批评者认为，也需要关注个体未达到所设定目标时可能会产生的一些意想不到的不良后果（Ordoñez等，2009）。例如，未达到目标可能导致员工的消极态度、负面自我评价和低自我效能感（Galinsky, Mussweiler, & Medvec, 2002; Mussweiler & Strack, 2000）。

对该理论所包含的变量进行测量

1. 目标定向量表

Zweig, D., & Webster, J. (2004). Validation of a multidimensional measure of goal orientation. *Canadian Journal of Behavioral Science,* 36, 232–243.

2. 目标接受与目标承诺量表

Renn, R. W., Danehower, C., Swiercz, P. M., & Icenogle, M. L. (1999, March). Further examination of the measurement properties of Leifer & McGannon's (1986) goal acceptance and goal commitment scales. *Journal of Occupational & Organizational Psychology,* 72, 107–113.

3. 目标设定成分测量

Lee, C., Bobko, P., Earley, P. C., & Locke, E. A. (1991). An empirical analysis of a goal setting questionnaire. *Journal of Organizational Behavior,* 12, 467–482.

4. 测量目标承诺的多因素量表

Hollenbeck, J. R., Klein, H. J., O'Leary, A. M., & Wright, P. M. (1989). Investigation of the construct validity of a self-report measure of goal commitment. *Journal of Applied Psychology,* 74, 951–956.

5. 目标承诺量表

Klein, H. J., Wesson, M. J., Hollenbeck, J. R., Wright, P. M., & Deshon, R. P. (2001). The assessment of goal commitment: A measurement model meta-analysis. *Organizational Behavior and Human Decision Processes,* 85, 32–55.

6. 成就目标测量

Hulleman, C. S., Schrager, S. M., Bodmann, S. M., & Harackiewicz, J. M. (2010). A meta-analytic review of achievement goal measures: Different labels for the same constructs or different constructs with similar labels? *Psychological Bulletin,* 136, 422–449.

未来研究建议

（1）探讨动态或互动环境及情境下目标设定的有效性，并与静态环境及情境下目标设定的有效性进行比较。

（2）探讨短期、长期目标或短期长期目标合并情况下目标设定对任务绩效的影响。

（3）探讨自我承诺和其他形式的承诺对任务绩效的影响。

（4）探讨不同难度任务（容易、中等和困难）的可视化（visualization）目标对任务绩效的影响。

（5）探讨单个和多个目标设定对任务绩效的影响。

（6）探讨个体目标、群体目标及个体目标与群体目标的结合对任务绩效的影响。

（7）探讨直接或间接目标实现对任务绩效的影响。

（8）探讨有意识或无意识目标设定对任务绩效的影响。

（9）探讨主动和被动目标启动和目标设计对任务绩效的影响。

（10）探讨激活和失效的目标随时间变化对任务绩效的影响。

必读的经典文献

Locke, E. A. (1996). Motivation through conscious goal setting. *Applied & Preventative Psychology,* 5, 117–124.

Locke, E. A., & Latham, G. P. (1984). Goal setting: A motivational technique that works. Englewood Cliffs, NJ: Prentice Hall.

Locke, E. A., & Latham, G. P. (1990). *A theory of goal setting and task performance.* Englewood Cliffs, NJ: Prentice Hall.

Locke, E. A., & Latham, G. P. (2002, September). Building a practically useful theory of goal setting and task motivation: A 35-year odyssey. *American Psychologist,* 57, 705–717.

Locke, E. A., & Latham, G. P. (2005). Goal setting theory: Theory building by induction. In K. G. Smith & M. A. Hitt (Eds.), *Great minds in management: The process of theory development.* (pp. 128–150). New York: Oxford University Press.

对管理者的启示

根据目标设定理论，使用绩效目标设定会导致员工更高的绩效，这是因为绩效目标可以在以下方面帮助员工：（1）将注意力聚焦到重要的行为和结果上；（2）提升努力程度；（3）促进员工坚持不懈直至达到期望的绩效水平；（4）促使员工制订行动计划和绩效策略。目标设定如果考虑以下情况可能更为有效：目标具体、可测量和有难度；员工具备完成任务所需要的能力；给予目标完成情况的反馈；完成任务给予奖励；上级或主管支持；员工接受并重视目标等。

但是也要特别注意，不要设定过高的目标。如果目标设定过高而员工的表现远远低于目标值，员工会感到沮丧和挫败。也不要为员工设置过多的目标，由于员工同一时间只能关注一个到两个目标，过多的目标会导致员工忽略其他目标。同时，在目标设定中确定正确的时间导向也非常重要，如果目标设定没有指定时间范围或时间范围不明确，员工就会只关注短期目标而忽视长期目标。另外，也要特别强调只能通过道德的行为实现目标，不道德的行为在组织中是不能被容忍的。

16 镜像理论

韩雪亮* 译
（河南财经政法大学工商管理学院）

镜像理论（image theory）聚焦于对个体在关系或组织情境中的决策分析，并且假设决策在未来既可能被维持，也可能被修改。作为一个有关决策制定的心理理论，镜像理论是对传统决策理论的补充（Mitchell & Beach, 1990）。

镜像指的是一种包罗万象的信息结构，其中，这些信息描述了决策者正在做什么、他是如何做的、又为什么要做，以及当下已取得了什么样的进展（Beach & Mitchell, 1987）。镜像理论中的"镜像"指的是被卷入决策中的图式（Mitchell & Beach, 1990）。图式指的是认知框架，它可以帮助决策者构建他们自己的世界，并为决策过程提供具有意涵和结构的信息输入。

镜像理论是对行为决策过程的真实刻画。传统决策观认为，决策是经蓄意和系统化而制定的。相反，镜像理论认为，决策是直觉自动生成的。根据镜像理论，人们经常使用简单、容易、合成和快速的方式制定决策。即使在所做出的决策对于决策者本身是非常重要的情形下，依然如此。

镜像理论包含三种类型的镜像，分别是：价值镜像(value image)、轨迹镜像(trajectory image)和战略镜像(strategic image)。价值镜像是对决策者决策原则

---

* 韩雪亮，河南财经政法大学工商管理学院讲师。主要研究领域为组织情感、变革反应、组织行为等。电子邮箱：mervyn1986@126.com。

的描述，包括道德、伦理、价值观、理念、公平、公正、忠诚和仁慈，以及他的品性、文明程度和宗教信仰。价值镜像表示的是决策者所坚持的"不证自明的真理"，它帮助决策者决定哪些目标是值得追求的，而哪些目标又是毫无意义的。

轨迹镜像指的是，决策者试图达到的未来状态和所遵循的日程。战略镜像指的是，为实现轨迹镜像而采取的一系列计划、战略和战术。例如，一个可能想要保留他现有工作的人，会避免沉沦，争取终身职位，或者挑战自我，创造新高。

这三种镜像又可以进一步细分为与当前决策相关或不相关的要素。三种镜像的相关组成部分构成了当前决策的框架。这个框架既可以帮助构建决策的情境，同时又提供了制约决策的标准。

镜像理论认为，有两类决策是使用这三种镜像做出的，分别是采纳决策和进展决策。采纳决策包括采纳或拒绝镜像备择组件，它要求备择组件至少与现有镜像中的组件是兼容的。例如，备选目标必须与决策者的原则以及轨迹镜像中的其他目标兼容。

根据镜像理论，决策过程本身包含两个阶段：筛选和选择。筛选包括消除不可接受的备择对象。选择指的是从经过筛选后留下的备择对象中选取最可靠的那个对象。决策者筛选或过滤可能的选项，并决定是否保留可能的选项。如果没有选项通过，决策者就需要找到更多的选项或追求其他利益。如果有多个选项都得以通过，决策者就要从这些可能的选项中选择一个来实施。

筛选的过程缩小了决策选项的范围。筛选聚焦于可能的选项存在哪些问题，这一判断是基于选项本身对决策者标准和价值观的背离。筛选并非为了权衡一个可能选项的好坏，而是专注于一个选项对标准、道德和原则的背离。拒绝一个决策选项所需要的背离次数被称为拒绝门槛。

采纳决策和进展决策可使用以下两种决策测试，即兼容性测试（compatibility test）和收益性测试（profitability test）。兼容性测试是基于决策备选是否背离了现有镜像，而收益性测试指的是一旦选项被成功实施后所带来的后果的吸引程度。收益性测试包括对可接受选项相对优点的评估，以及之后对最好选项的选择和实施。收益性测试可以是补偿性的，也可以是非补偿性的。通常情况下，收益性测试比兼容性测试更复杂、也更全面。一般而言，筛选过程中每个可能选项的属性不会被用于兼容性测试或收益测试。这是因为，进入筛选过程中的所有选项都被认为是可接受的。

　　进展决策是对战略镜像中的计划是否朝着轨迹镜像中的目标迈进的检验。它在某种程度上属于一类特殊的采纳决策。如果当前的行动是朝着轨迹镜像迈进，即使幅度很小，决策者通常也会维持现状。然而，如果决策者当前的镜像和他的轨迹镜像出现显著不一致时，那么决策制定就会快速自动激活以拒绝当前战略，并执行不同方向的新行动。对决策者而言，以积极乐观的方式看待当前的事件，以及对表明现状与轨迹镜像兼容的证据过高赋值，这似乎存在一种自然的偏见(Beach & Mitchell, 1990)。

　　研究人员已经开始将镜像理论应用于非决策领域的研究(Bissell & Beach, 1996; Richmond, Bissell, & Beach, 1998)，例如员工监管和工作满意度。Dunegan (2003)检验了和谐领导对追随者满意度和承诺水平的影响。Mady和Gopinath (2008)检验了镜像理论组件对顾客服务和质量感知的影响。Dunegan宣称，镜像理论可以被广泛应用于管理与组织行为和研究，比如公平情境(Gilliland, Benson, & Schepers, 1998)。

对该理论的批判与评论

　　镜像的构念是镜像理论中至关重要的部分，全面探究镜像本身需要更多的研究来支撑。有关镜像理论的研究还没有完全挖掘镜像的本质——它是什么？它是如何被创造的？它是如何随时间的推移而发生改变的？镜像研究人员放弃了对镜像的分析，却对该理论中的筛选机制表现出浓厚的兴趣。

　　Beach 和 Mitchell (2005)指出，聚焦于筛选方法而忽视镜像本身是有意而为之的行为，这种行为的产生源于营销该理论的考虑，以使其在期刊和学界更受欢迎。Beach和Mitchell表示，在筛选方法上更容易开展严谨研究，这将有助于吸引对该理论的关注并增加发表的可能性。

　　Beach和Mitchell (2005)表示，他们定制研究是为了满足两类不同受众的需求。他们调整筛选过程中的数字和方程式，是为了迎合决策研究人员的需求。他们调整实践概念是为了满足人力资源管理中不太严谨的需求。他们认为，这是一项旨在使镜像理论知识得到广泛传播和关注的营销尝试。他们指出，接受该理论可以使研究人员能够专注于其更宽泛的特征。

对该理论所包含的变量进行测量

1. 镜像兼容性

Dunegan, K. J. (1995). Image theory: Testing the role of image compatibility in progress decisions. *Organizational Behavior and Human Decision Processes*, 62, 79–86.

2. 领导者–镜像兼容性量表

Dunegan, K. J. (2003, Winter). Leader-image compatibility: An image theory view of leadership. *Journal of Business and Management*, 9, 61–77.

3. 对象的吸引力

Beach, L. R., Puto, C. P., Heckler, S. E., Naylor, G., & Marble, R. A. (1996). Differential versus unit weighting of violations, framing, and the role of probability in image theory's compatibility test. *Organizational Behavior and Human Decision Processes*, 65, 77–82.

未来研究建议

（1）将镜像理论用于非决策性任务和组织情境研究。
（2）检验实际工作场所行为和理想工作场所行为偏差的容错范围。

(3) 探讨时间约束对镜像理论各方面的影响。

(4) 考察当人们筛选选项时，拒绝门槛是如何创建和变化的。

(5) 检验决策制定者创建、维持和修订不同价值镜像的过程。

(6) 探讨偏见对决策过程中兼容性和收益性的影响。

(7) 研究决策者如何在不同类型的判断和决策响应之间平衡违规和合规。

(8) 检查实现目标中的进展门槛水平，以确定决策者如何以及何时改变其当前的行动。

(9) 探讨随着时间的推移，镜像在不同时期的稳定性和流动性。

(10) 检验个体差异对创建和使用三种镜像的影响。

(11) 审视根据镜像理论制定决策的认知局限和时间要求。

必读的经典文献

Beach, L. R. (1990). *Image theory: Decision making in personal and organizational contexts*. Chichester, England: Wiley.

Beach, L. R. (1998). *Image theory: Theoretical and empirical foundations*. Mahwah, NJ: Erlbaum.

Beach, L. R., & Mitchell, T. R. (1990). A contingency model for the selection of decision strategies. *Academy of Management Review*, 3, 439–449.

Mitchell, T. R., & Beach, L. R. (1990). "… Do I love thee? Let me count …" Toward an understanding of intuitive and automatic decision making. *Organizational Behavior and Human Decision Processes*, 47, 1–20.

Seidl, C., & Traub, S. (1998). A new test of image theory. *Organizational Behavior and Human Decision Processes*, 75, 93–116.

对管理者的启示

镜像理论认为，决策者监测现状并预测预期目标的进展。如果决策者面临的现状与其期望的状态存在较大差异，而且几乎没有自行纠正的希望，那么决策者就必须接受现状或采取行动改变现状。感知到的现状和期望状态的落差促使决策者采取行动。

员工决定将他们的时间和精力投入到组织中有很多原因。例如，他们信任和相信这个组织的使命和目标。镜像理论可以帮助管理者理解和影响员工的决策。镜像理论假设员工基于三种镜像做出决策：(1)价值镜像(它反映了员工个体的价值观)；(2)轨迹镜像(它反映了员工理想的自己)；(3)战略镜像(它反映了员工为成为理想自我而采取的行动)。

员工总是在寻找那些能够为他们成为理想自我而做出的投资中收益最高的行为，一旦员工发现一个不错的选择或者付出和收益之间的平衡，他们就会试图维持现状。试图维持一个理想状态的员工，很容易成为"认知吝啬鬼"。他们没有必要重新评估或改变目前的情况，除非他们看到了比当前更好的轨迹镜像。

管理者的职责就是帮助员工发现属于他们自己的新轨迹镜像，将他们提升到新的更好的位置上。为此，管理者就要通过与员工的交谈，收集员工价值镜像的相关信息（个体价值观和信念）。与员工建立共同战略，开发一条旨在帮助其在工作、组织和整个职业生涯中实现理想自我的路径。最终，随着时间的推移跟进员工，微调其镜像和轨迹，使其朝着一个新的状态迈进。

因此，根据镜像理论，管理者应该对未来是怎么样的有一个细致而具体的想法（一个理想镜像）。此外，管理者应谨慎监视达成理想状态的进程。最后，当察觉朝向理想状态的进展未能进行时，管理者必须采取行动加以改变。

17
制度理论

蔡地*（山东大学管理学院）
高宇**（西安交通大学经济与金融学院） 译

制度理论（institutional theory）回答了这样一个中心问题：为什么同一领域的所有组织常常会看起来和行动起来都一样（DiMaggio & Powell, 1983）？制度理论的核心概念在于：组织结构和流程倾向于获得意义、实现自身稳定，而不是以预期的效果和效率为基础，如组织的使命和目标（Lincoln, 1995）。在组织生命周期的初期，组织形态会存在很大差异。但随着时间的推移，组织的结构和实践会表现出惊人的同质性。

制度理论假定制度是环境中的一个关键组成部分。制度被定义为"为社会行为提供稳定性和意义的规制性、规范性和认知性结构和活动"（Scott, 1995, p.33）。制度包括法律、规定、习俗、社会和职业规范、文化、伦理，等等。制度会对组织施加约束性的影响（这称为"同构"），迫使位于同一制度域、受到相同的外部制度因素影响的组织趋于一致（Hawley, 1968）。

制度会对组织施加强制性、模拟性和规范性三种类型的同构压力

---

* 蔡地，山东大学管理学院副教授。主要研究领域为领导力与团队管理、家族企业与创新创业等。电子邮箱：caidi@sdu.edu.cn。

** 高宇，西安交通大学经济与金融学院副教授。主要研究领域为创新管理、制度理论等。电子邮箱：joegao1001@mail.xjtu.edu.cn。

(DiMaggio & Powell, 1983)。强制性同构（coercive isomorphism）指的是来自拥有组织所依赖资源的实体的压力。模拟性同构（mimetic isomorphism）指的是指当组织不确定要做什么时对其他成功组织的模仿或复制。规范性同构（normative isomorphism）指的是遵循由教育与培训方法、专业网络、企业间的员工移动所确立的专业标准和实践。

新的组织形态通常不会在某项未被利用资源的可用性基础上涌现。相反，一旦被社会认为是合法的，新的组织形式就会涌现（Aldrich & Fiol, 1994）。合法性指的是组织的行动被各种内外部利益相关者在社会上接受和认可的程度（Kostova, Roth, & Dacin, 2008），以及与普遍存在的规范、规则和信念相一致的程度（Sonpar, Pazzaglia, & Kornijenko, 2009）。当组织服从制度压力并遵循对组织结构和过程的社会规范时，它们运营时就能获得更高的合法性、更多的资源和更强的生存能力（Oliver, 1997; Yang & Konrad, 2010）。

制度理论认为制度化活动因对个体、组织以及组织间三个层面产生影响而发生（Oliver, 1997）。在个体层面，管理者有意识地和无意识地遵循着规范、习惯、习俗和传统（Berger & Luckmann, 1967）。在组织层面，共享的政治、社会、文化和信仰体系都支持着制度化活动的传统。在组织间层面，来自政府、行业联盟以及社会期望的压力明确了什么是为社会所接受和期望的组织行为，这使得组织会看起来和行动起来都一样（DiMaggio & Powell, 1983）。

制度学家对调查那些没有明显经济或技术意图的组织结构和实践特别感兴趣。举个例子，一个组织可能仅仅是出于习惯而保留一个不可靠的供应商，即因为"向来都是这么干"。当一个行动存在的原因仅仅是"大家都是这么干"，就可以被称为"制度化"了。制度学家指出，许多组织行动都被认为是理所应当的，管理者不再质疑一项活动为什么开始或为什么应该继续（Oliver, 1997）。

制度学家们已经误入歧路，误读了DiMaggio和Powell在1983年发表的经典论文。DiMaggio和Powell认为，组织是在他们面临的制度环境下变得同构的。

制度研究人员错误地解读这一观点并认为：(1) 组织彼此互相同构，因此随着时间的推移，所有的组织都会逐渐趋同；(2) 对于它们面临的环境要素和力量而言，组织只能是被动的 (Suddaby, 2010)。

为了让制度学家回到正轨，DiMaggio (1988) 做出了回应。他指出，组织不是他们面临环境力量的囚徒，并特别强调，组织经常会以创造性的方式来改变它们所面临的制度环境，这一过程被他命名为"制度创业"。

理论关注点的这一变化引发制度学家开始研究作为变革者的组织如何行动。例如，Oliver (1991) 研究了一系列组织可采纳的遵守或抵抗的方法。具体而言，为了回应制度的（institutional）压力以及内外部趋同化的预期，组织可以采取以下策略（按照抵抗的积极程度从低到高排序）：默从、妥协、逃避、反抗或操纵。

制度创业家（institutional entrepreneur）是创造新组织或变革已有组织的行动者 (DiMaggio, 1988; Garud, Hardy, & Maguire, 2007)。这些行动者可以是个体、群体、组织或组织团体，但他们必须发起和实施不同的变革 (Battilana, Leca, & Boxenbaum, 2009)。

20世纪70年代末和80年代初，制度理论研究经历了重大变化。在此之前，古典制度理论家研究了诸如联盟、竞争价值观、影响力、权力以及非正式结构等问题 (Greenwood & Hinings, 1996)。这些古典研究经常引用Selznick (1957) 的研究。新制度理论家则在组织域的层次研究了组织与其他组织之间的竞争性和合作性交换，并聚焦于合法性和那些被视为"理所应当"的结构和过程。

对于制度理论的未来研究，Suddaby (2010) 提出以下四个具有研究前景的领域：类别、语言、工作和美学。Heugens和Lander (2009) 研究了制度理论学家的三个仍在进行的争论。第一个是结构或代理的优越性之争，主要是检验组织结构和流程的涌现究竟是因为宏观层面的社会驱动力还是因为组织塑造自身的行动。第二个是关于顺从或一致性对组织绩效影响的持续争论。第三个是检验组织域内的多样性如何影响组织的结构和实践趋同程度、趋同速率。

对该理论的批判与评论

尽管制度理论领域的文献对合法性的必要性和益处已经达成了高度一致，但也存在一些例外。例如，Kraatz和Zajac（1996）发现没有什么证据支持合法性的约束。Phillips 和 Zuckerman (2001)认为，中等地位的参与者才会觉得行动需要合法性，高地位的参与者则拥有偏离规范的声誉资本，低地位的参与者则会为了生存做任何事，无论是否具有合法性。

还有一些研究人员对支持从经典制度理论向新制度理论转移的理由提出了质疑（Koelble, 1995; Selznick, 1996）。旧方法和新方法都有各自的优点和缺点，新旧方法都应该被整合至当今的制度理论中。

对制度理论的另一种批评则与制度的测量方式有关。Peters（2000）认为研究人员忽视了恰当地测量制度这一问题。Suddaby（2010）指出，制度研究已从把组织当作"任人摆布的笨蛋"转变为把组织视为"肌肉超人"（p.15）。任何微小的改变都可以被认为是"制度上的"，所有的变革者都可被视为"制度创业家"。Dacin、Goodstein和Scott（2002）发出警告说，制度研究人员应该只重视那些意义重大、影响深远、场域层次的改变，而非那些渐进的改变。

还有批评者指出，支撑制度化开展和实施的具体过程尚未被研究（Phillips, Lawrence, & Hardy, 2004）。制度理论倾向于关注制度化背后的过程制度化的作用效果，而没有关注组织制度化的过程，从而导致这样一种观点：组织只是一个毫无价值的"黑盒子"。

对该理论所包含的变量进行测量

1. 职业承诺量表

Suddaby, R., Gendron, Y., & Lam, H. (2009). The organizational context of professionalism in accounting. *Accounting Organizations and Society*, 34, 409–427.

2.子公司绩效测量

Slangen, A. H .L., &Hennart, J.-F. (2008, November). Do foreign greenfields outperform foreign acquisitions or vice versa? An institutional perspective. *Journal of Management Studies*, 45, 1301–1328.

3. 可程序化程度没量与控制幅度测量

Eisenhardt, K. M. (1988). Agency- and institutional-theory explanations: The case of retail sales compensation. *Academy of Management Journal*, 31, 488–511.

未来研究建议

（1）探索组织如何随着时间的推移而经历、理解和学习管理同构性压力。

（2）调查组织合法性带来的益处是如何随着时间的推移而增加或减少的。

（3）检验同构性压力如何随着时间的推移加速和协调组织的集体行动。

（4）研究自发的、场域层次的同构变化出现的深层原因，如尽可能降低集体悔恨（Landman, 1993）或尽可能强化受到威胁的群体身份（Hardy, Lawrence, &Grant, 2005）。

（5）探索组织如何将自己与竞争对手进行区分又将差异保持在"可接受范围"（Deephouse, 1999）。

（6）检验合作和竞争两种力量所引发同构的方式的差异。

（7）探究场域层次的因素如何调节组织领域的同构过程。

（8）测量各类同构过程并检验每个过程对组织产出的相对影响。

（9）检验在组织定期与国家机构互动的场域中，同构力量更强的程度。

（10）检验当特定组织域相对独立于或从属于其他组织域时，行为或实践样板在此组织域中扩散过程的快慢程度。

（11）调查决策者如何发起和维持组织场域和环境的制度变革。

必读的经典文献

DiMaggio, P., & Powell, W. W. (1983). The iron cage revisited: Institutional isomorphism and collective rationality in organizational fields. *American Sociological Review*, 48, 147–160.

Meyer, J., & Rowan, B. (1977, September). Institutionalized organizations: Formal structure as myth and ceremony. *American Journal of Sociology*, 83, 340–363.

Powell, W.W., & DiMaggio, P. J. (1991). *The new institutionalism in organizational analysis*. Chicago: University of Chicago Press.

Scott, W. R. (1995). *Institutions and organizations*. Thousand Oaks, CA: Sage.

Zucker, L. G. (1977). The role of institutionalization in cultural persistence. *American Sociological Review*, 42, 726–743.

对管理者的启示

制度理论考察了组织为何以及如何随着时间的推移变得看起来和行动起来都一样。关于组织间的相似性，一个解释是某些组织结构和方法如此司空见惯，没有人会挑战它们。没有人好奇它们为什么会率先开始，也没有人去询问它们是否应该停止。每个人只会认为这是做生意的唯一且理所当然的方式。

对于这种相似性和顺从性，一个原因是组织倾向于遵循那些已经被其他组织确立合法性的管理结构和实践。管理者可能会陷入同样的陷阱，只做"大家正在做的"。他们可能会有意或无意地因为规范、习惯、风俗以及传统等继续去做同样过时的事。由于存在所谓的公司规定、标准运营程序、已被验证的方法等原因，他们被迫依此行事。管理者可能不确定要做什么，因此他们简单地模仿别人已经成功的做法。他们仅仅是照搬在学校学到的，职业标准所指示的，或者在其他公司工作时所学到的。

如果管理者想做出有意义的改变，带领团队、部门或者公司前往截然不同的新方向，那么，仅仅是跟从将不会是一个成功的战略。如果管理者想成为一名"制度创业家"，那么将不得不承担一定风险，去尝试那些未被所在领域检验或未被其他管理者或公司确立合法性的新方法。风险越高越会给公司带来高的收益，但是开辟新天地并不适合那些懦弱胆小的人。当需要做出前往别的管理者未曾到达之处的决定而非延续已被证实成功的方法时，请考虑一下自己的个人风险承受水平。

18

知识基础理论

王震*译

（中央财经大学商学院）

我们经常会面临这样一种困惑：在种类众多的组织结构中，组织为何偏偏会以现有结构形式存活？企业知识基础理论（knowledge-based theory）从知识管理的角度回答了这一问题。该理论指出相比于其他组织结构，现有组织结构能更为有效地管理知识，这正是企业知识基础理论的核心思想（Conner, 1991; Kogut & Zander, 1992, 1993, 1996; Conner & Prahalad, 1996; Foss, 1996; Grant, 1996a, 1996b; Madhok, 1996; Nahapiet & Ghoshal, 1998; Nickerson & Zenger, 2004）。换言之，该理论认为，组织作为一个社会实体，其如何储存和运用内部知识、竞争力和才能，关系到整个组织的生存、发展以及成功（Hakanson, 2010）。此外，该理论还强调组织需要深入地整合和协调员工的内部学习过程（Kogut & Zander, 1992; Nelson & Winter, 1982）。

尽管知识基础理论经过了长期的发展，但该理论仍存在一些概念上的问题没有厘清。例如，在对"知识"的界定上，理论学家就没有形成共识（Balconi, Pozzali, &Viale, 2007）。事实上，一些研究人员甚至没有区分"信息"和"知识"这两个概念（Nonaka, 1994）。根据Winkin（1996）的观

---

* 王震，中央财经大学商学院副教授。研究领域为领导力、战略人力资源管理等。电子邮箱：wangzhen@cufe.edu.cn。

点,信息由数据演变而来,知识又由信息演变而来,知识则更接近于智慧。Gorman(2002)将知识分为四种类型:声明型(知道什么)、程序型(知道如何)、判断型(知道何时)和智慧型(知道为何)。Balconi等人(2007)则提出了一些综合性的分类,其中包括:知道做什么、知道为什么、知道怎么做,以及知道是谁。

知识基础理论对隐性知识(tacit knowledge)(嵌入于个人经验的知识)和显性知识(explicit knowledge)(能够以一定形式在公众中传播的知识)做出明确的区分(Nelson & Winter, 1982; Polanyi, 1966)。关于隐性知识,一个经常举的例子是骑自行车(Phelan & Lewin, 2000)。隐性知识对企业来说是宝贵的资源,因为它不容易被获取,即使在能够准确定位隐性知识来源的前提下,复制隐性知识的代价也是高昂的。隐性知识不能简单地写下来和记录(或编纂),因此只能通过对专业人士的观察和亲身实践进行学习(Kogut & Zander, 1992; Grant, 1996b)。

然而令人感到遗憾的是,研究人员们并没有就隐性知识的定义达成共识(Ancori, Bureth, & Cohendet, 2000; Hakanson, 2007)。大多数情况下,研究人员们都只是同意隐性知识仅能够通过观察他人使用某项技术或能力得以显现。一些研究人员认为"说清楚"是让隐性知识外显于所有人的过程,编纂则能够将已清晰化的知识固定、记录、标准化并在组织中传播(Hakanson, 2007)。另一些研究人员却认为隐性知识并不能被明确地阐述(Grant & Baden-Fuller, 1995; Reed&DeFillipi, 1990)。Soo、Devinney、Midgley和Deering(2002)指出,隐性知识一旦被表述,便不再是知识而只是纯粹的数据。然而,有研究人员认为所有的隐性知识都能够被转化为显性知识。Hakanson(2007)对知识基础理论中一些重要的术语进行了重新分类与界定,包括显性知识(知道为什么和知道是什么)、内化的知识(不使用的显性知识)、程序知识(关于技能和能力的知识)以及隐性知识(包含能够被清晰阐述和不能被清晰阐述的隐性知识)。

组织如何管理知识的积累能够决定组织的成败。例如,有研究发现,那些能更好地从内外部搜寻、吸收和利用新知识的企业,其绩效相对更高

(Martin-de-Castro, Delgado-Verde, Lopez-Saez, & Navas-Lopez, 2011)。Liebeskind（1996）也认为保护好已拥有的显性知识是保障企业绩效的先决条件。组织保护知识的方式有很多。例如，组织可以通过工作设计，让单个员工无法完整观察到一个知识过程的"全景"，也可以使用劳动合同和保密协议来延缓公司机密的扩散，以及增加员工离开公司的成本，如延期养老金计划、优先认股权等补偿计划。

知识基础理论假设组织都是异质的知识承载实体，它们将知识应用于生产产品和提供服务（Foss, 1996）。组织以现有形式存在，是因为组织是储备生产性知识的仓库。企业的知识储备决定了不同企业在效率上的差异，有助于一些企业实现相对竞争优势。企业的知识储备同样也解释了为什么一些企业会比其他企业更多元化和富有创新精神（Foss, 1996）。以往的企业理论，仅仅将企业看作契约的集合体，仅关心如何有效分配财产所有权，知识基础理论这一假设与它们形成鲜明的对比（Kogut & Zander, 1992）。知识基础理论还假设那些被组织创造、储存和使用的知识，是组织战略意义上最为重要的资源（Grant, 1996b）。实际上，所有人类生产力都依赖于知识，而所有的技术也都是知识的具体体现，因此知识资源的重要性不言而喻。

知识基础理论假定知识并非由整个组织，而是由单个个体创造、储存和使用的。对管理者来说，如何协调和整合不同个体所拥有的知识是一大难题。Grant（1996b）提出四个整合个体专业知识的机制：（1）规则和指令（程序、计划、政策和实践）；（2）排序（时间表）；（3）惯例（行为的复杂组织模式）；（4）群体问题解决及决策（包括讨论、分享和学习的社会交流过程以及最终的行动）。

以上四个协调和整合个体层面知识的机制都有一个共同的特点，即它们都依赖于"一般知识"（common knowledge）的存在。一般知识指的是这样一些知识，它们的组成元素都应该被为组织中的每个成员所熟知。一般知识对组织来说十分重要，因为它们能让组织中的所有人分享一般知识以外的知识。一般知识包括语言、符号交流（文字、数字计算、软件程序）、共享的专业知识、共享的意义（共享的比喻、类比和故事）以及同其他员工一致的认同和判断（Grant, 1996b）。当知识分别位于跨度较大的组织层级时，组织中复杂的层级结构往往会阻碍这些知识的共享过程。

对于知识基础理论的探究主要集中在：（1）组织能力的利用，（2）知识能力的创造，以及（3）在知识型群体中的知识交换过程（Hakanson, 2010）。

当前研究的一个核心争论点是哪里是知识的源头，也就是对组织来说，个体或集体哪个是新价值的来源（Felin & Hesterly, 2007; Nahapiet & Ghoshal, 1998）。大多数研究人员聚焦于知识的集体来源（例如, Adler, 2001; Brown & Duguid, 2001; Kogut, 2000; Nahapiet & Ghoshal, 1998; Nelson & Winter, 1982; Tsoukas, 1996）。然而，也有一小部分研究人员聚焦于知识的个体来源（例如，Grant, 1996b; Simon, 1991）。

在知识经济时代，逐渐衍生出一种将焦点转向企业知识资产（knowledge assets）或智力资本（intellectual capital）的趋势（Dean & Kretschmer, 2007）。然而，智力资本至今还没有得到很好的定义，且仍需更好的理论框架来支撑（Cabrita & Bontis, 2008）。但就其构成来讲，一个企业的智力资本通常包括人力资本、结构资本和关系资本（Martin-de-Castro等, 2011）。这些智力资本与企业创造、运用自身知识储备有着密切关联。

对该理论的批判与评论

正如上文所提到的，知识基础理论存在概念界定不清的问题，该理论因为对"知识"这一术语界定不清而受到批评（Balconi, 2007; Kogut & Zander, 1993）。最初的知识基础理论将知识视为客观性的组织资源，就如组织的其他财产一样。新近研究则将知识视为能够在一群人中学习、分享、制造和运用的东西。随后，学者们的研究更细致地将"知识"（静态的知识）和"知道"（动态的过程）进行了区分（Polanyi, 1966），但研究人员仍未就知识的定义和测量达成共识（Ancori等，2000; Hakanson, 2007）。

另一个对知识基础理论的批判是针对"组织是人的社会集合"这一说法的。知识基础理论认为，组织中的群体通过划定边界，能够使知识在组织内部比在外部更为广泛接受。然而，就这一点来说，早期的知识基础理论并没有进行详细的阐述，为此受到了批评。

知识基础理论也因其假设知识在组织内部传播的成本要低于组织之间传播的成本而备受批评。批评者指出要验证这一假设，知识基础理论需要引入一些个体选择机制。然而，值得注意的是，在组织能力视角下，并不存在这类个体选择机制（Foss, 2003）。这也使得该理论容易受到来自比较性契约视角学者的批判（Foss, 1996; Williamson, 1999）。

对该理论所包含的变量进行测量

1. 组织对知识管理、信息技术决策中心化、高层管理者知识及其他（方面）重视度量表

Kearns, G. S., & Sabherwal, R. (2007). Strategic alignment between business and information technology: A knowledge-based view of behaviors, outcome, and consequences. *Journal of Management Information Systems*, 23, 129–162.

2. 可编码性、可教性和复杂度量表

Kogut, B., & Zander, U. (1993).Knowledge of the firm and the evolutionary theory of the multinational corporation. *Journal of International Business Studies*, 24, 625–645.

未来研究建议

（1）研究企业如何使用激励和生产能力来促进知识的使用及共享。

(2) 探究企业退出市场如何导致社会嵌入型际隐性知识的损失。

(3) 了解在并购前后，企业在发明和创新方面的减少所造成的影响。

(4) 考察一些个体层面的变量（如知识隐藏、利己主义和个体惯性）对知识结构的影响。

(5) 探究企业智力资本及其对企业打造持续竞争优势的影响。

(6) 研究可用于在组织内部和组织之间共享知识的通信设备及其对企业绩效的影响。

(7) 探究企业如何通过将知识植入软件与其他技术来整合和协调知识。

(8) 探索通过社交网络获取和分享新知识的企业是否比那些没有使用社交网络的公司更成功。

(9) 考察通过面对面和社交网络两种方式展现隐性知识的效果及其对知识共享的影响。

(10) 通过比较群体实践和个体的学习培训项目，来明确"深入学习"和"浅尝辄止"之间的相似性和差异。

必读的经典文献

Grant, R. M. (1996b, Winter). Toward a knowledge-based theory of the firm. *Strategic Management Journal*, 17(Special Issue), 109–122.

Kogut, B., & Zander, U. (1992). Knowledge of the firm, combinative capabilities, and the replication of technology. *Organization Science*, 3, 384–397.

Kogut, B., & Zander, U. (2003). A memoir and reflection: Knowledge and an evolutionary theory of the multinational firm 10 years later. *Journal of International Business Studies*, 34, 505–515.

Nonaka, I. (1994). A dynamic theory of organizational knowledge creation. *Organization Science*, 5, 14–37.

Polanyi, M. (1966). *The tacit dimension*. New York: Doubleday.

对管理者的启示

根据知识基础理论，一个组织的成功取决于它在多大程度上能比竞争者更好地获取、生成、储存和使用知识。"知识"一词实际上包含了员工应该知道的所有事：如何做、做什么、是谁、什么时候以及为什么。

管理者任务就是让员工的知识基础得到最大限度的发挥，以实现企业的使命、战略和目标。一些员工的知识是显性的，或者说能以某种形式在公众中传播，因此对所有人都是可用的。然而，还有一些员工的知识是隐性的，抑或说只存在于他们的个人经验中。管理者应该将储藏在员工大脑中的知识设法显现出来，这样一来，这些知识便能够得到记录、分享并被企业中的其他人使用，这一过程也被称为编纂。

编纂员工的隐性知识并非一个简单的过程，常常需要员工去观察那些博学者是如何展现技术和能力的。管理者需要在工作活动中为员工提供机会来观察和学习那些博学的员工。之后，还要为员工提供实践机会来尝试和修炼新学习到的技能。如果没有之后的实践，员工将无法内化新学习的技术和能力，知识自然也就消失。

最后，管理者还要通过留住核心员工来防止知识流失。可实施延期养老金计划、优先认股权等补偿计划来留住员工，也可以使用保密协议或其他手段来防止员工将公司机密泄露出去。

19

媒介丰富性理论

王宏蕾* 译
（东北农业大学经济管理学院）

媒介丰富性理论（media richness theory）的主要假设是，一个人在沟通过程中的表现往往是由沟通媒介的特性和所执行任务的特性之间的契合程度所决定的 (Daft & Lengel, 1984,1986)。换句话说，使用最匹配沟通媒介（communication channel）的人将比使用错配沟通媒介的人更有效地完成任务。例如，您不应该使用短信求婚或解雇员工，要发送正式的书面邀请函，邀请未来的亲戚参加婚礼。

沟通过程涉及与他人分享意义和信息。人们可以使用一种或多种沟通媒介进行沟通，例如谈话、信件、备忘录和电话。沟通媒介可以具有不同层次的"丰富性"，这指的是它们潜在的信息承载能力 (Daft & Lengel, 1984)。媒介丰富性（media richness）也包括媒介向沟通接收方传输多种线索和即时反馈的能力 (Russ, Daft, & Lengel, 1990)。

Bodensteiner (1970) 创建了一个包括四种不同媒介类别的沟通媒介层级。Daft 和 Lengel (1984) 改编了这种层级结构，创建了基于四种媒介特征，衡量四个不同丰富性的媒介渠道的连续体。这四种媒介特征是：（1）反馈，（2）采用的沟通

---

* 王宏蕾，东北农业大学经济管理学院讲师。主要研究领域为战略人力资源管理和组织行为学等。电子邮箱：hrbcuwhl@163.com。

渠道，(3) 来源，(4) 语言。他们将媒介按丰富性程度从高至低进行排序为：面对面交流（最常见的社会呈现形式）、电话、私人书面、正式书面和正式数字（最少见的社会呈现形式）。随后的一项研究 (Lengel & Daft, 1988) 对连续体的形式进行了重构，将媒介按照丰富性从高到低排列为：身体语言（面对面交流）、交互媒介（电话、电子媒介）、个人书面媒介（备忘录、信件、个人定制的计算机报告）和人际书面媒介（传单、公告、公开的计算机报告）。面对面交流被界定为丰富性最高的沟通媒介，因为它具有社会呈现、直观体验、多种信息线索、即时反馈和个性化的特征。电话沟通的丰富性相对偏低，因为它具有较少的直接反馈和线索（没有肢体语言、点头示意、眼神接触等）。个人书面媒介（例如备忘录、笔记和报告）由于线索有限和反馈迟缓，因而不如电话沟通的丰富性高。人际书面媒介（如传单、公告和报告）被认为是丰富性最低的（最贫乏的），因为其具有非个性化、有限的信息线索、没有反馈的特征。

根据媒介丰富性理论，模糊性是确定每种类型任务所匹配的最佳沟通媒介的关键 (Daft & Lengel, 1986; Daft & Macintosh, 1981; Weick, 1979)。模糊的信息需要使用丰富性更高的沟通媒介才能被更有效地传递。当信息可以按多种不同的方式进行解释时，这种信息就是模糊的或模棱两可的。在这种情况下，人们必须重新创造、沟通和分享信息的含义与解释。丰富性越高的沟通媒介（例如面对面交流）在处理模糊信息方面越有效。面对面交流使得人们能讨论观点、即时反馈，并同时使用口头语言和肢体语言来传递信息。

与之相对，当信息只存在一种解释，并且人们已经对信息的含义和解释达成共识时，这种信息就是明确的或清晰的。清晰的信息仅需要使用较少的（或较不丰富的）沟通媒介即可以被有效地传递。这些沟通媒介包括备忘录、信件、电子邮件和文本信息。

研究表明，熟练运用恰当的沟通媒介来完成特定任务的管理者往往比不熟练的管理者更高效 (Lengel & Daft, 1988; Russ等, 1990)。沟通信息还涉及一定程度的不确定性。如何选择正确的沟通媒介取决于信息的不确定性和模糊性。不确定性通常是由缺乏足够的信息所导致的 (Shannon & Weaver, 1949)。高效的管理者倾向于采用面对面的方式来进行非常模糊和不确定性的沟通，而使用书面媒介来进行清晰、客观和确定性的沟通 (Daft, Lengel, & Trevino, 1987; Russ等，1990)。

Carlson和Zmud (1999) 研究了用户持续使用一种媒介后，他们对媒介的看法是如何随着时间的推移而变化的。运用"渠道扩展"的方法，他们研究了四种与塑造用户的媒介感知尤其相关的用户体验，即渠道体验、信息主题体验、组织情境体验和沟通参与者体验。

许多新近的研究增加了对沟通丰富性媒介能力的描述。例如，Lan和Sie (2010) 探索了用户感知的媒介丰富性的四个组成部分，即内容时效性、内容丰富性、内容准确性和内容适应性。内容时效性是指媒介具有时间敏感的特性并且能够即时反馈；内容丰富性意味着媒介包括多种沟通类型（例如文本、图像和视频）；内容准确性是指信息是可以被清晰表达或容易理解的；内容适应性意味着信息可以适用于其他格式或模式。

一些关于媒介选择方面的研究已经超越了对媒介丰富性和社会呈现等整体构念的研究，更倾向于对特定媒介特性的研究，例如同步性、渠道容量和可加工性 (Mohan等，2009)。同步性是考察沟通是实时还是延迟发生的；渠道容量是指媒介可以传输多样性线索的能力；可加工性是指媒介在当前情况下可以重新检查信息的特性。另一些研究关注了媒介用户在空间和时间方面的差异，例如采用相同和不同时间、相同和不同位置的2×2矩阵进行关于用户的研究 (Robert & Dennis, 2005)。

对该理论的批判与评论

当针对所谓的传统媒介（例如面对面交流、电话、信件和备忘录）时，媒介丰富性理论的适用性是得到支持的 (Daft等, 1987; Lengel & Daft, 1988; Russ等, 1990)。然而，当针对新兴媒介（例如电子邮件、语音邮件和文本信息）

进行检验时 (Suh, 1999)，该理论并没有得到充分的支持。与该理论相悖，Rice (1983) 发现，对新兴媒介而言，沟通媒介的使用与社会呈现的关联并不大。

该理论因其仅专注个体（例如管理者的）选择，而不考虑可能影响沟通媒介选取与使用情况的情境和社会因素而受到质疑。人们广泛或大量地使用媒介可以促进沟通技术的运用(Markus, 1987)。研究人员探索了用户对媒介使用的态度和行为是如何在一定程度上受到社会影响的(Fulk, 1983; Fulk, Steinfeld, Schmitz, & Power, 1987; Schmitz & Ful, 1991)。此外，社会压力，如社会赞助、社会化、社会控制和社会规范，也可以促进公众选取和采用沟通技术 (Markus, 1994)。然而，即使是对社会影响因素的研究，结论也并不一致(Davis, Bagozzi, & Warshaw, 1989; Rice, 1983)。

其他批评者认为，媒介丰富性理论假设人们是被动地接受所有传递给他们的信息。继Habermas (1979,1984,1987) 的研究之后，研究人员检验了人们会理性和主动地对接收信息的真实性、完整性和情境性进行分析的观点 (Ngwenyama & Lee, 1997)，发现人们对媒介的选择与运用受到了社会和文化因素的影响。

Kock (2005, 2009) 提出了媒介自然性理论（media naturalness approach）。该理论认为，当沟通媒介与面对面交流差别越大时，人们使用这种沟通媒介就会存在更高的模糊性，并需要更多的认知努力和生理唤醒。

Robert和Dennis (2005) 发现了与该理论主要论点相悖之处。他们认为，使用丰富性高的沟通媒介（高社会呈现）可以增强用户的使用动机，但可能会降低用户处理信息的能力；使用丰富性低的沟通媒介（低社会呈现）会削弱用户的使用动机，但是便于用户处理在沟通中接收到的信息。

对该理论所包含的变量进行测量

1. 媒介丰富性变量调查表

Brunelle, E. (2009). Introducing media richness into an integrated model of consumers' intentions to use online stores in their purchase process. *Journal of Internet Commerce*, 8, 222–245.

2. 媒介丰富性量表

Vickery, S. K., Droge, C., Stank, T. P., Goldsby, T. J., & Markland, R. E. (2004). The performance implications of media richness in a business-to-business service environment: Direct versus indirect effects. *Management Science*, 50, 1106–1119.

Suh, K. S. (1999). Impact of communication medium on task performance and satisfaction: An examination of media-richness theory. *Information and Management*, 35, 295–312.

3. 媒介丰富性与文化调查表

Guo, Z., Tan, F. B., Turner, T., & Xu, H. (2008, December). An exploratory investigation into instant messaging preferences in two distinct cultures. *IEEE Transactions on Professional Communication*, 51, 396–415.

4. 媒介满足度调查表

Ramirez, A., Jr., Dimmick, J., Feaster, J., & Lin, S.-F. (2008, August). Revisiting interpersonal media competition: The gratification niches of instant messaging, e-mail, and the telephone. *Communication Research*, 35, 529–547.

5. 媒介丰富性能力

Lan, Y.-F., &Sie, Y.-S. (2010). Using RSS to support mobile learning based on media richness theory. *Computers and Education*, 55, 723–732.

| 未来研究建议 |

（1）检验媒介丰富性和教师的教学风格及教学方法对在线学习的影响。

（2）探索媒介丰富性与公众对使用媒介进行学习的兴趣和参与度之间的关系。

（3）探索社会呈现和媒介丰富性对个体在本地和远程帮助他人的动机的影响。

（4）检验媒介丰富性对客户利益相关者参与和投入特定商业活动的影响。

（5）探索沟通媒介对信息接收者的态度、理解、知识和行为变化的影响。

（6）探讨媒介感知是如何随着经验、实践和培训而变化的，以及这些感知如何影响预期的产出。

（7）探索在进行绩效评估和履行其他职能时，媒介对其直接性和真实性的影响。

（8）关注在技术依赖的任务中，使用丰富和贫乏的媒介对群体的态度、行为和有效性的影响。

（9）探索媒介丰富性对个体和群体信任或不信任，合作或竞争以及产出的影响。

（10）探索在工作与非工作情境下，人们采用不同丰富性的媒介进行人际与非人际沟通的持续时间和频率。

必读的经典文献

Daft, R. L., &Lengel, R. H. (1984). Information richness: A new approach to managerial behavior and organization design. In B. Staw& L. L. Cummings (Eds.), *Research in organizational behavior* (Vol. 6, pp. 191–233). Greenwich, CT: JAI Press.

Daft, R.L., &Lengel, R.H. (1986). Organizational information requirements, media richness and structural design. *Management Science*, 32, 554–571.

Daft, R. L., Lengel, R. H., & Trevino, L. K. (1987). Message equivocality, media selection, and manager performance: Implications for information systems. *MIS Quarterly*, 11, 355–366.

Daft, R. L., & Macintosh, N. B. (1981, June). A tentative exploration into the amount of equivocality of information processing in organizational work units. *Administrative Science Quarterly*, 26, 207–224.

Trevino, L. K., Lengel, R. H., & Daft, R. L. (1987). Media symbolism, media richness and media choice in organizations: A symbolic interactionist perspective.*Communication Research*, 14, 553–575.

对管理者的启示

媒介丰富性理论考察了使用各种沟通媒介对预期的组织产出的影响。管理者与员工可以使用多种沟通媒介（例如，面对面交流、电话、电子邮件和文本等）来完成任务。管理者选择的媒介会对自己和员工的态度和行为产生重大影响。多种因素会影响个体能否最有效地使用沟通媒介，例如成本、便利性、社会因素、情境因素、员工的人口统计学特征、文化，甚至想要为组织树立的形象。不要想当然地使用沟通媒介。应该为组织建立有效的沟通计划，强调标准化对企业是否有帮助等问题。与员工合作，选择最能帮助他们成功完成工作任务的媒介。与员工讨论沟通方法和选择，让他们在选择能为团队和组织带来最有效态度和行为的工具方面发表意见。与员工一起制定沟通政策，例如使用社交媒介、网页搜索和在工作时发短信。

20

心智模型理论

谢宝国[*] 译

（武汉理工大学管理学院）

心智模型是简化的知识结构或认知表征，人们常用它来理解周围世界以及与周围世界进行互动（Gentner & Stevens, 1983; Johnson-Laird, 1983）。心智模型理论（mental models theory）考察了在完成组织使命、战略和目标的过程中，管理者如何使用心智模型去影响他们的决策制定和战略选择。该理论假设那些更有能力对它们所面临的商业环境建构和使用准确的心智模型的组织比那些不能这样做的组织更成功。该理论还假设，能对他们的组织能力以及所面临商业环境的关键原则形成更全面、更准确理解的管理者比那些不能这样做的管理者绩效水平更高（Cockburn, Henderson, & Stern, 2000; Gary & Wood, 2011）。

心智模型的概念有着悠久的历史，可以追溯到Kelvin、Boltzmann、Maxwell的研究（Johnson-Laird, 2006）。甚至还可以追溯到Craik1943年以及Peirce从1931年至1958年的研究。概括起来，该理论有如下三个基本预测：（1）人们通常仅对他们认为真实的东西建立心智模型；（2）人们通常只建构一个而不是多个心智模型；（3）人们倾向于只从他们建构的一个心智模型中提取数据与信息做出决策和选择。管理者会对复杂系统建立心智模型以便他们能理解复杂系统包含

---

* 谢宝国，武汉理工大学管理学院副教授。主要研究领域为职业行为与组织管理。电子邮箱：xiebaoguo@foxmail.com。

什么、系统是如何运转的及其为什么如此运转 (Zhang, 2010)。

由于有限的感官和信息处理能力，管理者常常不能完全知晓和理解他们所面临的环境。因此，管理者就会使用简化的心智模型来理解他们周围的世界 (Cyert & March, 1992; March & Simon, 1958)。心智模型仅仅是对现实世界的认知表征，而不是对现实世界的心理描写(Kiesler & Sproull,1982)。虽然心智模型能帮助组织理解大量的信息，但也可能使组织产生错误的结论、假设和行动。由于心智模型是主观的，因此不同组织可以对相同环境和信息构建不同的心理表征。甚至，对同样一组信息建构出不同心智模型的情况，在同一组织内都有可能发生（Dean & Sharfman, 1993; Dutton, 1993; Haley & Stumph, 1989）。

Doyle和Ford于1998年将心智模型定义为："与感知到的系统具有相同结构，对外部系统相对持久、有限、内部的概念性表征。"根据该理论，组织每次只倾向于建构一个心智模型，主要通过以下五个过程：（1）基于感知的信息、历史的信息以及当前知识构建多个心智模型；（2）整合多个模式；（3）基于整合后的模式形成结论；（4）曲解结论；（5）基于单一、固化的模型采取行动(Bara, Bucciarelli, & Lombardo, 2001)。

该理论假设大多数人没有受过专门训练以遵循复杂逻辑推理规则做出符合逻辑的决策（Johnson-Laird, 1983）。相反，大多数人只是依靠自己与生俱来的能力来理解和使用前提假设。该理论认为人们能够在材料内容和论述的基础上进行推理，而不完全依赖于形式逻辑规则(Westbrook, 2006)。人们利用他们感知到的周围信息来建构心智模型，并运用这些心智模型形成他们认为是真实的结论。然后，人们会基于没有其他模型拒斥他们观点的事实来检验他们推论的有效性。换句话说，人们建构和遵循某个特定的心智模型，仅仅是因为没有人向他们表明另一可能模型的存在。

由于组织倾向于只依赖一个心智模型，因此它们经常不能考虑到在其模式边界之外的可能性，这可能会产生严重后果。例如，三里岛核反应堆的操作员将注意力集中在出现核泄漏这一心智模型上，而不是"阀门卡着关不上"这一更简单的事实上。心智模型有助于组织聚焦，但是聚焦经常会限制组织去搜寻替代行动和解决方案。例如，当组织正在决定采取或不采取某项行动时，它经常会建构一个有关该行动的心智模型，同时也建构一个不采取该行动的替代模型。组织将倾向于搜索更多支持采取该行动的信息，而避免搜索更多支持不采取该行动的信息。组织将倾向于不考虑其他替代行动方案，特别是当没有人说明替代行动方案可能存在时。另外，在决定行动方案时，组织还倾向于避免考虑各种替代方案之间的机会成本(Friedman & Neumann, 1980)。

已有研究表明，由于拥有良好记忆力的人倾向于对他们所面临的环境保持关注，因此他们比那些记忆力差的人更容易形成心智模型(Westbrook, 2006)。记忆力不好的人专注于记忆细节而不太容易形成心智模型(Von Hecker, 2004)。然而，仍然需要进行大量研究来揭示心智模型是如何形成的。

在团队合作领域，心智模型也得到了大量关注。团队心智模型（team metal models）是指团队成员之间共享的对团队所面临环境的关键方面所持有的认知表征(Mohammed, Ferzandi, & Hamilton, 2010)。大量研究已经表明共享心智模型能对团队绩效产生积极影响（例如，Mathieu, Maynard, Rapp, & Gilson, 2008）。之所以如此，是因为团队心智模型能使团队成员以相同的方式解释信息（描述）、共享对即将发生事情形成的期望（预测），以及共享对事件形成的因果解释（解释）(Mohammed等，2010)。

对该理论的批判与评论

该理论因为没有充分定义"心智模型"而受到批评(Doyle & Ford, 1999)。Fetzer (1999) 写道"心智模型这一术语是如此模糊以至于不能检验人们是否使用了心智模型"。Turner和Belanger (1996) 指出"心智模型这一术语是令人困惑的，因为它被不同的学科以不同的方式使用"。

心智模型理论还因为心智模型这一术语与其他术语太相似而受到批评。例如，术语"认知地图"常被看作是心智模型的同义词，这常常会让人产生混淆。Tolman(1948)使用认知地图这一术语来表示人类与动物在通过迷宫和地理位置寻找路线时所使用的心理表征或导航辅助。Axelrod（1976）使用术语认知地图来表示某专家的认知广度。此外，Eden、Jones和Sims (1979)使用该术语来表示旨在帮助人们改变思维方式的启发过程。Westbrook (2006)认为心智模型与偏好、行动以及人们做决策时所使用的工具相似。Doyle和Ford于1999年就指出该领域对心智模型这一术语模糊性的宽容已经阻碍了心智模型理论的改进和完善。

此外，偏好形式逻辑而不是心智模型进行推理的研究人员对心智模型提出了严厉的批评(Fetzer, 1993, 1999)。根据心智模型理论，人们在使用心智模型时往往不会使信息显性化。Fetzer (1999)指出，这仅仅意味着当人们在进行推理时使用了"经验法则"（rules of thumb），并不意味着人们避免使用逻辑规则。

Fetzer (1999)还指出一旦涉及要对当前所使用的心智模型进行验证时，心智模型理论就站不住脚了。根据该理论，人们只有在没有更好替代模型的情况下，才会相信他们的心智模型是真实的。该理论要求人们对其他可能模型进行更长久和更细致的考虑，这反而可能会导致人们不能发现其他模型。Fetzer指出不知道其他更好的心智模型并不意味着它们不存在，也不能证明当前模型是有效的。人们之所以相信他们的心智模型是有效的，是因为他们认为这一模型是有效的。

对该理论所包含的变量进行测量

1. 机会成本量表

Friedman, L. A., & Neumann, B. R. (1980). The effects of opportunity costs on project investment decisions: A replication and extension. *Journal of Accounting Research*, 18, 407–419.

2. 组织变革过程调查表

Santos, M.V., & Garcia, M.T. (2006). Organizational change: The role of managers' mental models. *Journal of Change Management*, 6, 305–320.

3. 心智模型测量

Smith-Jentsch., K. A., Mathieu, J. E., &Kraiger, K. (2005).Investigating linear and interactive effects of shared mental models on safety and efficiency in a field setting. *Journal of Applied Psychology*, 90, 523–535.

4. 任务工作与团队工作心智模型量表

Lim, B.C., & Klein, K. J. (2006). Team mental models and team performance: A field study of the effects of team mental model similarity and accuracy. *Journal of Organizational Behavior*, 27, 403–418.

未来研究建议

（1）考察心智模型是如何形成、维持以及随着时间的推移而演变的。

（2）探讨心智模型中的误差范围及其对组织绩效的影响。

（3）考察组织为什么在它们的心智模型中发展出因果盲点，以及为什么会维持这样的误差。

（4）创建一个有关心智模型错觉的范围或类型，并找出哪类错觉最具有伤害性。

（5）考察心智模型、图像、决策规则和策略之间的相似性和差异，以及它们对组织绩效的影响。

（6）探讨个体心智模型与组织心智模型之间的相似性和差异。

（7）考察组织的子单元如何以及为什么会发展出与组织心智模型相冲突的心智模型，以及子单元心智模型对组织绩效的影响。

（8）检视人们寻找支持他们当前心智模型，或者导致他们放弃或调整当前心智模型的证据搜寻过程。

(9) 探讨人们使用心智模型概括复杂情境能力的个体差异。

(10) 对使用心智模型与逻辑形式规则进行组织决策和战略选择进行比较。

(11) 探讨团队心智模型是如何随着团队不同发展阶段（定向、差异化和整合）而变化，以及对团队绩效的影响。

必读的经典文献

Gentner, D., & Stevens, A. L. (Eds.).(1983). *Mental models*. Hillsdale, NJ: Erlbaum.

Johnson-Laird, P. N. (1980). Mental models in cognitive science. *Cognitive Science*, 4, 71–115.

Johnson-Laird, P. N. (1983). *Mental models*. Cambridge, MA: Harvard University Press.

Johnson-Laird, P.N. (2006). Models and heterogeneous reasoning. *Journal of Experimental and Theoretical Artificial Intelligence*, 18, 121–148.

Johnson-Laird, P. N., & Byrne, R. (1991).*Deduction*. Mahwah, NJ: Erlbaum.

对管理者的启示

心智模型理论考察了人们和组织通过建构简化的知识结构（心智模型）理解周围环境的过程。当组织形成了发展良好、共享的心智模型时，组织中的每个人就能更好地对他们正在所做的事情达成共识，理解为什么要做这些事情并预测下一步可能做什么。表述清晰的共享心智模型使得组织中的每个人都能"在同一页上"（即意见一致——译者注）。而且，相对于没有发展良好的共享心智模型的组织成员而言，拥有发展良好的共享心智模型的组织成员能更准确地描述、解释和预测周围环境。

　　管理的任务是确保组织形成一个发展良好的心智模型。管理者应花时间与员工具体讨论组织或工作团队的心智模型，确定每个人是否都"在同一页上"并以同样的方式看到"全景"。如果没有达成一致，管理者就要帮助组织中的每个人以相同的方式看待周围的世界。

　　组织倾向于在没有收集信息或数据以及检验它们的心智模型是否有效的情况下，就想当然地认为它们的心智模型是真实的。因此，管理者的任务是积极寻找和检验替代心智模型，以确保组织行走在能正确表征外界环境的道路上。将其心智模型建构视为理所当然的组织会被能根据不断变化的环境而不断完善和调整其心智模型的组织超过。不要被甩在后面。与员工就组织的心智模型达成共识，并且基于当前环境和影响组织的情境因素不断完善组织的心智模型。不要循规蹈矩，而要有礼貌地质疑为什么要以现在的方式做事情。如果唯一的原因是"我们一直都是这样做的"，那么管理者可能需要与员工一起寻找新的心智模型。

21

组织生态理论

牛雄鹰[*] 王亮[**] 译
(对外经济贸易大学国际商学院)

组织生态理论 (organizational ecology theory) 考察了组织种群随着时间的推移,如何通过创建、成长、转型、衰落、死亡等阶段变化和发展的过程 (Hannan & Freeman, 1977, 1989)。该理论解释了社会、政治和经济系统中的力量,包括:(1) 增加组织多样性(例如,创造新的组织形式);(2) 减少组织多样性(例如,通过竞争驱逐某些组织形式)。此外,该理论还考察组织种群内部的动态机制 (Hannan & Freeman, 1989)。

Aldrich和Ruef (2006) 报告说世界上有成千上万个不同规模的组织。Hannan和Freeman (1977) 曾问了这样一个问题:"为什么某些类型的组织这么多,另一些类型的组织又那么少?"(p.7)。为了回答这个问题,Hannan和Freeman借鉴Hawley的人类生态学 (1950, 1968) 并探索性地提出了组织种群生态理论。但是,他们以两种方式扩展了Hawley的研究成果:(1) 使用显性竞争模型揭示组织如何依赖环境压力在结构上进行变化;(2) 使用生态位

---

[*] 牛雄鹰,对外经济贸易大学国际商学院教授。主要研究领域为国际人力资源管理、组织行为、中小企业国际化等。电子邮箱:niuxy@uibe.edu.cn。

[**] 王亮,对外经济贸易大学国际商学院管理学博士生。主要研究领域为国际人力资源管理、团队建设、跨文化适应等。电子邮箱:wanglwork@126.com。

理论考察组织在动态环境中如何变化。

组织生态理论的目的是解决以下五个问题：（1）组织形式存在多样性的原因；（2）在不同环境中各种组织形式的分布情况；（3）环境对各种组织形式分布情况的影响；（4）组织形式的变化率（Reydon & Scholz, 2009）；以及（5）短期过程如何组合以产生长期的组织特征（Hannan & Freeman, 1989）。

当某人决定开展一项新的生意或业务时，他需要决定组织将运营其中的生态位（Baum & Singh, 1994a; Hannan, Carroll, & Polos, 2003; Peli & Nooteboom, 1999）。Hutchinson（1978）将生态位定义为种群在其中进行自我繁殖的一组环境条件。生态位包括允许种群维持甚至扩大其数量的环境条件（Hannan & Freeman, 1989）。组织生态位（organizational niche）指的是组织在其种群中所应用的生产力及其所需资源。而多种组织种群则被界定为多维资源空间中的多种组织生态位（Baum & Singh, 1994a, 1994b）。具有相似特征的组织可以被归类到相同的种群中（Monge&Poole, 2008）。当一个生态位中组织的数量增加时，为获取资源的竞争也趋于增加；而当各组织为获得必要资源彼此倾轧时，竞争则更加剧烈。然而，如果这些组织具有不重叠的多种生态位，那么它们之间的竞争就会减少（Baum & Singh, 1994a, 1994b; Hannan & Freeman, 1989）。生态位宽度指的是组织为了生存可以获取资源的环境范围（Scheitle, 2007; Sorenson, McEvily, Ren, & Roy, 2006）。

在研究单一种群的大部分工作中，主要观点是"密度依赖选择"（density dependence selection）（Hannan&Freeman, 1987,1988）。种群密度推动两个过程：合法化和竞争（Freeman & Audia, 2006）。随着合法性的提高，组织创建的数量在增加，且创建失败的数量在减少，故而种群内组织的总量在增加。然而，这些组织之间的竞争也在增加，并可能导致某些组织的死亡。如果环境可以维系的组织数量会随时间变化，那么在该环境中可以生存的组织数量也会随时间变化（Lomi, Larsen, & Freeman, 2005）。

理论家探讨了为什么有些组织没有生存下来，而有些组织却能够生存并繁荣的原因。至少五个关于组织死亡率的原因已经被检验：年龄、规模、战略、关联性／关联度。组织的死亡率往往随着其年龄的增长而下降（Baum & Oliver；1991；Carroll & Delacroix，1982；Carroll，1983；Freeman，Carroll，& Hannan，1983）。新创立的组织遭受着"新组织劣势"（Stinchcombe，1965；Hannan & Freeman，1984），它们必须学会如何生存，并且在有限的资源条件下必须创造成功的运营模式（Singh，Tucker，& House，1986；Hannan & Freeman，1989）。而稍微年长的组织可能遭受"青春期劣势"，因为它们虽然可以借助初始资源生存一段时间，但随后它们的死亡率会随着其年龄的增长而趋向于倒U形模式（Bruderl & Schussler，1990；Fichman & Levinthal，1991）。此外，如果老年型组织的运作开始具有高度惯性也不进行变革，并且与环境越来越不一致（Baum，1989；Ingram，1993；Barron，West，& Hannan，1994），那么老年型组织就会遭受"退化劣势"。

研究发现组织存活率与组织规模有关（Basil，Runte，Basil，& Usher，2011；Baum & Oliver，1991；Freeman，Carroll，& Hannan，1983；Núñez-Nickel & Moyano-Fuentes，2006；Singh，Tucker，& House，1986）。随着组织规模的扩大其死亡率逐渐下降。小型组织可能遭受"小型劣势"，因为与大型组织相比，它们更难筹集资金，招聘和培训职工，以及支付行政费用（Aldrich & Auster，1986）。

就组织战略而言，如果一个组织只能在有限的资源范围内生存，则被称为"专才"。而那些能够广泛使用资源进而生存下来的企业则被称为"通才"（Hannan & Freeman，1977）。实证研究表明，实际上更具通才性质的组织往往比具备专才性质的组织能生存更长时间。通才型组织通常拥有超出常规运营所需的更多资源，只有在应对意料之外的环境需求时才会满负荷运行（Sorenson等，2006）。此外，与专才型组织相比，通才型组织还倾向于引入更多新产品并超出其典型细分市场之外经营（Sorenson 等，2006）。然而，这种通才相对专才的优势也会受到环境波动持续时间的影响（Freeman & Hannan，1983，1987；Hannan & Freeman，1989）。最后，与已成立的知名社会机构发展关系或联系的组织比不这样做的组织存活的时间更长（Baum & Oliver，1991）。

研究人员认为，组织从年轻到成熟及从小到大的成长会经历五个阶段：创生、定向、授权、协调和合作（Greiner，1972; Strauss，1974）。然而，组织从一个阶段转变到另一个阶段的过程中也增加了组织的漏洞和弱点，提高了其失败的可能性，并且会再次遭受新组织劣势（Hannan & Freeman，1984）。

该理论已经从解决"为什么会有这么多不同类型的组织？"的问题（Hannan & Freeman，1977）转向解决"某种类型组织的数量如何及为何会随时间变化？"的问题（Carroll & Swaminathan，1991）。理论中的关键研究问题涉及组织密度（种群中的组织数量）和种群中组织形式的合法化。随着对这些问题的解答，该理论已经不再使用生物进化论的专业术语，或者只是将这些生物进化论的专业术语作为组织演进的隐喻（Reydon & Scholz，2009）。

对该理论的批判与评论

该理论因主张遵循达尔文（1859，2003）关于进化论的观点而受到批评。Scholz和Reydon（2010）认为一个组织的生存或死亡是因为对于环境来说，它拥有较好或较差的特性，但这并不构成达尔文生物进化的观点。生物学方法假定与那些适应较差的生物体相比，适应较好的生物体具有更多的后代，这是因为它们的特性使其更长寿并且具有更多的繁殖周期。Scholz和Reydon认为，这种生物学方法并不适用于组织。

该理论因其在分析层次上的混乱而受到批评（Reydon & Scholz，2009）。理论家们认为，组织生态理论中的分析层次是种群或组织的集合体，而这些种群或组织的集合体是进化的，例如当一些年老的组织死亡后，只有那些像"父辈"组织的新组织才能创建。然而，批评者表明实际的分析单元应该是个体组织和影响它们的因素，这使得组织生态理论与大多数其他研究个体组织的研究方案没有什么不同（Reydon & Scholz, 2009）。这种混淆的结果就是，组织生态领域已经将其焦点从不同类型组织的起源转移到不同类型组织的分布和丰富性上来。

批评者认为对组织"产生"和"消亡"的确切定义存在混淆，而这一点对于理论至关重要（Young, 1988）。Hannan和Freeman（1989）假定惯性压力抑制大多数组织改变其结构和战略。因此，每次组织进行重大变革后，它们就被认为是全新的组织。此外，Young（1988）批评那些认为"当两个组织合并时，原有的两个组织消亡随之出现的是全新的组织"的观点，并认为这没有任何意义。如果我们说一个组织已经消亡，另一个组织生存下来，那么应该选择哪一个组织作为幸存者？Freeman、Carroll和Hannan（1983）认为这种情况是该理论的灰色地带。

该理论被批评忽视了生物理论中的均衡假设（Young, 1988）。Hawley的理论（1950, 1968）严格依赖于人类社区对生态环境的适应。均衡则意味着生活在相同环境条件下的个体应该具备相似形式。然而，Hannan和Freeman（1989）提出均衡假设似乎不适合于组织分析。

Young（1988）认为该理论同样需要基于组织的分类方法，以便应用那些基于有机体分类方法的生物学概念。目前，学者们已经尝试创建组织的拓扑学学或分类学（McKelvey, 1982; Rich, 1992），但是它们还没有得到广泛的接受或实施。McKelvey认为在进行种群层次的推论之前，为组织制定一个分类系统是非常必要的。

对理论所包含的变量进行测量

1. 当前社区满意度量表

Carpenter, E. H. (1977, Fall). The potential for population dispersal: A closer look at residential locational preferences. *Rural Sociology,* 42, 352–373.

未来研究建议

（1）考察为什么大型组织比小型组织更能免于失败。

（2）结合在引入新产品和进入新市场时组织承担风险的程度来探讨企业价值。

（3）比较结构惯性（structural inertia）对专才型组织行为和通才型组织行为的影响。

（4）考察组织成为专才或通才的过程，以及这些过程如何影响组织行动。

（5）探讨引入新产品和进入新市场时有益于组织或损害组织的临界点。

（6）探讨"脱离-派生"组织如何提升或损害"母"公司和"祖母"公司的声誉和绩效。

（7）检验那些离开母公司并迁往脱离-派生公司的人们的人口统计学变量，同时检验他们的离职对结果变量的影响。

（8）探讨当母组织与脱离-派生组织的创建进行争斗时所经历的不利影响。

（9）考察在进入之前阶段与进入之后阶段检查企业密度及组织成功的好处。

（10）考察形成一个新组织所要求的时间以及新组织所面临的由竞争组织成立引致的危险。

（11）探讨一些企业能够较好地从预生产阶段过渡到生产阶段的原因及过程。

必读的经典文献

Amburgey, T. L., & Rao, H. (1996). Organizational ecology: Past, present, and future directions. *Academy of Management Journal,* 39, 1265–1286.

Hannan, M. T., & Freeman, J. (1977, March). The population ecology of organizations. *American Journal of Sociology,* 82, 929–964.

Hannan, M. T., & Freeman, J. (1984). Structural inertia and organizational change. *American Sociological Review,* 49, 149–164.

Hannan, M. T., & Freeman, J. (1989). *Organizational ecology*. Cambridge, MA: Harvard University Press.

Singh, J. V., & Lumsden, C. J. (1990). Theory and research in organizational ecology. *Annual Review of Sociology,* 16, 161–195.

对管理者的启示

组织生态理论探讨了组织如何随着时间的推移而变化和发展。根据该理论的观点，组织经历了创建、成长、转型、衰落和死亡的五个阶段。当组织处于年轻和规模较小的阶段，它们特别容易遭受失败。当它们从一个阶段过渡到另一个阶段时，也会更加脆弱。此外，如果大型且成熟的组织短时间内开发出太多的新产品，并且进入太多的新市场，以至于环境不能为其提供支持，那么该组织也可能会面临失败。管理者需要意识到组织目前所处的发展阶段，并意识到组织在其发展的每个阶段所面临的潜在危险。

组织要经历四个阶段的成长之痛：领导危机、自治危机、控制危机和官僚主义危机（red tape crisis）。管理者通过对这些危机的预知，可帮助组织渡过成长之痛，并努力使企业顺利通过每个危机点，进而使组织变得强大、稳定和成熟。

22

组织公正理论

王君妍* 张燕**译
（北京大学心理与认知科学学院）

组织公正理论（organizational justice theory）考察个体在其雇佣关系中对于公平（fairness）的感知（Colquitt, Greenberg, & Zapata-Phelan, 2005）。组织公正（organizational justice）已经成为管理与组织领域中最受欢迎、最广为研究的课题之一。在管理与组织研究中，"公正"和"公平"两个术语常常互换使用，例如当涉及"组织公正"和"组织公平"感知时便是如此。

研究人员就公平感知中有多少种重要的公正类型这一问题展开讨论。一些研究人员集中在一种类型（对于公平的总体感知）、两种类型（分配公正和程序公正）、三种类型（在前两种类型上加上互动公正），以及四种类型（将互动公正细分为人际公正和信息公正）。

社会科学中研究的第一种公平是分配公正（distributive justice），它描述的是人们对他们所得到的结果的公平性的感知。早期的公正理论之一（公平理论）认为，最公平的分配是根据人们的贡献大小对其进行奖励(Adams, 1963,

---

* 王君妍，北京大学心理与认知科学学院研究生。主要研究领域为领导力、主动性行为等。电子邮箱：wwwangjunyan@163.com。
** 张燕，北京大学心理与认知科学学院副教授。主要研究领域为领导力、矛盾管理、团队动力学、跨文化管理等。电子邮箱：annyan.zhang@pku.edu.cn。

1965)。其他的显示出公平的分配规则是基于平等和需求。

第二种公正被称为程序公正（procedural justice），它指的是人们对决定他们所得到的结果的程序的公平性的感知(Greenberg, 2009)。Thibaut和Walker的研究(1975, 1978)发现，对于不利的结果，只要分配的过程是公平的，人们就更容易接受。例如，当人们在分配过程中有发言权或表达权时，即使他们没有因此得到最公平的结果，他们也会相信这是公平的（Shapiro, 1993）。根据"公平过程效应"（Folger & Cropanzano, 1998），在过程公平的条件下（例如一致的、有代表性的、无偏见的程序），即使结果是不利的，个体也会感觉到公平。

研究人员考察的第三种公正是互动公正（interactional justice）。Bies等人的研究发现，个体会评价在决策程序和结果分配中受到的人际对待的公平性（例如，Bies, 2005; Bies & Moag, 1986; Bies & Shapiro, 1987）。当人们认为他们被给予了尊严和尊重，以及在重要资源分配上能获取相关信息或得到充分解释时，其公平感知会更高(Bies, 1987)。开始，关于互动公正与程序公正是否有区别存在一些争论。现在大多数研究人员认为，互动公正和程序公正是两个不同的概念(Ambrose & Arnaud, 2005)。

Colquitt (2001)将互动公正进一步分为两个独立的成分：信息公正和人际公正。Colquitt、Conlon、Wesson、Porter 和 Ng (2001)对这种划分的有效性提供了实证支持。信息公正指对于决策者是否真实地为决策提供充分正当理由的公平性的感知。当管理者花时间详尽地解释公正决定背后的原因时，人们会相信自己是组织中的重要组成部分。人际公正是指在人际交往中给予他人尊严和尊重。人们相信自己应该得到良好的对待，一旦没有受到良好的对待，他们就会觉得不公平。

组织公正是工作场所中人际关系的重要部分。员工密切关注着组织中过程、结果和人际对待的公平性。当员工看到组织是公平的，他们就认为组织能够满足自己的四种重要需求：归属需求、意义感需求、积极自尊需求以及控制需求 (Cropanzano, Byrne, Bobocel, & Rupp, 2001)。组织公正有助于：（1）满足人们与组织内的其他人建立重要联系的愿望，（2）使员工更加团结，并且对他们的组织产生强烈的自豪感，（3）满足员工做"对的事情"的需求，给予他们一种道德感，以及（4）使员工能够对自己及其在组织中的身份产生更积极的看法。

组织公正的研究考察了当个体做出公平性判断时，他们会评价什么。组织公正的研究人员使用了两种不同的方法来识别员工公平性评价的对象：事件范式和社会实体范式(Choi, 2008)。采用事件范式的研究认为，员工对某个具体事件的公平性进行评价，例如一次加薪、一次绩效评估，或者一项禁烟令（如Folger 和 Cropanzano 于2001年所提出的公平理论）。按照这种方法，人们根据身边应该、将会或者可能发生的情况来评价每个独立事件的公平性。

采用社会实体范式的研究认为，员工对组织整体的公平性（例如主管或者组织的公平性）进行评价（如Lind于2001年所提出的公平启发式理论）。在社会实体方法下，人们对他们期望从老板或整个组织中获得的公平水平形成判断，这些判断会指导他们未来的行为和态度。这种观点认为，人们根据对他人或实体的期望建立起公平的基线水平，并且随着事件的发展，这条基线可以向上或向下进行调整。在大多数情况下，组织公正分别采用这两种范式，但还没有尝试将它们整合为一体。

一些研究人员认为分别考察这三种或四种组织公正中每一种的做法存在一些不足(Ambrose & Schminke, 2009)。相反，他们赞成使用一个综合的公正构念。他们认为，相较于三种或四种公正中的任何单独一种而言，员工的总体公正感知可能更能影响其随后的态度和绩效。

对该理论的批判与评论

组织公正是组织与管理领域中最受欢迎、最广为研究的课题之一。然而组织公正也受到了一些批评。公正的四因素观点与一些公正研究的结论存在不一致。例如，许多研究报告指出，程序公正和分配公正存在极高的相关性，这表明在一些人看来，过程和结果并不是独立、区分的概念。相反，一些人可能采用单因素的视角来看待组织公正(Colquitt, 2001)。例如，Martocchio和Judge(1995)的研究发现，程序公正、分配公正和人际公正的条目之间存在很高的相关性，因此研究人员将这三种公正合并成为一个组织公正变量。

一些研究人员（例如Cropanzano & Ambrose, 2001）认为，程序公正和分配公正在概念上的相似程度比大多数研究人员愿意相信或承认的要更高。这可能是因为人们对程序的评价很大程度上基于得到的结果，而且单个事件可以在一种情境下被视为过程，而在另一种情境下则被视为结果。例如，一套绩效评估制度让员工有机会发表自己的看法，因此人们认为它是公平的，这可以看作公平的结果，但表达个人观点的机会本身体现的却是程序公正。

在组织公正的研究中，一个持续存在的问题是使用不一致的、低质量的测量工具。一些组织公正的研究试图测量一种类型的公正，却似乎测量了另外一种(Greenberg, 1990)。例如，Fryxell和Gordon(1989)使用了测量分配公正的量表（该量表评价在申诉程序中表达意见的能力），而这个量表本来通常是用于测量程序公平公正性，而非结果公平公正性。

对理论所包含的变量进行测量

1. 程序公正、分配公正、人际公正与信息公正量表

Colquitt, J. A. (2001). On the dimensionality of organizational justice: A construct validation of a measure. *Journal of Applied Psychology,* 83, 386–400.

2. 程序公正、分配公正、人际公正量表

Niehoff, B. P., & Moorman, R. H. (1993). Justice as a mediator of the relationship between methods of monitoring and organizational citizenship behavior. *Academy of Management Journal,* 36, 527–556.

3. 公平性容忍区域量表

Gilliland, S. W. (2008). The tails of justice: A critical examination of the dimensionality of organizational justice constructs. *Human Resource Management Review*, 18, 271–281.

4. Retaliatory Justice Scale

Scarlicki, D. P., & Foler, R. (1997). Retaliation in the workplace: The roles of distributive, procedural, and interactional justice. *Journal of Applied Psychology*, 82, 434–443.

未来研究建议

（1）对两种测量方法进行比较，一种是对每种类型的公正在具体事件的公平性感知上进行测量，另一种是对每种类型的公正在总体社会实体的公平性感知上进行测量。

（2）同时考察具体事件感知和社会实体感知对公平性感知的影响。

（3）进一步考察四种类型的公正在概念上的差别。

（4）探讨和比较公平性对自我评价与群体和组织认同的影响。

（5）考察当组织公正被违反时，违反的范围及当时的情境会对公平性感知和绩效产生什么影响。

（6）研究个体和群体对公平的主体感知和第三方感知之间的异同。

（7）考察是否在场、物理距离和心理距离对形成公平判断的影响。

（8）探讨违背公正的种类，例如是违背了宗教的或精神的还是世俗的认知，以及它们对个体和群体公正感知的影响。

（9）考虑时间、时间控制和时间限制对公平性感知的影响。

（10）考察对违背公正的容忍程度是否存在个体差异。

（11）探讨公正信念和社会地位（如社会优势和社会劣势）之间的关系。

| 必读的经典文献 |

Greenberg, J. (1987). A taxonomy of organizational justice theories. *Academy of Management Review*, 12, 9–22.

Greenberg, J. (1990). Organizational justice: Yesterday, today, and tomorrow. *Journal of Management*, 16, 399–432.

Greenberg, J. (2010). Organizational justice: The dynamics of fairness in the workplace. In S. Zedeck (Ed.), *APA handbook of industrial-organizational psychology* (Vol. 3, pp. 271–337). Washington, DC: American Psychological Association.

Greenberg, J., & Colquitt, J. A. (Eds.). (2005). *Handbook of organizational justice*. Mahwah, NJ: Erlbaum.

Lind, E. A., & Tyler, T. R. (1988). *The social psychology of procedural justice*. New York: Plenum Press.

| 对管理者的启示 |

　　员工希望受到管理者和组织的公平的对待；如果他们受到不公平对待，那么他们的态度和绩效可能会受到负面影响。例如，员工会评价用于分配重要资源的程序的公平性。要提高员工对这些过程的公平性感知，管理者可以让他们在决策过程中发表意见，坚持遵守和使用规则，在决策过程中准确地使用信息，纠正决策过程中可能发生的任何错误，并且设法防止和警惕可能存在的任何偏差或偏见。

　　当管理者在资源分配中公平行事时，员工最有可能感到公平。然而，如果员工不相信管理者是公平的，即使他确实被公平对待，员工也不会感到公平。管理者不仅应该行事公平，而且应该让员工对其产生公平的认知(Greenberg,

1988)。管理者需要想尽办法来展现在分配重要资源时的公平性，例如向员工展示所涉及的信息，以及产生公平结果所遵循的过程。如果员工感觉程序不公平，他们可能会否定组织中的整个系统，并认为它是不公平的。

员工关心他们在资源分配决策过程中被对待的方式。要提高员工的公平性感知，管理者在对待员工时应维护他们的尊严，并且尊重他们；在决策过程中展示出何时、如何使用信息以及使用了什么信息；并且对如何、为何做出重要资源分配提供完整和充分的解释。当组织中有人详尽地为员工解释资源分配背后的依据时，员工往往会感到更受重视，从而产生更为积极的态度和行为。

23

计划行为理论

段锦云[*] 译
（苏州大学心理学系）

计划行为理论（planned behavior theory）提出，行为意向（behavioral intention）是预测和解释个体行为的最好方式。该理论假设：（1）人是理性行动的，并通过系统地利用可获得信息来决定是否采取行动；（2）人们的行动是由有意识的动机引导的，而非无意识的自发行动；（3）人们在决定是否采取行动之前，会考虑他们行动的意义（Ajzen & Fishbein, 1980; Fishbein & Ajzen, 1975）。

基于这些假设，该理论最初被称为理性行动理论（theory of reasoned action）（Ajzen & Fishbein, 1980）。根据该理论，行为意向是决定行为的直接因素，它受行为态度和主观规范的影响。态度指个体对某行为喜爱或不喜爱的评价。主观规范（subjective norms）是指，个体在决策是否执行某特定行为时感知到的社会压力。行为意向是指影响个体行为的动机因素，表明个体愿意尝试某种行为，并为之付出努力的程度。一般来说，行为意向越强，采取行动的可能性越大（Ajzen, 1991）。

理性行为理论已获得大量研究的支持。该理论已被广泛运用于预测行为意

---

[*] 段锦云，苏州大学心理学系教授。主要研究领域为组织行为学、行为决策和创业管理等。电子邮箱：mgjyduan@hotmail.com。

向和相应行为的研究中（Madden, Ellen, & Ajzen, 1992）。在一项元分析中，Sheppardm、Hartwick和Warshaw（1988）指出，该理论能有效地预测行为意图和行为，并且有助于识别从哪着手及用何种方式来个体行为。

后来的研究发现，理性行为理论忽略了一个重要变量，即知觉行为控制（perceived behavioral control, PBC）。例如，Bandura、Adams、Hardy和Howells（1980）研究发现，自信程度是影响个体行为的重要因素（自信指个体对其是否有能力实施行为的感知）。在这些研究结果的基础上，Ajzen（1985）将PBC添加到理性行为理论中，并将其重新命名为计划行为理论（见图1）。

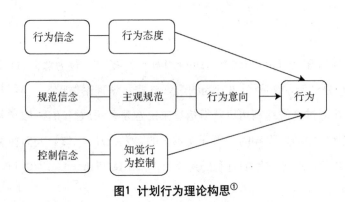

图1 计划行为理论构思[①]

根据这个理论，当个体对于是否实施特定行为感知到完全的控制时，行为意向可以直接预测行为结果（Ajzen, 1991）。例如，个体可能强烈地希望实施行为，但可能没有实际实施行为的必要机会或资源（例如，知识、技能、能力、信息、时间、金钱、设备和他人的合作）（Kuhl, 1985; Liska, 1984; Sarver, 1983; Triandis, 1977）。PBC和行为意向直接决定行为（Ajzen, 1991, 2001）。

Ajzen和Madden（1986）是最早完整地检验计划行为理论的学者。其研究结果一致表明，态度、主观规范和PBC影响行为意向，然后直接影响行为。然而，关于PBC直接影响行为的发现是不一致的。一些研究发现直接支持PBC对

---

① 图1为译者根据作者的意思补充，以方便读者快速理解该理论。

行为的影响，但其他研究发现，PBC只是通过行为意向间接影响行为。Ajzen和Madden（1986）发现，在低水平的控制感知下，PBC对行为有直接的影响；在高水平的控制感知下，PBC对行为产生间接影响。

Ajzen（1991）写道，我们可以预测行为动机和PBC对行为的交互影响。然而大部分研究并不支持这样的交互作用（Ajzen, 1991; Ajzen & Driver, 1992; Ajzen & Madden, 1986; Beck & Ajzen, 1991; Doll & Ajzen, 1992）。Schifter和Ajzen（1985）发现，该交互作用边缘显著。

研究表明，"行为意向-行为"之间的关系是稳定的，但只有中等强度（Armitage & Conner, 2001; Hagger, Chatzisarantis, & Biddle, 2002）。这个发现可能意味着：个体可以有强烈的行为意向，但不一定能将它转化为实际行为（Harris & Hagger, 2007）。研究人员试图找到可以帮助加强由行为意向转化为实际行为的调节变量，比如：时间稳定性（Conner, Sheeran, Norman, & Armitage, 2000），需求的满足（Harris & Hagger, 2007），行为的执行意向（Orbell, Hodgkins, & Sheeran, 1997），意向稳定性（Sheeran, Orbell, & Trafimow, 1999），预期后悔和描述规范（Sheeran & Orbell, 1999; Sheeran & Taylor, 1999）、人格特征（Rhodes, Courneya, & Hayduk, 2002），自我调节的意志成分（Orbell, 2003），以及态度-意向关系的强度和年龄（Hagger等，2002）等。

研究人员提出，该理论没有考虑所有可能的施加于"行为意向-行为"的社会影响方式（例如，Conner & Armitage, 1998; Terry & Hogg, 1996）。Moan和Rise（2006）研究了三种类型的规范性社会影响：禁止规范（社会准许或不准许的他人行为），描述规范（他人正在做的行为）和道德规范（正确或错误地实施的行为）。

一直以来，该理论被广泛应用于多个领域，如管理发展（McCarthy & Garavan, 2006），消费者行为（Wang, Hong, & Wei, 2010），电子商务（Ganesh & Barat, 2010），酗酒（French & Cooke, 2012），以及疫苗接种（Askelson等，2010），等等。

对该理论的批判与评论

Armitage和Conner（2001）对这一理论提出了几点批评，涉及以下主题：自我报告的测量方式、控制、行为意向和主观规范。该理论倾向于依赖于自我报告的行为测量方式。许多研究表明，与更客观的行为测量相比，自我报告的测量方式是不可靠的（Armitage & Conner, 1999a, 1999b; Norwich & Rovoli, 1993; Pellino, 1997）。PBC和自我效能（self-efficacy）两个构念间存在混淆。Ajzen（1991）认为，PBC和自我效能是可以互换的，但其他研究人员提出了相反的观点（Bandura, 1986, 1992; de Vries, Dijkstra, & Kuhlman, 1988; Terry, 1993）。许多不同的方法已被用于测量行为意向（Warshaw & Davis, 1985）。研究发现，该理论中主观规范是行为意向最弱的预测变量（Godin & Kok, 1996; Sheppard等, 1988; van den Putte, 1991），所以一些研究人员故意在他们的分析中忽略主观规范（Sparks, Shepard, & Frewer, 1995）。主观规范的单项目测量方式可能导致其微弱的预测力。

在一项针对涉及计划行为理论的研究的元分析中，Sutton（1998）报告说，该理论仅在40%—50%上解释了行为意向的方差，而对行为方差的解释力更低至19%—38%。此外，Sutton在控制了该理论中的常见成分之后，发现：自我认同（self-identity）解释行为意向的增量效度达6%；控制过去的行为后，解释的增量效度是9%（Rise, Sheeran, & Hukkelberg, 2010）。

此外，Sutton（1998）还提出了对计划行为理论的九点批评：（1）行为意向可能随时间而改变；（2）行为意向可能是临时的（相较于现实生活，问卷上呈现的意图可能只是假想的）；（3）违反兼容性原则（就行动、目标、时间和情境而言，行为意向和行为必须以相同的方式进行测量）；（4）度量尺度不一致（相同的度量格式通常没有运用于所有调查项目）；（5）使用数量不等的反应类型来测量行为意向和行为（一些变量的测量项目只需回答"是"或"否"，其他变量的测量项目需进行"1—7"的评分）；（6）在行为意向和行为的测量中存在随机测量误差；（7）行为意向或行为的全距或方差受到限制（被试的得分范围可能不同于普遍群体）；（8）测量的边际分布不匹配（不同的变量其全距也不同）；以及（9）行为意向自身可能不是行为的充分条件。

该理论假设人类行为是理性的、深思熟虑的和有意识的。然而，其他研究也表明，行为也可以是不需费力的、无意图的、不受控制的、自动的，以及无意识的（Ajzen & Fishbein, 2000; Bargh, 1996; Bargh, Chen, & Burrows, 1996; Posner & Synder, 1975; Wegner & Bargh, 1998）。

Kraft, Rise, Sutton和Roysamb（2005）建议对PBC做进一步的研究。他们发现，PBC应被理解为两个独立但相关的构念：自我效能和可控性。

对理论所包含的变量进行测量

1. 先前行为、态度、主观规范、知觉行为控制、行为意向与未来行为量表

Elliott, M. A., Armitage, C. J., & Baughan, C. J. (2003). Drivers' compliance with speed limits: An application of the theory of planned behavior. *Journal of Applied Psychology*, 88, 964–972.

2. 主观规范与知觉行为控制量表

Cordano, M., & Frieze, I. H. (2000). Pollution reduction preferences of U.S. environmental managers: Applying Ajzen's theory of planned behavior. *Academy of Management Journal*, 43, 627–641.

3. 自我效能与行为意向量表

Carr, J. C., & Sequeira, J. M. (2007). Prior family business exposure as intergenerational influence and entrepreneurial intent: A theory of planned behavior approach. *Journal of Business Research*, 60, 1090–1098.

4. 态度、主观规范、意向、道德规范、自我认同与过去和未来行为量表

Moan, I. S., & Rise, J. (2006, December). Predicting smoking reduction among adolescents using an extended version of the theory of planned behavior. *Psychology and Health*, 21,717–738.

未来研究建议

（1）检验行为意向因情境因素而变化的程度，这可能影响随后的行为。

（2）探讨从新手到专家的行为改变的知识范畴，以及它对"行为意向–行为"关系的影响。

（3）对所有已知的"态度–行为"关系中的调节变量的强度进行比较和分类。

（4）探讨计划行为理论不能预测及解释行为的研究的边界和类型。

（5）进一步厘清PBC与自我效能这两个概念，及其与实施行为的难易程度的关系。

（6）观察人们在评估主观规范时，如何形成、维护和改变参照群体。

（7）考察本地企业与电商企业对于行为意向和实际行为表现的偏好效应。

（8）探讨文化、社会和个体差异对行为、规范和控制知觉的影响。

（9）研究单vs.双认知加工，及自动vs.非自动思维，及其对行为意向和行为的影响。

（10）研究变革管理干预的能力，用以改变群体规范并影响"行为意向–行为"的能力。

必读的经典文献

Ajzen, I. (1988). *Attitudes, personality, and behavior*. Chicago: Dorsey.

Ajzen, I. (1991). The theory of planned behavior. *Organizational Behavior and*

Human Decision Processes, 50, 179–211.

Ajzen, I., & Fishbein, M. (1980). *Understanding attitudes and predicting social behavior.* Englewood Cliffs, NJ: Prentice Hall.

Fishbein, M., & Ajzen, I. (1975). *Belief, attitude, intention and behavior: An introduction to theory and research.* Reading, MA: Addison-Wesley.

Sheppard, B. H., Hartwick, J., & Warshaw, P. R. (1988). The theory of reasoned action: A meta-analysis of past research with recommendations for modifications and future research. *Journal of Consumer Research,* 15, 325–343.

对管理者的启示

根据计划行为理论，解释或预测员工行为的最佳方式是通过查看他的行为意向。员工行为往往受到三种思维的影响：（1）有关他的行为的可能后果的信念；（2）有关他人的（规范性）期待的信念；（3）有关可能促进或阻碍行为实施的信念（例如，机会、资源、知识、技能、能力、信息、时间、金钱、设备和他人的合作），它们增加或减少了实施特定行为的控制感。这三种思维影响员工的行为意向，并进而影响他们是否实际做出行为。

管理者的工作是帮助员工提高其实施组织所需行为的意向，帮助员工理解其行为的可能结果，强化员工关于他人的期待和行为规范的认知。例如，如果一个重要项目没有按时完成，客户会感到愤怒。管理者还应帮助员工坚定信念，即他们对所需完成的任务尽在掌握。例如，与员工谈论他们所需要的资源、设备和社会支持，以便成功实施所需行为。最后，与员工具体讨论行为意向。了解他们对执行所有必要组织任务的感受和期望，并与他们合作改善任何可能低于要求的行为意向。更高水平的员工意向应该转化为更高水平的员工行为。

24

前景理论

姜嬿* 译
（南京大学商学院）

前景理论（prospect theory）试图解释当存在不确定性和风险时，人们是如何做出决策的。在该理论提出之前，对各种选择的风险和回报的"期望效用"（expected utility）进行理性计算被认为是人们做决策的基础。然而，Kahneman和Tversky（1979; Tversky & Kahneman, 1981, 1992）提供了强有力的证据，说明人们的实际决策过程并不遵循这样的理性计算（rational calculations）。

Markowitz（1952）认为，决策中选择的目标就是前景（prospect），即潜在收益或损失。这个概念是Kahneman和Tversky的前景理论（1979）的基石。

前景理论有四个重要组成部分。首先，当人们面对几种不同的选择时，他们通常会将他们的选择描述为相对于某个参考点的收益或损失。这个参考点是人们用来评价这个选择的目标价值的内部标准。前景理论认为在评估选择时参考点的选取是至关重要的。当某个选项的价值大于参考点时，人们会将该选项归类为正值；而当选项的价值小于参考点时，该选项将被归类为负值。有趣的是，一个特定的选项结果可以被描述为正值或负值。于是，在一种情况下，一个选项可以被看作是正值，但在另一种情况下，相同的选项可以被视为负值。

---

* 姜嬿，南京大学商学院副教授。主要研究领域为领导力、新员工社会化、工作场所的情绪及冲突等。电子邮箱：jiangyan@nju.edu.cn。

一个被正面描述的选择倾向于降低一个人将最终结果视为价值中性的可能性。然而,被负面描述的选择倾向于增加一个人将最终结果视为价值中性的可能性(Highhouse & Paese, 1996)。例如,将新政策描述为损失(将导致10%的失业率),往往将人们的期待置于负面领域。然而,将新政策描述为收益(90%的就业结果),往往会使人们的期待处于正面的领域。同样的结果,如果被描述为损失,人们将倾向于承担更多的风险以避免负面结果。

对预期结果的描述方式竟然可以影响随后的风险接受水平,这是令人惊讶的(Mercer, 2005)。令人惊讶有两个原因:首先,理想情况下,人们应该关注他们的总财富或总体收益和损失,而不仅是相对于某些任意设定的参考点的财富变化。此外,人们对风险的态度不应该由他们在短时间内是考虑潜在收益还是损失来决定。然而,根据前景理论,人们在做决策时的确遵循这些规律。

前景理论的第二个组成部分是主观价值函数(subjective value function)(Kahneman & Tversky, 1979)。根据前景理论,决策选择与决策者的主观价值相关联,它可以被表示为与决策者的中性参考点(reference point)(其主观价值为零)相比的正/负偏差(即收益/损失)。主观价值函数的图像为S形:在正域(在参考点之上)为凹向,在负域(在参考点之下)为凸向。

前景理论的第三个组成部分是,个体在面对收益时表现出风险回避(risk aversion)的倾向,在面对损失时显示出风险追求的倾向(Kahneman & Tversky, 1979)。此外,当不得不在可能有损失的情况下做出选择时,人们倾向于选择有损失可能的情况(存在损失的可能性),而不是有确定损失的情况(损失肯定会发生)。前景理论的第四个组成部分是,小概率事件常被高估,而大概率事件常被低估(Rieger & Wang, 2006; Tversky & Kahneman, 1992; Wakker, 2003)。人们对小概率事件的高估使得保险、赌博和彩票的吸引力得以维持(Kahneman & Tversky, 1979)。

对该理论的批判与评论

前景理论的原始表述有两个主要问题。第一，价值评估考虑的是收益和损失，而不是最终资产水平。第二，该理论只讨论了一次决策的情形，但没有很好地解决有多个选择结果和经验累积时的情境。为了解决这些问题，Tversky和Kahneman（1992）提出了一种新版本的前景理论——累积前景理论（cumulative prospect theory）。累积前景理论将最初的模型扩展到包含了多种可能结果的不确定性和风险的情境。

前景理论研究的一个问题是，决策前景局限于负面或正面，而不是两者的混合。Kahneman和Tversky（1979）向被试展示决策问题时，没有请他们自己判断对这个决策问题的看法是倾向于正面、负面还是中性。相反，研究人员要求被试相信这个决策问题是正面的或负面的。

Levy和Levy（2002）进行了一项具有混合（正面和负面）前景的研究，发现主观效用函数呈反向S形，这与前景理论支持的S形完全相反。在他们的研究中，Levy和Levy发现62%—76%的被试的行为都没有遵循S形主观价值函数的规律。

研究人员一般通过检验决策价值范围都为正值或都为负值的部分来研究主观价值函数的形状（Swalm, 1966; Kahneman & Tversky, 1979; Tversky & Kahneman, 1992）。这种方法可能给被试呈现了一种不现实的情境。因为在现实生活中，几乎所有的投资，如股票、债券、期权和房地产，人们可预期的结果范围都是很大且非常不确定的。

前景理论认为，面对一个风险决策，当结果极有可能是正面的时候，人们倾向于回避风险，而当结果极可能是负面的时候，人们往往会追求风险。然而，这种趋势并没有得到历史资料的充分支持。例如，大多数重大的组织创新和变革往往不是来自困境（March & Shapira, 1987）。冒险行为与逆境的关系并不像前景理论里提出的那么简单。

Kanfer（1990）指出，前景理论没有把时间因素考虑进来。为了回应这一批评,其他研究人员又进一步把前景理论做了多种变形,纳入时间函数(Steel & Konig, 2006)。

对理论所包含的变量进行测量

1. 财富效用调查

Markowitz, H. (1952). The utility of wealth. *Journal of Political Economy,* 60, 151–158.

2. 抗拒变化量表

Oreg, S., Barazit, M., Vakola, M., Arciniega, L., Armenakis, A., Barkauskiene, R., Bozionelos, N., Fujimoto, Y., Gonzalez, L., Han, J., Hrebickova, M., Jimmieson, N., Kordacova, J., Mitsuhashi, H., Mlacic, B., Feric, I., Topic, M. K., Ohly, S., Saksvik, P. O., Hetland, H., Saksvik, I., & van Dam, K. (2008). Dispositional resistance to change: Measurement equivalence and the links to personal values across 17 nations. *Journal of Applied Psychology,* 93, 935–944.

3. 感觉寻求量表

Haynes, C. A., Miles, J.N.V., & Clements, K. (2000). A confirmatory factor analysis of two models of sensation seeking. *Personality and Individual Differences,* 29, 823–839.

4. 风险态度量表

Weber, E. U., Blais, A.-R., & Betz, N. E. (2002). A domain-specific risk-attitude scale: Measuring risk perceptions and risk behaviors. *Journal of Behavioral Decision Making,* 15, 263–290.

未来研究建议

(1) 探讨参考点是如何创建和随时间变化的,以及人们如何为不同类型的选择创建不同的参考点。

（2）探讨人们自己如何决定将选项描述为正面或负面，以及这种描述对后续决策的影响。

（3）考察人们在进行决策评估时会改变参考点的原因，及其如何影响后续决策。

（4）研究当评估决策选择时，人们将当前选择与其参考点相联系的方式和原因。

（5）考察先前决策的信息如何影响当前决策选择的权重。

（6）探讨人们如何将重要他人的成功和失败的经验纳入自己的决策选择的考虑。

（7）研究时间压力如何影响决策选择权重和评估。

（8）考察在评估决策选择时，个体保留或摒弃参考点的差异和偏好。

（9）探讨人们在什么样的条件下会分别倾向于追求风险，回避风险或无所谓风险；这些行为倾向如何随时间而变化，以及它们如何影响决策选择的评估。

（10）探讨人们对风险程度的否认如何影响他们对选择结果与参照点的比较。

必读的经典文献

Kahneman, D., & Tversky, A. (1979). Prospect theory: An analysis of decision under risk. *Econometrica*, 47, 263–291.

Tversky, A., & Kahneman, D. (1981). The framing of decisions and the psychology of choice. *Science*, 211, 453–458.

Tversky, A., & Kahneman, D. (1986). Rational choice and the framing of decisions. *Journal of Business,* 59, S251–S278.

Tversky, A., & Kahneman, D. (1992). Advances in prospect theory: Cumulative representation of uncertainty. *Journal of Risk and Uncertainty,* 5, 297–323.

Wakker, P., & Tversky, A. (1993). An axiomatization of cumulative prospect theory. *Journal of Risk and Uncertainty,* 7, 147–176.

对管理者的启示

前景理论考察了人们在不同的预期风险或前景条件下做出的决策。承担风险是管理活动的重要组成部分。风险通常反映了选择所带来的可能的结果、各种结果的概率，以及它们的主观价值。在做决策时，假定所有因素保持不变，决策者倾向于选择较大的预期收益，而不是较小的预期收益。一般来说，其他因素保持不变，管理者也同样倾向于选择较小的风险而不是较大的风险。总体而言，当管理者们的投资收益存在更大的变数时，他们期待这种不确定性能够得到补偿。

对风险的态度通常被为个人的稳定特质，一般与个性、文化和动机相关。然而，一些变量，如情绪和描述决策问题的方式，似乎也影响对风险的认知和态度（Tversky & Kahneman, 1981）。面对一个具有风险的替代选择时，即使它的结果很可能是正面的，人们似乎也表现出对风险的回避。如果其结果很可能是负面的，人们似乎反而变得偏好风险了（Kahneman & Tversky, 1979）。

在传统的决策理论中，个人必须在风险和预期收益之间进行权衡。风险回避的管理者倾向于低风险水平，并可能牺牲一些预期收益，以减少潜在结果的变数。追求风险的管理者倾向于选择高风险水平，并可能牺牲一些预期收益，以增加他们投资可能获得的最高收益。该理论背后的假设是，决策者总会准确计算出风险水平，然后在可能的风险–收益组合中进行选择。然而，在现实中，决策者的行为可能并非如此。

管理者应该意识到，员工在做决策时常常是以工作现状作为判断该决策将会带来正面还是负面结果的参考点。如果员工对现状感到满意,那么他们倾向于把新的选择视为潜在损失。如果员工对现状不满意,那么他们倾向于把新的选择视为潜在收益。这种判断最终影响了他们决定采取的行动。

在向员工介绍一项决策时,管理者请注意如何描述它。一个问题被定义为积极还是消极会直接影响员工感知的风险水平,并可能对员工因感知风险水平而采取的行动产生重大影响。当员工试图避免损失时,他们可能会采取风险更大的行动以避免预期损失,而不仅是采取较低风险的选择来减少损失。一般来看,当损失不严重时,人们倾向于追求风险,但当潜在损失变得过大时,人们可能会倾向于回避风险。

管理者通过与员工合作来帮助他们真实评估风险水平,进而做出更好的决策。与他们一起反思,看他们是否有自然倾向能看到问题的积极面或消极面(玻璃杯是半满或半空),这可能会影响他们看待风险水平的方式,及其采取行动的决定采取行动。如果员工总是倾向于只看到事物的积极面或消极面,管理者可以尝试帮助员工拓宽他们工作中看待问题的视野和角度。

管理者倾向于在决策中寻找替代选择,帮助他们实现目标并避免风险,而不是评估或接受风险(March & Shapira, 1987)。管理者倾向于相信他们具有通过组织控制与激励手段来管理和降低风险,从而实现对不利状况的控制的能力,然而,这些做法有时会使他们陷入困境。

管理者不要高估自己扭转不利局面的能力。相反,承认潜在的决策风险,并尽可能地做出最周全的决策可能是更好的做法。

25

心理契约理论

王国锋* 译
（电子科技大学经济与管理学院）

当员工加入组织时，员工会与组织签订雇佣协议。该雇佣协议的条款包括员工和组织的权利和义务。雇佣协议形成文本后被称为法律契约（legal contract）。然而，当这些交换性协议是不成文形式时，它们被称为心理契约（psychological contract）。同法律契约一样，在心理契约中，员工期望从他们的组织有所获益，以换取他们付出的劳动或对公司的贡献。员工易于自发形成这些信念和期望。

心理契约被定义为一个人持有的对他自己与另一方之间交换协议的信念（Argyris, 1960; Levinson, Price, Munden, Mandl, & Solley, 1962; Rousseau, 1989,1995; Schein, 1965）。这些信念的形成是当事方之间做出隐含的或明确的承诺的结果，比如当公司向员工提供工作机会时。此外，这些信念包含所提出的约因[①]用以换取承诺（例如接受职位或放弃其他工作机会），这在知觉上将员工和组织绑在一起（Rousseau & Tijoriwala, 1998）。

---

* 王国锋，电子科技大学经济与管理学院副教授。主要研究领域为领导力、团队管理、跨文化外派等。电子邮箱：wangest@163.com。

① 约因（consideration）：英美契约法中的概念，指一方换取对方诺言所付出的代价。——译者注

心理契约是连续不断存在的。一旦知觉出现，它们就会随着时间的推移而延续和发展。心理契约基于知觉到的承诺。这些承诺可以是任何未来意向或行动的沟通，例如通过书面文件、讨论以及组织政策和实践的方式（Rousseau, 1989; Rousseau & Greller, 1994; Morrison & Robinson, 1997）。

心理契约在强度上和普遍性上有所不同（Rousseau, 1990, 1995; Rousseau & McLean Parks, 1993）。一些契约可能是简单的和短期的；其他的契约可能是复杂的和长期的。员工关于心理契约的信念是由雇用前因素（如动机和价值观）、在职经历（如入职导向、社会化和培训）以及社区或国家层面更广泛的社会和文化因素（如规范和价值观）所塑造的（Dabos & Rousseau, 2004）。

心理契约具有异质性。组织中的每个个体在与组织的交换关系上，都有自己独特的条款（Rousseau, 1995）。某个当事人所持有的期望可能不会与另一个当事人共有。由于沟通不畅、理解差异以及应付义务的复杂性和模糊性，每个当事人的交换期望（exchange expectations）都可能不同。至于他们在心理契约中的义务，在同一公司中拥有相同老板的员工可能具有不同的信念（Rousseau & Tijoriwala, 1998）。

理想的情况下，心理契约被认为是一个相互的协议（Dabos & Rousseau, 2004）。个体和组织基于知觉到的组织和员工之间承诺的履行情况而行事（例如，Argyris, 1960; Blau, 1964; Rousseau, 1989）。例如，员工抱持着组织会给予与其辛勤付出相应回报的期望，而坚持数年为组织努力工作。

理想的情况下，心理契约是一个互惠协议（Dabos & Rousseau, 2004）。互惠是指员工和组织之间关于交换协议条款达成一致。双方同意，一方所做的承诺和贡献使另一方有义务践行其承诺和责任。

心理契约通常用于描述组织与其员工之间，也包含组织和临时工之间（McLean Parks, Kidder, & Gallagher, 1998），中层管理者之间（Hallier & James, 1997）以及员工和客户之间（McGaughey & Liesch, 2002）知觉到的关系。最近的研究工作已经考察了员工-雇主义务的相互作用。

心理契约通常分为四种类型：交易型、关系型、平衡型和过渡型（Robinson, Kraatz, & Rousseau, 1994）。交易型心理契约（transactional psychological contract）高度关注金钱交易或经济交换。这种类型的心理契约往往注重有限的持续时间和明确具体的绩效条款。例如，员工努力工作，以换取适当的薪资、福利和安全的工作环境（Thompson & Bunderson, 2003）。关系型心理契约（relational psychological contract）关注长期的、基于互信与忠诚的经济和社会情绪交换，具有不完全或模糊的绩效条款。关系型心理契约（relational psychological contract）更可能是长期持续的、开放式的关系，侧重于相互的满意、忠诚和承诺。平衡型心理契约（balanced psychological contract）融合了交易型和关系型契约的特点。它们是长期的和开放式的，具有明确的业绩条款，并且随时间的推移而变化。过渡型心理契约（transitional psychological contract）是短期的、"无保障"的契约，具有很少或没有明确的绩效要求或激励。

心理契约理论中的关键假设之一是个体的选择。个体和组织都自由地参与交换，并且双方都自愿同意绑定在具体方向和行动过程中（Rousseau, 1995）。没有一方被胁迫或被强迫遵守交换协议。只要任意一方有要求，均可自由地离开交换处境。

员工可以通过三种主要方式，获得他们心理契约的条款（Rousseau, 1995）。第一，员工可以通过与同部门员工、主管和其他部门员工的沟通，获得与组织相关的期望、义务和结果的信息。第二，员工可以通过观察组织中的其他人获得关于心理契约条款的信息。第三，组织可以通过薪酬与福利体系、绩效评估和薪酬调整提供关于心理契约条款的正式信息。

对该理论的批判与评论

关于心理契约理论的批评从未断绝过。例如，Guest（1998）列举了该理论的一些问题。第一，心理契约既不是理论也不是一个量表。相反，它们或许是从法律文献中不恰当地提取的假设构念。Guest怀疑这一来自法律比喻说法的是否合适。对于法律契约来说，条款是公开阐明的，但对于心理契约，这些条款只在可能的一方当事人的心中。如果条款对双方不公开，那么协议是否真的存在？

第二，心理契约很难界定，并且它已被不同的学者赋予了有区别的定义。心理契约可以是关于知觉、期望、信念、承诺和义务。未能满足期望与未能履行义务也许是不同的含义。

第三，关于哪些员工有心理契约，哪些员工没有，我们知之甚少。此外，关于心理契约是如何形成的，以及对于一些员工来说，是否他们根本不会形成心理契约，人们并不清楚。

第四，法律契约是协议中明确指定的双方之间的，然而在心理契约中，当事方往往是一个员工和整个组织。将整个组织视为契约中的一个"当事方"可能是不合适的；这被称为拟人化整个组织。

第五，研究人员没有建立心理契约中关键维度的详尽清单。Rousseau（1995）提及了绩效要求维度。Rousseau和McLean Parks（1993）列出了五个维度：稳定性、范围、有形性、焦点和时限。

第六，关于对心理契约的具体内容鲜为人知。当研究人员进一步探索心理契约随着时间的推移如何变化和进行重新修订时，这个问题需特别关注。

第七，关于违背契约的概念以及如何测量知之甚少。违背契约仅仅是背弃诺言、未满足期望、未履行义务或其他概念？

总之，虽然心理契约理论对管理理论而言有很多优势和优点，但也受到了应有的批评，这些需要得到回应和解决以推动理论进一步发展。

对理论所包含的变量进行测量

1. 测量契约违背感知的五条目整体量表

Robin, S., & Morrison, E. (2000). The development of psychological contract breach and violation: A longitudinal study. *Journal of Organizational Behavior, 21,* 525–546.

2. 心理契约量表

Dabos, G. E., & Rousseau, D. M. (2004).Mutuality and reciprocity in the psychologicalcontracts of employee and employers. *Journal of Applied Psychology,* 89, 52–72.

3. 心理契约问卷

Rousseau, D. M. (2000). *Psychological contract inventory* (Tech. Rep. No. 2000–2). Pittsburgh: Heinz School of Public Policy and Management, Carnegie Mellon University.

未来研究建议

（1）心理契约理论中的一个关键假设是双方自愿地结成交换关系。考察其他的情形，如非自愿交换，或者比较心理契约中自愿的和非自愿的情况。

（2）考察其他环境、社会和文化下的心理契约，看看过去的研究发现是否会在上述情形下成立。

（3）遍及多种类型的个体、群体和组织来考察心理契约，而不仅是考察单一组织中的单一个体。

（4）比较心理契约与实际契约以及其对个体态度和行为的影响。

（5）心理契约理论的主要观点之一是，双方都试图"合理公平"（reasonable fair）。考察人和组织不合理公平的情形，例如当他们是特别地不公正和不合情理时。

（6）考察心理契约的履行低于期望或者超出期望的情形。与刚好满足心理契约期望的情形相比，这两种情形下的结果会有不同吗？

（7）考察破坏心理契约的亲社会原因和反社会原因。

（8）心理契约以交换关系中的互惠为前提。考察不同的互惠水平对心理契约中人员的态度和行为的影响。

(9) 研究心理契约如何随时间推移而变化或重新修订。

(10) 考察组织能够有助于降低员工期望的方法，以便心理契约条款更多地得到履行。

必读的经典文献

Robinson, S. L. (1996). Trust and breach of the psychological contract. *Administrative Science Quarterly,* 41, 574–599.

Robinson, S. L., & Rousseau, D. M. (1994).Violating the psychological contract: Not the exception but the norm. *Journal of Organizational Behavior,* 15, 245–259.

Rousseau, D. M. (1995). *Psychological contracts in organizations: Understanding written and unwritten agreements*. Thousand Oaks, CA: Sage.

Rousseau, D. M. (2005).Developing psychological contract theory. In K. G. Smith& Smith & M. A. Hitt (Eds.), *Great minds in management* (pp. 190–214). Oxford: Oxford University Press.

Rousseau, D. M., &Tijoriwala, S. A. (1998).Assessing psychological contracts: Issues, alternatives and measures. *Journal of Organizational Behavior,* 19, 679–695.

对管理者的启示

心理契约理论考察了员工对他们的组织所持有的交换信念。员工倾向于自发形成不成文的信念和期望，即他们应该会从组织得到什么以回报其对组织所做的贡献。通常来说，这些知觉并未与组织共享，而是只存在于员工的心里。因此，组织可能没有提供员工所期望的结果。如果员工没有获得他们心理契约中期望从组织得到的结果，那么会导致员工消沉的态度和行为。

为了减少员工失望的可能性，管理者应与员工就其对组织的贡献及从组织得到的回报所抱持的不成文期望进行交流。如果可能的话，分享组织对员工的不成文期望以及预估组织能够提供的回报。当条件允许时，帮助组织实现不成文的员工期望。但如果条件不允许，管理者应与员工一道来改变或重新修订他们对于组织的不成文的交换信念，以便他们的期望接下来可以得到实现。

26

资源基础理论

贾建锋[*] 译

（东北大学工商管理学院）

资源基础理论（resource-based theory）用于检验由于资源异质性而造成的绩效差异（Peteraf & Barney, 2003）。该理论主要基于以下两个假设：第一，行业中的组织可能拥有不同的资源；第二，这些资源在组织间具有不可复制性，因此从资源方面来看，组织差异可以持续相当长的一段时间（Barney, 1991）。该理论旨在解释组织如何在竞争环境中保持独特和持续的优势（Hoopes, Madsen, & Walker, 2003）。它侧重于考察不同组织管理效能的差异，而不是考察诸如市场力量、联盟或战略行为等其他组织间差异（Peteraf & Barney, 2003）。

资源基础理论的核心要义是组织基于自身资源和能力与其他组织竞争（Barney, 1991; Wernerfelt, 1984）。组织可以通过产品、资源、能力和替代品的相似性来识别竞争对手（Peteraf & Bergen, 2003）。该理论假定组织在选择和积累资源的决策是理性的，之所以产生不同的绩效结果，是因为受到了有限的信息、偏见以及因果模糊性的影响（Oliver, 1997），因果模糊性（causal ambiguity）意味着资源对于不同水平绩效的作用后果很难被清晰地预测。

---

[*] 贾建锋，东北大学工商管理学院副教授。主要研究领域为组织行为与人力资源管理、创新创业管理等。电子邮箱：englishjjf@126.com。

那么，什么是资源呢？资源是指在组织中能够展现组织核心竞争力的任何事物（Wernerfelt, 1984），既可以以有形资产的形式存在，又可以以无形资产（intangible assets）的形式存在（Caves, 1980）。例如，商标，员工知识、技能和能力，机械和技术，资本，契约，以及有效的程序和过程都可以称为资源（Wernerfelt, 1984）。组织资源被视为是那些能够帮助组织更好地竞争并实现其愿景、使命、战略和目标的优势的一系列属性组合（Porter, 1981）。需要注意的是，能力最初被视为一种资源，但后来的研究将能力和资源这两个构念区分开来。具体来看，能力是不可观察的，因此是无形的，它的价值无法得到准确的评估，仅可以作为组织内部一个特定的单元进行具体的探讨与分析（Makadok, 2001）。

组织往往通过创造一个独特的资源情境，使其竞争对手望其项背，无法对其形成威胁（Wernerfelt, 1984）。组织相对于其他组织的竞争优势是建立在其所拥有的异质性资源和关系基础上的（Rumelt, 1974）。当组织采用一种独特的、能够创造价值、难以被竞争对手复制的战略时，这种竞争优势便建立起来了（Barney, 1991）。如果竞争对手始终无法了解和复制这种战略，组织便会拥有持续性的竞争优势（sustainable competitive advantage, SCA）。

组织持续性竞争优势的建立源于组织控制着有价值、稀缺、不可替代和难以复制的资源和能力（Barney, 1991）。当组织以异质性资源为基础制定了能够提高组织有效性的战略时，这些资源便体现出了价值。资源具有以下两个特点：第一，资源是稀缺的，大多数组织都想拥有资源，但是很难获取；第二，资源是不可替代的、难以模仿的，替代或模仿资源需要付出巨大的成本。总之，组织必须有能力吸收和利用其资源，以获得持续性的竞争优势（Barney & Clark, 2007; Conner, 1991）。

资源基础理论的一个关键假设是它关注企业层面或业务单元层面的分析（Peteraf & Barney, 2003）。该理论不同于关注二元层面（管理者与被管理者）、群体层面或产业层面的其他理论，而是主要聚焦于那些能够体现绩效差异并为组织所控制的资源与能力。此外，资源基础理论不能替代其他行业层面的分析工具。

该理论侧重于企业间的绩效差异。绩效差异被视为是由具有不同效率水平的资源收入差异所导致的（Barney, 1991; Peteraf, 1993）。相对于劣势资源，优势资源可以使组织生产更优质的产品，并且更充分地满足客户的要求。组织效能意味着一个企业的成本更低，并且与低效率企业相比，可以创造更大的价值和净收益。效率主要是通过净收益，即扣除企业成本后的收益，来衡量的。

持续性竞争优势和劣势的建立并不需要太长的时间，例如通过购买活动或一段时间的培养与发展便可获得（Helfat & Peteraf, 2003）。起初，资源基础理论并不关注资源是静态的还是动态的，然而最近的研究注意力集中在资源如何随时间的推移而变化、调整和演变上。例如，研究已经探讨了组织如何集成、构建，以及在响应迅速多变的外部环境时如何重新配置其资源及能力（Teece, Pisano, & Shuen, 1997），还分析了资源和能力如何遵循从产生到消亡的动态生命周期（例如，Helfat & Peteraf, 2003）。

对该理论的批判与评论

资源基础理论是通俗易懂且行之有效的一种管理理论，易被理论界和实务界认可与理解（Kraaijenbrink, Spender, & Groen, 2010）。然而，该理论同样具有一些局限，受到了一些学者的批评。

第一，理论缺乏实操性（Priem & Butler, 2001）。该理论只是告诉管理者获得异质性资源的重要性，但并没有对如何获取异质性资源进行很好的解读（Conner, 2002; Miller, 2003）。该理论比较理想化，假设管理者对其资源具有完全控制权，或者具有预测未来资源价值的能力。然而，这却使得许多研究人员认为理论本质上是无意义的（Bromiley & Fleming, 2002; Lockett, Thompson,

& Morgenstern, 2009; Priem & Butler, 2001）。具体而言，资源基础理论只不过是一种定义，而不是一种假设，持续性竞争优势是资源和组织能力变化的结果（Hoopes, Madsen, & Walker, 2003）。

第二，一些批评者认为想要证伪资源基础理论是困难的。现有研究发现，任何组织间资源和能力的变化导致持续性竞争性能的差异，能够有效地支撑资源基础理论。然而，当发现相反的证据时，它便意味着被检验的资源或能力没有价值（Hoopes等，2003）。

第三，批评者认为，该理论未关注组织情境因素（Priem & Butler, 2001）。组织获取资源或有效利用资源的方式没有因组织情境的不同而有所区别（Oliver, 1997）。

第四，该理论并未对组织获取资源的方式给予很多关注（Barney & Clark, 2007）。组织在资源获取方面的差异形成的可能原因包括路径依赖、社会复杂性和因果模糊性。然而，在未来组织开发资源的过程值得进一步注意。

第五，无论资源和能力是动态的还是静态的，它们二者总被错误地认为是完全相同的（Kraaijenbrink, Spender, & Groen, 2010），虽然资源和能力在定义上有所差异，但正如其他所有资源一样，在本质上基本上是相同的。对于企业的持续竞争优势而言，不同资源的贡献方式有何不同则被完全忽视了。

第六，批评者认为异质性资源不足以实现持续性竞争优势。例如，Fiol (2001)认为竞争优势的实现只是暂时的，因为创造战略优势所需的技能和资源是不断变化的。

最后，批评者认为有价值、稀缺、不可代替、难以复制的资源对于获得持续竞争优势来说既不是必要的也不是充分的。实证研究对异质性资源导致企业获得可持续竞争优势只提供了一定程度的支持（例如，Armstrong & Shimizu, 2007; Newbert, 2007）。这意味着除了异质性资源的因素也能够解释企业能否获得持续性竞争优势。

对理论所包含的变量进行测量

1. 新兴制造业企业战略评估

Chandler G. N., & Hanks, S. H. (1994). Market attractiveness, resource-based capabilities, venture strategies, and venture preformance.*Journal of Business Venturing*, 9, 331–349.

2. 产品开发联盟评估

Eisenhardt, K. M. , & Schoonhoven, C. B. (1996,March-April). Resource-based view of strategic alliance formation: Strategic and social effects in entrepreneurial firms. *Organization Science*, 7, 136–150.

3. 科技资源评估

Ray, G., Barney, J. B., & Muhanna, W. A. (2004). apabilities, business processes, and competitive advantage: Choosing the dependent variable in empirical tests of the resource-based view. *Strategic Management Journal*, 25,23–37.

4. 产品、市场和管理能力的评估

Andersen, O. ,& Kheam, L. S. (1998, April). Resourcre-based theory and international growth strategies: An exploratory study. *International Business Review*, 7,163–184.

未来研究建议

（1）检验资源特性（动态和静态，主动和非主动，企业专有和非专有，有地域边界和无地域边界）对组织能力和组织绩效的影响。

（2）探讨感知价值、总货币价值和资源交换价值之间的相似性和差异（Bowman & Ambrosini, 2000）及其与企业绩效的关系。

（3）研究选择和吸收新资源纳入现有资源的过程。

（4）查看构建、获取和利用资源之间的差异。

（5）考察实际资源或感知资源，有形资源或无形资源是如何影响企业持续性竞争优势与企业绩效的。

（6）探讨与绩效相关的组织能力从有益恶化到有害，从相关变化为无关的过程（Newbert，2007）。

（7）研究资源的价值、稀缺性、不可替代性和难以模仿性如何随时间推移而变化。例如，从产生到消亡，从与绩效相关变为与绩效无关。

（8）考察管理者如何预测未来的资源需求（例如资源短缺），或管理者如何做出资源决策（如转向替代性资源）。

（9）探索组织用于进行成本-收益分析以获取新资源的方法。

（10）检验不同资源束的价值，包括它们的互补性、协同性、专业性、彼此之间的相关性及其对企业绩效的影响。

必读的经典文献

Barney, J. B. (1991). Firm resources and sustained competitive advantage. *Journal of Management*, 17, 99–120.

Barney, J. B., & Clark, D. N. (2007). *Resource-based theory: Creating and sustaining competitive advantage*. New York: Oxford University Press.

Barney, J. B., Wright, M., & Ketchen, D. J., Jr. (2001). The resource-based view of the firm: Ten years after 1991. *Journal of Management*, 27, 625–641.

Peteraf, M. A. (1993). The cornerstones of competitive advantage: A resource-based view. *Strategic Management Journal*, 14, 179–191.

Wernerfelt, B. (1984). A resource-based view of the firm. *Strategic Management Journal*, 5, 171–180.

对管理者的启示

首先，资源基础理论假设一个组织可以通过控制有价值、稀缺、不可替代和难以复制的资源来实现可持续的竞争优势。管理者的任务是帮助组织随着时间的推移比竞争对手更有效地使用资源，明晰组织现有资源如何优于主要竞争对手或落后于竞争对手，并且分析其中的原因，从而使企业当前资源更完备。更高效，更有利于取得较好的成本效益。

其次，资源基础理论也可以为员工进行自我认知提供借鉴和参考。它能够帮助员工了解自身具有哪些优势能够对组织产生价值，自身所具备的哪些知识与技能能够使自己比竞争对手对组织更具有价值，分析哪些特质使自己组织变得不可或缺，在哪些领域进行培训之后可以为公司创造更大的价值。

最后，员工不仅要拥有对公司有价值的资源，而且还必须确保公司知道自己拥有这些资源。在实际工作中，员工可以通过许多方式不断向公司展示自己的价值，如：具体记录自己的工作效率，以及与其他员工相比，在时间和资源上为公司节省了多少等。如果员工向公司证明了自身价值，那么一旦公司业绩不佳，公司也不会立即解雇这样优秀的员工，因为该员工已被视为一种宝贵的资源，而公司想要长期保持这种资源。

27 角色理论

刘平青* 陈洋** 译
（北京理工大学管理与经济学院）

角色理论（role theory）的核心要义是，个体通过社会化的调节过程，在维持社会稳定和社会秩序方面发挥作用。角色理论研究以下两方面的问题：（1）在不同情境或背景下个体所具有的代表性行为；（2）产生、解释或预测这些行为的各种过程（Biddle，1979）。

角色理论的内容包含五大基本要点(Biddle, 1979)。第一，角色所要求的行为大部分是固定的。在某个情境或背景下，个体的行为往往是具有代表性的。第二，角色通常与社会地位紧密相连，代表着一批具有共性特征的群体的行为，例如，教师、医生或者护士的角色。第三，角色中包含角色期待，这意味着，人们知道个体应在何时扮演角色，并且知道在个体扮演相应角色的同时，他人对其行为抱有相应的期待。第四，由于角色存在于大型的社会系统之中，随着时间的推移，角色具有持续性。第五，个体必须通过学习或通过社会化的过程来获取角色，并在扮演不同角色的过程中体会到快乐和悲伤。

---

* 刘平青，北京理工大学管理与经济学院教授、博士生导师。主要研究领域为员工关系与职业生涯、领导力与项目人力资源管理、产业发展与人力资源开发以及中小企业管理等。电子邮箱：liupingqing@bit.edu.cn。
** 陈洋，北京理工大学工商管理专业博士生。电子邮箱：110323188@qq.com。

各领域的理论家对于角色进行了不同的解释。Linton (1936)认为角色是指社会身份或者一系列的互惠行为，这些身份和互惠行为是由被社会认可的职位所特有的且这些职位包含相应的权利和义务。Parsons (1951)认为角色可以根据社会的角色期望进行修正并强化。Mead (1934)认为扮演角色是在社会化的过程中自我的发展。Moreno (1934) 揭示了角色扮演及其在教育学和心理学中的重要性。Merton (1957)认为身份或地位都包含一系列的角色，或者角色集合，形成相互补充的角色关系。Goffman (1959)从编剧或戏剧的视角研究了角色，认为每个个体都需要扮演一部分角色。

角色理论界定了许多可供组织中管理者使用的角色相关的重要术语。角色指的是在特定情景之下个体所具有的代表性行为。角色冲突指的是个体所拥有的不相容的且具有冲突性的社会义务，分别包括：角色内冲突（intrarole conflict）和角色间冲突（interrole conflict）。角色模糊（role ambiguity）是指个体所体验到的角色期待的不确定性。角色榜样是指个体充当他人所效仿的行为示范。

角色的定义通常是指在特定社会类属下个体所被期望的一系列的行为(Montgomery,1998)。社会类属包括在正式和非正式系统中的地位或身份，例如在家庭中的母亲，学校中的教师和医院里的医生(Biddle & Thomas, 1979)。社会通常会指定角色所反映的正面或负面的社会价值，例如"勤劳的员工""关心社会的公民"或"自豪的父亲"。

角色理论的相关研究人员主要分为两大学派：功能主义学派和互动主义学派。功能主义学派（functionalist）认为角色是一系列社会对个体所产生的行为期待(Lynch, 2007)。从这个角度来讲，角色是指适合于某个具体社会地位或身份的个体的相互关联的行为网络(Hilbert, 1981)。当个体承担某个角色时，他必须接受伴随着角色而来的一系列的权利和责任(Linton,1936)。角色是社会为特定的一类人所创造出来的，人们对于角色中的预期行为往往达成了一致，例如，医生身着白大褂，例行询问个人的健康问题，而在其他情况下询问他人的健康问题似乎是不合适的。

互动主义学派（interactionist）关注的是角色的创造，通过社会互动的形式持续地创造角色（Turner, 1962）。根据互动主义的方法，人们通过持续、反复地验证他人对于某个角色的期待，不断地创造角色，然后根据新的角色行事，即兴地创造出了角色内容（Hilbert, 1981）。角色是经由包含个体与其所处社会环境的互动的作用过程而产生的(McCall & Simmons, 1978)。

后来的学者认为将角色理论笼统地按照二分法来划分是不必要且无价值的，他们的研究试图将角色理论延伸到功能主义和互动主义观点之外（Callero, 1994）。例如，角色可以看作是组织的资源(Callero, 1994; Collier & Callero, 2005)。根据这一观点，角色会因文化支持、文化评价、接触社会的程度和情境偶然性而异。角色的功能有以下四个方面：定义自我、思考、行动以及达到政治目的。

角色理论往往一次只研究一个角色，也就是所谓的"单一角色占据"。传统意义上，人们将角色看成是离散的心理现象，例如，我们进行角色转换时就像"摘掉一顶帽子，然后再戴上另外一顶帽子"（Ashforth & Johnson, 2001）。然而，Lynch (2007)试图通过认知类型学中被称为"多重角色冲突"的概念，将角色扮演的内容进行延伸，使角色扮演包含多样化重叠的角色。这种方法的目标是将传统社会规范中的角色之间的紧张关系引入进来。这种方法包括角色灵活性和角色渗透性的概念（Hall & Richter, 1988）。角色灵活性（role flexibility）是指扮演角色期间工作时间和工作地点的灵活性。角色渗透性（role permeability）是指个体扮演某个角色的同时惦记另一个角色的程度（例如，在办公室工作的同时，担心家里的问题）。这种看待角色的视角让角色之间的边界变得模糊，甚至可以跨越角色间的边界，个体可以同时扮演多个角色，例如，人们跨越了"学生"和"护士"之间的角色边界，形成了"学生护士"的角色概念，再例如，"母亲"和"职员"之间的角色边界被跨越了，形成了"职场母亲"的角色概念。

虽然人们在角色的作用上进行了大量详细的论述，但关于角色理论建构数学公式的研究扔然不足。为了填补这个空白，Montgomery（2005）使用数学公式来阐明个体选择行为的过程，并探明观察者是如何根据个体的行为对个体进行评估和归因的。

对该理论的批判与评论

批评者认为，当涉及行为的动机方面时，角色理论就显得很薄弱（Biddle, 1979）。这一理论能很好地解释为什么人们会采取预期的行为。Biddle声称角色理论的动机成分甚至可能是不必要的。

角色理论解决了角色如何帮助维持社会和社会秩序的问题。因此，角色理论学家没有提出关于角色理论和社会变革的系统主张（Biddle, 1979）。角色理论通过支持一系列规范的行为预期来提升社会从众性，它认为这些行为是"恰当的生活方式"（Connell, 1987）。

批评者指出角色理论将社会意识形态具体化为实际存在的事物并称之为角色（Jackson, 1998），这种观点并不准确。角色理论只是延续了所谓的规范行为预期，认为大多数人都赞同这样的立场。例如，"教练"的角色具有多种内涵，不一定能够反映教练实际的行为。

角色理论将角色学习或角色获得的社会化过程合理化，人们从中了解到什么行为是特定角色所期望的，这种观点备受批评。例如，学校、教会、家庭和社会机构塑造适当的、可接受的行为供人们学习。批评者认为，这只是一种教导人们根据社会规范和价值观接受、相信和执行而不去质疑他们的方法，这会导致一些群体长期感到压抑（Callero, 1994; Jackson, 1998）。

批评者还表示角色理论在执行角色行为时没有考虑个体的主观经验。该理论在很大程度上忽略了那些试图改变自己角色边界和现有社会实践的个体的经验，同时忽略了每天都在适应其环境的个体与生俱来的创造性。角色理论主张人们会对角色差异做出反应，但它并没有提供框架来检验人们如何为自己的生活创造意义和设定目标。

对理论所包含的变量进行测量

1. 内在动机、角色冲突与角色模糊量表

Coelho, F., Augusto, M., & Lages, L. F. (2011). Contextual factors and the creativity of frontline employees: The mediating effects of role stress and intrinsic motivation. *Journal of Retailing*, 87, 31–45.

2. 角色模糊量表

Schuler, R. S., Aldag, R. J., & Brief, A. (1977). Role conflict and ambiguity: A scale analysis. *Organizational Behavior and Human Decision Processes*, 20, 111–128.

3. 角色冲突和角色模糊量表

Rizzo, J. R., House, R. J., & Lirtzman, S. I. (1970). Role conflict and ambiguity in complex organizations. *Administrative Science Quarterly*, 15, 150–163.

Schwab, R. L., Iwanicki, E. F., & Pierson, D. A. (1983). Assessing role conflict and role ambiguity: A cross validation study. *Educational and Psychological Measurement*, 43, 587–593.

4. 知觉任务需求量表

Williams, K. J., & Alliger, G. M. (1994). Role stressors, mood spillover, and perceptions of work-family conflict in employed parents. *Academy of Management Journal*, 37, 837–868.

未来研究建议

（1）研究员工如何在某个领域内扮演多重角色（例如，研究在家工作的员工）。

（2）探讨角色灵活性和角色渗透性对同时扮演多重角色的影响。

（3）探讨个体差异对多重角色冲突和多角色扮演效果的影响。

（4）研究人们如何在不同的个体差异与社会、文化和民族的分界中扮演多重角色。

（5）探讨在满足冲突性的角色需求时，组织是如何帮助个体或给个体带来伤害的。

（6）研究各种角色如何将制度、社会、文化、性别、阶级、民族和国家联系起来。

（7）研究各种人口群体随着时间的推移重塑社会角色的过程。

（8）探讨对工作范围或翔实或粗浅的界定以及该界定对员工绩效和员工留任意愿水平的影响。

（9）检查元角色（管理其他角色应用的角色）的应用，以确定人们用哪些方法来决定何时以及如何扮演角色。

（10）探讨工作复杂性如何影响角色冲突和角色模糊，并研究这种影响又将如何对工作效果产生作用，比如创造力和绩效。

必读的经典文献

Biddle, B. J. (1979). *Role theory: Expectations, identities, and behaviors*. NewYork: Academic Press.

Biddle, B. J. (1986). Recent developments in role theory. *Annual Review of Sociology,* 12, 67–92.

Biddle, B. J., & Thomas, E. (1979). *Role theory: Concepts and research.* Huntington, NY: Krieger.

Turner, R. H. (1990). Role change. *Annual Review of Sociology,* 16, 87–110.

Zurcher, L. A. (1983). *Social roles: Conformity, conflict and creativity*. Thousand Oaks, CA: Sage.

对管理者的启示

角色理论探究了人们对扮演角色的适应过程。该理论研究了所有扮演相同角色的人所具有的代表性行为，并探索了形成、解释和预测角色行为的过程。当员工加入一个组织时，他们愿意在组织中发挥作用并为其完成工作。他们所扮演的角色包含他们期望完成的具体任务和职责。通常，这些任务和职责会在工作描述中进行详细说明，并通过绩效考核过程进行评估。在某些情境中，每个员工可以通过自己独特的方式扮演个人的角色，同时满足工作的要求。

管理者的工作是阐明构成员工角色的行为。与员工讨论他们的角色期望，确保他们清楚应该做什么以及什么时候做。确保他们在员工角色所需的行为以及评估方式上不存在任何疑问，也不存在角色模糊。此外，与该员工的同事交谈，确保他们也了解该员工的角色，这样就不会发生角色混乱或不确定的情况。

管理者的任务是确保员工没有任何角色冲突。角色冲突（role conflict）是指对员工时间和注意力的矛盾需求。角色冲突可能给员工带来不必要的压力，并且可能降低工作绩效。与员工讨论他们在工作中所经历的角色冲突（角色内冲突）以及他们所扮演的各种角色之间的冲突（角色间冲突），并与他们一起尽可能地减少冲突。管理者应帮助员工在组织中找到合适的角色榜样，即员工可以看齐和学习的表现优异的对象。

28

自我决定理论

于海波* 晏常丽** 译
（北京师范大学政府管理学院）

自我决定理论（self-determination theory）研究个体行为的自我激励或自我决定程度。与基本需求未得到满足不同，如果人们的基本需求得到满足，他们就倾向于具有更高水平的绩效、健康和幸福感。

基本需求是指人们所感受到的一种"缺失"或"差距"，当其得到满足时会带来健康与幸福感，当其未得到满足时会引发疾病与异常。基本需求可以是生理的（Hull, 1943），例如对空气、食物和水的需求；也可以是心理的，例如对爱、尊重和被欣赏的需求。自我决定理论假设，人们在一生中必须持续满足三个基本的心理需求（psychological needs）——自主（autonomy）、胜任（competence）和关系（relatedness）——以达到最佳的机能水平，不断体验个人的成长与幸福感（Deci & Ryan, 2000a；Ryan & Deci, 2000a；Ryan & Frederick, 1997）。

自主需求是指人们相信他们可以自主选择自己行动的需求，例如发起、调节和维持自己的行为。当这种需求得到满足时，人们会体验到个体的自由。

---

* 于海波，北京师范大学政府管理学院教授。主要研究领域为领导力与职业管理、组织学习与人力资源开发、胜任特征与人才测评等。电子邮箱：yuhb@bnu.edu.cn。
** 晏常丽，北京师范大学政府管理学院博士生。主要研究领域为领导力与职业管理。电子邮箱：yanchangli@mail.bnu.edu.cn。

胜任需求是指人们希望完成困难和具有挑战性的任务，以获得所期望结果的需求。当这种需求得到满足时，人们会体验到掌控感、成就感和控制感。关系需求是指人们与他人建立相互尊重和联系的需求。当这种需求得到满足时，人们就会感受到来自他人的社会支持。理想情况下，个体在其一生中可以使这三个需求同时得到最佳水平的满足（Ryan & Deci，2002）。

这三个需求被认为是所有人与生俱来就有的（Deci等，2001；Ryan & Deci, 2000a; Vansteenkiste, Zhou, Lens, & Soenens, 2005）。然而，三个需求的相对重要性和每个人满足需求的方式，会随着时间的推移和人生阶段的变迁而发生改变。此外，个体所处的文化情境也会影响人们对三个需求的关注程度和主动寻求满足的程度（Ryan & Deci, 2000b）。该理论的一个主要观点是，人们对某些生活目标的追求，可以带来对三个基本需求相对更为直接的满足，从而增强幸福感（Ryan, Sheldon, Kasser, & Deci, 1996）。然而，人们对某些其他目标的追求，或许无法带来对三个基本需求的满足，进而会引发疾病和异常。Kasser和Ryan（1993，1996；Ryan等，1999）将个体内部目标的满足（例如个人成长、归属感和联盟）与个人外部目标的满足（例如金钱、名誉和形象）进行了对比。他们发现，关注内在愿望可以增强幸福感，而关注外在愿望会导致抑郁和焦虑（Vansteenkiste等, 2004）。

该理论的一个主要关注点是内部动机与外部动机的区别。内部动机（也称内在动机）是指，执行一项活动的原因是活动本身是有趣的，可以不断满足活动执行者的需求（White，1959）。当人们完成任务本身就能体验到积极的情感时，个体是出于内部动机。相反，外部动机（也称外在动机）是指，之所以采取行动是因为这样做会带来一些与活动本身不同的结果，例如获得奖励或避免惩罚（Deci & Ryan, 2008）。若人们认为其行为是由内部原因引起的，他们会有一种内在因果关系定位的感知。相反，若人们认为其行为是由外部原因引起的，他们会有一种外部因果关系定位的感知（Ryan & Connell, 1989; Sheldon, 2002; Turban, Tan, Brown, & Sheldon, 2007）。关注内在愿望可以提升个体幸福感,但关注外在愿望则会导致抑郁和焦虑(Vansteenkiste, Simons, Lens, Sheldon, & Deci, 2004)。

外部动机可以分为四种类型,学者按照从内部调节到外部调节的程度依次分为:(1)整合调节(integrated regulation),(2)认同调节(identified regulation),(3)内摄调节(introjected regulation)以及(4)外部调节(external regulation)。整合调节是指个体对一项活动的价值充分认同,以至于使该活动成为自我的习惯性部分。认同调节是指个体仅仅是因为认同某种行为的价值和意义而实施活动。内部动机(或调节)、整合调节和认同调节被称为"自主性动机"(Deci & Ryan, 2008; Gagne & Forest, 2008)。

相比之下,内摄调节是指由于自我价值感而采取行动,例如内疚和自我卷入。外部调节是指仅为了获得奖励或避免惩罚而采取行动。由于行为的动机源于个体外部,或者与自主性动机相比其自主决定的成分更少,因此内摄调节和外部调节被统称为"控制性动机"。

第三类动机是非个人调节的(impersonal regulation),被称为"无动机"(amotivation),这是各类动机中自我决定程度最低的。当三种基本需求都得不到满足时,就会出现。

"因果定向"(causality orientation)这个构念是指,人们对自己行为的自我决定程度或允许环境来调节其行为的程度。因果定向是由自主性动机、控制性动机和非个人动机[①]组成的。这个连续体的进一步提升产生了一个子理论,它被称为有机整合理论。

这个理论中的新概念有正念(mindfulness)和活力(vitality)(Deci & Ryan, 2008)。正念是指个体对他自身或周围所发生事情的开放意识和注意程度(Brown & Ryan, 2003)。正念包括内在反思、对需求满足的自我检验,以及从控制定向朝自主性定向有目的地转化。活力是指能量怎样产生于个体基本

---

① 非个人动机认为对满意结果的获得是个人无法控制的,是运气的产物,与"无动机"相联系。——译者注

需求的满足。当人们感受到活力时，他们会感到精力充沛、精神振奋，并有能力自主行动，在执行重要活动时能够持续不断地努力。

对该理论的批判与评论

自我决定理论受到了来自不同领域的批评。第一，该理论被认为是"盲目乐观"（pollyannaish），因为它主要侧重于生活中积极、乐观和"光明"的一面，往往忽视了大部分人实际生活中消极、悲观和"阴暗"的现实面。对此Deci和Ryan（2000b）回应说，该理论也强调基本需求无法得到满足时所产生的焦虑、悲伤和敌意。

第二，批评者认为，该理论假设所有人都具有主动、以成长为导向的本质特征。该理论还假设人们都具有追求健康和幸福、寻求成长必需养分的倾向。批评者认为这些假设或许并不适用于所有人。

第三，该理论因只提出三个基本需求而受到批评，诸如安全、成长、意义和自尊等其他需求没有予以阐述。批评者指出，该理论没有充分定义需求满足，也没有考察三个基本需求何时会相互冲突。此外，该理论也没有研究三个基本需求会如何随着时间的推移而发生改变。

第四，该理论被批评没有考察需求的强度。该理论并没有解释人们如何对各项需求进行优先排序，也没有解释人们如何关注为了满足某些需求而损害其他需求所带来的成本和收益。批评者还争辩说，该理论也没有探讨人们是如何被满足需求的情境所吸引，又如何因情境不能满足需求而选择离开。

该理论中与自由意志思想相对的自主概念也遭到了批评。该理论主张，自由意志并不存在，因为人们的行为在任何一个情境中都不可能独立于外部因素的影响。与此相反，批评者认为，人们的行为可以只源于个人的自由意志。

对理论所包含的变量进行测量

1. 工作动机量表

Gagne, M., Forest, J., Gilber, M.-H., Aube, C., Morin, E., & Malorni, A. (2010). The motivation at work scale: Validation evidence in two languages. *Educational and Psychological Measurement,* 70, 628–646.

2. 需求满足量表

La Guardia, J. G., Ryan, R. M., Couchman, C. E., & Deci, E. L. (2000). Within-person variation in security of attachment: A self-determination theory perspective on attachment, need fulfillment, and well-being. *Journal of Personality and Social Psychology,* 79, 367–384.

3. 成就目标调查表

Elliot, A. J., & McGregor, H. A. (2001). A 2×2 achievement goal framework. *Journal of Personality and Social Psychology,* 80, 501–519.

4. 自我决定测量

Lin, C.-P., Tsai, Y. H., & Chiu, C.-K. (2009). Modeling customer loyalty from an integrative perspective of self-determination theory and expectation-confirmation theory. *Journal of Business and Psychology,* 24, 315–326.

5. 财务刺激作为激励因素的调查表

Stone, D. N., Bryant, S. M., &Wier, B. (2010). Why are financial incentive effects unreliable? An extension of self-determination theory. *Behavioral Research in Accounting,* 22(2), 105–132.

6. 一般就业价值观量表

Van den Broeck, A., Vansteenkiste, M., Lens, W., & De Witte, H. (2010). Unemployed individuals' work values and job flexibility: An explanation from expectancy-value theory and self-determination theory. *Applied Psychology*, 59, 296–317.

未来研究建议

（1）研究源自喜欢和欣赏的批评，以及源自不喜欢和憎恶的批评对行为的影响。

（2）探索胜任、自主与关系三个基本需求的不均衡水平对动机的影响。

（3）探寻从高度支持到高度不支持的他人绩效反馈对个体绩效水平的影响。

（4）探索一系列社会因素（从短期因素，如奖励、期限和反馈，到长期因素，如教育）和动机类型对行为的影响。

（5）研究情景的意识和潜意识因素对激励与目标追求过程的影响。

（6）探讨任务类型（从有趣到无趣），以及内部与外部动机对结果的影响。

（7）研究人们在执行一项任务时，随着时间的推移，如何能够同时体现多种类型的动机。

（8）探讨自我成长带来的幸福感如何提高个体的生理健康水平。

（9）控制条件以对比不同于内部动机，外部动机对绩效会产生哪些不同的影响。

（10）研究文化和环境如何提升内在价值和外在价值，以及如何影响内部定向和外部定向。

必读的经典文献

Deci, E. L., & Ryan, R. M. (1980). The empirical exploration of intrinsic motivational processes. In L. Berkowitz (Ed.), *Advances in experimental social psychology* (Vol. 13, pp. 39–80). New York: Academic Press.

Deci, E. L., & Ryan, R. M. (1985). *Intrinsic motivation and self-determination in human behavior*. New York: Plenum.

Deci, E. L., & Ryan, R. M. (2000a). The "what" and "why" of goal pursuits: Human needs and the self-determination of behavior. *Psychological Inquiry,* 11, 227–268.

Deci, E. L., & Ryan, R. M. (Eds.). (2002). *Handbook of self-determination research*. Rochester, NY: University of Rochester Press.

Deci, E. L., & Ryan, R. M. (2008). Facilitating optimal motivation and psychological well-being across life's domains. *Canadian Psychology,* 49, 14–23.

对管理者的启示

自我决定理论考察了一个人的行为自我激励或自我决定的程度。如果人们满足了他们自主、关系和胜任这三个基本需求，那么与未能满足这三个基本需求相比，他们倾向于具有更高水平的绩效、健康和幸福感。

管理者的目标之一是激励员工完成所期望的组织目标和任务。员工可以是仅仅为了符合管理的要求、获得奖励或避免惩罚而完成一项任务。在这种条件下实施的行为往往不会持久，并且一旦惩罚或奖赏取消，其行为通常就会停止。员工也可以是因为认同一项任务的目标和意义而执行这项任务。在这种情况下，行为通常可以持续较长一段时间。但是，最理想的情况是，员工已经内化了任务的重要方面，将其转变为他们自身的一部分。在这种情况下，员工完成任务是因为任务本身是有趣的、令人愉快的。

管理者应该与其员工讨论他们是由内部动机驱动还是外部动机驱动的。如果可能的话，寻求多种方法，使员工能够更多地因为内部奖励而执行任务，而更少地因为外部奖励而执行任务。为了强化内在驱动,可以向员工说明具体任务对组织愿景、使命、战略和目标的价值。员工将他们的工作原因和工作过程内化的程度越高,他们越会发现任务本身带来的趣味性和满足感,这将提高他们的健康水平和幸福感。相反,如果员工感觉到他们的三个基本需求都没有得到满足,他们会转而寻求一份新的工作,因为需求未满足会带来压力、焦虑、抑郁甚至疾病。

29
意义构建理论

曲庆* 译
(清华大学经济管理学院)

意义构建理论(sensemaking theory)[①]的基本思想是,意义的构建是一个持续的过程,它关注:(1)人们如何注意事件,(2)这些事件意味着什么,以及(3)人们共同创造出来的关于这些事件的意义如何影响当前和未来的行为。首先,人们必须注意到一组包含了某事件的不寻常或不同的情况。其次,一旦人们注意到一个事件,他们通常想知道这个事件对他们意味着什么。当有事件吸引了人们的注意时,人们想知道"出什么事了?"最后,创造事件的意义可以影响当前和未来的行动,并可以帮助人们保持经历的连续性。Weick (1979) 用这样一个问题总结意义构建的主题:"在见到我所说的之前我如何知道我想的是什么?" (p.133)。

根据意义构建理论,组织成员是通过与他人的持续对话来知晓、诠释和理解周边环境的。组织成员共同书写历史,这使他们能够理解他们身处的世界并集体行动(Weick & Roberts, 1993)。意义构建既要清楚地提出问题,也要对这些问题给出清晰的答案。根据意义构建理论,现实是一种持续的存在,它产

---
* 曲庆,清华大学经济管理学院副教授。主要研究领域包括企业文化、领导力、人力资源管理等。电子邮箱:quq@sem.tsinghua.edu.cn。

① 也称为意义建构。——译者注

生于人们为了创造秩序并理解已经发生和正在发生的事情的事后意义的共同努力（Weick, 1993）。

世界是一条不可知、不可预测的经验的河流，人们被驱动着去努力了解和理解（Weick, Sutcliffe, &Obstfeld, 2005）。不幸的是，人们的感觉器官和大脑功能是有局限的，不能注意到所有可能的环境刺激。正因如此，人们必须将这种刺激置于某种框架中，以帮助他们认识、理解、解释和推断（Dunbar, 1981; Goleman, 1985; Starbuck & Milliken, 1988）。例如，"参照框架"就是一个可以帮助人们解释亲身经验的普遍性观点（Cantril, 1941）。

意义构建过程包括三个基本要素：（1）线索，（2）框架，（3）线索和框架的联结（Weick, 1995）。框架来自过去的社会化时刻，线索来自当前经历的时刻。线索是来自当前环境的信息，它们触发了人们理解情境的动机。框架是包括规则和价值观在内的知识结构，它们是理解的指南。当人们在框架和线索之间建立起关系时，他们就创造了意义。意义来自过去经验的分类和框架、当前事件的线索和标签，以及框架和线索的联结。单靠框架或线索不能形成意义，形成意义的是框架之内的线索（Weick, 1995）。

Weick（1995）描述了六种类型的框架：（1）意识形态（社会的词汇）；（2）对组织实践进行分类的类别（组织的词汇）；（3）范式（工作的词汇）；（4）行动理论（应对的词汇）；（5）传统（前人的词汇）；（6）故事（次序和经验的词汇）。

七个特征将意义构建与理解、解释或归因区分开来：（1）意义构建以身份的建构为基础（个体的自我身份和组织身份是共同建构的，事件发生时就被赋予了意义）；（2）它是回顾性的（感觉和意义是关于以前的事件，它们影响当前和未来的行为）；（3）它生成于感知到的环境（人们的行动会创造他们的环境，这种创造又影响意义和行动）；（4）它是社会性的，是基于集体行动的；（5）它是一个时间上持续、空间上持续的过程；（6）它使用提取的线索（上下文、语言和词汇都影响线索，并将其聚焦于事件）；（7）合理性比准确性更重要（关于意义的合乎情理的故事是共同创造出来的，但可能不能准确反映现实）（Weick, 1995）。

意义构建包括共同、交互的扫描、解释、行动和结果等一般过程（Thomas, Clark, & Gioia, 1993）。扫描是搜集可能影响组织的信息的持续过程（Daft & Weick, 1984; Kiesler & Sproull, 1986; Milliken, 1990）。解释是指想办法理解信息的含义，并将信息纳入理解的心理结构中（Gioia, 1986; Taylor & Crocker, 1981）。采取行动意味着在一定程度上推动组织变革（Dutton & Duncan, 1987）。结果是指成功的意义构建过程带来的组织绩效的差异或变化，特别是绩效的改善。

组织领导者可以通过参与"意义发送"①（sensegiving）来影响意义构建过程（Whetten, 1984; Maitlis, 2005）。意义发送指的是影响他人的意义构建，使之靠近对组织现实的倾向性定义（Gioia & Chittipeddi, 1991）。当领导者介入意义发送时，他们可以将组织的注意力集中在改变对现实的看法的必要性上，或者集中在改变组织现实本身。当出现模糊的、不可预测的问题时，或者当事件涉及许多利益相关者时，往往就是领导者进行意义发送的时间（Maitlis & Lawrence, 2007）。

Maitlis（2005）基于活力和控制两个标准描述了四种不同形式的组织意义构建。活力是指利益相关者参与意义构建的程度，控制是指组织领导者参与意义构建的程度。四种类型的组织意义构建是：（1）指导性的（高活力和高控制）；（2）限制性的（低活力和高控制）；（3）碎片化的（高活力和低控制）；（4）最低程度的（低活力和低控制）。

意义构建的文献已经在很大程度上将个体意义构建与社会或组织意义构建分离开了。然而，个体可以参与社会或组织意义构建，例如Sonenshein的意义构建-直觉模型（2007）和创业意义构建（Cornelissen & Clarke, 2010）。

意义构建研究没有考察各种不同的组织情境，大多数关于意义构建的研究

---

① 也可翻译为意义赋予。——译者注

针对的是组织危机时期或遭遇强大压力的时期，关于典型的、一般的商业环境中的意义构建过程的研究则很少（Maitlis, 2005）。

意义构建涉及使用框架或框架结构来了解新的信息。最近的意义构建研究考察了悖论或相互矛盾的组织框架，这类框架可能导致管理张力，妨碍理想组织绩效的实现。具体的冲突性框架包括：自上而下和自下而上、投入和脱离、统一性和多样性、变化和稳定等（Luscher & Lewis, 2008）。

对该理论的批判与评论

意义构建理论的批评者认为这个理论是一个自我实现的预言。人们在创造意义时根本不考虑环境，他们创造自己想要的意义，随后践行并坚信这意义，似乎世界就是他们所理解的那样。"制定"（enactment）这一概念意味着对于人的约束有一部分就是由人自己的行动造成的（Weick 等, 2005）。人们不能成为事件中立、客观、孤立的观察者，而是有偏见的参与观察者；仅仅通过自己的存在，人们就能改变所处的情境。人们注意的只是那些强化他们预先设定的结果的事件和线索。

批评者认为，意义构建与现实无关，而仅仅有关可能远离现实的貌似合理或明智的意义。人们创造的故事是合乎情理的，但不是"可感觉的"即被五官实际感知到的。批评者认为，如果管理者专注于现实而不是事件可能的、大概的或貌似合理的意义，他们可能会表现得更好。

另一个批评是，意义构建理论忽略了学习过程。意义构建理论假设管理者先行动，然后理解，然后再行动，它强调连续行动比暂时停下来进行反思更重要（Weick, 1995）。然而，批评者认为，如果管理者在过程中增加一个反思的步骤，即先行动，接着理解，然后批判性地反思，然后再理解、行动（Schwandt, 2005），那么意义构建将得以加强。例如，增加一个步骤，让管理者利用最新的信息更新他们当前的想法（或质疑当前想法的价值），可能带来更优的共享意义

(Maitlis & Sonenshein, 2010; Rudolph, Morrison, &Carroll, 2009)。

批评者认为，意义构建强调在思考之前行动。Weick（2010）指出，行动总是比认知早一点，我们总是我行我素，后知后觉。然而，批评者也认为，有时在行动之前思考可能是更好的安排；如果人们在行动之前更多地思考，而不是仅仅在行动之后做出反应，也许情况会变得不同。

批评者也认为，意义构建理论总是回顾性的，从来不是前瞻性思维。人们注意到变化和不确定性，接着对这些事件做出合理的解释，然后继续前行（Weick，2010）。

对理论所包含的变量进行测量

1.形象、身份和信息处理量表

Gioia, D. A., & Thomas, J. B. (1996). Identity, image, and issue interpretation: Sensemaking during strategic change in academia. *Administrative Science Quarterly,* 41, 370–403.

2. 员工支持量表

Grant, A. M., Dutton, J. E., & Rosso, B. D. (2008). Giving commitment: Employee support programs and the prosocial sensemaking process. *Academy of Management Journal,* 51, 898–918.

3. 移情量表

Ibarra, H., & Andrews, S. B. (1993). Power, social influence, and sense making: Effects of network centrality and proximity on employee perceptions. *Administrative Science Quarterly,* 38, 277–303.

4.正收益和可控性，信息源和信息使用

Thomas, J. B., Clark, S. M., & Gioia, D. A. (1993). Strategic sensemaking and organizational performance: Linkages among scanning, interpretation, action, and outcomes. *Academy of Management Journal,* 36, 239–270.

未来研究建议

（1）比较满足于意义的合理性并继续前进与停下来以揭示更真实的意义和认识。

（2）比较先行动后思考与先思考后行动对意义构建的好处。

（3）从正确程度及其对组织绩效的影响的角度探究不同的组织环境地图，看看一个组织是否真的可以用错误的地图到达正确的地方。

（4）研究个体如何应对他们自己的意义构建过程（理解自己的内心世界）和集体的意义构建过程（外部世界）之间的差异。

（5）研究冲突的组织框架对绩效和其他结果的影响。

（6）研究组织框架的生命周期——产生、变化、适应、衰退和替代——以及对组织绩效和其他结果的影响。

（7）研究意义构建的时机，以及对相同的事件在不同的时间段进行意义构建会有什么不同。

（8）探究意义构建过程中创造的标签和类别的正面或负面意义以及这些意义的影响。

（9）研究注意行为中的个体差异变量及其对意义构建过程的影响。

（10）研究挑战组织框架而不是接受组织框架的影响以及这样做对结果的影响。

必读的经典文献

Weick, K. E. (1979). *The social psychology of organizing* (2nd ed.). New York: Addison-Wesley.

Weick, K. E. (1988). Enacted sensemaking in crisis situations. *Journal of Management Studies,* 25,305–317.

Weick, K. E. (1995). *Sensemaking in organizations.* Thousand Oaks, CA: Sage.

Weick, K. E. (2001). *Making sense of the organization.* Oxford: Blackwell.

Weick, K. E., Sutcliffe, K. M., & Obstfeld, D. (2005). Organizing and the process of sensemaking. *Organization Science,* 16,409–421.

对管理者的启示

意义构建涉及持续的、事后的、共同创造的、合理的故事，这些故事使组织当前正在做的事情合理化。管理者的任务是帮助员工回答这个问题："出什么事了？"要做到这一点，管理者需要与员工进行对话，以创造重要事件的意义。对话可以是有关组织的观念、哲学、模式、传统、仪式和故事，当发生新的、不同的或破坏性的事件时，要帮助员工理解这些事件的意义。要向员工展示如何把组织的参考框架（例如重视速度、准确性、效率、清洁度或成本节约）作为指导来关注环境中出现的重要线索、事件和新信息。

员工不能依托自己的力量理解事情的意义,他们要依靠管理者来提供。管事者可能需要作为一个"意义发送者"来给员工指明方向，帮助每个员工建立起对事件明智、合理的解释和理解。当大家共同努力在不断变化的环境中完成组织的愿景、使命、战略和目标时，管理者要引导员工之间的讨论，帮助团队就正在发生什么、什么在驱动每个人的行为和行动等方面达成共识。

30 社会资本理论

陶厚永*译
（武汉大学经济与管理学院）

社会资本理论（social capital theory）的主要思想是，人们通过社会互动和与他人的联系，在个体、群体和组织层面获得有形和无形的（tangible and intangible resources）资源（Bourdieu, 1986; Coleman, 1988; Lin, 2001; Putnam, 2000）。该理论的一个重要观点是社会资本资源嵌入在相互联系的个体、群体或民族的社会网络中，并且可以通过社会关系网络去获得（Bolino, Turnley, & Bloodgood, 2002; Inkpen & Tsang, 2005）。

社会资本的概念最初出现在关于建立强大的家庭和地方社区的重要性的研究中（Jacobs, 1965; Loury, 1977）。Hanifan（1916）被认为是首先使用"社会资本"这一术语的人，他将其描述为"构成乡村社区的群体和家庭中的善意、友谊、同理心和社会交往关系"（p.130）。Nahapiet和Ghoshal（1998）将社会资本定义为个体或社会单元可以从关系网络（个体或社会单元是其组成部分）中可以获得的来自关系网络的实际和潜在资源的总和。自此，社会资本的概念在众多领域得到了广泛个体或社会单元是其中的组成部分的研究关注，并从局部影响（Mix, 2011）扩展到高管薪酬（Belliveau, O'Reilly, &

---

* 陶厚永，武汉大学经济与管理学院副教授。主要研究领域为员工关系管理、领导力、追随力等。电子邮箱：taohouyong@whu.edu.cn。

Wade, 1996)、组织绩效（Baker, 1990；Fischer & Pollock, 2004)、地理区域（Putnam, 1993,1995,2000)、跨国企业（Kostova & Roth, 2003)和民族（Fukuyama, 1995)。

社会资本的方法有许多不同且独立的来源。因此，社会资本存在各种各样的含义和解释（Fulkerson & Thompson, 2008)。许多研究人员试图界定其边界，争论哪种方法更好。一些研究人员认为社会资本是个体的财产（Portes, 1998)；一些研究人员认为这是个体及其社会关系的财产（Coleman, 1990; Loury, 1977)；其他一些研究人员认为社会资本属于群体（Bourdieu & Wacquant, 1992)；还有一些研究人员认为它属于群体、政治团体、社区和民族（Putnam, Leonardi, & Nanetti, 1993)。

社会资本的来源可以从个体、群体或民族所属的关系网络中获取。社会资本与其他类型的资本不同，因为它取决于成员在社会关系网络中的结构或位置。Adler和Kwon（2002）描述了社会结构的三个维度：（1）市场关系，（2）等级关系，以及（3）社会关系。市场关系是指货物和服务的物物交换或货币交换。等级关系是指服从权威而进行的物质和安全交换。社会关系指的是默契、对等、持续的相互交换礼物和恩惠。

从考察社区的组成和益处的社会学研究的社会资本概念中（Durkheim, 1960; Simmel, 1971; Tönnies, 1957），研究发现，通过社会网络获得的资源往往有两个主要来源（Portes & Landolt, 2000)。社会资本的第一个来源是利他主义：（1）由于道德义务向他人提供资源，（2）为他人提供资源，以维持同一社区或地区的团结。利他主义的捐赠不计回报。社会资本的第二个来源是工具性的：（1）个体之间的交换，（2）较大的社会结构资源交易（例如来自银行的贷款)。工具性资源交易预期得到回报。由于社区有强制权来强化信任，因而交易中的各方之间存在信任关系。

拥有社会资本可以提供许多好处。比如：更多的职业成功，更好的高管薪酬，更容易获得工作，为公司提供更丰富多元的新员工，更高水平的产品创新，更多的资源交换，更低的员工流失率和组织失败率，更快的企业成长，企业家精神和公司创业能力的增强，与供应商更紧密的关系，以及更高水平的企业间学习。总之，研究表明，拥有社会资本对个体、群体、组织和民族是大有裨益和有利可图的（Adler & Kwon, 2002; Florin, Lubatkin, & Schulze, 2003）。

社会资本的研究往往强调其积极方面（Portes, 1998）。然而，研究还发现社会资本至少有四种消极后果：(1) 排斥局外人，(2) 对群体成员的过度要求，(3) 限制个体自由，(4) 用规范消除异类（阻碍少数群体成员向上流动）（Portes & Landolt, 1996; Portes & Sensenbrenner, 1993）。社会资本网络倾向于向内集中，只向其成员提供利益而牺牲外人。这种安排会产生同质性群体、"老好人"（good old boy）网络和歧视性做法（Ritchie & Gill, 2007）。在组织层面也可能存在社会资本的消极方面（Inkpen & Tsang, 2005）。例如，过分嵌入于个体网络会抑制知识流动（Uzzi, 1997）。Hansen（2002）发现与其他业务单位的关系可能是有益的，但维护成本也很高。

Fulkerson和Thompson（2008）对该理论进行了元分析，并定义了社会资本的六个维度：(1) 社区价值观（Hanifan, 1916）；(2) 集体行动、社会结构和利益实现（Coleman, 1988, 1990）；(3) 信任、互惠和合作（Putnam, 2000）；(4) 个体和群体关系资源（Bourdieu, 1986）；(5) 公民参与和自发协助（Putnam, 2000）；(6) 社会关系和网络（Granovetter, 1973）。依据这六个维度，Fulkerson和Thompson（2008）创造了两个首要和相对的社会资本类别：(1) 资源社会资本；(2) 规范性社会资本（normative social capital）。资源社会资本主要指互相共享的资源、网络和社会关系。规范性社会资本包括规范、信任、互惠、公民参与，以及朋友、家庭和社区的价值观。

对该理论的批判与评论

批评者认为这个理论存在同义反复（Putnam, 1993）。例如，许多研究人员从描述社会资本的积极或消极影响开始,然后声称社会资本造成了这些结果。例如,Putnam(2000)指出,一个城市是市民的,因为它有市民参与。此外,研究人员试图揭示社会资本与社区变化之间的关系,但是却无法说明谁是因谁是果。

批评者还认为"社区"和"社会资本"的概念没有明确被界定和区分(Colclough & Sitaraman, 2005)。例如,Putnam(2000)就将这些术语互换着使用。Putnam从来没有真正地定义社区这个词,而是将其称为社会资本的"可替代概念"(p.21)。

Portes(1998)认为Coleman/Putnam对社会资本的方法没有充分地定义社会资本的来源,社会资本的持有者或可被视为社会资本的资源。批评者认为,社会资本这个术语并不比其他相关术语(如信任、成员关系、社会交往、关系、协会、互惠、公民参与和社区)更好或有何独特之处(Fischer, 2005; Haynes, 2009)。

批评者抱怨说,社会资本其实并不是一种资本(Arrow, 1999)。他们认为社会资本是发生在人们之间的东西,而不是人们拥有的东西。批评者认为,用经济术语"资本"标注社会概念是不正确、不适当且具有误导性的(Fine, 2001, 2002a, 2002b)。

批评者认为社会资本的概念已经不适当地从个体和社区层面转移到更大的州、国家和世界层面(DeFilippis, 2002)。批评者认为,这种转移不准确地假定个体收益及利益都是相同的,并认为在更广泛的社会收益和社会利益上也是如此。

社会资本的一个由来已久的问题是,它几乎不可能测量。批评者抱怨说,一些非常有影响力的研究是基于过度简化的措施和误导性的比较(Maraffi, 1994; Morlino, 1995)。Foley和Edwards(1999)抱怨说,相比于群体层面,在国家层面拥有量化态度、规范和社会信任这些属性并没有产生有用信息。

如前所述,研究人员倾向于强调社会资本的积极影响。然而,最近的研究表明,在社会资本中存在损益的矛盾,例如当有人获利时,有人必须失利。因此，一个社区、国家或民族获得的社会资本越多，对于一些未得到配置的人来说，它也会带来不利的状况（例如，Adler & Kwon，2002）。

对理论所包含的变量进行测量

1.一般社会资本量表

Onyx, J., & Bullen, P. (2000). Measuring social capital in five communities. *Journal of Applied Behavioral Science,* 36, 23–42.

2.社会资本问卷

Kritsotakis, G., Koutis, A., Alegakis, A. K., & Philalithis, A. E. (2008, June). Development of the social capital questionnaire in Greece. *Research in Nursing and Health,* 31, 217–225.

未来研究建议

（1）研究大众传媒在何种程度上导致地方、区域、国家及全球公民参与和脱离。

（2）探索草根社区的努力如何推动或损害新类型和种类的企业的创造。

（3）考察组织网络如何协同工作，以保护彼此和阻止新的竞争。

（4）考察不对称和对称的社会资本交换如何帮助或损害个体、群体和组织。

（5）探讨社会、文化和经济形式的资本如何共同影响组织的成功或失败。

（6）寻找量化社会资本价值创造的方法。

（7）研究不同的网络配置和条件如何对个体、群体和组织产生不同的益处和危害。

(8) 考察个体、群体或组织的社会资本可能发生的各种消极影响。

(9) 比较社会资本的质量与数量与个体、群体和组织产出的关系。

(10) 探讨社会资本如何在个体、群体、组织和国家之间共享和使用。

(11) 研究在什么情况下建立和维持社会资本网络的成本大于或小于社会资本获得的收益。

必读的经典文献

Adler, P. S., & Kwon, S.-W. (2002). Social capital: Prospects for a new concept. *Academy of Management Review, 27,* 17–40.

Bourdieu, P. (1986). The forms of capital. In J. G. Richardson (Ed.), *Handbook of theory and research for the sociology of education* (pp. 241–258). New York: Greenwood Press.

Coleman, J. S. (1988). Social capital in the creation of human capital. *American Journal of Sociology,* 94(Supplement), S95–S120.

Lin, N. (2001). *Social capital: A theory of social structure and action.* Cambridge: Cambridge University Press.

Portes, A. (1998). Social capital: Its origins and applications in modern sociology. *Annual Review of Sociology,* 24, 1–24.

对管理者的启示

社会资本理论考察了人们如何通过无法自己获得的与他人的社会互动和联系，在个体、群体及组织层面获取有形和无形的资源。社会资本资源嵌入在互联的个体、群体、组织或国家的社会网络中，并且可以通过社会关系网络去获得。

根据这个理论，如果管理者与员工一起构建共享社区意识，那么相比于不不作为的管理者，前者将会更加成功。社区由社会关系组成，社会关系源于让成员感觉与其他成员相联系的共享经验。构建社区意识可以帮助员工建立起包含信任、合作、互惠、共享规范和价值观，以及相互关怀、相互分享和相互交流的网络。管理者可以通过协助员工树立彼此的责任意识，助其成功，并尽可能地相互支持来建立组织社区。

记住，社会资本对于组织来说既有利也不利。建立强有力的组织社区的潜在危险可能包括排除局外人，对群体成员的过度要求，限制个体自由，以及对少数群体或其他类型群体的歧视待遇。管理者的任务是不仅帮助发挥建立社会资本的积极影响，也帮助预防消极影响。例如，确保组织社区不会过于排外及阻止新成员加入。监控对个体的要求，以确保一些员工不会因任务分配而负担过重。与员工核实，以确保他们创新的想法及行为不会受到压制。最后也最重要的是，确保组织社区不以任何方式歧视其他员工。

31

社会认知理论

谢小云[*] 左玉涵[**] 译
（浙江大学管理学院）

社会认知理论（social cognitive theory）的基本出发点是，人类活动是由个体行为、个体认知及其他个体特征、个体所处的外部环境这三种因素交互决定的。以上三种因素之间的相互影响既不会同时发生，强度也不尽等同；此外，它们对彼此的影响也不会即刻显现。随着时间的推移，各因素之间的双向作用才会逐渐得以发挥。基于这一理论出发点，人既是环境的塑造者，也是环境作用的产物。

社会认知理论与行为主义视角的分歧在于两者对环境与行为之间关系的看法不同。行为主义忽视了人类的主观能动性，认为人们的行为都是由外部刺激诱发的，即环境决定行为。而 Bandura (1986) 认为，不仅环境会引发人们的行为后果，行为也能塑造环境，并将这一过程称为"交互决定论"。在后来的理论发展中，Bandura 进一步引入个体的心理与认知过程作为第三个要素，形成环境、行为、个体心理与认知过程共同决定人类活动的分析框架。

社会认知理论在以下三个方面与组织管理尤为相关：（1）人们如何通过

---

[*] 谢小云，浙江大学管理学院教授。主要研究领域为领导力、团队合作、互联网背景下新兴组织形态等。电子邮箱：xiexy@zju.edu.cn。

[**] 左玉涵，浙江大学管理学院领导力与组织管理系博士生。主要研究领域为团队工作背景下的情绪、共享认知、边界跨越等组织行为研究。电子邮箱：yuhan_zuo@zju.edu.cn。

模仿而发展认知、社会以及行为方面的胜任力（cognitive, social and behavioral competency）；（2）人们如何发展对自己能力的信念，从而有效利用其知识与技能；（3）人们如何通过目标系统发展个体动机(Bandura, 1988)。

根据社会认知理论，当人们置身于环境中时，人们不是他们自身的旁观者，而是自身及其经历的能动者。人格能动性的核心特征包括四点，分别是意向性、前瞻性、自我反应与自我反思。意向性（intentionality）指的是人们对未来行为的主动承诺；前瞻性指的是人们以未来时间视角预期他们前瞻行为的可能后果；自我反应（self-reactiveness）意为人们审慎地做出计划与选择，把控合理的行为过程，并在执行过程中自我激励与调控；自我反思（self-reflectiveness）意为人们审视自身的能动性活动以及元认知能力（metacognitive ability）(Bandura, 2001)。

根据社会认知理论，人们可以通过观察他人的行为来间接地学习(Bandura, 1997; Wood & Bandura, 1989)。观察学习由注意、留存、复现和动机四个过程组成(Bandura, 1986)。注意过程包括选取行为来观察，准确认知该行为并从中提炼信息。留存过程包括记忆、存储和自我演练所习得的行为。复现过程包括实施新习得的行为，并获取该行为成功或失败的反馈。动机过程包括各种针对新习得行为的正向激励，例如过去的强化、预期的强化、外部激励、替代激励和自我激励。动机过程中也会存在一些抑制新习得行为的负向动机因素，例如过去的惩罚、威胁、预期的惩罚和替代惩罚。正向强化往往比负向强化的效应更强，并且还可能抵消负向强化的作用。

鉴于人们并非将他们所习得的都付诸实践，社会认知理论在仅仅获取知识与实施新习得的行为之间做出了明确区分。人们可能会在没有即时激励的情况下实施新习得的行为，但是如果不辅以正向强化，人们未来可能就不会继续实施这些行为了(Bandura, 1986)。大多数被模仿的行为本质上都是非常具体而非抽象的，因为大多数被习得的行为都必须在一个非常具体的情境下被实施。但这并非意味着学习那些在不同情境中可以被应用和评估的抽象规则是不可能的。

掌握技能与能够应用技能也是两回事。要想成功地应用技能，人们首先得对自己掌控局面以完成目标的能力具有高度自信。自我效能感会影响人们的行为动机，使得两个技能水平相同的人的行为效果出现差异。

人们的自我效能感会以多种方式影响他们的生活(Bandura, 1988)。例如，自我效能感本身是决定人们如何搜寻与习得新技能的关键因素。更进一步说，高自我效能感的个体往往会聚焦于如何掌控当前任务，低自我效能感的个体则倾向于关注哪些地方可能出错。自我效能感还决定着人们在克服困难、完成目标上投注的努力与持久力。自我效能感越高，人们投注的努力更多，也更加坚持不懈。一般来说，与自我评价更低的人相比，那些自我评价更高的人，自我效能感水平也更高。

社会认知理论同样强调人们自我引导与自我激励的能力。人们是倾向于自我引导的，这体现在他们采用内部的绩效标准，监控自己的行为（自我观察），并设置奖励（自我反应）以激励自己持续努力、达成目标。通过自我评估的过程，人们保持其行为与评价标准的一致；通过自我奖励过程，人们给予自己正向强化（褒奖、荣耀、款待）与负向强化（耻辱、羞愧、尴尬）。那些实施了期望的行为并且自我奖励的人往往比只实施行为而不自我奖励的人表现更好。而过度的自我惩罚也会导致过度补偿，消沉（淡漠、烦闷、抑郁）以及逃避（滥用烟、酒、药物等，对科技虚拟物的强迫性的幻想，甚至自杀）(Baumeister, 1990; Chatard & Selimbegovic, 2011)。

社会认知理论考察人们如何掌控他们自己的人生，并且认为人们可以在自我发展、自我适应和自我更新的过程中扮演一个积极的变革能动者（Bandura, 1989）。社会认知理论区分了三种能动性（agency）：直接人格能动性、代理能动性和集体能动性（Bandura, 2001）。直接人格能动性（direct personal agency）意味着人们掌控与实现其愿望，妥善应对人生的高峰和低谷；代理能动性（proxy agency）意味着人们借用他人的资源、权力、影响力与专业技能，以促进自己的行为；集体能动性（collective agency）意味着与他人同心协力以达成目标(Bandura, 1997)。

对该理论的批判与评论

社会认知理论认为人们的自我效能感大大影响了个体的动机与绩效水平(Bandura & Locke, 2003)。然而，Vancouver及其同事发现，一个人对于自身能力的信念不能决定其绩效，甚至还有可能带来自我挫败的结果(Vancouver, Thompson, Tischner, & Putka, 2002; Vancouver, Thompson, & Williams, 2001)。Vancouver 等人(2001, 2002)发现绩效能积极地影响自我效能感，但是自我效能感不会影响随后的绩效。Bandura 和 Locke (2003)的元分析则认为Vancouver等人(2001, 2002)的研究并不能说明社会认知理论本身存在问题，而只是因为其研究方法不够严谨，才得出与理论不符的结果。

该理论的另一个问题是，自我效能感这一概念与其他概念，诸如自尊、神经质、内外控倾向的区别不大。Judge等人(2002)发现以上四个概念之间存在高度相关，并倡导研究人员进一步完善它们对应的测量量表以揭示它们的独特性。

最后，学界在自我效能感的测量上存在很大争议(Scherbaum, Cohen-Charash, & Kern, 2006)。社会认知理论本身是反对"特质决定行为"（人天生具备的特质会主导他们的行为）这一观点的。Bandura (2002)指出人们对自我效能感的认知以及对结果的期望会随着具体情境发生变化，因而它并不是一个总体性的、去情境化的个人倾向（context-free dispositions），也不能用一般自我效能感（general self-efficacy）量表来测量。

然而，研究人员开发了一般自我效能量表来测量任何情境下、任何任务中的自我效能感(如, Chen, Gulley, & Eden, 2001)。部分研究人员认为，一般自我效能感调节了环境施加于个体任务相关的自我效能感的影响（例如给予负面反馈）。也有研究人员认为一般自我效能感与其他自我评价相关概念，例如自尊，是没有区别的，并且也不能预测行为(Bandura, 1997; Stanley & Murphy, 1997)。

对理论所包含的变量进行测量

1. 一般自我效能量表

Chen, G., Gulley, S. M., & Eden, D. (2001, January).Validation of a new general self-efficacy scale.*Organizational Research Methods*, 4, 62–83.

2. 集体效能与同辈攻击测量

Barchia, K., &Bussey, K. (2011). Individual and collective social cognitive influences on peer aggression: Exploring the contribution of aggression efficacy, moral disengagement, and collective efficacy. *Aggressive Behavior*, 37, 107–120.

3. 读写自我效能量表

Prat-Sala, M., & Redford, P. (2010).The interplay between motivation, self-efficacy and approaches to studying.*British Journal of Educational Psychology*, 80, 283–305.

4. 一般自我效能感量表

Scholz, U., Gutiérrez Doña, B., Sud, S., &Schwarzer, R. (2002). Is general self-efficacy a universal construct? Psychometric findings from 25 countries. *European Journal of Psychological Assessment*, 18, 242–251.

未来研究建议

（1）考察观察学习的促进与阻碍因素。

（2）探索致力于提升绩效的认知与行为演练、心理模拟方法。

（3）探索学习决策规则的启发式思维，以及人们如何学习去运用或者不运用习得的规则。

（4）探索内部动机与自我效能感对于绩效持续与绩效停滞的影响。

（5）研究个体合理化从其他人那里同时获得的正向与负向绩效反馈的过程。

（6）研究个体选择榜样学习对象的过程以及这个过程如何随着时间的推移而发生变化。

（7）研究个体如何合理化高水平的内部自我效能感与高水平的外部绩效批评之间的落差。

（8）研究个体如何抑制进行消极行为或者非伦理行为的强烈冲动。

（9）研究社会孤立和社会卷入在社会学习与行为实施中的角色。

（10）比较不同传媒下的观察学习过程（例如面对面交流与在线交流）。

（11）考察不同行为（积极或消极的）之后的自我奖励（正向的或负向的）及其对未来行为的影响。

必读的经典文献

Bandura. A. (1977). Self-efficacy: Toward a unifying theory of behavioral change. *Psychological Review*, 84, 191–215.

Bandura, A. (1986). *Social foundations of thought and action: A social cognitive theory*. Englewood Cliffs, NJ: Prentice Hall.

Bandura, A. (1991). *Social cognitive theory of self-regulation. Organizational Behavior and Human Decision Processes*, 50, 248–287.

Bandura, A. (1997). *Self-efficacy: The exercise of control*. New York: Freeman.

Bandura, A. (2001). Social cognitive theory: An agentic perspective. *Annual Review of Psychology*, 52, 1–26.

对管理者的启示

根据社会认知理论，外部环境、人的行为与个体认知过程三者共同决定了人类活动。个体塑造了环境，同时也是环境作用的产物。人们通过观察、记忆、复制他人的行为而习得自己的行为模式。只有当他们被给予正向激励时，人们才会继续实施这些新习得的行为。

管理者的工作要务便是引导员工模仿与实施那些大家期望的行为。管理者必须确保员工观察到的是那些以正确方式做正确的事的人。接下来，管理者要帮助员工树立对自己实施这些行为的自信。自我效能感高的员工往往比自我效能感低的员工更容易习得和实施新的行为。管理者可以通过与员工谈话，让他们意识到自己能够成功实施那些期望的行为。再者，管理者要正向强化那些实施期望行为的员工，例如通过认可、赞赏来实现，可能的话可辅以金钱奖励。不过，在奖励员工时要谨慎小心，因为不同员工会看重不同形式的奖励。例如，有些员工喜欢被公开表扬，有些则不以为意。管理者可以在与员工交流之后决定如何更好地对他们新习得的行为进行正向强化。

社会认知理论的思想同样适用于管理者个人的发展。管理者要关注通过观察别人自己习得了哪些行为，也要确保自己从正确的人身上学到了正确的行为。管理者还要提防自己消极的自我效能感。如果管理者一味怀疑自己，那么行为效果会大打折扣；不要让自我批评影响了自己的行为，记得要在表现出色时犒劳自己。

32

社会比较理论

刘得格*译
（广州大学工商管理学院）

社会比较理论（social comparison theory）的核心前提是，人们不断使用有关他人观点和能力的信息来评估自己的观点和能力(Festinger,1954)。该理论认为，人们之所以进行社会比较，是因为他们需要通过和他人比较维持稳定和准确的自我评价，以及维护自尊和自我价值(Aspinwall & Taylor,1993; Pyszczynski, Greenberg, & LaPrelle, 1985; Taylor & Lobel, 1989; Wood, 1989)。该理论认为，人们倾向于通过与客观的信息和标准比较来评价自己。然而，如果这些客观信息不可得、含糊不清或模棱两可，那么，人们也会与其他人进行比较(Suls & Wheeler,2000)。

Festinger(1954)最初提出，人们倾向于和比较，其原因是，相比于和"与自己不类似"的人比较，和前者比较可以为自我评价提供更准确和稳定的基础。然而，人们也可以就某一感兴趣的方面和"与自己类似"的人进行比较，尽管这些人在其他方面可能和自己存在不同(Goethals & Darley,1977)。

该理论认为，人们通过和他人比较评价自己的能力，并据此明确应如何思考和感受。在以下情况下人们倾向于进行社会比较：（1）不确定自己的想法或感受；（2）处于高压力、新的或变化的情境中；（3）在促进竞争的环境中

---

* 刘得格，广州大学工商管理学院副教授。主要研究领域为领导理论与实践、社会比较、妒忌和被妒忌、追随力等。电子邮箱：liudege@163.com。

(Sharp, Voci, & Hewstone, 2011)。

早期的研究支持了"优于平均"效应（better-than-average effects），该效应是指人们认为自己的表现比其他几乎每个人都好的一种倾向(Alicke & Govorun, 2005; Hoorens & Buunk, 1993)。然而，Moore(2007)却发现在许多情况下往往会存在"差于平均"效应（worse-than-average effects）。特别是在不常见的行为和不寻常的能力方面，比如，在诸如骑独轮车和耍杂技等任务非常困难或成功概率非常小的情况下，人们会认为自己不如其他人。Larrick、Burson和Soll(2007)发现，艰难的任务可以使被试产生过度自信，但却引起"差于平均"知觉，而容易的任务可以让被试产生自信不足，但却引起"优比平均"知觉。

研究表明，社会比较的结果可以是同化或对比（assimilation / contrast）。对比意味着自我评价背离（displace away）比较对象，或人们应该避免的"结果"。同化意味着自我评价靠近（displace toward）比较对象，或人们渴望获得的"结果"。例如，接触角色模范可以激励个体提升自我。

Festinger(1954)最初只考虑了向上比较。然而，现在的社会比较理论既包括向上社会比较，也包括向下社会比较(Mahler, Kulik, Gerrard, & Gibbons, 2010; Wood, 1996)。与某些方面表现更好的人进行社会比较（向上比较）既可以改进个体表现，也会削弱个体表现。Brown、Ferris、Heller和Keeping(2007)发现，在工作中角色模糊、任务自主性和核心自我评价会引起员工的向上社会比较，进而带来较高的工作满意度和情感承诺。[①]然而，与表

[①] 本书作者在此处的表述未能反映Brown、Ferris、Heller和Keeping(2007)的文献原意，Brown等人(2007, p59, p67-68, p70)的研究结论是，向上社会比较和工作满意度、情感承诺显著负相关，向下社会比较和工作满意度、情感承诺显著正相关(upward social comparison was significantly negatively related to job satisfaction and affective commitment; downward social comparison was significantly positively related to job satisfaction and affective commitment)。如果读者想详细了解Brown等人(2007)的研究，请查阅以下文献：Brown, D. J., Ferris, D. L., Heller, D., & Keeping, L. M. (2007). Antecedents and consequences of the frequency of upward and downward social comparisons at work. *Organizational Behavior and Human Decision Processes*, 102(1), 59-75.——译者注

现差的人进行社会比较（向下比较）也可以提升个体表现(Willis, 1981)或削弱个体表现(Buunk, Collins, Taylor, VanYperen, & Dakof, 1990)。

Festinger（1954）最初提出，社会比较是个体有意的行为，且人们不会选择和自己不类似的人比较。然而，近来研究表明，社会比较可以是：（1）刻意和仔细思考的，或自发的和无意识的，（2）有意识的或潜意识的，（3）隐性的或显性的(Stapel & Blanton, 2004)。

Gilbert、Giesler和Morris(1995)检验了社会比较的刻意性。他们发现，人们可以自发地和不由自主地与其他人进行社会比较。他们还发现，存在一个深入思考的阶段，人们可以改变主意和"撤销"社会比较，甚至重新改回原来的主意(Goffin, Jelley, Powell, & Johnston, 2009)。研究人员认为，人们可以通过明确地避免容易引起自发性社会比较的情景以及扭转不必要的社会比较的方式间接控制自发性社会比较。

最近的研究表明，人们可以显性和隐性地做出社会比较(Blanton & Stapel, 2008; Schwinghammer & Stapel, 2011)。当向个体提供比较对象并明确地要求其和比较对象进行比较时，该个体就会进行显性的社会比较。然而，如果没有明确地向个体提供比较对象或没有进行社会比较的要求或说明，那么个体的比较则会是隐性的社会比较。例如，如果碰巧一位同事的工资单被意外地放在某个人的信箱中，隐性比较就可能会发生(Stapel & Suls, 2004)。隐性比较和显性比较可以同时发生(Blanton & Stapel, 2008)。

研究表明，个体的社会比较倾向可能因人而异。例如，研究人员发现，有些人很少进行社会比较，而其他人则倾向于经常进行社会比较(Buunk, Zurriaga, & Peiro, 2010)。个体对社会比较的敏感性差异可以用社会比较倾向量表来测量(Gibbons & Buunk, 1999)。此外，和宽以待己(less self-critical)的个体相比，严于律己(highly self-critical)的个体倾向于寻找并做出个体能力方面的不利比较(Santor & Yazbek, 2004)。他们进行这些消极比较是为了维持较低的自我评价。

社会比较理论已被扩展到群体情境中的社会比较和结果评价方面

(Goodman & Haisley, 2007; Hertelet等, 2008; Levine & Moreland, 1987)。此外，该理论现在也关注被比较者和比较者(Koch & Metcalfe, 2011)。该理论也被扩展到即时比较和长期比较及其趋势方面的研究(Zell & Alicke, 2009, 2010)。而且，社会比较的定义也不断被扩展，已不再是Festinger当初的界定(1954)。Kruglanski和Mayseless(1990)认为，对社会比较狭隘的界定限制了对许多社会比较中重要问题的研究，所以，他们认为社会比较概念需要囊括有关特定内容社会刺激的比较判断。Buunk和Gibbons(2007)写道，现在的社会比较定义涵盖了个体将自己的特征与他人的特征相关联的任何过程。

对该理论的批判与评论

社会比较理论因未充分地界定个体进行社会比较时究竟比较的是什么而受到批评(Suls, 1986)。根据Festinger(1954)的描述，人们在社会比较中只比较观点和能力。Suls(1986)认为，人们不会把自己的特质或性格与其他人进行比较。例如，Suls怀疑人们会和其他人比较自己多么有敌意或是社交敏感。

对社会比较理论的第二个批评与人们和其他人进行多少比较有关。Suls(1986)对人们会将其所有的能力和观点与他人进行比较持怀疑态度，他认为，社会比较的范围和边界没有得到充分探索或界定。根据William James(1890)的研究，Suls认为，并不是所有的方面都和自己相关，如果在某一特定领域个体没有利害关系，那么他可能不会就此进行社会比较。理论家并没有充分探究个体用于关注或避免可能的社会比较信息的启发性方法、层次结构体系或其他规则。

对早期社会比较理论的第三个批评是，它只关注人们与"和自己类似"的人进行比较时的自愿的、刻意的比较过程(Suls, 1986)。近来更多的研究表明，比较可以是自愿的或非自愿的，也可以发生在类似的人或不同的人之间。

社会比较理论的第四个批评提出选择性使用在比较中获得的信息的概念。Suls(1986)认为，Festinger对社会比较的描述(1954)关注选择性地使用信息，而不是选择性地获取信息。批评者认为，研究应更全面地探索个体何时及为何会选择性地使用通过社会比较获得的信息。

第五个批评和社会比较的方向有关(Blanton, 2001; Kruglanski & Mayseless, 1990; Taylor & Lobel, 1989)。Festinger(1954)假设，人们有向上比较的单向驱动力，会和比自己能力强的人进行向上比较。无论是向上比较、向下比较，抑或是水平比较，社会比较方向的不明确都会导致对社会比较理论一般性预测的混淆(Taylor & Lobel, 1989)。

最后，批评者对个体社会比较的目的进行了辩论。Festinger(1954)认为，人们以有目的、有意的方式与"和自己类似"的人比较。然而，其他人却争辩自我评价和自我确认哪个目的更普遍与更重要。将来研究应该检验何时及为何社会比较会发生，以及如何使用或舍弃比较信息。

对该理论所包含的变量进行测量

1.对作为威胁性向上比较目标的敏感性问卷

Koch, E. J., & Metcalfe, K. P. (2011). The bittersweet taste of success: Daily and recalled experiences of being an upward social comparison target. *Basic and Applied SocialPsychology*, 33, 47–58.

2.社会比较倾向量表

Gibbons, F. X., & Buunk, B. P. (1999). Individual differences in social comparison: Development of a scale of social comparison orientation. *Journal of Personality and Social Psychology*, 76, 129–142.

未来研究建议

(1)检验社会比较信息的使用如何随时间的推移向积极和消极趋势变化。

（2）探索随着时间的推移，人们在自己成功或失败的任务上如何增加或减少努力和时间的投入。

（3）考察社会比较的认知过程，比如个体的态度和观点，以及他们如何与其他人保持一致。

（4）检验人们如何选择和评价用于与自己相比较的个体和群体。

（5）在与比较对象进行比较时，探索表现较好的个体和表现较差的个体之间在随后的态度和表现方面的差异。

（6）检验对社会比较及认知、情感和行为结果有影响的组织因素。

（7）考察人们如何就自我调节行为评估自己和其他人的差异程度。

（8）检验自动感染对个体间或群体成员间的社会比较产生影响的可能性。

（9）探索个体和群体的社会比较差异与情绪反应之间的关系。

（10）考察在工作场所中情绪和其他反应如何中介社会比较过程。

必读的经典文献

Buunk, A. P., & Gibbons, F. X. (2007). Social comparison: The end of a theory and the emergence of a field. *Organizational Behavior and Human Decision Processes*, 102, 3–21.

Festinger, L. (1954). A theory of social comparison. *Human Relations*, 7, 117–140.

Goethals, G. R. (1986). Social comparison theory: Psychology from the lost and found. *Personality and Social Psychology Bulletin*, 12, 261–278.

Suls, J., & Wheeler, L. (Eds.). (2000). *Handbook of social comparison*. New York: Plenum/Kluwer Academic.

Wood, J. V. (1996). What is social comparison and how should we study it? *Personality and Social Psychology Bulletin*, 22, 520–537.

对管理者的启示

人们需要维持对自己的稳定和准确的了解。实现其目的的一种方式是就观点和能力与他人进行比较。人们喜欢用客观标准与他人进行比较，但如果客观标准不可获得，他们就会和他人进行社会比较。

管理者应明确地帮助员工满足他们了解自我态度和能力的需求。尽可能地为员工提供准确、客观的有关工作业绩的信息。不要等到绩效评估才和员工讨论这些信息，届时可能会因为更困难或甚至太晚而无法纠正业绩问题。相反，如有可能要尽早让员工了解他们的绩效。一年中，有意地让员工通过和客观标准比较来评估其业绩表现，管理者一旦察觉到业绩存在问题就应即刻找出并解决它。

请记住，员工喜欢与客观标准进行比较，但如果不能获得这些客观标准的信息，他们就会和其他人进行比较。通过确保员工以正确的方式和正确的人比较，管理者应帮助塑造这一比较过程。如果和业绩好的人进行向上比较，并发现自己的不足，员工可能会提高他们的业绩水平。然而，如果和业绩较差的人进行向下比较，并认为自己的业绩比他人好，员工可能会降低自己的业绩水平。管理者应帮助员工将注意力集中于业绩较好的人身上，以便激励他们学习并应用高业绩员工使用的有效方法和流程。

33

社会交换理论

刘冰* 齐蕾** 译

（山东大学管理学院）

社会交换理论（social exchange theory）的主要思想是当事人会在获得回报的预期下，涉入并维持与他人的交换关系（Blau, 1968; Gouldner, 1960; Homans, 1958）。该理论仅限于检验那些从他人处得到回报的行为（Blau, 1964）以及被称为"交易"的过程和被称为"交换"的关系，而这些过程和关系具有双边、交互、互惠（reciprocity）的特征（Emerson, 1976）。该理论假设利己主义者（self-interested parties）与另一方进行交易或交换是为了实现他自己不能实现的结果（Lawler & Thye, 1999），一旦当双方感知不到交换是互惠的，这些交换将会被立即停止（Blau, 1994）。Homans（1961）写道，利益交换或者给予他人相对更有价值的东西是人类行为的基础。

该理论认为各方都会有其他人想要的有价值的东西，交换的标的及其数量由双方共同决定。被交换的标的可以是经济资源也可以是社会资源，或两者兼有。经济资源包括有形项目，例如货物、货币、资产、信息、咨询和服务。社会资源

---

* 刘冰，山东大学管理学院教授。主要研究领域为人力资源管理、组织行为。电子邮箱：liubingsdu@163.com。

** 齐蕾，山东大学管理学院博士研究生。主要研究领域为人力资源管理、组织行为学。电子邮箱：leilasdu@163.com。

包括那些无形的项目，如寒暄、友谊和声望。社交交换结果的价值取决于当事人的主观感受。然而，根据Blau（1968）的观点，在社会交换关系中最有价值的结果（例如，社会认可和尊重）却可能没有任何物质价值，且不能用价格来衡量。

关于社会交换的著述可以追溯到亚里士多德的《尼各马可伦理学》（*Nicomachean Ethics*），书中对社会交换和经济交换（economic exchange）进行了区分（Blau, 1968）。最近出现了越来越多致力于社会交换理论的研究，其中包括Blau（1955, 1960, 1964）、Emerson（1962）、Homans（1958, 1961）以及Thibaut和Kelley（1959）。

社会交换和经济交换既有相似也有不同，其相似之处在于，它们都包含对当前所做贡献的未来收益预期。然而，在经济交换中，投资收益通常更加清晰且具体，例如在书面合同中规定。而在社会交换中，投资收益是未指定的，并且通常是自愿的。经济交换的发生往往基于等价交换，而社会交换则不然。经济交换基于短期交易，社会交换基于一种关系，在这种关系中双方都相信对方会履行自己的长期义务（Holmes, 1981）。社会交换常常包括交易各方之间的短期不平等或不对称，而经济交换往往更加公平和对称。

社会交换关系具有不确定性，主要体现在不能明确各方是否会对贡献给予回报。因此，各方之间的信任是社会交换理论的重要组成部分。在社会交换的初始阶段，向对方展示信任可能是困难的。通常，社会交换演变缓慢，最初发生较低价值的交换，然后当建立起较高水平的互信时较大价值的交换才会发生。信任的产生有两种方式：（1）通过与另一方发生定期、一致的互惠以获取收益；（2）通过与另一方逐渐扩大交换（Blau, 1964）。

社会交换理论的前提是在交换主体之间形成互斥且穷尽的四条原理性关系归纳：（1）交换关系导致经济或社会产出（或两者兼有）；（2）成本–收益分析是基于收获的产出，以及比较备选交换关系的潜在成本和收益；（3）随着时间的推移，得到的收益会增加交换关系中的互信和承诺；（4）交换规范和期望是从互惠的交换关系中建立和发展起来的（Popper, 1959; Rudner, 1966）。

研究人员将社会交换和经济交换定义为一种选择行为,尽管不涉及正式的谈判或书面合同,缔约方会自觉对当前或潜在的社会交换进行成本-收益分析(Molm, 1990)。交换各方的满意度成为未来交换是否还会发生的主要决定因素。然而,各方并不会孤立地考虑这些因素。相反,一方会依托社交网络支持或扰乱未来的交换。例如,如果互惠义务未能得到履行,那么就可能导致诸如非难之类的社会制裁。然而,社会交换理论倾向于将当事人满意视为维持交换的主要影响因素,并将社会制裁视为次要影响因素(Blau, 1994)。

社会交换研究是从两种不同的传统演变而来的:个人主义和集体主义(Makoba, 1993)。个人主义观点强调个人在交换中涉及的心理和经济自利(Blau, 1964; Homans, 1961)。集体主义观点(collectivistic perspective)强调了群体或社会的社会需求的重要性(Befu, 1977)。根据集体主义观点,社会就是自己存在的目的,而个体的存在是为社会利益服务的(Sahlins, 1965; Mauss, 1967; Levi-Strauss, 1969; Ekeh, 1974)。研究人员试图将这两种方法进行整合(例如,Makoba, 1993)。

互惠原则或对他人偿还义务,这是社会交换理论中最著名的交换规则之一,但是如何定义这个概念一直存在歧义(Gouldner, 1960)。例如,互惠原则可以定义为:(1)互为依存的交换,(2)文化期望,(3)人们必须及应该如何表现的文化规范。Sahlins(1972)创造了一个从"单一"到"广义"的互惠水平的连续统一体。广义互惠是利他主义的,是指无限偿还期,没有明确等价偿还,具有低自利性。平衡互惠是指同时交换等量资源。消极互惠指的是具有高自利倾向的及时和平等的资源交换。其他交换规则例子包括个别谈判规范、合理行动、利他主义、群体收益、地位一致以及竞争(Cropanzano & Mitchell, 2005)。

对该理论的批判与评论

虽然社会交换理论是理解组织行为的最有影响力的理论之一(Cropanzano & Mitchell, 2005),但这个理论也不乏批评之声。一些批评者认为,鉴于理论的假设，所有的人类互动都将被视为社会交换。一些研究人员将社会交换视为人类社交互动的特殊情况，而其他人则忽略了两者之间的区别（Burgess & Neilsen, 1974; Molm & Takahashi, 2003）。Coyle-Shapiro和Conway（2004）探讨了理论的模糊性，Cropanzano、Rupp、Mohler和Schminke（2001）表达了对社会交换理论模型频繁误解的关注。

批评者认为交换关系的概念还没有被很好地定义。例如，Cropanzano和Mitchell（2005）描述了两种类型的关系：（1）一系列相互依赖的交换，（2）由一系列相互依赖的交换产生的人际关系。为了帮助解决这种分歧，Cropanzano和Mitchell在社会交换中提出了交易和关系型的社会交换。

批评者认为，该理论将人际互动过度简化为短期的、自利的交换。批评者抱怨当有许多其他更有利可图的关系存在时，人类将在更多因素的驱动下做出行为，并且经常保持非互惠的关系。

对该理论所包含的变量进行测量

1.社会与经济交换量表

Shore, L. M., Tetrick, L. E., Lynch, P., & Barksdale, K. (2006). Social and economic exchange: Construct development and validation. *Journal of Applied and Social Psychology*, 36(4), 837–867.

2.互惠量表

Wu, J. B., Hom, P. W., Tetrick, L., Shore, L. M., Jia, L., Li, C. P., & Song, L. J. (2006). The norm of reciprocity: Scale development and validation in the Chinese context. *Management and Organization Review*, 2, 377–402.

3.社会交换风格问卷

Leybman, M. E., Zuroff, D. C., Fournier, M. A., & Kelly, A. C. (2010). Social exchange styles: Measurement, validation, and application. *European Journal of Personality*, 21, 549–587.

4.做好事、组织公民行为及其他量表

Wayne, S. J., Shore, L. M., & Liden, R. C. (1997). Perceived organizational support and leader-member exchange: A social exchange perspective. *Academy of Management Journal*, 40, 82–111.

5.权力、信任与知识分享行为测量

Liao, L.-F. (2008, October). Knowledge-sharing in R&D departments: A social power and social exchange theory perspective. *International Journal of Human Resource Management*, 19, 1881–1895.

6.知识分享测量

Bartol, K. M., Liu, W., Zeng, X., & Wu, K. (2009). Social exchange and knowledge sharing among knowledge workers: The moderating role of perceived job security. *Management and Organization Review*, 5, 223–240.

未来研究建议

（1）考察当个体形成多个同时交换关系时存在的相互依赖性，以及这些相互依赖性对行为和其他结果的影响。

（2）探讨当交易类型和关系类型匹配或不匹配时交换规则的使用，例如在一个社会或经济关系中的社会或经济交换。

（3）研究关于满足预期互惠义务的时限期望及随后的行为。

（4）检查人们如何随着时间的推移管理互惠平衡和不平衡。

（5）考察人口统计差异及社会交换理论对社会层面结果和行为的支持。

（6）比较个体与群体或社会在感知到的交换利益方面的差异。

（7）探究在交换关系中未尽互惠义务带来的人口统计学上的及其他类型的反应。

（8）考察各国在保护工人免受交换失衡的社会保障措施方面的差异以及这些保障措施对工人行为的影响。

（9）考察由组织为员工在交换过程中提供的实际经济资源和社会回报及其对员工后续行为的影响。

（10）比较交易双方感知到的和预期的互惠水平与实际水平之间的差异及其对交易行为的影响。

必读的经典文献

Blau, P. (1964). *Exchange and power in social life.* Hoboken, NJ: Wiley.

Emerson, R. M. (1976). Social exchange theory. *Annual Review of Sociology*, 2, 335–362.

Gouldner, A. W. (1960). The norm of reciprocity: A preliminary statement. *American Sociological Review*, 25, 161–178.

Homans, G. C. (1961). *Social behavior: Its elementary forms.* New York: Harcourt Brace.

Thibaut, J.W., & Kelley, H. H. (1959). *The social psychology of groups.* Hoboken, NJ: Wiley.

对管理者的启示

只有当信赖和信任其交易伙伴时，人们才会参与到互惠互利的关系之中。管理者的工作是帮助员工与其组织和同事建立长期的、有回报的交换关系；帮助员工了解并信任他们的公司；帮助组织通过经济奖励（薪酬、福利、休假等）和社会奖励（不占用公司任何资源，诸如赞美、尊重、欣赏、友谊等）来奖赏员工。

员工对其组织长期就业前景的看法可以影响他们的组织行为。研究表明，当员工具有较低的工作安全感时，或者当员工没有将自己和组织未来规划在一起时，员工可能不会自愿帮助他们的组织，例如分享知识。然而，当员工具有较高的工作安全感时，他们乐于进行知识分享。因此，管理者的工作就是培养员工对他们与组织之间长期信任和互利关系的看法，让员工看到：当他们投身于公司时，公司同样会给予他们回馈，并将其纳入公司的未来发展规划。

34
社会促进理论

冯彩玲[*] 译
(鲁东大学商学院)

社会促进理论(social facilitation theory),也称社会助长理论,反映了他人对个体绩效水平增长或下降的影响(Zajonc, 1965, 1968)。例如,相比单独完成任务,当有他人协助且任务简单时个体绩效会更好;当任务难且单独完成时,个体绩效则会更差(Feinberg & Aiello, 2006; Geen, 1989)。

对社会促进问题的研究可追溯到1898年Triplett的研究。他注意到自行车骑手的骑行时间差异与其他骑手的存在与否有关。他发现,最快的骑行时间总是发生在同步骑行比赛(竞赛)中,次快的骑行时间发生在与跑步选手比赛中,最慢的是单独骑行。他将这一结果解释为"动力发生理论"(theory of dynamogenesis),另一骑手的存在是唤醒该骑手竞争本能的刺激源(p.516),有助于骑手释放神经能,这是其他手段无法实现的。

Burnham(1910)总结道,他人的存在会提升或降低个体的绩效水平,并指出:(1)群体的存在会影响个体对任务绩效的关注,(2)群体可作为一种影响任务绩效的干扰刺激,(3)正要完成的工作类型会影响任务绩效。例如,某些工作,特别是那些需要原创性思维的工作,最好是单独完成。

---

[*] 冯彩玲,鲁东大学商学院副教授。主要研究领域为组织行为学、人力资源管理等。电子邮箱:fcl666@163.com。

Allport（1920）提出了"社会促进"的术语，并将其定义为"只是由做相同动作的其他人的视线或声音导致的反应增强。比如：观众一起鼓掌或把目光都转向赛手，会增强赛手的内驱力"（p.169）。自那时起，关于该术语的准确含义及其与相似术语的关系就一直存在混淆（Clayton，1978）。Crawford（1939）将社会促进定义为"另一个体的存在对个体活动产生的任何增量"（p. 410）。

Guerin（1993）设计了三类研究来解释该理论：（1）内驱力，（2）社会比较，（3）认知过程。第一类研究涉及他人在场时的内驱力增强。Zajonc（1965）提出了社会促进的两个维度：观众效应和共同演员效应。观众效应（audience effects）指仅有被动旁观者的存在对个体行为的影响；而共同演员效应（co-actor effects）指执行相同任务的其他人对个体行为的影响。Zajonc（1980）又补充道，他人的存在能够触发个体对不确定性的警觉，从而产生更高的能量水平。

在执行任务绩效的过程中，他人的存在可以增强个体的心理激发水平（内驱力），从而影响任务绩效。Hull-Spence内驱力理论试图解释激发水平和绩效之间的关系（Hull, 1952）。具体来说，如果一个人很好地了解了任务，那么他的主要反应（超过一半的时间所做的）将是以高水平执行任务，且表现良好。然而，如果一个人没有很好地领悟任务或者仍然需要解读任务，那么他将低水平执行任务，且表现不佳（Broen & Storms, 1961; Landers, 1980; Spence & Spence, 1966）。

然而，其他研究发现，内驱力增强也会导致绩效下降，这些结果可以在团队绩效（Baumeister & Steinhilber, 1984）和个体任务绩效（McNamara & Fisch, 1964; Paul & Eriksen, 1964; Wine, 1971）中找到。为了解释这些自相矛盾的结果，后来又有人提出了一个改进的内驱力理论，即内驱力会导致绩效增加到一个特定的点，但达到那个点之后，内驱力的进一步增加则会导致绩效下降（Broen & Storms; 1961 ; Duffy, 1962; Easterbrook, 1959）。

第二类研究涉及他人在场时个体对被比较或被评价的担忧。当人们期望得到积极评价（获得奖励）或消极评价（遭受惩罚、威胁，丢面子，尴尬）时，他们会调整自身的绩效水平，这被称为"评价焦虑"（Cottrell, 1972; Cottrell, Wack, Sekerak, & Rittle, 1968; Feinberg & Aiello, 2010; Geen, 1991; Geen & Gange, 1977; Good, 1973; Henchy & Glass, 1968; Weiss & Miller, 1971）。Harkins（2006; Jamieson & Harkins, 2007）主张，人们只要更努力地工作，即在绩效中投入更多的努力，当人们期望得到评价时，就会出现评价的"纯粹努力"效应。

第三类研究涉及包含分心的认知过程。Baron（1986）提出了分心-冲突（distraction-conflict theory）理论，该理论指出，共同演员或观众创造一种心理分心，心理分心反过来又会引起注意冲突，从而导致认知过载（引起低绩效水平）或内驱力增加（引起高绩效水平）（Sanders & Baron, 1975; Sanders, Baron, & Moore, 1978）。然而，消极的、非评价性同盟的存在会抑制分心（Sharma, Booth, Brown, & Huguet, 2010）。

Baumeister（1984）检验了不正常的绩效表现，在该情境中，尽管存在对最佳绩效的激励，但人们绩效并不佳。Baumeister提供了两种解释：（1）明确的监控方法（自我聚焦），（2）分心方法。高压情境会使个体产生焦虑和高水平的自我意识，从而导致他更聚焦于任务技能和对这些技能的逐步控制。如果一个人没有那么强烈地关注任务的完成，特别关注每个步骤会阻碍自动化或程序化的技能的自然呈现（Baumeister, 1984; Beilock, Kulp, Holt, & Carr, 2004; Lewis & Langer, 1997）。工作记忆容量高的个体会受到绩效压力的伤害，而那些工作记忆容量低的个体可能不会受到伤害（Beilock & Carr, 2005; Schmader & Johns, 2003）。

研究发现，社会促进效应并不局限于共同演员和观众。例如，观众可以是熟悉的或陌生的，在场的或缺席的，易被感知的或难以接触的，看得见的或看不见的，甚至是真实的或虚拟的（Criddle, 1971; Geen, 1973; Cohen & Davis, 1973）。关于绩效监控的研究发现，绩效的电子监控（Thompson, Sebastianelli, & Murray,

2009）和虚拟观众观看演出存在社会促进效应（Park & Catrambone, 2007）。

借鉴消费者心理学的观点，研究人员已经证明了群体对个体有社会促进效应。例如，受大规模活跃人群的影响，人们可能会购买更多的产品或不同的产品。此外，在"去个体化"的过程中，个体可以适应群体的积极或消极特征，这会导致高产出的、支持的或破坏的、暴力的行为（Gaumer & LaFief, 2005）。

对该理论的批判与评论

批评者认为，关于社会促进的分心-冲突是不可证伪的（Feinberg & Aiello, 2006; Geen, 1981）。当执行者／行为者分心时未发现绩效效应，则无法判定影响绩效水平的原因是否存在于以下三者中：(1) 理论本身错误，(2) 个体过度分心冲突，或者 (3) 个体分心冲突不足（Sanders & Baron, 1975）由于存在证伪性问题，批评者认为分心-冲突解释可能对绩效水平没有很大的预测力（Feinberg & Aiello, 2006）。Geen（1981）认为，如果该理论进一步发展的话，研究人员需要更准确地定义以下四种情况产生的条件：分心、注意冲突、单独存在和学习内驱力。

该理论的一个重要方面是对各种任务类型的定义和描述。批评者认为，只有对各种任务进行更准确的分类，该理论才能被充分检验（Beilock等，2004; Strauss, 2002）。Zajonc（1965）强调技能获得在任务绩效中的重要性。然而，自此以后，几乎每一位研究人员都放弃了该理论的这一重要部分，并以更易操作的任务类型取而代之，而且大多数研究简单地将任务划分为"简单任务"或"复杂任务"（Wankel, 1972）。

关于社会促进研究的另一个批评是，它把任务类型变成个体执行任务的一个特征（Strauss, 2002）。研究人员经常把较高的绩效水平和较低的绩效水平确定为后验概率。例如，个体执行一项任务，那些绩效好的个体被认为是对任务"学得好"，而那些绩效差的个体被贴了"仍须学习任务"的标签。然后，研究人员采用中位数分割法，将绩效水平较高者归类为专业人士，将绩效较低者归类为业余人士。Strauss（2002）认为该方法存在问题，因为一项任务对有些人来说是简单的，对另一些人来说则可能是复杂的。

该理论因其预测一些绩效水平，而非那些在各种社会影响和条件作用下的、具体的、被期望的绩效水平而受到批评（Aiello & Douthitt, 2001; Kelley & Thibaut, 1954）。Bond和Titus（1983）发现，评价焦虑对绩效的影响很小，还有研究发现，他人的单独存在对任务绩效的影响很弱（Strauss，2002）。

对该理论所包含的变量进行测量

1. 思想控制问卷

Wells, A., & Davies, M. I. (1994). The thought control questionnaire: A measure of individual differences in the control of unwanted thoughts. *Behaviour Research and Therapy*, 32, 871–878.

2. 状态焦虑症状量表

Bech, P., Gormsen, L., Loldrup, D., & Lunde, M. (2009). The clinical effect of clomipramine in chronic idiopathic pain disorder revisited using the Spielberger State Anxiety Symptom Scale (SSASS) as outcome scale. *Journal of Affective Disorders*, 119, 43–51.

未来研究建议

（1）检验不同水平、不同类型的分心对任务绩效的影响。
（2）探索评价水平和类型对任务绩效的影响。
（3）探索个体分心取向或评价取向对任务绩效的影响。
（4）通过社会促进过程比较态度和行为的变化。

（5）检验各种类型的真实人监控和虚拟人监控（例如提供实时反馈）及其对绩效水平的影响。

（6）考察具有各种拟人特征的电子监控对促进效应和绩效的影响。

（7）考察目标或物体的拟人化，以及这些目标对任务绩效的促进效应。

（8）考察他人的数量（一个人、三两群体、罪犯团伙、规模性组织）对绩效水平的影响。

（9）检验联系人（陌生人、朋友、敌人）和年龄对任务绩效水平的影响。

（10）探讨年龄及与性别相关的群体绩效战略对社会促进效应和绩效水平的影响。

（11）检验个体处理多任务的能力及其与分心和社会促进效应的关系。

必读的经典文献

Aiello, J. R., &Douthitt, E. A. (2001).Social facilitation from Triplett to electronic performance monitoring. *Group Dynamics*, 5, 163–180.

Geen, R. G. (1991). Social motivation. *Annual Review of Psychology,* 42, 377–399.

Guerin, B. (1993).*Social facilitation.* Cambridge: Cambridge University Press.

Triplett, N. (1898, July). The dynamogenic factors in pacemaking and competition. *American Journal of Psychology*, 9, 507–533.

Zajonc, R. B. (1965, July). Social facilitation. *Science*, 149, 269–274.

对管理者的启示

员工绩效并不仅取决于自身努力。相反，社会促进理论检验了他人对个体绩效水平的影响。例如，观众或共同演员的在场可以提升或降低个体的行为水平。他人对个体绩效的影响取决于他人的熟悉与否、易感知与否、可视听与否，以及虚实与否。

员工绩效并不仅取决于自身努力。管理者的工作是帮助员工达到可能的最高绩效水平，以获得预期的组织结果。请运用他人影响来帮助员工达到最佳绩效水平。例如，利用他人的"单独存在"来影响绩效。一些员工往往在他人面前表现更好，另一些员工则没有。一些员工享受与他人合作或被人关注，而另一些人更偏好独自工作。与员工沟通并确定如何借助他人的影响帮助其提高绩效水平。如果可能的话，利用这种影响进行工作设计和空间设计，使员工在此框架中达到最高绩效水平。

管理者须谨记，当人们害怕被评价或与他人比较时，绩效会受到影响。与员工讨论潜在的问题时，如果他们有评价忧虑，尝试找方法缓解他们被评价的焦虑。

另外要注意的是，工作场所分心的水平会影响员工行为。一些员工喜欢在嘈杂环境中执行多项任务，且绩效较好，但另一些员工不喜欢高度分心的环境，他们的绩效可能会因此受损。与员工讨论工作场所分心的最佳水平，如果可能的话，适时调整分心水平以适应每个员工的需要。

35

社会身份认同理论

杨杰*译
(江西财经大学创新与战略人力资源管理研究中心)

    Tajfel（1972）引入了"社会身份认同"（social identity）概念，意指个体关于自己归属某个社会群体的知识以及因其群体成员身份而拥有的情感和价值意义。通俗地说："个体认识到他属于特定的社会群体，同时也认识到作为群体成员带给他的情感和价值意义（译者注）。"社会群体（social group）被定义为由两个以上的人构成：（1）他们以相同的方式来识别和评价自己；（2）他们对自己是谁以及自身具有的属性有相同的定义；（3）他们遵循相同的模式与非本群体成员互动（Hogg，2006）。群体成员身份（group membership）涉及"我们"与"他们"这种集体观念的对比，而自我认同是指个体观念上的"我"与"你"的对比。

    社会身份认同是指个体从其自认所属的社会类别中推衍的自我形象内容（Tajfel & Turner, 1986）。该理论基于一些一般假定：（1）人们努力保持和提升他们的自尊及积极的自我概念（self-concept）；（2）社会群体（或者社会类别）成员身份能够提升或降低某人的自尊和自我概念；（3）人们会比较自己

---

* 杨杰，江西财经大学创新与战略人力资源管理研究中心主任、教授。主要研究领域为领导与榜样、心理契约与组织认同、人力资源管理措施与绩效、知识管理与创新等。电子邮箱：jieyang66@jxufe.edu.cn。

所属群体和其他群体的积极或消极特征，例如地位和声望。

根据这些一般假定，可推导出该理论的一般理论原则：（1）人们努力实现和保持积极的社会身份认同；（2）积极的社会身份认同是基于个体所属群体（内群体，in-groups）和非所属群体（外群体，out-groups）之间的倾斜比较而产生的；（3）如果社会身份令人不满，人们会努力离开现属群体并加入更有利的群体，或者他们会努力使现属群体更令人满意（Tajfel & Turner, 1979）。

社会身份认同理论的基本前提是人们拥有其所属类别的信息，如性别、国籍、政治立场和体育团队等。每一个这些社会类别的成员身份会作为社会身份而持续存在于个体心中，这种社会身份描述并规定了个体作为群体成员的属性。各种社会类别或社会群体告诉成员该如何思考、如何感觉以及如何行事（Hogg, Terry & White, 1995）。当一种特定的社会身份凸显时，例如，当教会成员身处教堂内时，其自我知觉、思维、情感和行为会根据该群体或社会类别的内部成员典型规范、榜样和模式化看法而产生。例如，教会成员可能不会大声说话或跑动，并且可能在教堂内言辞更得体，但在参加足球比赛时其表现却相反。

社会身份认同理论有两个不同的分支（Huddy, 2001）。其一为社会身份认同理论（social identity theory）（例如，Tajfel, 1981; Tajfel & Turner, 1979），其二为社会分类理论(social categorization theory)（Turner, Hogg, Oakes, Reicher & Wetherell, 1987）。两个分支都承认，社会身份认同源于认知因素和动机因素，但对二者的重要性各执己见（Hogg, 1996）。社会身份认同理论主要审视人们如何支持或驳斥群体成员身份的心理动机。社会分类理论则主要考察个体如何识别自己并作为群体成员来活动。

社会身份认同的研究结果对组织产生了三个重要影响（Ashforth & Mael, 1989）。第一，员工倾向于选择和执行与其社会身份一致的活动，并倾向于拥护支持其社会身份的组织。例如，Mael和Ashforth（1992）发现，对母校的积极认同促使校友进行捐赠，招募校友的孩子和其他人，参加校友活动，拥有高水平的满意度。

第二，社会认同往往影响重要的群体结果，如凝聚力、合作、利他主义和对群体的积极评价（Turner, 1982, 1984），而且与员工对组织的忠诚度和自豪感正相关（Ashforth & Mael, 1989）。

第三，随着员工越来越认同组织，那么与其他组织相比，该组织的价值观、理念和实践会被认为是更加独特、鲜明和积极的。这些越来越积极的认知会导致更高水平的员工忠诚度和对组织及其文化的承诺。

Hogg（2006）指出，人们对社会身份认同理论存在一些误解。第一，误以为社会身份认同方法只涉及群体间关系（intergroup relations），不涉及互动群体。第二，误以为社会身份认同理论只关注群体成员身份的抽象分类，如内群体身份和外群体身份，而未赋予社会互动和相互依存的内涵和意义任何概念价值。对此，Hogg给予了驳斥。第三，误认为认同是一个生成过程，而不是一种认知结构。一个人比其他人更强烈地认同某些群体，就使得这些群体在其心中处于更核心和更可及的位置。然而，一个人所处的情境将使对某些群体的认同比对其他群体的认同更重要。

研究人员已经转向探究在相同情境中同时兼有的多重身份的显著性。在现实生活中，人们可以同时认同多个不同的群体，例如家庭、工作和国家。当下所知甚少的是，人们如何在同一情境成功地认同多个群体，例如子群体和上级群体。社会身份认同理论研究已经开始研究这些重要领域（Lam, Ahearne, Hu, & Schillewaert, 2010）。

对该理论的批判与评论

对社会身份认同理论持批判观点的认为，作为该理论构建基础的原创研究是在实验室环境中进行的，并且使用了高度人为操作和不真实的极简群体（Schiffmann & Wicklund, 1992）。例如，将被试分配到两个没有交互的匿名群体之一，并且他们不认识任何其他群体成员，还被简单地标记为"蓝"或

"绿",或者标记为喜欢康定斯基或克利的艺术品。被试被告知将钱分配给两个群体中的其他两个成员。研究结果表明,被试倾向于给那些被标记为内群体成员的人更多的钱。

这些研究得出结论,即使在短期竞争性群体间情况下,产生歧视行为和改变被试的内群体和外群体认知是可以轻而易举地做到的。批评者认为,这些研究去除了在真实的、互动的群体中起重要作用的心理变量,研究结果仅反映了为被试人为设计的条件,并且被试将总是乐意接受分配给他们的任何社会身份（Schiffmann & Wicklund, 1992）。

类似的研究（例如,Horwitz & Rabbie, 1982）发现内群体和外群体的行为没有差异。此外,当被试对谁控制其结果的认知改变时,研究发现被试更偏好那些他们群体外的成员（Rabbie, Schot & Visser, 1987）,这一结果有违社会身份认同理论的原则。在实验室研究中,被试的长期身份是不变的,因为他们被分别标记为"绿"或"蓝"。

该理论的另一个问题是术语"群体"和"社会类别"的混淆和互换使用（Rabbie & Horwitz, 1988）。Lewin（1948）主张理论上必须区分这两个概念。使用社会身份认同理论来解释群体间行为（intergroup behavior）的一个主要问题是,人们可以以非群体成员的身份对某个群体持有或积极或消极的看法（Rabbie & Horwitz, 1988）。

对该理论所包含的变量进行测量

1. 组织身份、感知的组织声望和感知的组织竞争量表

Mael, F., &Ashforth, B. E. (1992). Alumni and their alma mater: A partial test of the reformulated model of organizational identification. *Journal of Organizational Behavior*, 13, 103–123.

2. 群体认同量表

Doosje, B., Ellemers, N., & Spears, R. (1995).Perceived intragroup variability as a function of group status and identification. *Journal of Experimental Social Psychology*, 31, 410–436.

3. 不同身份认同量表[①]

Grice, T. A., Gallois, C., Jones, E., Paulsen, N. M., & Callan, V. J. (2006, November). "We do it, but they don't": Multiple categorizations and work team communication. *Journal of Applied Communication Research*, 34(4), 331–348.

4. 沟通关系量表、组织认同量表和离职意向量表

Scott, C. R., Connaughton, S. L., Diaz-Saenz, H. R., Maguire, K., Ramirez, R., Richardson, B., Shaw, S. P., and Morgan, D. (1999, February). The impacts of communication and multiple identifications on intent to leave: A multimethodological exploration. *Management Communication Quarterly*, 12, 400–435.

5. 认同困难问卷

Berman, S. L., Montgomery, M. J., &Kurtines, W. M. (2004).The development and validation of a measure of identity distress. *Identity: An International Journal of Theory and Research*, 4(1), 1–8.

6. 团队身份量表

Heere, B., & James, J. D. (2007).Stepping outside the lines: Developing a multi-dimensional team identity scale based on social identity theory. *Sport Management Review*, 10, 65–91.

---

① 原书此处文献有误，该文中并无此表，只用4道题去测量认同："I identify with this (referent group),""I am glad to belong to this (referent group),""I feel strong ties with other members of this (referent group)," and "I see myself as belonging to this (referent group)"。——译者注

未来研究建议

（1）考察消极或积极的社会身份认同感及其对员工态度和行为的影响。

（2）探索人们如何有效地构建同时兼有的多重身份及其如何影响态度和行为。

（3）研究短期人为设定群体与长期、现实的互动群体之间的绩效差异。

（4）研究群体中成员身份的内涵和意义，以及它们如何影响内群体和外群体的态度和行为。

（5）探讨人们如何维护和调节多个同时存在的社会身份及其如何影响行为。

（6）探索静态与动态的情境和环境如何影响个体社会身份认同。

（7）调查人们如何理解他们的竞争与合作的社会身份认同。

（8）探讨社会身份认同如何随着时间、年龄、经验和个人的生活阶段而改变和调适。

（9）探索由于组织中的消极社会身份认同而可能导致的不受欢迎行为。

（10）调查身份认同困难如何影响工作场所和其他环境中的态度和绩效。

必读的经典文献

Tajfel, H. (1978). The achievement of group differentiation. In H. Tajfel (Ed.),*Differentiation between social groups: Studies in the social psychology of intergroup relations* (pp. 77–98). London: Academic Press.

Tajfel, H. (1981). *Human groups and social categories: Studies in social psychology*. Cambridge: Cambridge University Press.

Tajfel, H., & Turner, J. C. (1986).The social identity of intergroup behavior. In S. Worchel & W. G. Austin (Eds.),*The psychology of intergroup relations* (2nd ed., pp. 7–24). Chicago: Nelson-Hall.

Turner, J. C. (1982). Towards a cognitive redefinition of the social group.In H. Tajfel (Ed.), *Social identity and intergroup relations* (pp. 15–40). Cambridge: Cambridge University Press.

Turner, J. C. (1984). Social identification and psychological group formation. In H. Tajfel (Ed.),*The social dimension: European developments in social psychology*(Vol. 2, pp. 518–538). Cambridge: Cambridge University Press.

对管理者的启示

根据社会身份认同理论，员工不断寻求通过他们所属群体与组织来改善自尊和自我概念的方法。如果员工没有意识到组织正在帮助改善其自我认知，那么最好的情况是员工将努力帮助改变组织，而最坏的情况将是员工离职。当员工对所属群体和组织存在积极的社会认同时，这将有助于其内化和支持组织的行为规范、价值观和目标，进而有助于改进员工的整体态度和行为。

管理者的工作就是帮助员工了解他们的工作、工作群体以及组织如何帮助他们改进其自身的一些重要方面，例如他们的声誉、地位、声望等。培养积极的员工社会身份认同的一种方式是创建内群体和外群体，如"我们的团队"与"他们的团队"或"我们的公司"与"他们的公司"。仅仅创建"我们"和"他们"这样的标签就可以提升群体成员的积极情绪。创建强大的内群体认同可以帮助规范所有群体成员积极的员工态度和行为。

当员工认同其组织时，例如，当员工完全相信公司的愿景、使命、战略和目标时，与缺乏组织认同的员工相比，他们倾向于拥有更高水平的自豪感、承诺、忠诚度、绩效和更积极的态度。为了帮助员工提高其对组织的认同，管理者应与员工合作，发现他们的个人目标、价值观和理想，并向他们展示组织能够如何帮助他们实现这些目标。

36

社会网络理论

刘玉新* 译
（对外经济贸易大学国际商学院）

社会网络理论（social network theory）的基本观点是社会情境下的人由于彼此间的纽带关系而以相似的方式思考和行事。社会网络理论研究既定的社会行动者(包括社会中的个体、群体和组织)所形成的一系列关系和纽带，将社会网络系统作为一个整体来解释社会行为(Mitchell, 1969; Tichy, Tushman, & Fombrun, 1979)。社会网络既会连接起没有纽带关系的行动者，也会将行动者划分至不同的关系网络。社会网络理论可同时运用于微观和宏观层面上的组织现象分析，微观层面包括领导力、工作团队、权力、信任、员工离职等方面，宏观层面包括企业间关系、组织联盟、网络治理等。

社会网络理论中的很多概念都源于图论（graph theory）。在图论中，一张空白的图纸上可描绘出许多点构成的点集及其相应的连接点与点的线或边（Freeman, 1978, 1979）。依据社会网络理论，图上的点可被视为社会行动者或网络关系的节点，图上的线或边则是连接各个社会行动者的纽带或路径。社会网络中的一个核心概念是"中心度"（Bavelas, 1948, 1950; Leavitt, 1951），即位于社会网络最中心的点是最有利可图的点。网络中的社会行动

---

* 刘玉新，对外经济贸易大学国际商学院教授、博士生导师。主要研究领域为组织行为学、人力资源管理、积极职业健康心理学等。电子邮箱：liuyx21@263.net。

者往往通过社会结构或社会网络中的定位来获取相应的社会资本（Coleman, 1990; Portes, 1998; Lin, 2002）。

Granovetter（1973）对社会网络中个体间的关系强度进行了探究。与之前学者只是研究社会网络个体间强关系的重要性相比，Granovetter着重研究了弱关系的强度，并提出个体间的弱关系在影响社会成员态度和行为上可能是比强关系更重要和更有影响力的因素。

一个网络关系的强度取决于关系双方在某一社会网络上的时间耗费、情感强度、亲密程度和互惠关系。弱关系可充当个体在社会网络中建立网络关系连接的桥梁。个体穷其一生只能维系少量有限的强关系，但却可维系极度广泛的弱关系。正如Friedkin（1980）在其研究中指出的，社会网络中的局部桥（local bridge）关系一定是弱关系，群体间的关系也往往是弱关系。

社会网络分析聚焦于网络成员之间的互动和互动的结构（Wasserman & Faust, 1994）。已有研究通常采用两种方式来搜集网络数据（Marsden, 1990）。一种方式是采集所研究的社会行动者总体中存在的所有网络关系的完整数据，另一种方式只采集目标样本中个体所形成的网络关系的数据集，称为以自我为中心的网络（egocentric network）。

Kilduff和Brass（2010）探讨了主导社会网络理论研究的四种具有前瞻性且相互关联的研究点，分别是：网络行动者间的关系研究，嵌入性（embeddedness）研究，网络结构模式研究以及网络连接的社会效用研究。社会网络分析自产生之初就关注可令社会行动者相聚合和分离的关系（Tichy, Tushman, & Fombrum, 1979）。Moreno（1934）指出个体在社会网络中的空间定位决定其行为。也有部分研究人员分别对其所在社会情境下的行动者进行实验研究（Heider, 1946; Lewin, 1936）。Durkheim（1951）指出社会的不规律性并非源于个体意图，而是由于人类社会如个体的生理系统般由相互联系的部件组成。由此，Comte（1854）曾一度寄希望于创立"社会物理学"，之后更名为"社会学"。

社会网络理论的第二个核心假设是嵌入性。嵌入性是指意图持续停留在某一社会网络，并随时间的推移不断创造、更新和拓展网络关系的倾向（Baker & Faulkner, 2002; Granovetter, 1985）。与正常的网络关系相比，富有嵌入性的社会网络关系因行动者间的高度信任、频繁的信息交互和问题解决的能力而更强劲有力（Uzzi, 1996）。

社会网络理论的第三个核心观点是社会网络中行动者在长期具有网络聚合、连通性和趋中性的长期特征（Wellman, 1988；White, Boorman, & Breiger, 1976）。社会网络分析同时研究整体社会网络和个体社会网络（Moliterno & Mahony, 2011; Wellman, 1988）。

社会网络理论的第四个核心观点是社会网络连接的社会效用性，或由行动者所创造的网络关系给对其自身十分重要的组织产出所带来的机遇和挑战。Burt（1992, 2000）提出了结构洞理论。结构洞是指两个社会行动者虽不直接发生关系却共享一段间接关系的情况（Obstfeld, 2005）。个体或组织与其他个体或组织的唯一的关系可为其提供优质的信息和资源通道，从而带来实施控制的更大机遇。

社会网络理论重点强调间接关系和路径的力量。在该理论下，网络关系绝不仅仅表示相互关联的两个行动者，而是将社会中所有行动者都囊括在内的多角间接关系和路径的集合体。Travers和Milgram（1969）在研究中募集美国Nebraska地区的志愿者，让每一个志愿者都寄信给一个指定的Boston地区的陌生人，规则是每个志愿者只能把信交给他认为比自己更有可能把信寄给目标人物的人。研究结果显示从开始寄信到联系到目标个体只需经手6个中间人。该发现之后被称为"六度分隔"理论或小世界效应。小世界网络内部关系高度集聚，行动者之间充斥着大量关系短路径，这些短路径可以导致极高的绩效水平，比如合作和创造力（Feld, 1981; Watts, 1999）。绩效水平的提升会最终将小世界的关系网络汇聚成一点，之后，积极的效应就回发生逆转（Uzzi & Spiro, 2005）。

如前所述，行动者在其社会网路中的定位（或中心度）是极其重要的。中心度表示行动者与其所在整个社会网络的重要程度（Freeman, 1978, 1979）。网络关系紧密度（closeness）用行动者与网络中其他行动者的最短距离之和（或平均距离）来衡量。中心度的测量方式包括度中心性、集密中心性和间接中心性（Stephenson & Zelen, 1989）。

Morene（1934）开创了网络分析的先河。他认为行动者在网络中的定位是决定其行为的决定因素。由他提出的"社会测量学"（sociometry），专门研究"社会图"中的高度聚合型全联网及网络关系通道。

信息技术的使用令社会网络理论中原本已过时的观点焕发了新的活力。例如。Simmel（1908, 1950）曾指出闯入某个关系网络的陌生人即便可在空间意义上作为群体成员存在，也不能在社会意义上被认可为群体成员。换句话说，关系网络的陌生人只是身在其中，而非心在其中，是一种"若即若离，白首如新"的存在。这些一个世纪前的观点在通信和网络技术的快速发展下又可以用来解释当今社会的关系网络。

社会网络中还存在另一类行动者，即网络关系的"第三者"（brokers）（White, 1993; Burt, 2005）。第三者往往控制着关系的资源通道。协调促进行为策略的行动者，或称为tertiusiungens，将本没有关联的人连在一起，而坐收渔翁之利的第三者，或称为tertiusgaudens，则是利用他人的网络关系为自己谋取利益（Obstfeld, 2005）。

对该理论的批判与评论

对社会网络理论最主要的争议之一在于社会网络研究人员本身对领域内重要概念的定义和操作化方式存在很大争议，如社会结构、网络中心度、关系距离、聚合度甚至社会网络这一术语本身（Embirbayer & Goodwin, 1994）。

此外，如何确定所要研究的网络节点。研究人员必须确定研究中应该加入或排除的节点，在选择过程中不可避免他可能会排除对研究至关重要的行动者

(Laumann, Marsden, & Prensky, 1983)。此外，在社会行动者间的关系构成和关系程度上也存在很大的争论（Borgatti & Halgin）。

另一个批评围绕着社会行动者的类别差异和个体差异展开（Wellman, 1983）。一些网络分析者依据"反类别之诫令"（anticategorical imperative），拒绝考虑行动者的所有属性要素（包括阶层、年龄、性别、社会地位、宗教、人种和种族以及性取向等）来从网络结构角度解释行为（Durkheim, 1951; Erickson, 1988）。与之相反，心理学视角的研究人员重点关注个体差异原因（比如自我监控）。这些个体差异可帮助解释一部分行动者比其他行动者能在网络中占有更具竞争优势的位置的原因（Kilduff & Krackhardt, 2008）。批评者指出，该方法需要研究人员检测数以百计的个体行动者差异变量，以及变量对社会网络中行动者位置和行为的影响（Kilduff & Brass, 2010）。

关于社会行动者加入某个关系网络的原因存在争议。行动者参与某一网络可能仅仅出于偶然。当然，也有行动者有其战略性和实用性的考虑（Kilduff & Brass，2010）。

对该理论所包含的变量进行测量

1.计算机及其他设备使用社会压力量表

Frank, K. A., Zhao, Y., &Borman, K. (2004). Social capital and the diffusion of innovations within organizations: The case of computer technology in schools. *Sociology of Education*, 77, 148–171.

2.强关系、弱关系及其他测量

Tindall, D. B. (2002, November). Social networks, identification and participation in an environmental movement: Low-medium cost activism within the British Columbia wilderness preservation movement. *Canadian Review of Sociology and Anthropology*, 39, 413–452.

3.护送队结构测量

Levitt, M. J., Guacci-Franco, N., & Levitt, J. L. (1993). Convoys of social support in childhood and early adolescence: Structure and function. *Developmental Psychology*, 29, 811–818.

4.最大关联亚网络方式

Lee, S. H., Kim, P.-J., Ahn, Y.-Y., &Jeong, H. (2010). Googling social interactions: Web search engine based social network construction. *PLoS ONE*, 5(7), 1–11.

未来研究建议

（1）比较直接管理和间接管理对员工社会网络与行为的影响。

（2）比较研究社会网络中行动者在强关系和弱关系、积极关系和消极关系、对称关系和不对称关系下面的相似性和相异性，以及这些关系对绩效产出的影响。

（3）研究组织行动者间的关系强度，及其造成关系强度的原因（比如个体差异）。

（4）研究强关系和弱关系的数量范围，管理和维持该数量范围关系的方法和方式，以及关系数量对态度和行为的影响。

（5）进行跨国，跨文化研究，并将结果与本土研究做比较分析。

（6）研究各式各样、亲疏远近的（陌生人、新加入者、初识者、朋友和密友等在内的）网络关系组织形式。

（7）研究网络持续时间，比如社会网络自构建到成长，再到变更和适应，直至退出的周期过程。

（8）研究网络间的合作与竞争，以及网络间彼此支持和伤害的方式。

（9）研究行动者在竞争和有敌意的网络环境中如何合理化与维持网络关系。

（10）研究社会网络中随机网络与非随机网络的一般属性。

必读的经典文献

Barnes, J. A. (1954). Class and committees in a Norwegian island parish. *Human Relations*, 7, 39–58.

Brass, D. J. (in press).A social network perspective on industrial/organizational psychology.In S. Kozlowski (Ed.), *The Oxford handbook of industrial and organizational psychology*. New York: Oxford University Press.

Burt, R. (2005). *Brokerage and social closure*. Oxford: Oxford University Press.

Granovetter, M. (1973).The strength of weak ties. *American Journal of Sociology*, 78, 1360–1380.

Kilduff, M., & Brass, D. J. (2010, June). Organizational social network research: Core ideas and key debates. *Academy of Management Annals*, 4, 317–357.

对管理者的启示

社会网络在维持和改善员工态度、行为，甚至健康和幸福感上都至关重要。社会网络理论的一个主要关注点是社会行动者（社会中的个体、群体和组织）通过强关系或弱关系彼此相连。社会网络中的强弱关系对塑造行动者的态度和行为大有裨益，并且还可影响对行动者重要的许多结果。作为管理者，在所在组织情境下设计强而有力的社会网络，不仅可以在关系网络中获益，还可以提高自己的工作绩效。

社会网络还有助于旨在提升重要组织绩效的社会网络的创造与维护。弱关系的重要性在于将本不相关的社会网络相结合，帮助组织在重要但不相关的社会网络中建立连接关系和桥梁。经过弱关系的连接，组织中的员工可通过信息共享和资源交互更有效率地工作。

作为管理者，既可以通过直接或间接的形式影响社会网络，也可以直接与员工进行互动（包括面对面的交流与借助通信媒介）。值得指出的是，与员工的直接互动确实需要大量的时间和精力投入。为了解决这一问题，管理者可以通过雇用有意愿并且有能力的第三方，代表自身的利益来协助改善和维系重要的社会网络。

37

利益相关者理论

潘静洲* 译
（天津大学管理与经济学部）

传统的组织秉持股东至上的原则，认为不断提升企业控股人的收益，增加其财富才是组织管理的重心。就此种观点来看，企业的行为和决策往往为了获取经济利益，牺牲了诸如社会最优利益等其他方面的利益。而利益相关者理论（stakeholder theory）则打破了这种传统观点的束缚（Freeman, 2002）。

利益相关者理论的核心观点在于，组织应当综合平衡各个利益相关者（stakeholders）的利益要求，而不仅专注于股东（shareholders）财富的积累。企业不能一味强调自身的财务业绩，还应该关注其本身的社会效益（social performance）。企业管理者应当了解并尊重所有与组织行为和结果密切相关的个体，尽量满足他们的需求。根据利益相关者理论，将各利益相关者纳入组织决策，既是一种伦理要求，也是一种战略资源，而这两点都有助于提升组织的竞争优势（Cennamo, Berrone, & Gomez-Mejia, 2009; Plaza-Ubeda, de Burgos-Jimenez, Carmona-Moreno, 2010）。

利益相关者是指影响组织行为及组织目标的实现，或是受到组织目标实现及其过程影响的个体和群体（Freeman, 1984）。根据这种解释宽泛的定义，

---

* 潘静洲，天津大学管理与经济学部教师。主要研究领域为组织中的人际互动、创新与创造力、职业生涯管理。电子邮箱：painepjz@sina.com。

任何个体和群体都可以称为企业利益相关者。基于此，利益相关者理论常常将利益相关者的定义范畴缩小到主要的、合法的个体和团体。在很大程度上，利益相关者理论已经排除了利益相关者中同企业运营和企业目标相去甚远的部分 (Hillman & Keim, 2001; Walsh, 2005)。这是因为如果组织分散过多精力，去满足不同利益集体间各不相同的利益要求，那么该组织就很难维持正常的经济运转 (Mitchell, Agle, & Wood, 1997)。

Sirgy (2002) 提出了将利益相关者细分成内部利益相关者(internal stakeholders)、外部利益相关者(external stakeholders)和远端利益相关者(distal stakeholders)三类。内部利益相关者包括企业员工、管理人员、企业部门和董事会。外部利益相关者包括企业股东、供应商、债权人、本地社区和自然环境。而远端利益相关者包括竞争对手、消费者、宣传媒体、政府机构、选民和工会等。

利益相关者理论的核心思想在于，一部分由股东掌握的企业决策权力和利益，应该移交到利益相关者的手中 (Stieb, 2008)。而Freeman (1984) 也审慎地指出，任何与决策权相关的类似理论，都有可能被非股东滥用，因为权力正从掌握财富较多的股东流向掌握财富较少的利益相关者手中。这种财富的再分配很可能会损害从企业盈利中获益的股东的权益。

基于描述性、工具性和规范性三个角度，可以将利益相关者理论进行分类 (Donaldson & Preston, 1995)。描述性视角仅仅说明了组织中有利益相关者。组织的作用在于满足广义范围上的利益相关者的权益，而不仅是企业股东的利益。有研究表明，许多企业在实行股东管理时，也会将平衡组织需求和利益相关者需求的措施考虑在内（如，Clarkson, 1991)。

工具性视角认为，考虑了利益相关者利益的企业比没有此类考虑的企业更容易获得成功。该领域的研究验证了利益相关者战略和组织绩效方面之间的联系。结论表明，控制其他变量后，实行利益相关者管理的组织在盈利能力、稳定性、成长性等方面都相对更成功。

规范性视角关注于为何企业应该对其利益相关者给予关注。这种视角一直是利益相关者理论的重要观点，或者说是主要核心（Donaldson & Preston, 1995），而其他两个角度往往为大多数研究人员所忽略（(Egels-Zanden, & Sandberg, 2010)）。

依据规范性视角，利益相关者是指拥有企业实质上合法利益的个体和群体（Donaldson & Preston, 1995）。利益相关者是由他们在组织中的利益决定的，即组织是否有相关利益是由利益相关者掌握的。利益相关者的利益本身对于组织就是有价值的，而并非因为关注他们的利益能够施益于其他群体，诸如企业股东。Kaler（2003）就利益相关者理论进行类型学分析，并归纳出两种可能的理论类型：（1）企业对股东和非股东都负有完全责任；（2）企业对股东负有完全责任，对非股东负部分责任。

利益相关者理论不断完善和扩展，区分出主要利益相关者和次要利益相关者（Clarkson, 1995），关注限定的（狭义的）和非限定的（广义的）利益相关者战略（Greenwood, 2001），平衡各方利益相关者的取向（Buono & Nichols, 1985），从不同的利益相关者的角度评价企业绩效（Donaldson & Preston, 1995）。

研究也聚焦于利益相关者的整体角度，展开诸如：对利益相关者及其需求的了解（Maignan & Ferrell, 2004），利益相关者与企业的互动（Payne & Calton, 2004），以及涉及利益相关者需求的决策（Altman & Petkus, 1994）等问题的探讨。对利益相关者的了解包括认清主要的利益相关者，并优先考虑他们的需求（Rowley, 1997）。另外，企业应当重点关注那些掌握权力、具有合法性、有紧迫需求或者兼有以上特性的利益相关者。与利益相关者的互动应该包含组织和股东之间彼此满足、互惠互利的关系。利益相关者与组织互动的形式包括参与、咨询、合作和信息交换（Grafe-Buckens & Hinton, 1998; Green & Hunton-Clarke, 2003）。

近来，关于利益相关者理论的争论集中于管理者对利益相关者的道德和伦理职责。Greenwood（2007）提出利益相关者理论是道德中立的，因为纳入利益相关者及其需求并非强制基于企业利益相关者的利益最大化来行事。

对利益相关者的研究也开始探索，依据利益相关者的意愿和期望，管理者可行使的权力、自由和能力的大小，即所谓的管理权限（Hambrick & Finkelstein, 1987; Phillips, Berman, Elms, & Johnson-Cramer, 2010）。利益相关者本身既可以约束管理行为，也可以促进管理行为。也有研究梳理了管理者所为（行为）及其原因（理性）之间的关系（Egels-Zanden & Sandberg, 2010）。

对该理论的批判与评论

虽然，利益相关者理论在管理者和学术界中都日渐广受关注（Agle等，2008）。但是，该理论的批评者指出，这一理论并未经历过具体的实施，因此无法证实其能否通过科学检验（Key, 1999）。批评者也提出，该理论的显著缺陷在于利益相关者的识别问题（Freeman, 2004），该理论往往无法清楚界定利益相关者与非利益相关者之间的界限。

该理论中另一个长期备受争议的要点在于重要的利益相关者的识别。管理者可能无暇兼顾所有利益相关者的需求，所以他们经常根据权力、合法性和紧迫性等要素来缩小利益相关者的范围。Clifton和Amran（2011）认为用权力来区分利益相关者会导致严重的后果，仅仅根据权力的差异而偏向某一方是对公平和公正原则的践踏（Harrison, Bosse, & Phillips, 2010）。

为了迎合不同利益相关者的需求而牺牲企业利润的观念，也遭到了该理论批评者的强烈反对，因为股东投资企业的目的是维持企业业绩并获取利润。研究人员认为应该同时注重企业的经济效益和社会效益，但也有人单纯看重满足所有利益相关者的相应需求，即使这要以牺牲企业利润为代价。

总之，利益相关者理论指出，一个组织中所有个人和群体的合法权益都应该被考虑进来。但该理论的批评者却坚持认为，某一特定群体的权益不应该高于其他群体（如，Donaldson & Preston, 1995）。

对该理论所包含的变量进行测量

1.利益相关者的影响等级量表和价值关怀的重要性等级量表

Hosseini, J. C., & Brenner, S. N. (1992). The stakeholder theory of the firm:A methodology to generate value matrix weights.*Business Ethics Quarterly*,2,99–119.

2.利益相关者管理知觉满意度测量、环境管理测量、利益相关者知识测量、利益相关者互动测量、适应行为测量

Plaza-Ubeda,J.A., de Burgos-Jimenez,J.,& Carmona-Moreno, E.(2010). Measuring stakeholder integration:Knowledge,interaction and adaptational behavior dimensions.Journal of Business Ethics,93,419–442.

3.观察到的非伦理行为测量

Kaptein,M.(2008). Developing a measure of unethical behavior in the workplace:A stakeholder perspective.*Journal of Management*,34,978–1008.

4.企业公民原则测量

Davenport, K.(2002). Corporate citizenship:A stakeholder approach for defining corporate social performance and identifying measures for assessing it. *Business and Society*,39, 210– 219.

5.利益相关者属性测量

Agle,B.R.,Mitchell. R. K.,& Sonnenfeld, J.A. (1999). Who matters to CEOs? An investigation of stakeholder attributes and salience, corporate performance,and CEO values. *Academy of Management Review*, 42,505–525.

未来研究建议

（1）考察与企业为了满足利益相关者需求而过度牺牲财务业绩时，股东决定撤股的临界点。

（2）探索企业如何了解重要利益相关者的利益，以及如何将其优先化的过程。

（3）就组织如何为利益相关者创造价值进行类型学分析。

（4）考察利益相关者如何评价组织为其创造的价值。

（5）考察企业如何构建单一价值目标函数，并通过该方式使利益相关者的利益与企业利益一致。

（6）研究企业如何管理来自不同利益相关者的竞争性需求。

（7）全面考察利益相关者的特征及重要程度与企业社会效益及经济效益的关系。

（8）探索管理权力、管理取向和利益相关者行为的变化动态。

（9）考察高层管理者和低层管理者在企业社会效益和经济效益方面的行为差异。

（10）考察管理者为了满足利益相关者的需求，其行为和理性之间的关联。

（11）考察利益相关者和股东利益之间的相似性和矛盾性程度。

必读的经典文献

Donaldson, T., & Preston, L. (1995). The stakeholder theory of the corporation: Concepts, evidence, and implications. *Academy of Management Review*, 20, 65–91.

Freeman, R. E. (1984). *Strategic management: A stakeholder approach*. Boston: Pitman.

Freeman,R .E. (2004).The stakeholder approach revisited. *Zeitschrift für Wirtschafts und Unternehmensethik*, 5, 228–241.

Freeman,R. E. (2008).Managing for stakeholders. In T. Donaldson & P.Werhane(Eds.),*Ethical issues in business:A philosophical approach*(8th ed., pp.39–53).Englewood Cliffs,NJ:Prentice Hall.

Parmar,B.L., Freeman,R.E., Harrison,J.S., Wicks,A.C., Purnell,L., & De Colle, S. (2010).Stakeholder theory:The state of the art. *Academy of Management Annals,* 4,403–445.

对管理者的启示

利益相关者理论探讨了组织除了增加股东财富，还应该树立更广阔的目标。该理论指出组织必须以保持盈利、维持业绩为前提，否则无法满足任何人的利益需求。但是，一个组织也应该尽量同时满足股东和其他利益相关者的需求，从而保证企业的经济效益和社会效益共同提升。

该理论对管理实践具有重要意义，它启发管理者有必要识别最重要、相关性最高的利益相关者。但知之非难，行之不易，管理者需要投入时间和资源来识别哪些利益相关者在权力、合法性和紧迫性方面对其所在组织有最大的影响力。一旦识别出利益相关者，就需要管理者与他们建立联系、进行沟通，确保自己清晰认识并了解他们对组织的期望和需求。

要兼顾所有利益相关者的一切需求和期望并不现实，这就要求管理者利用某些方法确立优先级，将其中某些需求或要求优先化处理。这也绝非易事，举个例子来说，企业出于社会因素考虑而牺牲经济效益就可能会招致某些股东的反感。最后特别要指出的是，只有管理者自己可以决定应该下放给利益相关者多少权力和权限，决定给予利益相关者约束管理行为的程度。

38

结构权变理论

井润田* 译
(上海交通大学安泰经济与管理学院)

结构权变理论（structural contingency theory）的主要假设是，没有最优的组织结构，组织结构的适用性取决于组织当下的情景因素（contingencies）(Blau, 1970; Burns & Stalker, 1961; Chandler, 1962; Child, 1973; Galbraith, 1973; Rumelt, 1974; Thompson, 1967; Woodward, 1965)。该理论认为，若管理者能将组织的特征，比如组织结构，与组织当下情境适配，组织将是有效的 (Donaldson, 2001)。早期的研究（Burns & Stalker, 1961; Woodward, 1965; Lawrence & Lorsch, 1967）支持了这一理论，后期的理论发展帮助解释了这些研究结果 (Thompson, 1967; Galbraith, 1977)。

普适主义理论主张只有一种组织方式，即最高水平的组织绩效只能在组织结构变量如正式化、专业化的最高水平时获得（Taylor, 1947; Brech, 1957）。权变理论在普适主义理论基础上进行了拓展（Tosi & Slocum, 1984），提出组织的成功并不意味着采用结构变量的最高水平，而是基于其所依赖的情境采用适当的结构变量水平（Donaldson, 2001）。

权变理论（contingency theory）最重要的概念之一是匹配（Drazin & Van

---

* 井润田，上海交通大学安泰经济与管理学院教授。主要研究领域为组织变革、领导行为、跨文化管理等。电子邮箱：rtjing@sjtu.edu.cn。

de Ven, 1985)。匹配的替代词包括协调、聚合、搭配、遵循、一致或适当（Umanath, 2003）。相比于组织特征与其所处情境不匹配的组织，那些组织特征（例如需要、需求、目的、目标和结构）与其所处情境相匹配的组织会表现出更好的绩效（Nadler & Tushman, 1980）。匹配的衡量可以是变量间的条件关联或无条件关联（Umanath, 2003; Venkatraman, 1989）。

Umanath（2003）提供了匹配的三种分类：一致性、权变性和整体构型。一致性是指直接将所研究的变量如信息技术，与组织因素相关联，而无须评估该变量与组织因素的关系是否影响绩效。权变性表示一个变量x对另一个变量y的影响取决于第三个变量z。当z处于低水平时，x对y的影响不同于z在高水平时x对y的影响。换句话而言，x对y的影响取决于z，或是根据z的水平具有权变性，变量z调节变量x与y的关系（Donaldson, 2001）。整体构型是指一系列组织内部特征间的整体一致性，也可以指受多个情境因素影响的变量，它们之间共存的相互依赖性（Cao, Wiengarten, & Humphreys, 2011）。

关于匹配存在两个不同的概念（Umanath, 2003）。传统方法侧重于将匹配作为二元变量关系，此时情境与结构之间存在独立的共变关系（Fry & Smith, 1987）。然而，基于系统论的方法则更具系统性和整体性，侧重于多个变量与权变因素之间的共同交互性（Miller, 1981）。

权变理论中有两个主要的情境因素：组织规模和组织任务。规模通常使用雇员的总体数量进行衡量（Pugh, Hickson, Hinings, & Turner, 1969; Pugh & Hinings, 1976）。低水平的官僚化适用于规模较小的组织，而高水平的官僚化适用于较大的组织（Child, 1975）。其他情境因素包括专业化、正式化、差异化和分散化（Donaldson, 2001）。

任务的权变性包括两个部分：任务的不确定性与相互依赖性。例如，随着任务不确定性由于不断增加的产品或服务创新而提高，通常组织的正式化水平会下降而决策分权化程度将增加（Donaldson, 2001）。

以下研究人员检验了组织结构与任务不确定性和环境之间的关系。Burns

和Stalker（1961）将组织结构区分为机械式和有机式。机械式组织结构强调层级化，将任务按照专业化角色和知识进行划分。有机式结构是一个流动的动态网络，其任务知识和信息为许多人所共享。Hage（1965）认为，当组织结构具有集权决策、正式规则且不复杂等特征时，组织效能将达到最大化。然而，创新出现在与此对立的结构形式（分权化、非正式化且复杂）。Lawrence和Lorsch（1967）强调组织的整合与差异化（部门在目标、时间框架、正式化和人际导向方面的差异）。这种差异越大，组织对整合机制（层级、规则、个体、部门）的需求越大。

Miles和Snow（1978）指出，公司战略源于组织如何解决以下三类问题：创业式（管理市场份额）、工程式（执行创业式问题的解决方案）和行政问题（公司如何构建自身结构以解决前两类问题）。在此基础上，他们提出了组织的四种战略类型：探索者（定位和开发新的产品与市场机会）、防御者（保持稳定的市场份额）、分析者（兼为探索者与防御者）和反应者（不做计划，仅响应突然的变化）。

基于任务的相互依赖性，主要有以下三位研究人员对组织有机式结构与技术的权变关系进行了检验：Perrow（1967）、Thompson（1967）和Woodward（1958，1965）。例如，在Thompson的研究中，任务的相互依赖性是指组织各项活动如何彼此衔接，衔接方式有：并列式（仅间接连接）、顺序式（直接的单向连接）和交互式（直接的双向连接）。

Morgan（1989）采用六个组织子系统对组织特征进行刻画，并以此判断组织特征间的一致性或非一致性程度，这六个子系统分别是：（1）环境（从稳定、确定到动荡、不可预测）；（2）战略（从防御性、操作性、目标设定到主动学习系统）；（3）技术（从惯例、低自主权角色到复杂、高自主权角色）；（4）人/文化（从工作的经济型、工具取向到自我实现取向）；（5）结构（从机械式、官僚化到有机式）；（6）管理（从威权、X理论到民主、Y理论）。

该理论近来已被应用于多类情形,包括外包、跨国公司、信息技术系统(Cao等,2011)、非营利性企业(Tucker, 2010)、企业资源规划(Morton & Hu, 2008)、跨国性专业服务公司(Greenwood & Miller, 2010)以及动态平衡(Smith & Lewis, 2011)等研究情景。Thompson (1967)认为,高度相互依赖的组织活动应该在物理、结构和时间上紧密衔接,以避免相关单元的信息处理能力超负荷。Hui、Davis-Blake和Broschak (2008)将这一观点延伸至组织层面,研究发现外包项目结构上的细微差异不仅会阻碍外包预期效益的获得,还会导致更高的成本超支与控制问题。Donaldson (2009)与Qiu和Donaldson (2010)为探索跨国公司广泛而国际化的战略-结构关系开发了一个三维权变模型。

对该理论的批判与评论

权变理论也受到了大量的批判(Mohr, 1971; Pennings, 1975; Schoonhoven, 1981)。批评者认为该理论是一种赘述,或者说从定义来看本就是事实,理论在"匹配"这个概念上是循环论证。该理论提出匹配产生高绩效,然而在最抽象的层面上其定义就注定此关系是必然正确的,因此无法进行检验。Donaldson (2001)在捍卫该理论时指出,如此说来达尔文的适者生存论(1909-1914)也是赘述。达尔文的进化论主张"适者生存",然而对"他们为什么最适合"的回答却也是"因为他们活下来了"。

对权变理论的另一个批判是它的决定论色彩(Perrow, 1980, 1984)。权变理论认为,一个组织若对其情境因素变化做出反应,该反应不仅改变了组织的环境,也改变了其情境因素;因此,组织的结构完全取决于情境因素。批评者认为这使得管理者的自主选择与权变理论相对立(Schreyogg, 1980)。Child (1972)提出了一个折中概念,即战略选择,此概念在权变理论框架内赋予管理者一定程度的决策自主权。De Rond和Theitart (2007)增加了随机性这一个概念,它指某个事件的发生源于未知因素，或者是与当下组织需求没有任何关联。

批评者对权变理论的两个主要问题进行了广泛讨论：（1）概念不清晰，（2）概念间关系并没有被明确界定（Miller, 1981; Schoonhoven, 1981; Drazin & Van de Ven, 1985; Tosi & Slocum, 1984）。为了解决这些问题，Tosi和Slocum进一步对这些概念进行定义，包括：有效性（一个组织在多大程度上能够实现有限数量的高期望结果）、环境（例如，同质与异质，稳定与变化）（Jurkovich, 1974; Thompson, 1967）和一致性（环境与结构间的合理匹配）（Randolph & Dess, 1984）。

对该理论所包含的变量进行测量

1. 运营绩效测量

Tenhiala, A. (2011). Contingency theory of capacity planning: The link between process types and planning methods. *Journal of Operations Management*, 29, 65–77.

2. 中心化、正式化与公平性量表

Schminke, M., Cropanzano, R., & Rupp, D. E. (2002). Organization structure and fairness perceptions: The moderating effects of organization level. *Organizational Behavior and Human Decision Processes*, 89, 881–905.

3. 环境、结构与有效性测量

Pennings, J. M. (1987). Structural contingency theory: A multivariate test. *Organization Studies*, 8, 223–240.

4. 常规到非常规技术量表

Mohr, L. B. (1971, December). Organizational technology and organizational structure. *Administrative Science Quarterly*, 16, 444–459.

未来研究建议

（1）检验由不同契约方组成的任务环境如何影响不同契约类型的有效性。

（2）探索为什么研究人员倡导越来越复杂的结构，而实践者却仍倾向于依赖更加简单的方法与结构。

（3）考察不成功的外包结构如何引发组织将这些外包活动带入组织内部。

（4）研究技术的发展如何导致越来越多的全球化海外组织结构。

（5）检验非正式结构与正式结构的互补性对衡量组织成功的有效性的影响。

（6）探索组织前端结构与后端结构间差异对跨国公司绩效及有效性的影响。

（7）比较将私营领域的组织结构移植到非营利领域的成功与失败因素。

（8）在一定范围的组织中，检验环境、管理选择和机会如何影响组织结构。

（9）探索匹配与不匹配、系统匹配与不匹配、整体匹配与不匹配的差异，以及信息技术对企业成功的影响。

（10）检验企业重组速度的差异与情境因素表征的变化对组织绩效变量的影响。

必读的经典文献

Burns, T., & Stalker, G. (1961). *The management of innovation*. London: Tavistock.

Chandler, A. D., Jr. (1962). *Strategy and structure: Chapters in the history of the industrial enterprise*. Cambridge, MA: MIT Press.

Donaldson, L. (2001). *The contingency theory of organizations*. Thousand Oaks, CA: Sage.

Lawrence, P., &Lorsch, J. (1967). Differentiation and integration in complex organizations. *Administrative Science Quarterly*, 12, 1–30.

Miles, R. E., & Snow, C. C. (1978). *Organizational strategy, structure, and process*. Tokyo: McGraw-Hill Kogakusha.

对管理者的启示

结构权变理论认为，组织在缺乏正确的结构支持时是无法充分有效的。然而，寻找最佳的组织结构是一个困难、持续且耗时的过程。组织结构往往是经由包括管理者的辛苦工作与战略决策、环境变量以及机会在内的三个部分而构建起来的，因而很难创造。不存在一个对每个组织都正确的组织结构。相反，最有效的结构取决于组织所面临的内、外部变量。

权变性意味着一个变量对另一个变量的影响取决于第三个变量的水平。例如，组织结构对组织绩效的影响取决于该组织技术水平的采纳程度。根据权变理论，组织绩效是多种因素相匹配的结果，这些因素包括：结构、人力、技术、战略及文化。匹配度越好的组织将获得越高水平的绩效；匹配度越差的组织将获得越低水平的绩效。管理者应探索哪些变量会影响组织，并以此为依据努力创建一个完美匹配的组织结构，从而使组织实现最佳绩效。

管理者要与员工讨论当前组织结构的有效性。若存在问题，那么就齐心协力来创造一个能让每个人都能更好地实现组织愿景、使命与目标的组织结构。积极主动地去构建匹配的组织结构，而不是被动地任由环境塑造一个组织结构。

39

结构化理论

于慧萍* 译
（山西财经大学公共管理学院）

结构化理论（structuration theory）的主要观点是，个体是社会结构的成员，并且社会结构随着时间的推移支持例行活动的持续实施（Giddens, 1976, 1979, 1984）。该理论关注社会生活的基本循环（递归）。它假设社会系统的结构性特征是由个体的实践以及这些实践的结果构成的（Giddens, 1979）。

进一步，该理论研究了：（1）人们创造和形成社会结构的行为的自愿程度（能动性）；以及（2）社会结构塑造、约束和实现个体行为的程度，也就是Giddens（1984）所称为的"结构和行动的二元性"（duality of structure and action）。因此，社会结构既是人们行为的媒介又是人们行为的结果。社会结构也是非预期的人类活动的结果。

结构化理论被描述为雄心勃勃地努力整合社会理论的两种对立思想学派（Callinicos, 1985）。它既主张社会关系是人类有意识活动的结果（Weber, Schutz和民族方法学持有的观点），又倡导社会结构塑造人类行为（马克思主义理论、帕森斯社会学和结构主义观点）。

Giddens（1984）将社会结构定义为在社会系统再生产中相互影响的规则

---

* 于慧萍，山西财经大学公共管理学院副教授。主要研究领域为组织行为学、人力资源管理、创新管理等，电子邮箱：hazelyu@163.com。

和资源，通过反复的社会实践而存在或被"实体化"（p.25）。例如，语言规则帮助人们说出句子，同时，说出句子可以影响语言规则。

可以用足球赛打比方（Schneidewind & Petersen, 1998）。足球比赛不能没有球员，也不能没有比赛规则和必要的资源，如足球和球门柱。在比赛中，比赛规则和球员必须相互作用才能使比赛进行下去。此外，为了使比赛更安全、更愉快，比赛的规则和资源也随着时间的推移而不断改进。在社会中也是如此，社会结构的规则和资源已经发生了改变。

该理论定义了三种行动（互动），它们与三种社会结构相互作用。人们进行（产生和再生）三种特定的互动：（1）有效沟通，（2）行使权力，以及（3）相互约束。社会结构有三种类型：（1）表意性，（2）支配性，以及（3）合法性。表意性涉及语言的有效使用。支配性涉及对物质和资源的控制。合法性涉及决定行为适当性的道德规则。三种互动分别与三种社会结构相对应：（1）表意性与沟通相互作用，（2）支配性与权力相互作用，（3）合法性与约束相互作用。

根据该理论，人们利用结构来帮助自己决定做什么，以及对彼此说什么。然而，人们不直接利用结构。相反，他们使用形式，并且每一对互动-结构都有一个单独的形式：（1）解释模式连接表意性和沟通，（2）工具连接支配性与权力，（3）规范连接合法性和约束。解释模式的形式包括语言和非语言规则。工具的形式包括能力和才干。规范的形式包括价值观和道德准则。人们利用以上三种形式来帮助自己决定做什么和说什么。

人们利用社会结构来指导自己的行为。然而，所有人都不会以相同的方式利用社会结构。每个人根据其在社会结构中拥有的独特地位，以不同的方式利用社会结构。有些人在社会结构中能拥有相对较好或较差的地位。例如，与网络中的其他人相比，有些人拥有更多或更少的知识或资源。一个人在社会结构中的地位既能实现又能约束其行为。

社会结构认为个体实施特定的行为或例行活动。例行活动是典型的、习惯性的行为，随着时间的推移被认为是理所当然的。例行活动的实施有助于强化社会结构。如果多组例行活动被深深地嵌入社会结构，那么它们就可以成为"传统"，然后成为"制度"（Giddens, 1976, 1979, 1984）。

人们为了获得本体性安全而被激励去实施例行活动，本体性安全包括舒适、有序、压力管理，以及焦虑和紧张舒缓。本体性是指人的存在感。实施例行活动也给予了人们自我认同感和尊重感(Giddens, 1991)。

该理论认为社会结构有助于跨越时空将人类实践结合在一起。该理论探讨了历史如何以"时空延伸"（time-space distanciation）为特征，意味着由于日益完善、成熟的交流，社会影响可以跨越时空延伸。该理论还根据"在场与不在场"（presence-availability），或面对面互动的普遍程度来区分社会。

为了将结构化理论的概念应用于具体情境，必须进行两种分析：（1）战略行为分析，（2）制度分析。战略行为分析（strategic conduct analysis）包括考察各种例行活动是如何相关和相互联系的；如何通过传统和制度被强化；并且如何能够为个体提供本体性安全感、自我认同感和尊重感。制度分析包括考察三种社会结构（表意性、支配性和合法性）如何互相影响、互相调整或互相抵触，以及它们如何影响三种互动（沟通、权力和约束）。通常，互动和结构之间的相互作用随着时间和推移而缓慢演变。然而，研究人员应该特别注意那些破坏例行活动、改变传统和制度的事件，Giddens（1979,1984）将这些事件称为"关键情境"（critical situation）。

结构化理论已经被改造和拓展。DeSanctis和Poole（1994）改造了该理论以具体应用于组织中群体和信息技术的相互作用，并称之为改造的结构化。强结构理论（Stones, 2005）是为考察该理论的实际应用而发展的，它包括四个不同的组成部分：（1）外部结构（行动的条件）；（2）能动者的内部结构（人如何知道和知道什么）；（3）积极行动的能动性（个体何时、如何以及为何使用他们所知的）；（4）结果（外部和内部结构如何被复制或改变）（Greenhalgh & Stones, 2010）。在改造的结构化理论中结果影响其他三个部分。

对该理论的批判与评论

结构化理论的优点之一是,它试图将"个体主义"(他们认为本质上是个体控制自己的行为)与"结构主义"或"客体主义"(他们认为本质上是社会或结构决定个体的行为)的观点整合起来(Gane, 1985)。Giddens 设想结构化理论可以替代马克思主义社会理论,认为结构化理论避免了人类行为的结构决定论,而是关注结构和能动性之间的相互作用。然而,批评者认为结构化理论并没有解决行动与结构的二元对立问题(Archer, 1990)。此外,批评者认为,结构化理论包含三个矛盾的认识论(关于知识的性质、前提和基础):显性客体中心的人本主义、显性非客体中心的结构化和隐性客体中心的结构主义(Gane, 1985)。因此,批评者认为,结构化理论没有如其所愿地结束分歧。

批评者认为,结构化理论关于规则和资源的假设是不正确的(Callinicos, 1985)。在该理论中,结构已经被简化为仅仅是规则和资源,但事实上结构可能要复杂得多。批评者认为,规则对实践的助力极其有限。

结构化理论因为高估语言的功能,即将语言的结构和规则与社会的结构和规则进行比较而受到批评(Anderson, 1983, p. 40)。Anderson认为,语言不是人类其他实践活动的适当模式。语言结构变化非常缓慢,其存在依托于个体而非集体。因此,批评者认为,语言的例子并没有为该理论提供支持。

对该理论所包含的变量进行测量

1.改造的结构化测量

Chin, W. W., Gopal, A., & Salisbury, W. D. (1997). Advancing the theory of adaptive structuration: The development of a scale to measure faithfulness of appropriation. *Information Systems Research*, 8, 342–367.

2.强结构化理论问卷

Greenhalgh, T., & Stones, R. (2010).Theorising big IT programmes in healthcare: Strong structuration theory meets actor-network theory. *Social Science and Medicine*, 70, 1285– 1294.

3.规则与资源理解问卷

Hoffman, M. F., & Cowan, R. L. (2010). Be careful what you ask for: Structuration theory and work/life accommodation. *Communication Studies*, 61, 205–223.

未来研究建议

（1）研究社会、组织或个体废除和更换旧惯例的方式。

（2）探索不可接受的社会行为，如粗鲁和缺乏隐私，如何随着时间的推移变得可以接受。

（3）比较地方社团与全球特定集团对行为的影响以及个体能动者们对行为的相互作用。

（4）考察语义规则、道德规范以及资源的授权和分配在社会中如何随时间推移而变化。

（5）将导致结构中例行活动改变的关键情境或破坏性事件进行分类。

（6）考察有助于引发社会结构最重大变化的个人特征。

（7）研究影响例行活动产生，从而产生安全感、自我认同感和尊重感的沟通类型。

（8）考察矛盾的结构（表意性、支配性和合法性）对实施例行活动的影响。

（9）研究为什么人们不利用组织的福利，如休假时间，即使这些福利是被准许的。

（10）研究员工们对日常行为的规则和资源的了解程度。

(11) 考察哪些挑战规则的方法会随着时间的推移导致例行活动和结构最重要的改变。

必读的经典文献

Cohen, I. J. (1989). *Structuration theory: Anthony Giddens and the constitution of social life*. London: Macmillan.

Giddens, A. (1976). *New rules of sociological method: A positive critique of interpretative sociologies*. London: Hutchinson.

Giddens, A. (1979). *Central problems in social theory: Action, structure, and contradiction in social analysis*. London: Macmillan.

Giddens, A. (1984). *The constitution of society: Outline of the theory ofstructuration*. Cambridge, UK: Polity Press.

Poole, M. S. (1996). The structuration of group decisions. In R. Y .Hirokawa & M. S. Poole (Eds.), *Communication and group decision making* (2nd ed., pp. 114–146). Thousand Oaks, CA: Sage.

对管理者的启示

结构化理论考察了社会结构如何影响个体行为，以及反过来个体行为如何随着时间的推移影响社会结构。在企业层面，组织实践是随着时间的推移而呈现和发展的经常性员工活动，这些实践活动形成了组织结构，并受组织结构的影响。随着时间的推移，组织实践变得程序化或标准化。当例行活动被深深地嵌入组织时，就成为传统。传统的集合成为制度。关于表意性（语言）、支配性（资源的分配和授权）和合法性（道德规范）的结构有助于确保员工遵循特定的例行常规。例行常规的发展要经历较长时间。例如，员工通过实施例行活动可以感到安全并且了解他们在组织中的位置，当他们已经：（1）被告知规则（表意性结构）；（2）被给予必要的资源（支配性结构）；（3）获得道德认可（合法性结构）。

　　人们因为寻求安全感、自我认同和尊重，而被激励去实施例行活动。人们常常对例行活动习以为常，而不去质疑这些例行活动是否应该被执行。如果组织希望行为保持不变，那么组织中的社会结构有助于确保例行行为的遵守。

　　然而，如果组织希望行为有所改变，那么例行活动会妨碍改变的发生。如果期望行为改变，那么作为管理者，就应该帮助员工改变例行活动，并且改变维持那些例行活动的社会结构。只有满足以下情况，例行活动才会改变：（1）人们被告知应遵循的规则（沟通）；（2）人们被给予执行新行为所需的授权和资源（权力）；以及（3）用于执行新行为的新规范被建立了（约束）。然后，随着时间的推移，新的行为又变得常规化，并且这些行为毫无疑问将会继续被实施。

交易成本理论

白光林* 译
(江苏大学管理学院)

交易成本理论（transaction cost theory）探讨的是企业应该自己生产产品，还是去市场购买（Coase, 1937; Williamson, 1998）。如果一家企业能够获得资源并独立生产所有产品，那么它就无须与其他企业进行交易。然而，通常情况并非如此，与其他公司进行交易或开展其他形式的合作，往往有利于企业发展。

交易成本理论中最基本的分析单元是交易（transaction）。某种商品或服务跨越组织边界发生转移时，便产生了交易。所有交易均包含冲突、互利和秩序（Williamson, 2002）。Commons（1934）将交易分为三类：谈判型交易、管理型交易和配给型交易。谈判型交易（bargaining transactions）是关系平等的交易主体之间，通过自愿协议转移财产的所有权；管理型交易（managerial transactions）是根据合法上级和权威部门的指令创造财富；配给型交易（rationing transactions）则由合法上级和权威部门指定、分派财富创造过程中的利益和成本。

---

* 白光林，江苏大学管理学院副教授。主要研究领域为互联网时代的人力资源管理变革、新时代背景下的有效领导方式、新生代员工的管理、职业生涯管理、创业动机与行为等。电子邮箱：challenger525@126.com。

40 交易成本理论

交易成本理论假定交易双方风险中立、平等相待、业务经验广泛，都聘请专业的管理、法律、技术和财务方面的专家。基于这些假定，该理论侧重于探讨交易伙伴合同签订过程中的分歧及其中涉及的成本，而不是注重交易伙伴的差异（例如经验丰富和资历尚浅）（Williamson, 1998）。

关注交易成本是经济学研究的一大转变。在此之前，经营成本主要关注生产过程，合同和交易成本被认为几乎是零（Coase, 1937）。交易成本通常不直接测量，而是利用交易的关键维度来进行评估（Jobin, 2008），包括合同谈判、监督和执行的费用（Hill, 1990），以及规划、调整和监控任务完成所产生的费用（Williamson, 1985）。

从理论上讲，交易本身存在诸多不同，例如：各交易参与方的关系专用性资产的涉及程度，交易一方行为和未来的不确定性程度，交易协定的复杂性程度及交易发生的频率等。这些不同可以帮助企业判断哪一种治理结构更为有效。其中，资产专用性尤为重要，它涉及到：(1) 支持交易资产的可调配性；(2) 将相同资产用于次优选择的机会成本，或者替代品使用者提前终止交易所产生的机会成本（Williamson, 1985）。

Williamson（1985）定义了四种类型的专用性资产：专用性场地、专用性实物资产、专用性人力资产和专项资产。专用性场地是指可以节省运输和库存成本的高度固定的资产；专用性实物资产是指为交易专设的设备和机器；专用性人力资产是指为交易专门开展的人力资本投资或者其他形式的员工教育和培训；专项资产是指专门为这次交易所进行的大量投资，这些投资在其他交易中毫无价值。在交易中，当一方持有专用性资产，就会引发机会主义行为，这会使企业处于风险之中，因此就需要签订代价高昂的合同以制止这些消极行为（Poppo & Zenger, 1998）。

交易活动必须进行治理和设计，并依据制度安排或企业间签订的合同加以执行。各种形式的治理结构可描述成一个区间范围：开始于市场价格，终止于完全一体化的企业活动。例如，在区间一端，是现货市场，完全根据市场价格进行各种商品的简单交易；在区间另一端，是一个完全一体化的企业，交易主体的所有权和控制权都是统一的；介于二者之间，存在诸多的混合模式，例如复杂的交易协议、部分所有权和其他形式的制度安排（Shelanski & Klein, 1995）。

交易成本理论的核心思想是管理者为寻求节省交易成本而进行组织变革（Williamson, 1985）。该理论探索了基于不同治理结构的交易成本差异。当人们去选择价格尽可能低廉的治理结构时，组织将会以一种最优的形式运行。

如果交易双方相互依赖，意味着双方都是脆弱的，没有任何一方可以轻易地做出可替代性的安排。因此，交易各方制定了价值保护的治理结构。这种治理结构包含有助于缓和冲突和实现共赢的准则。

交易成本理论探讨了交易主体如何保护自身免受与其他企业进行商品交换而产生的危害（Williamson, 1975, 1985）。根据此理论，交易伙伴将选择那些对其关系专用性投资提供最好保护的制度安排或者协议。交易成本低的企业比交易成本高的企业在业绩方面表现更好（Williamson, 1985）。

一体化是交易成本理论的主要概念之一。一体化概念探讨的是企业A和企业B合并的成本问题。企业A与企业B合并的好处来源于企业A的管理者给企业B的管理者下达指令（数量模式）的能力（Coase, 1937）。相应地，如果企业A不与企业B联合（或合并），企业A的管理者就必须与企业B的管理者签订协议，这样才能对企业B的管理者施加影响，让其按照命令行事（价格模式）。当两家企业合并，它们就从价格模式转变成数量模式。当数量模式比价格模式更有优势时，这两家企业倾向于合并。也有很多情况下，数量模式的效率低于价格模式。此时，官僚化程度加深及管理失误风险增加导致成本增加（Hart, 1988），企业通常并不愿意合并。

最初，交易成本理论聚焦于"生产"还是"购买"之间的二分选择。然而，最近越来越多的研究开始聚焦于被称为关系治理（relational governance）或联盟的合作安排（Dyer, 1997）。关系治理或者联盟比其他类型的交易更为有利和可行，尤其是当市场失灵时。然而，关系治理型交易可能很难被执行，因为它们是开放的，需要信任、相互依赖、平等期望和公平的机制来维持它们。Geyskens、Steenkamp和Kumar（2006）在生产还是购买与联盟还是购买的决策中发现了交易成本理论的强有力支持。

交易成本理论目前正在开始研究企业如何根据发展目标来安排交易。企业通常为不同的组织单元安排不同的目标。这些不同的目标会导致企业做出是生产、购买还是联盟的复杂决策。不同对象的不同决策会导致组织交易的混乱，从而影响组织绩效的提升（Bidwell, 2010）。

对该理论的批判与评论

到目前为止，交易成本理论还没有完全系统化（Williamson, 2010）。尽管有大量工作与研究都支持交易成本理论，但从文献上看仍然存在大量不足之处（Macher & Richman, 2008）。例如，对于交易成本理论中的关键术语和概念目前仍然缺少一致定义，且在测量诸如机会主义、资产专用性和不确定性等概念时产生的不一致和分歧使得很难统一解释各种研究结果。

对该理论的第二个批判是关于交易成本理论的假设：人总是表现出机会主义行为，意味着人是自私自利和不道德的。所以，交易必须始终由严苛细致的合同所约束，因为交易伙伴总是会为了自身利益而互相伤害，而且事后发现这种伤害往往代价昂贵（Williamson, 1975）。

Ghoshal和Moran（1996）质疑交易成本理论中的自我实现预言问题。机会主义总是存在，且常常不可预测，这种情况下交易双方就会倾向于认为它会出现。最终的结果就是，交易双方始终不能互相信任，并且拟定出尽可能严苛的合同来促使双方在交易中表现得更好。

最后，批评者指出交易成本理论对一体化和显性合约保护的好处的解释存在偏差（Poppo & Zenger, 2002）。该理论无法解释某些异常现象，或者在没有典型治理结构的条件下企业仍然可以生存得很好的问题（Chiles & McMackin, 1996）。

对该理论所包含的变量进行测量

1.协调、搜寻、缔约、监控与执行的成本测量

Jobin, D. (2008). A transaction-cost based approach to partnership performance evaluation. *Evaluation*, 14, 437–465.

2.信任与交易成本测量

Dyer, J. H., & Chu, W. (2003). The role of trustworthiness in reducing transaction costs and improving performance: Empirical evidence from the United States, Japan, and Korea. *Organization Science*, 14, 57–68.

3.基于信任的治理程度量表，声誉评估量表，以及其他量表

Carson, S. J., Madhok, R., & John, G. (2003). Information processing moderators of the effectiveness of trust-based governance in interfirm R&D collaboration. *Organization Science*, 14, 45–56.

4.交易量不确定性量表

John, G., & Weitz, B. A. (1988). Forward integration into distribution: An empirical test of transaction cost analysis. *Journal of Law, Economics, and Organizations*, 4, 337–355.

5.资产专用性与测量难度度量表

Poppo, L., & Zenger, T. (2002). Do formal contracts and relational governance function as substitutes or complements? *Strategic Management Journal*, 23, 707–725.

未来研究建议

（1）研究不同交易维度的相对重要性，以及它们对组织行为和治理模式选择的影响。

（2）比较单方成本最小化工作和关系治理成本最小化工作之间的异同。

（3）探索在意图性治理选择与随机治理选择的不同情境下组织绩效的差异。

（4）探索企业如何匹配它们的交易以实现多重目标。

（5）探索企业关于交易偏离问题的应对措施。

（6）探讨如何撰写关于处理内部、外部管理和生产问题的合同。

（7）比较合作关系和非合作关系下的管理模式选择与组织绩效。

（8）探索在缔约事件中，管理机会主义行为的人口统计学差异及其对组织绩效的影响。

（9）探索在无治理结构条件下企业能够成功达成交易的情境和条件。

（10）研究企业内外部的合同细节及其对边界决策的影响。

必读的经典文献

Coase, R. H. (1937, November). The nature of the firm. *Economica*, 4, 386-405.

Williamson, O. E. (1975). *Markets and hierarchies: Analysis and antitrust implications*. New York: Free Press.

Williamson, O. E. (1985). *The economic institutions of capitalism*. New York: Free Press.

Williamson, O. E. (2002). The theory of the firm as governance structure: From choice to contract. *Journal of Economic Perspectives*, 16(3), 171-195.

Williamson, O. E. (2010, June). Transaction cost economics: The natural progression. *American Economic Review*, 100, 673-690.

对管理者的启示

交易成本理论探讨与产品和服务生产不直接相关的那部分成本的重要性。当管理者为特定的项目做预算时，确保预算包含那些与产品和服务生产不直接相关的所有额外成本，如信息搜索、讨价还价、监控及执行协议的费用。以购买商品为例，成本不仅包括商品价格，还包括花费在寻找店铺、比较商品和做出购买决策的时间成本。

管理者一定要关注交易伙伴是如何对待自己的。举例来说，为了防止不良行为，是否不得不严格对待交易伙伴，在合同中尽量增加一些严格控制和约束的条款？还是交易伙伴非常友好和亲近，与他们交易也不失为一种乐趣？交易双方是否已经建立了不需要借由合同约束的相互信任、互利共赢的交易关系，在这种情形下，交易双方都可以获得发展，还是这个目标根本无法实现？对于交易伙伴及维持关系所需要的成本了解得越多，管理者就能越有效地降低成本，同时更好地营造一种交易环境使各方都从中受益。

结论

李超平* 译
（中国人民大学公共管理学院）

本书的三个主要目标是帮助读者：（1）了解管理与组织领域中最重要的理论，（2）将这些管理与组织领域的知识用来解决组织的现实问题，以及（3）开展自己的管理与组织研究，丰富管理与组织领域的研究成果。下面，笔者将对这三个主要目标逐一进行详细分析。

一、了解管理与组织领域的理论

本书的第一个主要目标是帮助学生、学者、管理者和咨询师了解管理与组织领域的主要理论。下面，笔者将讨论管理与组织理论的两个重要问题：（1）理论的分析层次；（2）理论的年代表（理论提出的时间）。

1. 分析的层次

一个理论的分析层次主要指理论关注的是什么，或者理论的"聚焦单位"（Mathieu & Chen, 2011）。理论有各种不同的分析层次：个体、群体、部

---

* 李超平，中国人民大学公共管理学院教授、博士生导师。主要研究领域为企业与公共组织的人力资源管理、胜任特征模型的构建与应用、人才选拔与评价、领导理论与领导力提升、领导干部工作压力与心理健康。电子信箱：lichaoping@ruc.edu.cn。

门、组织、行业、地区、社会、文化、国家、大陆、国际、洲际、全球和普遍等。管理与组织领域的理论主要关注两个层次：微观或宏观。微观层次是指个体或团体层次的分析。宏观层次是指组织、行业或国家层次的分析。

一个理论最合适的分析层次究竟是什么？对于这一点，众说纷纭。一些研究人员认为，应该严格区分不同的层次，严格区分微观理论和宏观理论。例如，Turner（2006）指出应该严格区分微观、中观和宏观的分析层次，他认为"现实表明就应该区分为不同的层次"（p.353）。然而，其他一些研究人员认为，在多层次或中观层次开展研究已经变得越来越有必要（House, Rousseau, & Thomas-Hunt, 1995; Kavanagh, 1991; Klein & Kozlowski, 2000）。

一些研究人员认为，关注微观层次研究的研究人员与关注宏观层次研究的研究人员之间存在巨大的鸿沟或分歧（Huselid & Becker, 2011）；而另一些研究员认为，两者之间的鸿沟或分歧并没有很多人认为的那么大（Rousseau, 2011）。不管怎么说，研究人员都同意，在管理与组织研究领域最关键的挑战之一，就是寻找方法来整合微观和宏观层次的研究方法和理论（Aguinis, Boyd, Pierce, & Short, 2011）。笔者撰写本书的目标之一，就是汇总所有的管理与组织理论。为了实现这一目标，笔者特意没有明确指出，某一理论究竟是微观理论，还是宏观理论，以此来避免对它们做出区分。

一些理论家主张从多个角度来分析理论。例如，关于诚信领导的研究基本都是在个体层次上进行分析，但也有一些研究人员从中观层次或多层次的角度进行了分析（例如，Yammarino, Dionne, Schriesheim, & Dansereau, 2008）。同样，目标设定几乎总是在个体层次上进行分析，但最近也有一些研究人员开始从宏观层次来研究目标设定理论（Locke & Latham, 2006）。

笔者的观点是，所有40个理论可以而且应该在所有可能的分析层次上进行研究。管理与组织研究的研究人员认为，该领域最主要的优势之一，就是可以在多个层次进行分析（Roberts等，1990）。针对部分理论，一些研究人员已经开始进行类似的分析。社会网络理论和社会资本理论是这种分析的两个典型例子。Moliterno和Mahony（2011）认为，应该对社会网络理论进行多层次分析。Payne、Moore、Griffis和Autry（2011）考察了以往的研究是如何从个体、群体、组织和多个层次对社会资本理论进行分析的。研究人员早已用这些理论来分析，组织是如何通过开发其资源、知识、动态能力和吸收能力来培育组织持续竞争优势的。这些理论同样也可以用来解释，与其他个体或群体相比，某些个体和群体是如何获得持续竞争优势的。

2. 理论的年代表

学习管理与组织理论的一个重要部分，就是知道这些理论是何时提出来的，了解它们的创建顺序，以及随着时间的推移，它们又有什么新的发展。为了帮助大家了解这一点，笔者对本书包括的40个理论，根据它们提出的时间整理出了这些理论的年代表。为了创建这一张年代表，笔者找出了每一个理论最重要的5篇参考文献，然后根据这5篇参考文献找出了该理论最早的提出时间。这张年代表列出了每一个理论提出的大致时间与先后顺序，可以帮助我们了解管理与组织理论的发展与演变历程（如表1所示）。

表1 管理与组织理论的年代表

理论	时间
伦理理论	公元前350年
代理理论	1776年
社会促进理论	1898年
有效市场理论	1900年
交易成本理论	1937年
场理论	1943年
博弈论	1944年
平衡理论	1946年
社会比较理论	1954年
社会网络理论	1954年
社会交换理论	1959年

(续表)

理论	时间
结构权变理论	1961年
议程设置理论	1963年
知识基础理论	1966年
依恋理论	1967年
归因理论	1967年
创新扩散理论	1969年
计划行为理论	1975年
结构化理论	1976年
制度理论	1977年
组织生态理论	1977年
社会认知理论	1977年
社会身份认同理论	1978年
前景理论	1979年
角色理论	1979年
意义建构理论	1979年
心智模型理论	1980年
自我决定理论	1980年
控制理论	1981年
媒介丰富性理论	1981年
目标设置理论	1984年
利益相关者理论	1984年
资源基础理论	1984年
行动者网络理论	1986年
社会资本理论	1986年
组织公正理论	1987年
吸收能力理论	1989年
镜像理论	1990年
心理契约理论	1994年
动态能力理论	1997年

当读者在学习和使用这些管理与组织理论时，请记住它们的创建时间、顺序，以及它们常用的分析层次。

二、管理与组织知识的应用

本书的第二个主要目标是帮助读者应用这些管理与组织理论。读者能否应用所学的理论，取决于学习的层次。一般来说，可以将理论的学习区分为记忆、理解、应用、分析、评价、创建六个层次（Anderson & Krathwohl, 2001; Pohl, 2000）。下面，笔者将分别描述这六个层次中的每一个层次与应用所学到的内容之间的关系。

第一个层次的学习是记忆。记忆涉及回忆、再现、罗列和描述信息。学习管理与组织理论的第一步就是记住它们的名称、每个理论最重要的五篇参考文献、每个理论的总体描述、对每个理论的主要批评，以及每个理论对管理者的启示。每个理论都有自己的专有名称和术语，这是需要记忆的地方。这可能是任何领域的学习最耗时的一步，但无疑也是最重要的一步。尽管他们自己都没有记住每一个理伦，大多数管理与组织领域的人都希望其他研究这一领域的人能记住所有重要的理论。

第二个层次的学习是理解。理解包括解读、总结、释义和解释主要的观点和概念。这一步不是指仅能对理论进行描述的能力；而是要能在日常生活中使用这些理论，能够向他人解释，做比较，并理解每个理论的主要观点。

第三个层次的学习是应用。应用理论是指能在其他熟悉的情境中，使用理论中的信息并实施相关的想法。每个理论都提供了一个视角、方法和框架，通过这些我们可以识别问题，找出重点，并和其他了解管理与组织理论的人一起提出解决方案。学习40个管理理论最神奇和最有帮助的事情之一就是，从学习理论开始，我们能够从40个不同的角度来分析面对的每一个问题。

第四个层次的学习是分析。分析指能将信息分解成更小的部分，来考察各种关系，并比较、整合和拆解不同的理论。

一旦掌握了从40种不同的理论角度，来分析每一个问题及其细节的能力，在面对问题时，我们就可以分析不同行动方案的优缺点。管理的目标之一是帮助组织更高效和更有效地运行。在学习了这些理论之后，我们就可以从不同的角度来分析问题，这将能帮助组织提出更好、更有效的解决方案。

第五个层次的学习是评价。评价包括评判决策或行动方案，批评、实验和检验思想及概念。当在从40个不同的理论视角分析了问题和挑战，并得到了相应的决策或行动方法后，下一步就是要评价不同行动方案或计划的可行性。当学会了应用不同的理论视角之后，我们就能更准确地分析自己或他人决定采取的不同方案或做法的缺点。

第六个层次，也就是最后一个层次的学习是创建理论。创建指产生新的想法或新的分析事物的方式，以及设计、建构或提出新的理论。一旦完成了前五个层次的学习，下一步就是创建自己的管理与组织理论。（本章的下一部分就是阐述创建理论的具体过程。）

在学习管理与组织的理论时，要记住学习的这六个层次。任何学术领域的学习，都不是一个简单的过程。用于学习理论的时间和精力越多，用于将这些理论付诸实践、分析问题和挑战的时间和精力越多，越能成为一个优秀的管理者，组织的效率也会更高。

三、开展的管理与组织研究

本书的第三个主要目标是帮助读者在管理与组织领域开展自己的研究。正如笔者在其他地方已经指出的，对于那些准备开展研究项目的本科生、准备撰写硕士论文的学术硕士和专业硕士（包括MBA、MPA等）、准备写博士论文的博士生与准备开展自己研究的教师来说，本书都是非常有价值的资源。此外，本书对那些希望在管理与组织领域开展自己的研究，并发表研究成果的管理者和咨询师来说，也会非常有帮助。

本书的最后一部分重点关注开展研究的三个步骤：（1）选择一个感兴趣的理论；（2）确定要开展的研究的具体类型；（3）创建自己的理论。

1. 选择感兴趣的理论

为了开展自己的研究，首先需要选择一个或多个感兴趣的管理与组织理论。阅读本书中的40个理论，记下那些有趣或独特的理论。对于不同的读者，其感兴趣的理论不同，也不止一种。为了更顺利地开展研究，需要遵循以下步骤。

最为重要的是，首先要选择一个喜欢的理论，因为后面花大量时间做的工作，都将和这个理论有关。一些研究人员认为，找到与自身匹配的理论很重要。因为从某些方面来说，选择的理论将体现个人认同，或者在理想情况下，个体将与这个理论建立很强的关联。

在选择了一个感兴趣的理论之后，下一步是在选的理论中"洗个澡"，也就是尽己所能找出与该理论相关的所有内容。首先阅读本书中列出的五篇最重要的（或奠基性的）文献。然后找出过去五年到十年里针对这个理论所发表的重要文章。可以使用学术数据库，如EBSCO（ASC子库、BSC子库），搜索与该理论相关的所有文章。将这些文章打印出来，并仔细阅读。列出每篇文章中的构念或变量，记下每篇文章对这些构念或变量的定义，请务必记录每个项目完整的文献出处。如果在阅读每篇文章时准确地记录了相关的文献出处，等回头需要再找这些文献时，会节省大量的时间。可以通过画图，来描述在该理论中一些构念或变量之间的关系。当然，也需要标注，根据已有的研究，这些变量或构念之间的关系有哪些边界条件或限制，完成这些工作需要投入不少时间，但是对后面将要完成的研究项目来说，这些将会是非常有价值的工具。

2. 确定要开展的研究的具体类型

当准备好开展自己的研究后，下一步就需要决定所开展研究的类型。有许多方法可以为管理与组织领域做出贡献。例如，至少有十种方式可以为管理与组织理论的发展做贡献：（1）回顾；（2）澄清；（3）重复验证；（4）

扩展和深化；(5) 重构；(6) 批判；(7) 借用；(8) 混合；(9) 整合；(10) 再聚焦。下面，笔者简要介绍这十种方法的每一种是如何为管理与组织理论做出贡献的。

- 回顾理论

对现有理论和实证知识的回顾和总结对管理与组织理论领域具有重大的意义（LePine & King, 2010）。然而，简单地回顾现有的文献通常远远不足以发表（Kilduff, 2007）。通过以下方式可使得回顾有更大的学术贡献：(1) 挑战或澄清理论中的现有关系和相互关系；(2) 发现理论的不足和挑战；(3) 找出理论的空白、缺陷或问题；(4) 强调、分析和评价理论中各构念之间的关系；(5) 将最新的研究结果汇总为一个连贯的整体（LePine & King）。关于特定理论的回顾文章有两个很好的例子：Eisenhardt（1989）对代理理论的回顾，以及Payne等人（2011）对社会资本理论的回顾。

- 澄清理论

另一种为管理与组织理论做贡献的方法是澄清现有的研究。例如，比较和澄清理论中有关重要构念及变量的定义。还可以比较和澄清理论中的重要关系、相互关系、中介变量及调节变量。为了最大限度地提高澄清理论研究成果发表的可能性，要确保指出现有研究中的任何矛盾、差异或不一致的地方，并提出相应的解决方案。

- 重复验证理论

重复验证现有研究是指重复别人已经发表理论中的检验与分析。有些期刊专门发表重复验证以往研究结果的文章。但是，有些期刊不会发表纯粹重复验证的文章。因此，在开始研究之前，先核实期望发表的期刊是否接受重复验证的文章。此外，如果希望在特定期刊发表，那么强烈建议投稿者认真分析该期刊，看该期刊倾向于发表哪些类型的研究，以及倾向于采用哪些理论。如果所研究的理论，正好是该期刊发表的文章所从未涉猎过的，那么建议投稿者考虑其他期刊作为目标期刊。

为了最大限度地让重复验证的文章能够被发表，最好不要停留在重复验证原来的研究上，而应该以新的方式增加或改变原来的研究。例如，如果原来研究只聚焦于男性，那么可以通过纳入女性对象的方式来重复验证原来的研究。

• 扩展和深化理论

研究人员在最初提出理论时，会明确该理论包括哪些构念及其关系。然而，很少有理论是在电光火石的一瞬间建立起来的（Smith & Hitt, 2005）。相反，理论一般都会随着时间的推移而不断扩展和深化。后续的研究会帮助完善相关的变量及其关系。扩展和深化理论有可能是混乱的，因为人们试图在新的、不同的方向上延展理论的边界。为了最大限度地让扩展现有理论的研究成果得以发表，投稿者应参考其他人扩展其他理论且已经发表的文章，使用类似的扩展方式，扩展自己最喜欢的理论，且在文章中引用该研究。

扩展和深化理论的另一种方法是：提出对立的问题（Tsang&Ellsaesser, 2011）。有两种主要的方法来提出对立的问题：（1）变形；（2）事实-衬托（fact-foil）。变形是指从一个不同的方面来看待某一事件，也就是说，在研究问题中，当所强调的词不一样时，意味着可能会有不同的研究问题。以问题"为什么鸡过马路"为例，如果强调的是"鸡""马路"或"过"时，研究问题就会完全不一样。"为什么是鸡，而不是其他类型的动物？"重点在"鸡"；"为什么是马路，而不是其他的交通系统？"重点在"马路"；"为什么动物穿过马路，而不是走在路边，或者远离马路，或者让一些其他动物替它穿过马路？"重点在"穿过"。

另一种扩展和深化现有理论的方法是使用事实-衬托法。一个典型的研究问题是"为什么是P而不是Q？"其中P称为事实，Q称为衬托（Tsang & Ellsaesser, 2011）。例如，如果我们将研究问题扩展为"为什么鸡过马路，而不是乘公共汽车？"问题的第一部分"为什么鸡过马路"是事实，"而不是乘公共汽车？"是衬托。为原始研究问题创造一些不同的衬托，是在扩展和深化现有理论时，创造新的研究问题的好方法。

- 重构理论

重构理论指对现有理论中的构念和关系进行重大改变。例如，如果注意到一个理论中存在问题或缺陷，那么可以提出一种新的方法来改善或改变理论，或解决存在的问题或缺陷。重构理论的一个例子是Zahra和George（2002）的文章，他们重构了吸收能力理论。为了让重构理论发挥最大的价值，研究人员需要非常清楚地指出现有理论中的构念及其关系，然后非常精确地指出自己对原有理论的改变，及其对完善原有理论的贡献。

- 批判理论

另一种为管理与组织理论做贡献的方法是对现有理论进行批判。不是每一本期刊都会愿意发表批判或批评的文章，在花时间撰写批判之前，一定要弄清楚目标期刊是否接受批判性的文章。对现有管理与组织理论进行批评的典型例子有：对资源基础理论的批判（Bromiley & Fleming, 2002），对交易成本理论的批判（Ghoshal & Moran, 1996），以及对利益相关者理论的批判（Key, 1999）。

- 借用理论

借鉴其他学科的理论或部分理论在管理与组织领域是一种常见的做法（Ilgen & Klein, 1989; Oswick, Fleming, & Hanlon, 2011; Whetten, Felin, & King, 2009）。借用理论是将理论从相关学科带到管理与组织领域的单向过程（Oswick等，2011）。例如，社会网络理论来自经济学和社会学领域，结构理论来自社会学。如果研究人员想从其他学科借用理论，那么需要去了解这些学科，并找到有趣的理论。然后找到一种方法，将这些理论应用到管理与组织领域。

- 混合理论

借用理论是一个单向过程，但混合理论涉及两个或更多领域之间的双向、往复过程。Oswick等人（2011）讨论了使用四种类型的推理，来混合来自不同领域的理论：（1）非类似推理（disanalogous reasoning）：关注类似领域中的差异性；（2）反话式推理（ironic reasoning）：比较相反或明显对立领域的相似性；（3）反事实性推理（counterfactual reasoning）：来自相似却有可辨别差异领域的并行推断；（4）异常性推理（anomalous reasoning）：比较不相关或不相似领域的相似性。

- 整合理论

可以为管理与组织理论做出贡献的另一种方式是整合两个或更多的理论。在一个或多个理论中寻找类似的构念和关系，然后寻找将这些理论整合或汇总成一个新的整合理论的方法。整合方法的一个例子是Klein（1989）的研究。

- 再聚焦理论

在管理与组织领域扩展理论的最后一种方法是再聚焦理论。再聚焦理论是指在领域内外组合不同的镜片，并以新的方式将它们组合在一起（Okhuysen & Bonardi, 2011）。采用组合镜片的方式来构建理论在推进管理与组织理论方面发挥着重要作用（Gioia & Pitre, 1990）。组合镜片的一个例子是行为经济学这一新的研究领域。研究人员将心理学领域的个体认知和情感因素这一镜片，与金融领域的投资这一镜片组合在一起。这个新领域关注个体差异变量在金融市场中的作用。我们可以寻找方法，将来自相似和不同领域的镜片组合到管理与组织领域的研究中来。

3. 创建自己的理论

管理与组织领域需要新颖的、雄心勃勃的、伟大的理论（Suddaby, Hardy, & Huy, 2011; Weick, 1999），所以为什么不是自己创建了这些理论呢？为了帮助读者更好地理解新的理论是如何创建出来的，接下来的部分将探讨理论创建的三个重要方面：（1）理论家的特点，（2）理论创建的阶段，（3）理论家的角色（Smith & Hitt, 2005）。

- 理论家的特点

创建新的理论需要一些重要特质：满怀激情，富有创造性和创新思维能力，拥有自信，坚持不懈和自律。有激情意味着在研究管理与组织的重要问题时，充满活力并兴奋不已。例如，在逛书店时，管理学者自然会被吸引去寻找管理类图书，并废寝忘食地阅读那些图书。

成为理论家还需要富有创造性和创新思维能力；并能够看到整体情况的"全局"。理论家还要能够构想各种元素之间的关系，并随着时间的推移而将其完美地融合在一起。

成为理论家还需要有很强的信心。天才和疯子之间只有一线之隔。新理论的提出，既会有拥趸和认可，也会遭受质疑和批评。如果要成功地应对批评，保护自己的观点不被他人恶意攻击，就需要对自己和自己的观点有极强的信心。

成为理论家还要能坚持。成为理论家需要时间和毅力。研究人员需要去了解该领域，提出新的想法，仔细构思和撰写新理论，所有这些需要大量时间、耐心和动力。梳理和出版研究成果需要时间，只有坚持不懈，认真专注，成果出版才指日可待。

最后，成为理论家要求自律。研究工作需要全身心投入，观点的提出也需要来耗费很长的时间。笔者曾经被告知，做研究意味着要做上千件烦琐的事情。只有自律，才能完成发表新理论观点所要求的数以千件的琐事。

● 理论创建的阶段

Smith和Hitt（2005）认为，创建新理论有四个主要阶段，分别是：现象及其引发的焦虑、搜索、深化与研究、宣传与推广。

（1）现象及其引发的焦虑。新理论的产生有多种方式。例如，理论家可能注意到一些现象，并想知道这些现象为什么会发生。举例来说，当研究人员想知道为什么一些事件最终在报纸头版出现时，议程设置理论就有可能被提出来了，而不是理论家的人就不会关心这些问题。组织中发生的事情，或者一些与组织有关的事情可能会引起研究人员的注意，并促使其决定采用一种新的理论来解释这种现象。新理论产生的另一种方式是：对现有理论的不满；或者现有理论对组织某些方面或某些管理活动的解释让研究人员焦虑。当一个人认为"在我们单位，很多事情都不是这样的"时，新理论的许多观点就产生了。

（2）搜索。一旦研究人员发现了希望进一步探索的现象或引发焦虑的现象,下一阶段将需要寻找解决方案,来解释这种现象或缓解这种焦虑。对于大多数理论家来说,他们的知识、技能、能力、背景和经验会帮助他们找到解释现象或解决他们焦虑的解决方案。搜寻答案可能涉及做研究,与其他人(包括研究人员、理论家和管理者等)沟通。理论家指出,他们有时能通过偶然的机会找到答案。

(3) 深化与研究。在找到解决问题的方法后,下一步是将这些想法写在纸上。研究人员需要描述构念,并解释这些构念之间的关系。一些理论家会列出要点,一些理论家会绘制图表来更好地组织他们的想法,以帮助他们将所有相关的信息纳入他们的理论。接下来还需要开展进一步的研究,以检验一些想法。

(4) 宣传与推广。理论创建的最后阶段是向其他人展示理论。许多理论家认为,这可能是理论创建中很有难度的部分。新理论并不会得到所有人的认可和支持。一些理论家指出,并不是所有的期刊都欣赏全新的理论。有时在期刊拒绝发表他们的研究成果后,理论家不得不通过著书的方式来阐述他们的新理论。

• 理论家的角色

Smith和Hitt(2005)描述了创建新的管理与组织理论的理论家所扮演的五个重要角色:(1) 创造者,(2) 编撰者,(3) 传播者,(4) 研究者,(5) 倡导者。

理论家的第一个角色是创造者。理论家提出一种新的理论,帮助我们以全新的、不同的方式看待世界,给我们带来惊喜并改变我们的看法。理论家的第二个角色是编撰者。编撰包括总结观点,组织想法,区分独创理论与其他的理论,定位独创理论尤其是与其他理论的关系,并随着时间的推移定期更新理论进展。第三个角色是传播者。传播包括通过多种多样的沟通渠道将观点传递给广泛的受众。第四个角色,研究者,通过研究进一步分析和检验理论观点。这些研究可能会采用各种不同的方法,如现场或实验室研究,定性或定量研究。第五个角色是成为理论的倡导者。如果独创理论想被其他人采纳、支持和使用,理论家必须宣传、营销、推广和捍卫它们。

四、结语

根据笔者的观察,学者、学生、管理者和咨询师都需要一本参考书,能够帮助他们快速了解管理与组织领域的主要理论,正是这一原因激发笔者撰写了本书。

笔者衷心希望这本书能激励读者去学习这些理论,应用这些理论,从而优化组织机能,提升管理绩效,开展管理与组织理论研究,并创建自己的管理与组织新理论。

重要术语索引

Absorptive capacities, 吸收能力, 16

Actor network theory, 行动者–网络理论, 22

Actor, 行动者, 23

Actor-observer effect, 行动者–观察者偏差, 54

Adopters, 采用者, 75

Adult-child attachment, 亲子依恋, 45

Adverse selection, 逆向选择, 31

Affective element, 情感要素, 68

Agency problem, 代理问题, 31

Agency theory, 代理理论, 30

Agenda setting theory, 议程设置理论, 37

Anticategorical imperative, 反类别之诫令, 267

Assimilation/ Contrast, 同化/对比, 236

Attachment anxiety, 依恋焦虑, 47

Attachment models, 依恋模式, 47

Attachment theory, 依恋理论, 45

Attachment-related avoidance, 依恋回避, 47

Audience effects, 观众效应, 250

Autonomy, 自主, 206

Balanced psychological contract, 平衡型心理契约，187

Bargaining transactions, 谈判型交易，292

Behavioral competency, 行为胜任力，229

better than average effect, 优于平均效应，236

Boundary spanners, 跨界者，16

Brokers, 网络关系的第三者，266

Causal ambiguity, 因果模糊性，192

Closeness（network），网络关系紧密度，266

Co-actor effects, 共同演员效应，250

Coercive isomorphism, 强制性同构，130

Cognitive competency, 认知胜任力，229

Cognitive element, 认知要素，68

Collectivistic perspective, 集体主义观点，244

Commitment, 承诺，117

Communication channels, 沟通媒介，143

Compatibility test, 兼容性测试，124

Competence，胜任，206

Consensus, 一致性，55

Consequentialism, 目的论，96

Consistency, 一贯性，55

Context-free dispositions, 去情境化的个人倾向，231

Contingencies, 情景因素，278

Contingency theory, 权变理论，278

Cooperative behavior, 合作行为，110

Cosmopolitans, 世界主义者，76

Critical mass, 临界量，77

Critical situations, 关键情境，287

Cybernetic systems, 控制论系统，69

Cumulative prospect theory, 累积前景理论，180

Day of the week effects, 星期效应，89

Degree of balance, 平衡程度，63

Density dependence selection, 密度依赖选择，158

Deontological, 义务，96

Diffusion effect, 扩散效应，76

Direct personal agency，直接人格能动性，230

Discrepancy feedback, 差异反馈，71

Dissonance, 失调，61

Distinctiveness, 区别性，55

Distraction-conflict theory on, 分心－冲突理论，251

Distributive justice, 分配公正，164

Duality of structure and action, 结构和行动的二元性，285

Economic exchange，经济交换，243

Efficient market theory, 有效市场理论，88

Egocentric network，以自我为中心的网络，264

Embeddedness,嵌入性,264

Ethical theory,伦理理论,95

Evolutionary(external) fitness of,进化（外部）适应性,82

Exchange expectations,交换期望,186

Explicit knowledge,显性知识,137

Feedback loop,反馈回路（循环）67

Field theory,场理论,102

Force field,力场,103

Framing,框架,39

Game theory,博弈论,109

Gatekeepers,守门人,16

General self-efficacy,一般自我效能感,231

Graph theory,图论,263

Group membership,群体成员身份,256

Group-serving bias,利群偏差,54

Hidden action model,隐藏行动模型,31

Hidden information model,隐藏信息模型,31

Hypodermic needle-like,皮下注射,37

In-groups,内群体,257

Innovativeness, 创新性，75

Institutional, 制度的，131

Institutional entrepreneurs, 制度创业家，131

Intangible assets，无形资产，193

Intangible resources，无形资源，221

Intellectual capital，智力资本，139

Intentionality，意向性，229

Interactional justice, 互动公正，165

Intergroup behavior，群体间行为，259

Intergroup relation，群体间关系，258

Intuitionism, 直觉论，96

Irrational actions，非理性行为，111

Knowledge assets，知识资产，139

Knowledge base，知识库，15

Knowledge-based theory，知识基础理论，136

Legal contract, 法律契约，185

Life space，生活空间，103

Managerial transactions，管理型交易，292

Mass media，大众传媒，37

Materiality，物质性，23

Matrix of adult attachment,成人依恋矩阵，46

Media naturalness approach,媒介自然性理论，146

Media richness theory，媒介丰富性理论，143

Media richness，媒介丰富性，143

Mental models theory,心智模型理论，150

Metacognitive ability，元认知能力，229

Mimetic isomophism,模拟性同构，130

Moral hazard,道德风险，31

Nash Equilibrium，纳什均衡，110

Normative isomorrphism,规范性同构，130

Normative social capital，规范性社会资本，223

Nurture assumption,养育说，48

Organizational ecology theory，组织生态理论，157

Organizational justice,组织公正，164

Organizational niche,组织生态位，158

Out-groups，外群体，257

Overadoption,过度采用，76

Perceived behavioral control (PBC),知觉行为控制，172

Point of reference,参考点，176

Positivist agency theory, 实证主义代理理论, 32

Presence-availability, 在场与不在场, 287

Priming effect, 启动效应, 40

Principal-agent agency theory, 委托人–代理人理论, 32

Problematization, 问题化, 22

Procedural justice, 程序公正, 165

Profitability test, 收益性测试, 124

Prospect, 前景, 178

Prospect theory, 前景理论, 178

Psychological contract, 心理契约, 185

Psychological needs, 心理需求, 206

Quasi-stationary equilibrium, 准静止平衡, 102

Random walk model, 随机游走模型, 89

Rational calculations, 理性计算, 178

Rational thoughts, 理性思维, 60

Rationing transactions, 配给型交易, 292

Reciprocity, 互惠, 242

Red tape crisis, 官僚主义危机, 163

Relatedness, 关系, 206

Relational governance, 关系治理, 294

Relational psychological contract, 关系型心理契约, 187

Resource-based theory, 资源基础理论, 192

Risk aversion, 风险回避, 179

Role conflict, 角色冲突, 205

Role flexibility, 角色灵活性, 201

Role permeability, 角色渗透性, 201

Role theory, 角色理论, 199

Roles ambiguity, 角色模糊, 200

Schumpeterian rents, 熊彼特租金, 83

Secure, anxious-ambivalent (or resistant), and avoidant attachment, 安全、焦虑-矛盾（或反抗）型和回避型依恋, 46

Self-concept, 自我概念, 256

Self-determination theory, 自我决定理论, 206

Self-efficacy, 自我效能, 117

Self-identity, 自我认同, 174

Self-interested parties, 利己主义者, 242

Self-reactiveness, 自我反应, 229

Self-reflectiveness, 自我反思, 229

Semi-strong form of information, 半强式信息, 88

Sensegiving, 意义发送, 216

Sensemaking theory, 意义构建理论, 214

Sentiments, 情感, 59

Shareholders, 股东, 271

Social comparison theory, 社会比较理论, 235

Social exchange theory, 社会交换理论, 242

Social facilitation theory, 社会促进理论，249

Social group, 社会群体，256

Social identity, 社会身份认同，256

Social network theory, 社会网络理论，263

Social capital theory, 社会资本理论，221

Stakeholder theory, 利益相关者理论，271

Stakeholders，利益相关者，271

Strategic conduct analysis, 战略行为分析，287

Strategic image, 战略镜像，123

Strong form of information, 强式信息，89

Structural inertia, 结构惯性，162

Structuration theory, 结构化理论，285

Subjective norms, 主观规范，171

Subjective value function, 主观价值函数，179

Tacit knowledge, 隐性知识，137

Tangible resources, 有形资源，221

Team mental models, 团队心智模型，152

Technical (internal) fitness, 技术（内部）适应性，82

Theory of reasoned action, 理性行动理论，171

Time-space distanciation, 时空延伸，287

Tipping point, 临界点，77

Trajectory image, 轨迹镜像，123

Transaction cost theory, 交易成本理论，292

Transaction, 交易，292

Transactional psychological contract, 交易型心理契约，187

Transitional paychological contract, 过渡型心理契约，187

Translation, 转译，22

Value image, 价值镜像，123

Visualization, 可视化，120

Weak form of information, 弱式信息，88

Worse than average effect, 差于平均效应，236

参考文献

引言

Abend, G. (2008, June). The meaning of "theory". *Sociological Theory*, 26, 173-199.

Bacharach, S. B. (1989). Organizational theories: Some criteria for evaluation. *Academy of Management Journal*, 496-515.

Colquitt, J. A., & Zapata-Phelan, C. P. H (2007). Trends in theory building and theory testing: A five-decade study of Academy of Management journal. *Academy of Management Journal*, 50, 1281-1303.

Corley, K. G., & Gioia, D. A. (2011). Building theory about theory building: What constitutes a theoretical contribution?*Academy of Management Review*, 36, 12-32.

Gioia, D. A., & Pitre, E. (1990). Multiparadigm perspectives on theory building. *Academy of Management Review*, 15, 584-602.

Hambrick, D. C. (2007). The field of management's devotion to theory: Too much of a good thing?*Academy of Management journal*, 50, 1346-1352.

LePine, J. A., & Wilcox-King, A. W. (2010). Editors'comments: Developing novel theoretical insight from reviews of existing theory and research. *Academy of Management Review*, 35, 506-509.

Lewin, k (1945, May). The research center for group dynamics at Massachusetts Institute of Technology. *Sociometry*, 8, 126-136.

Miner J. B. (1984). The validity and usefulness of theories in an emerging organizational science. *Academy of Management Review*, 9, 296-306.

Miner, J. B. (2003). The rated importance, scientific validity, and practical usefulness of organizational behavior theories: A quantitative review. Academy of Management Learning and Education, 2, 250-268.

Suddaby, R. (2010). Construct clarity in theories of management and organization. *Academy of Management Review*, 35, 346-357.

Sutton, R. I., & Staw, B. M. (1995, September). What theory is not. *Administrative Science Quarterly*, 40, 371-384.

Whetten, D. A. (1989). What constitutes a theoretical contribution? *Academy of Management Review*, 14, 490-495.

1 吸收能力理论

Baker T, Miner A. S., & Eesley, D. (2003). Improvising firms: Bricolage, retrospective interpretation and improvisational competencies in the founding process. *Research Policy*, 32, 255-276.

Cohen, W. M., & Levinthal, D. A. (1989, September). Innovation and learning: The two faces of R& D. *Economic Journal*, 99 (397), 569-596.

Cohen, W. M., & Levinthal, D. A. (1990, March). Absorptive capacity: A new perspective on learning and innovation. *Administrative Science Quarterly*, 35 (1, Special Issue), 128-152.

Gavetti, G., & Levinthal, D. (2000). Looking forward and looking backwards: Cognitive and experiential search. *Administrative Science Quarterly*, 45, 113-137.

Glass, A. J., & saggi, K. (1998). International technology transfer and the technology gap. *journal of Development Economics*, 55, 369-398.

Keller, W (1996). Absorptive capacity: On the creation and acquisition of technology in development. *journal of Development Economics*, 49, 199-227.

March, J. G., & Simon, H. A. (1958). Organizations. Hoboken, NJ: Wiley.

Murovec, N., & Prodan, J. (2009). Absorptive capacity, its determinants, and influence on innovation output: Cross-Cultural validation of the structural model. *Technovation*, 29, 859-872.

Schumpeter J. A. (1942). *Capitalism, Socialism, and democracy*. New York: Harper& Row.

Todorova, G., & Durisin, B. (2007). Absotptive capacity: Valuing a reconceptualization. *Academy of Management Review*, 32, 774-786.

Tripsas, M., & Gavetti, G. (2000). Capabilities, Cognition and inertia: Evidence from digital imaging. *Strategic Management journal*, 21, 1147-1162.

Volberda, H. W., FOSS, N., & Lyles, M. A. (2010, July-August). Absorbing the concept of absorptive capacity: How to realize its potential in the organization field. *Organization Science*, 931-951.

Zahra, S. A. , & George, G. (2002). Absorptive capacity：A review, reconceptualization, and extension. *Academy of Management Review*, 27, 185-203.

2 行动者-网络理论

Alcadipani, R. , & Hassard, J. (2010). Actor-network theory, organizations and critique：Toward a politics of organizing. *Organization*, 17, 419-435.

Bryson, J. M. , Crosby, B. C. , & Bryson, J. K (2009). Understanding strategic planning and the formulation and implementation of strategic plans as a way of knowing：The contributions of actornetwork theorg. *International Public Management Journal*, 12, 172-207.

Calas, M. B. , & Smirich, L. (1999). Past postmodernism? Reflections and tentative directions. *Academy of Management Review*, 24, 649-671.

Callon, M. (1986). Some elements of a Sociology of translation：Domestication of the scallops and the fishermen of St. Brieuc Bay. In J. E. Law (Ed.), *Power, action, and belief*：*A new sociology of knowledge* (pp. 196-223). London：Routledge.

Callon, M. , & Latour, B. (1981). Unscrewing the big leviathan：How actors macro-structure reality and how sociologists help them do so. In K. Knorr-Cetina& A. V. Cicourel (Eds.), *Advances in social theory and methodology* (pp. 277-303). London：Routledge& Kegan Panl.

Chateauraynaud, F (1991, June-July). Forces et faiblesses de la nouvelle anthropologie des sciences (Strengths and weaknesses of the new anthropology of science). *Critique*, 529-530, 458-478.

Grint, k (1998). *The sociology of work*. cambridge：Polity.

Habers, H. , & Koenis, S. (1996). The political eggs of the chicken debate. *EASST Review*, 15 (1), 9-15.

Hanseth, O. , Aanestad, M. , & Berg, M. (2004). Guest editor's introduction：Actor-network theory and information systems：What's so special?Information, *Technology and People*, 17, 116-123.

Krarup, T. M. , & Blok, A. (2011). Unfolding the social：Quasi-actants, virtual theory, and the new empiricism of Bruno Latour. *Sociological Review*, 59 (1), 42-63.

Latour, B. (1987). *Science in action*：*How to follow scientists and engineers through society*. Cambridge, MA：Harvard University Press.

Latour, B. (1996). *Aramis, or the love of technology*. Cambridge, MA：MIT Press.

Latour, B. (1999). On recalling ANT In J. Law& J. Hassard (Eds.), *Actor network theory and after* (pp. 15-25). Oxford：Blackwell.

Latour, B. (2004, Winter). Why has critique run out of steam?From matters of fact to matters of concern. *Critical Inquiry*, 30, 225-248.

Latour, B. (2005). *Reassembling the social*：*An introduction to actor-network theory*. Oxford：Oxford University Press.

Law, J. (1994). *Organizing modernity*. Oxford：Blackwell.

Law, J. (1999). After ANT：Complexity, naming and topology. In J. Law& J. Hassard (Eds.), *Actor network theory and after* (pp. 1-14). Oxford：Blackwell.

Law, J. , & Hassard, J. (Eds.). (1999). *Actor network theory and after*. Oxford：Blackwell.

Lee, N. , & Brown, S. (1994). Otherness and the actor network：The undiscovered continent. *American Behavioral Scientist*, 36, 772-790.

McLean, C. , & Hassard. J. (2004). Symmetrical absence / symmetrical absurdity：Critical notes on the production of actor-network accounts. *Journal of Management Studies*, 41, 493-519.

Newton, T. (1999). Power, subjectivity, and British industrial and organizational sociology：The relevance of the work of Norbert Elias. *Sociology*, 33, 411-440.

Newton, T. (2002). Creating the new ecological order?Elias and actornetwork theory. *Academy of Management Review*, 27, 523-540.

Oppenheim, R. (2007). Actor-network theory and anthropology after science, technologu, and society. *Anthropological Theory*, 7, 471-493.

Reed, M. I. (1997). In praise of duality and dualism：Rethinking agency and structure in Organizational analysis. *Organization Studies*, 18, 21-42.

Savage, M. (2009). Contemporary sociology and the challenge of descriptive assemblage. *European journal of Social Psychology*, 12, 155-174.

Walsham, G. (1997). Actor-network theory and IS research：Current status and future prospects. In A. Lee, J. Liebenau, & J. DeGross (Eds.), *Information systems and qualitative research* (pp. 466-480). London：Chapman and Hall.

Whittle, A. , & Spicer A. (2008). Is actor network theory critique? *Organization Studies*, 29, 611-629.

Young, D. , Borland, R. , & Coghill, K. (2010, July). An actor-network theory analysis of policy innovation for smoke-free places：Understanding change in complex systems. American journal of Public Health, 100, 1208-1217.

3 代理理论

Arrow, K. J. (1985). The economics of agency In J. W. Pratt& R. J. Zeckhauser (Eds.), *Principals and agents*：*The structure of business* (pp. 37-51). Boston, MA：Harvard Business School Press.

Barney, J. , & Ouchi, W (Eds.). (1986). *Organizational economics*. San Francisco：Jossey-Bass.

Berle, A. , & Means, G. (1932). *The modern corporation and private property*. New York：Macmillan.

Dalton, D. R. , Daily, , C. M. , Certo, S. T, & Roengpitya, R. (2003). Metaanalyses of financial performance and equity.

Fusion or confusion? *Academy of Management Journal*, 46, 13-26.

Dalton, D. R. , Hitt, M. A. , CeFto, S. T, & Dalton, C. M. (2007). The fundamental agency problem and its mitigation. In J. F Walsh& A. P. Brief (Eds.), *Academy of Management Annals* (Vol. 1, pp. 1-64). Mahwah, NJ: Erlbaum.

Davies, M. , & Prince, M. (2010, Spring). Advertising agency compensation, client evaluation and switching costs: An extension of agency theory. *Journal of Current Issues and Research in Advertising*, 32 (1), 13-31.

Eisenhardt, K. M. (1989). Agency theory: An assessment and review. *Academy of Management Review*, 14, 57-74.

Ellis, R. S. , & Johnson, L. W. (1993, September-October). Observations: Agency theory as a framework for advertising agency compensation decisions. *Journal of Advertising Research*, 33, 75-80.

Fama, E. F (1980). Agency problems and the theory of the firm. *Journal of Political Economy*, 88, 288-307.

Fama, E. F, & Jensen, M. C. (1983). Separation of ownership and control. *Journal of Law and Economics*, 26, 301-325.

Ghoshal, S. (2005). Bad management theories are destroying good management practices. *Academy of Management Review*, 4, 75-91.

Hirsch, P, & Friedman, R. (1986). Collaboration or paradigm shift? Economic vs. behavioral thinking about policy? In J. Pearce & R. Robinson (Eds.), *Best paper proceedings* (pp. 31-35). Chicago: Academy of Management.

Hirsch, P, Michaels, S. , & Friedman, R. (1987). "Dirty hands"versus "clean models": Is sociology in danger of being seduced by economics? *Theory and Society*, 16, 317-336.

Holmstrom, B. (1979). Moral hazard and observability. *Bell Journal of Economics*, 10, 74-91.

Jensen, M. C. (1983). Organization theory and methodology. *Accounting Review*, 58, 319-339.

Jensen, M. C. , & Meckling, W. H. (1976). Theory of the firm: Managerial behavior, agency costs, and ownership structure. *Journal of Financial Economics*, 3, 305-360.

Kiser, E. (1999). Comparing varieties of agency theory in economics, political science, and sociology: An illustration from state policy implementation. *Sociological Theory*, 17, 146-170.

Lan, L. L. , & Heracleous, L. (2010). Rethinking agency theory: The view from law. *Academy of Management Review*, 35, 294-314.

Mitnick, B. M. (1988). Agency theory. In R. E. Freeman, & P. H. Werhane (Eds.), *The Blackwell encyclopedic dictionary of business ethics* (pp. 12-15). Malden, MA: Blackwell.

Nyberg, A. J. , Fulmer, I. S. , Gerhart, B. , & Carpenter, M. A. (2010). Agency theory revisited: CEO return and shareholder interest alignment. *Academy of Management Review*, 53, 1029-1049.

Perrow, C. (1986). Complex organizations. New York: Random House.

Petersen, T. (1993). The economics of organizations: The principalagent relationship. *Acta Sociologica*, 36, 277-293.

Ross, S. (1973). The economic theory of agency: The principal's problem. *American Economic Review*, 63, 134-139.

Shapiro, S. E (2005). Agency theory. *Annual Review of Sociology*, 31, 263-284.

Smith, A. (1952). An inquiry into the nature and causes of wealth of nations (1776). In R. M. Hutchins (Ed.), *Great books of the Western world* (Vol. 39, pp. 291-376). Chicago: Encyclopedia Britannica (Originally published 1776).

4 议程设置理论

Baumgartner, E R. , & Jones, B. D. (1993). Agendas and instability in American politics. Chicago: University of Chicago Press.

Berger, B. K. (2001). Private issues and public policy: Locating the corporate agenda in agenda-setting theory. *Journal of Public Relations Research*, 13, 91-126.

Brosius, H. B. , & Eps, P (1995). Prototyping through key events: News selection in the case of violence against aliens and asylum seekers in Germany. *European Journal of Communication*, 10, 391-412.

Cobb, R. W. , & Elder, C. D. (1983). *Participation in American politics: The dynamics of agenda-building*. Boston: Allyn & Bacon.

Cohen, B. (1963). *The press and foreign policy*. Princeton, NJ: Princeton University Press.

Dearing, J. W. , & Rogers, E. M. (1996). *Communication concepts 6: Agenda setting*. Thousand Oaks, CA: Sage.

Entman, R. M. (1993). Framing: Towards clarification of a fractured paradigm. *Journal of Communication*, 43, 51-58.

Fiske, S. T. , & Taylor, S. E. (1991). *Social cognition*. New York: McGrawHill.

Fombrun, C. J. (1998). Indices of corporate reputation: An analysis of media rankings and social monitors' ratings. *Corporate Reputation Review*, 1, 327-340.

Fombrun, C. J. , Gardberg, N. A. , & Sever, J. M. (2001). The reputation quotient: A multi-stakeholder measure of corporate reputation. *Journal of Brand Management*, 7, 241-255.

Iyengar, S. (1988). New directions of agenda-setting research. In J. A. Anderson (Ed.), *Communication yearbook 11* (pp. 595-602). Thousand Oaks, CA: Sage.

Iyengar, S. (1990). The accessibility bias in politics: Television news and public opinion. *International Journal of Public Opinion Research*, 2 (1), 1-15.

Iyengar, S. , & Kinder, D. R. (1987). *News that matters*. Chicago: University of Chicago Press.

Kingdon, J. (1984). *Agendas, alternatives, and public policies* (2nd ed.). New York: HarperCollins.

Klapper, J. T. (1960). *The effects of mass communications*. New York: Free Press.

Kosicki, G. M. (1993). Problems and opportunities in agenda-setting research. *Journal of Communication*, 43, 100-127.

Lasswell, H. D. (1927). *Propaganda techniques in the World War*. NewYork: Knopf.

Leech, B. L., Baumgartner, F. R., Berry, J. M., Hojnacki, M., & Kimball, D. C. (2002). Organized interests and issue definition in policy debates. In A. J. Cigler & B. A. Loomis (Eds.), *Interest group politics* (6th ed., pp. 275-292). Washington, DC: CQ Press.

Lippman, W. (1922). *Public opinion*. New York: Macmillan.

MacKuen, M. B. (1981). Social communication and the mass policy agenda. In M. B. MacKuen & S. L. Coombs (Eds.), *More than news: Media power in public affairs* (pp. 17-44). Thousand Oaks, CA: Sage.

Matthes, J. (2009). What's in a frame? A content analysis of media framing studies in the world's leading communication journals, 1990-2005. *Journalism and Mass Communication Quarterly*, 86, 349-367.

McCombs, M. (2004). *Setting the agenda: The mass media and public opinion*. Cambridge: Polity.

McCombs, M., & Evatt, D. (1995). Issues and attributes: Exploring a new dimension in agenda setting. *Comunicacion y Sociedad*, 8 (1), 7-32.

McCombs, M., & Ghanem, S. I. (2001). The convergence of agenda setting and framing. In S. D. Reese, O. H. Gandy Jr., & A. E. Grant (Eds.), *Framing public life: Perspectives on media and our understanding of the social world* (pp. 67-81). Mahwah, NJ: Erlbaum.

McCombs, M., & Shaw, D. L. (1972, Summer). The agenda-setting function of mass media. *Public Opinion Quarterly*, 36, 176-187.

McCombs, M., Shaw, D. L., & Weaver, D. (1997). *Communication and democracy: Exploring intellectual frontiers in agenda-setting theory*. Mahwah, NJ: Erlbaum.

McKelvey, R. D. (1981, March). A theory of optimal agenda design. *Management Science*, 27, 303-321.

Miller, J. N. (2007). Examining the mediators of agenda setting: A new experimental paradigm reveals the role of emotions. *Political Psychology*, 28, 689-717.

Pralle, S. (2006). The "mouse that roared": Agenda setting in Canadian pesticide politics. *Policy Studies Journal*, 34, 171-194.

Rochefort, D. A., & Cobb, R. W. (1994). *The politics of problem definition*. Lawrence: University Press of Kansas.

Rogers, E. M., Dearing, J. W., & Bregman, D. (1993). The anatomy of agenda-setting research. *Journal of Communication*, 43, 68-84.

Schattschneider, E. E. (1960). *The semisovereign people: A realist's view of democracy in America*. New York: Holt, Rinehart & Winston.

Scheufele, D. A. (1999). Framing as a theory of media effects. *Journal of Communication*, 49, 103-122.

Schlozman, K. L., & Tierney, J. T. (1986). *Organized interests and American democracy*. New York: Harper & Row.

Staw, B. M., & Epstein, L. D. (2000). What bandwagons bring: Effects of popular management techniques on corporate performance, reputation, and CEO pay. *Administrative Science Quarterly*, 45, 557-590.

Stone, D. (1988). *Policy paradox and political reason*. Glenview, IL: Scott, Foresman.

Takeshita, T. (2005). Current problems in agenda-setting research. *International Journal of Public Opinion Research*, 18, 275-296.

Useem, M. (1980). Which business leaders help govern? In G. W. Domhoff (Ed.), *Power structure research* (pp. 199-226). Thousand Oaks, CA: Sage.

Wartick, S. L., & Mahon, J. E (1994). Toward a substantive definition of the corporate issue construct: A review and synthesis of the literature. *Business and Society*, 33, 293-311.

Weaver, D. H. (1977). Political issues and voter need for orientation. In D. L. Shaw & M. E. McCombs (Eds.), *The emergence of American political issues: The agenda-setting function of the press* (pp. 107-119). St. Paul, MN: West.

Weaver, D. H. (1980). Audience need for orientation and media effects. *Communication Research*, 7, 361-376.

Zhou, Y., & Moy, P. (2007). Parsing framing processes: The interplay between online public opinion and media coverage. Journal of Communication, 57, 79-98.

5 依恋理论

Adshead, G. (2010). Becoming a caregiver: Attachment theory and poorly performing doctors. *Medical Education*, 44, 125-131.

Ainsworth, M. D. S. (1967). *Infancy in Uganda: Infant care and the growth of love*. Baltimore, MD: Johns Hopkins University Press.

Ainsworth, M. D. S. (1969). Object relations, dependency and attachment: A theoretical review of the infant-mother relationship. *Child Development*, 40, 969-1025.

Ainsworth, M. D. S., & Bell, S. M. (1970). Attachment, exploration, and separation: Illustrated by the behavior of one-year-olds in a strange situation. *Child Development*, 41, 49-67.

Ainsworth, M. D. S., Blehar, M., Waters, E., & Wall, S. (1978). *Patterns of attachment: A psychological study of the strange situation*. Mahwah, NJ: Erlbaum.

Ainsworth, M. D. S., & Bowlby, J. (1991, April). An

ethological approach to personality development. *American Psychologist*, 46, 333-341.

Albert, L. S., & Horowitz, L. M. (2009). Attachment styles and ethical behavior: Their relationship and significance in the marketplace. *Journal of Business Ethics*, 87, 299-316.

Bartholomew, K., & Horowitz, L. M. (1991). Attachment styles among young adults: A test of a four-category model. *Journal of Personality and Social Psychology*, 61, 226-244.

Bowlby, J. (1969). *Attachment and loss: Vol. 1. Attachment*. New York: Basic Books.

Bowlby, J. (1973). *Attachment and loss: Vol. 2. Separation: Anxiety and anger*. New York: Basic Books.

Bowlby, J. (1980). *Attachment and loss: Vol. 3. Loss: Sadness and depression*. New York: Basic Books.

Bowlby, J. (1988). *A secure base: Clinical applications of attachment theory*. London: Routledge.

Buelow, S. A., Lyddon, W. J., & Johnson, J. T. (2002). Client attachment and coping resources. *Counseling Psychology Quarterly*, 15, 145-152.

Davidovitz, R., Mikulincer, M., Shaver, E R., Izsak, R., & Popper, M. (2007). Leaders as attachment figures: Leaders' attachment orientations predict leader-related mental representations and followers' performance and mental health. *Journal of Personality and Social Psychology*, 93, 632-650.

Field, T. (1996). Attachment and separation in young children. *Annual Review of Psychology*, 47, 541-561.

Harris, J. R. (1998). *The nurture assumption: Why children turn out the way they do*. New York: Free Press.

Harris, J. R. (2009). Beyond the nurture assumption: Testing hypotheses about the child's environment. In J. G. Borkowski, S. Landesman Ramey, & M. Bristol-Power (Eds.), *Parenting and the child's world: Influences on academic, intellectual, and socio-emotional development* (pp. 3-20). Mahwah, NJ: Erlbaum.

Hawkins, A. C., Howard, R. A., & Oyebode, J. R. (2007). Stress and coping in hospice nursing staff: The impact of attachment styles. *Psycho-Oncology*, 16, 563-572.

Lee, H. -Y., & Hughley, K. E (2001). The relationship of psychological separation and parental attachment to the career maturity of college freshmen from intact families. *Journal of Career Development*, 27, 279-293.

Lorenz, K. (1935). Der kumpan in der umwelt des vogels. Der artgenosse als *auslösendes* moment sozialer verhaltensweisen (The sidekick in the environment of the bird. Fellow species as a triggering moment of social behaviors). *Journal für Ornithologie*, 83, 137-215, 289-413.

Mikulincer, M., Shaver, P. R., Gillath, O., & Nitzberg, R. A. (2005). Attachment, caregiving, and altruism: Boosting attachment security increases compassion and helping. *Journal of Personality and Social Psychology*, 89, 817-839.

Popper, M., & Mayseless, O. (2003). Back to basics: Applying a parenting perspective to transformational leadership. *Leadership Quarterly*, 14, 41-65.

Popper, M., Mayseless, O., & Castelnovo, Q. (2000). Transformational leadership and attachment. *Leadership Quarterly*, 11, 267-289.

Renfro-Michel, E. L., Burlew, L. D., & Robert, T. (2009, March). The interaction of work adjustment and attachment theory: Employment counseling implications. *Journal of Employment Counseling*, 46, 18-26.

Richards, D. A., & Schat, A. C. H. (2011). Attachment at (not to) work: Applying attachment theory to explain individual behavior in organizations. *Journal of Applied Psychology*, 96, 169-182.

Rutter, M. (1979, June). Maternal deprivation, 1972-1978: New findings, new concepts, new approaches. *Child Development*, 50, 283-305.

Smith, E. R., Murphy, J., & Coats, S. (1999). Attachment to groups: Theory and measurement. *Journal of Personality and Social Psychology*, 77, 94-110.

Suomi, S. J., Harlow, H. E, & Domek, C. J. (1970). Effect of repetitive infant-infant separation of young monkeys. *Journal of Abnormal Psychology*, 76, 161-172.

van Ecke, Y. (2007, June). Attachment style and dysfunctional career thoughts: How attachment style can affect the career counseling process. *Career Development Quarterly*, 55, 339-350.

Wolfe, J. B., & Betz, N. E. (2004, June). The relationship of attachment to career decision-making self-efficacy and fear of commitment. *Career Development Quarterly*, 52, 363-369.

Wright, S. L., & Perrone, K. M. (2008). The impact of attachment and career-related variables. *Journal of Career Development*, 35, 87-106.

6 归因理论

Anderson, C. A. (1983). The causal structure of situations: The generation of plausible causal attributions as a function of type of event situation. *Journal of Experimental Social Psychology*, 19, 185-203.

Bradley, G. W. (1978). Self-serving biases in the attribution process: A reexamination of the fact or fiction question. *Journal of Personality and Social Psychology*, 36, 56-71.

Burger, J. M. (1991). Changes in attributions over time: The ephemeral fundamental attribution error. *Social Cognition*, 9, 182-193.

Buss, A. R. (1978). Causes and reasons in attribution theory: A conceptual critique. *Journal of Personality and Social Psychology*, 36, 1311-1321.

Chattopadhyay, R. (2007). Attribution style and entrepreneurial success: A study based on Indian culture. *Journal of Enterprising Culture*, 15, 301-316.

DiVitto, B., & McArthur, L. Z. (1978). Developmental differences in the use of distinctiveness, consensus, and consistency information for making causal attributions. *Developmental Psychology*, 14, 474-482.

Ellis, A. P. J., Ilgen, D. R., & Hollenbeck, J. R. (2006). The effects of team leader race on performance evaluations. *Small Group Research*, 37, 295-332.

Forsyth, D. R., & Schlenker, B. R. (1977). Attributing the causes of group performance: Effects of performance quality, task importance, and future testing. *Journal of Personality*, 45, 220-236.

Goncalo, J. A., & Duguid, M. M. (2008). Hidden consequences of the group-serving bias: Causal attributions and the quality of group decision making. *Organizational Behavior and Human Decision Processes*, 107, 219-233.

Greitemeyer, T., & Weiner, B. (2008). Asymmetrical effects of reward and punishment on attributions of morality. *Journal of Social Psychology*, 148, 407-420.

Harvey, P., & Martinko, M. J. (2009). An empirical examination of the role of attributions in psychological entitlement and its outcomes. *Journal of Organizational Behavior*, 30, 459-476.

Hegarty, P., & Golden, A. M. (2008). Attributional beliefs about the controllability of stigmatized traits: Antecedents or justifications of prejudice? *Journal of Applied Social Psychology*, 38, 1023-1044.

Heider, E (1958). *The psychology of interpersonal relationships*. Hoboken, NJ: Wiley.

Jeong, S. -H. (2009). Public's responses to an oil spill accident: A test of the attribution theory and situational crisis communication theory. *Public Relations Review*, 35, 307-309.

Johns, G. (1999). A multi-level theory of self-serving behavior in and by organizations. In R. I. Sutton & B. M. Staw (Eds.), *Research in organizational behavior* (Vol. 21, pp. 1-38). Greenwich, CT: JAI Press.

Jones, E. E. (1979). The rocky road from acts to dispositions. *American Psychology*, 34, 107-117.

Jones, E. E., & Harris, V. A. (1967). The attribution of attitudes. *Journal of Experimental Social Psychology*, 3, 1-24.

Jones, E. E., & Nisbett, R. E. (1971). *The actor and the observer: Divergent perceptions of the causes of behavior*. New York: General Learning Press.

Kelley, H. H. (1967). Attribution theory in social psychology. In D. Levine (Ed.), *Nebraska symposium on motivation* (Vol. 15, pp. 192-238). Lincoln: University of Nebraska Press.

Kelley, H. H. (1973, February). The processes of causal attribution. *American Psychologist*, 28, 107-128.

Lam, W., Huang, X., & Snape, E. (2007). Feedback-seeking behavior and leader-member exchange: Do supervisor-attributed motives matter? *Academy of Management Journal*, 50, 348-363.

Martinko, M. J., Harvey, P., & Dasborough, M. T. (2011). Attribution theory in the organizational sciences: A case of unrealized potential. *Journal of Organizational Behavior*, 32, 144-149.

Martinko, M. J., Harvey, E, & Douglas, S. C. (2007). The role, function, and contribution of attribution theory to leadership: A review. *Leadership Quarterly*, 18, 561-585.

Miller, D. T., & Ross, M. (1975). Self-serving bias in attribution of causality: Fact or fiction? *Psychological Bulletin*, 82, 213-225.

Orvis, B. R., Cunningham, J. D., & Kelley, H. H. (1975). A closer examination of causal inference: The roles of consensus, distinctiveness, and consistency information. *Journal of Personality and Social Psychology*, 32, 605-616.

Riess, M., Rosenfeld, P, Melburg, P., & Tedeschi, J. T. (1981). Self-serving attributions: Biased private perceptions and distorted public perceptions. *Journal of Personality and Social Psychology*, 41, 224-231.

Ross, L. (1977). The intuitive psychologist and his shortcomings: Distortions in the attribution process. In L. Berkowitz (Ed.), *Advances in experimental social psychology* (Vol. 10, pp. 173-240). New York: Academic Press.

Rotter, J. B. (1966). Generalized expectancies for internal versus external control of reinforcement. *Psychological Monographs*, 80, 1-28.

Ryan, W. (1976). *Blaming the victim*. New York: Vintage Books.

Salancik, G. R., & Meindl, J. R. (1984). Corporate attributions as strategic illusions of management control. *Administrative Science Quarterly*, 29, 238-254.

Sjovall, A. M., & Talk, A. C. (2004). From actions to impressions: Cognitive attribution theory and the formation of corporate reputation. *Corporate Reputation Review*, 7, 269-281.

Staw, B. M., McKechnie, P. I., & Puffer, S. M. (1983). The justification of organizational performance. *Administrative Science Quarterly*, 28, 582-600.

Tessarolo, I. E, Pagliarussi, M. S., & Mattos da Luz, A. T. (2010). The justification of organizational performance in annual report narratives. *Brazilian Administration Review*, 7, 198-212.

Truchot, D., Maure, G., & Patte, S. (2003). Do attributions change over time when the actor's behavior is hedonically relevant to the perceiver? *Journal of Social Psychology*, 143, 202-208.

Weiner, B. (Ed.). (1974). *Cognitive views of human motivation.* New York: Academic Press.

Weiner, B. (1985). An attributional theory of achievement motivation and emotion. *Psychological Review,* 92, 548-573.

Weiner, B. (1986). *An attributional theory of motivation and emotion.* New York: Springer.

Weiner, B. (2000). Intrapersonal and interpersonal theories of motivation from an attributional perspective. *Educational Psychology Review,* 12, 1-14.

Weiner, B. (2010). The development of an attribution-based theory of motivation: A history of ideas. *Educational Psychologist,* 45, 28-36.

Weiner, B. , Frieze, I. H. , Kukla, A. , Reed, L. , Rest, S. , & Rosenbaum, R. M. (1971). *Perceiving the causes of success and failure.* Morristown, NJ: General Learning Press.

Wong, E T. P, & Weiner, B. (1981). When people ask "why" questions, and the heuristics of attributional search. *Journal of Personality and Social Psychology,* 40, 650-663.

7 平衡理论

Burdick, H. A. , & Burnes, A. J. (1958). A test of "strain toward symmetry" theories. *Journal of Abnormal and Social Psychology,* 57, 367-370.

Cacioppo, J. T. , & Petty, R. E. (1981). Effects of extent of thought on the pleasantness ratings of p-o-x triads: Evidence for three judgmental tendencies in the evaluating of social situations. *Journal of Personality and Social Psychology,* 40, 1000-1009.

Cartwright, D. , & Harary, E (1956). Structural balance: A generalization of Heider's theory. *Psychological Review,* 63, 277-293.

Chaiken, S. , & Eagly, A. H. (1983). Communication modality as a determinant of persuasion: The role of communicator salience. *Journal of Personality and Social Psychology,* 45, 241-256.

Festinger, L. (1957). *A theory of cognitive dissonance.* Evanston, IL: Row, Peterson.

Festinger, L. , & Hutte, H. A. (1954). An experimental investigation of the effect of unstable interpersonal relations in a group. *Journal of Abnormal Psychology,* 49, 513-522.

Fournier, S. (1998). Consumers and their brands: Developing relationship theory in consumer research. *Journal of Consumer Research,* 24, 343-373.

Heider, E (1946). Attitudes and cognitive organization. Journal of Psychology, 21, 107-112.

Heider, E (1958). *The psychology of interpersonal relations.* Hoboken, NJ: Wiley.

Homburg, C. , & Stock, R. M. (2005, May). Exploring the conditions under which salesperson work satisfaction can lead to customer satisfaction. *Psychology & Marketing,* 22, 393-420.

Hovland, C. I. , Janis, I. L. , & Kelley, H. H. (1953). *Communication and persuasion.* New Haven, CT: Yale University Press.

Insko, C. A. , & Adewole, A. (1979). The role of assumed reciprocation of sentiment and assumed similarity in the production of attraction and agreement effects in p-o-x triads. *Journal of Personality and Social Psychology,* 37, 790-808.

Insko, C. A. , Sedlak, A. J. , & Lipsitz, A. (1982). A two-valued logic or two-valued balance resolution of the challenge of agreement and attraction effects in p-0-x triads, and a theoretical perspective on conformity and hedonism. *European Journal of Social Psychology,* 12, 143-167.

Jordan, N. (1953). Behavioral forces that are a function of attitude and cognitive organization. *Human Relations,* 6, 273-287.

Jordan, N. (1963, Spring). Cognitive balance, cognitive organization, and attitude change: A critique. *Public Opinion Quarterly,* 27, 123-132.

Newcomb, T. M. (1953). An approach to the study of communicative acts. *Psychological Review,* 60, 393-404.

Newcomb, T. M. (1968). Interpersonal balance. In R. E Abelson, W. J. Aronson, T. M. McGuire, T. M. Newcomb, M. J. Rosenberg, & P. H. Tannenbaum (Eds.), *Theories of cognitive consistency*: A source book (pp. 28-51). Chicago: Rand McNally.

Osgood, C. E. , & Tannenbaum, P. H. (1955). The principle of congruity in the prediction of attitude change. *Psychological Review,* 62, 42-55.

Peterson, R. T. (2006). Improving relationships with small business buyers: Potential contributions of balance theory. *Journal of Marketing Channels,* 13, 63-77.

Sampson, E. E. , & Insko, C. A. (1964). Cognitive consistency and performance in the autokinetic situation. *Journal of Abnormal and Social Psychology,* 2, 184-192.

Taylor, H. F (1967). Balance and change in two-person groups. *Sociometry,* 30, 262-279.

Treadway, D. C. , Ferris, G. R. , Duke, A. B. , Adams, G. L. , & Thatcher, J. B. (2007). The moderating role of subordinate political skill on supervisors' impressions of subordinate ingratiation and ratings of subordinate interpersonal facilitation. *Journal of Applied Psychology,* 92, 848-855.

Tsai, J. L. , & Levenson, R. W. (1997). Cultural influences of emotional responding: Chinese American and European American dating couples during interpersonal conflict. *Journal of Cross-Cultural Psychology,* 28, 600-625.

Zajonc, R. B. (1960, Summer). The concepts of balance, congruity, and dissonance. *Public Opinion Quarterly,* 24 (2, Special Issue: Attitude Change), 280-296.

Zajonc, R. B. (1968a, June). Attitudinal effects of mere exposure. *Journal of Personality and Social Psychology,* 9 (2, Part 2), 1-27.

Zajonc, R. B. (1968b). Cognitive theories in social psychology. In G. Lindzey & E. Aronson (Eds.), *The handbook of social psychology* (Vol. 1, 2nd ed. , pp. 320-411). Reading, MA: Addison-Wesley.

8 控制理论

Cannon, W. B. (1929). Organization for physiological homeostasis. *Physiological Review*, 9, 399-431.

Carver, C. S. , & Scheier, M. F (1981). Attention and self-regulation: A control theory approach to human behavior. New York: Springer.

Carver, C. S. , & Scheier, M. F (1982). Control theory: A useful conceptual framework for personality-social, clinical, and health psychology. *Psychological Bulletin*, 92, 111-135.

Fellenz, M. R. (1997). *Control theory in organizational behavior: Review, critique*, and prospects. Unpublished manuscript, Trinity College, Dublin.

Klein, H. J. (1989). An integrated control theory model of work motivation. *Academy of Management Review*, 14, 150-172.

Locke, E. A. (1991). Goal theory vs. control theory: Contrasting approaches to understanding work motivation. *Motivation and Emotion*, 15, 9-28.

Powers, W. T. (1973). *Behavior: The control of perception*. Chicago: Aldine.

Wiener, N. (1948). *Cybernetics: Control and communication in the animal and the machine*. Cambridge, MA: MIT Press.

9 创新扩散理论

Bass, F. M. (1969). *A new product growth model for consumer durables. Management Science*, 15, 215-227.

Coleman, J. S. (1966). *Medical innovation: A diffusion study*. New York: Bobbs-Merrill.

Goss, K. R. (1979, Winter). Consequences of diffusion of innovations. *Rural Sociology*, 44, 754-772.

Gouldner, A. W. (1957). Cosmopolitans and locals: Toward an analysis of latent social roles. *Administrative Science Quarterly*, 2, 281-306.

Hassinger, E. (1959, March). Stages in the adoption process. *Rural Sociology*, 24, 52-53.

Mahler, A. , & Rogers, E. M. (1999). The diffusion of interactive communication innovations and the critical mass: The adoption of telecommunications services by German banks. *Telecommunications Policy*, 23, 719-740.

March, J. G. (1981). Footnotes to organizational change. *Administrative Science Quarterly*, 26, 563-577.

Merton, R. K. (1957). *Social theory and social structure*. New York: Free Press.

Peres, R. , Muller, E. , & Mahajan, V. (2010). Innovation diffusion and new product growth models: A critical review and research directions. *International Journal of Research in Marketing*, 27, 91-106.

Robertson, T. S. , & Wind, Y. (1983). Organizational cosmopolitanism and innovativeness. *Academy of Management Journal*, 26, 332-338.

Rogers, E. M. (1962). *Diffusion of innovations*. New York: Free Press.

Rogers, E. M. (1983). *Diffusion of innovations* (3rd ed.). New York: Free Press.

Rogers, E. M. (2002). Diffusion of preventive innovations. *Addictive Behaviors*, 27, 989-993.

Rogers, E. M. (2004). A prospective and retrospective look at the diffusion model. *Journal of Health Communication*, 9, 13-19.

Rogers, E. M. , & Kincaid, D. L. (1981). *Communication networks: Toward a new paradigm for research*. New York: Free Press.

10 动态能力理论

Arend, R. J. , & Bromiley, P. (2009). Assessing the dynamic capabilities view: Spare change, everyone? *Strategic Organization*, 7, 75-90.

Argote, L. (1999), *Organizational learning: Creating, retaining, and transferring knowledge*. Boston: Kluwer Academic.

Collins, J. C. (2001). *Good to great: Why some companies make the leap and others don't*. New York: Harper Business.

Collis, D. J. (1994, Winter). Research note: How valuable are organizational capabilities? *Strategic Management Journal*, 15, 143-152.

Di Stefano, G. , Peteraf, M. , & Verona, G. (2010). Dynamic capabilities deconstructed: A bibliographic investigation into the origins, development, and future directions of the research domain. *Industrial and Corporate Change*, 19, 1187-1204.

Dunning, J. H. , & Lundan, S. M. (2010). The institutional origins of dynamic capabilities in multinational enterprises. *Industrial and Corporate Change*, 19, 1225-1246.

Eisenhardt, K. M. , & Martin, J. A. (2000). Dynamic capabilities: What are they? *Strategic Management Journal*, 21, 1105-1121.

Ettlie, J. , & Pavlou, P. A. (2006). Technology-based new product development partnerships. *Decision Sciences*, 37, 117-148.

Galunic, D. C. , & Eisenhardt, K. M. (2001). Architectural innovation and modular corporate forms. *Academy of Management Journal*, 44, 1229-1249.

Helfat, C. E. , Finkelstein, S. , Mitchell, W. , Peteraf, M. , Singh, H. , Teece, D. , & Winter, S. G. (Eds.). (2007). *Dynamic capabilities: Understanding strategic change in organizations*. Oxford: Blackwell.

Helfat, C. E. , & Peteraf, M. A. (2009). Understanding dynamic capabilities: Progress along a developmental path. *Strategic Organization*, 7, 91-102.

Henderson, R., & Cockburn, I. (1994, Winter). Measuring competence? Exploring firm effects in pharmaceutical research. *Strategic Management Journal* 15, 63-84.

Macher, J. T., & Mowery, D. C. (2009). Measuring dynamic capabilities: Practices and performance in semiconductor manufacturing. *British Journal of Management*, 20, S41-S62.

March, J. G. (1991). Exploration and exploitation in organizational learning. Organization Science, 2, 71-87.

Nelson, R. R., & Winter, S. G. (1982). The Schumpeterian trade-off revisited. *American Economic Review*, 72, 114-132.

Parayitam, S., & Guru, K. (2010). Economics of resource based and dynamic capabilities view: A contemporary framework. *Academy of Strategic Management Journal*, 9 (1), 83-93.

Pavlou, P. A., & El Sawy, O. A. (2006). From IT to competence to competitive advantage in turbulent environments: The case of new product development. *Information Systems Research*, 17, 198-227.

Pavlou, P. A., & El Sawy, O. A. (2011, February). Understanding the elusive black box of dynamic capabilities. *Decision Sciences*, 42, 239-273.

Penrose, E. T. (1959). *The theory of growth of the firm*. London: Blackwell.

Peters, T. J., & Waterman, R. H. (1982). *In search of excellence: Lessons from America's best-run companies*. New York: Harper & Row.

Ricardo, D. (1817). *The principles of political economy and taxation*. London: Dent.

Rindova, V. P., & Kotha, S. (2001). "Continuous morphing": Competing through dynamic capabilities, form, and function. *Academy of Management Journal*, 44, 1263-1280.

Romme, A. G. L., Zollo, M., & Berends, E (2010). Dynamic capabilities, deliberate learning and environmental dynamism: A simulation model. *Industrial and Corporate Change*, 19, 1271-1299.

Schumpeter, J. A. (1934). *The theory of economic development: An inquiry into profits, capital, credit, interest, and the business cycle*. Cambridge, MA: Harvard University Press. (Original work published 1911)

Teece, D. (2007). Explicating dynamic capabilities: The nature and microfoundations of (sustainable) enterprise performance. *Strategic Management Journal*, 28, 1319-1350.

Teece, D., Pisano, G., & Shuen, A. (1997). Dynamic capabilities and strategic management. *Strategic Management Journal*, 18, 509-533.

Williamson, O. E. (1999). Strategy research: Governance and competence perspectives. *Strategic Management Journal*, 20, 1087-1110.

Winter, S. G. (2003). Understanding dynamic capabilities. *Strategic Management Journal*, 24, 991-995.

Zahra, S. A., Sapienza, H. J., & Davidsson, P. (2006). Entrepreneurship and dynamic capabilities: A review, model and research agenda. Journal of Management Studies, 43, 917-955.

Zollo, M., & Winter, S. G. (2002, May-June). Deliberate learning and the evolution of dynamic capabilities. *Organization Science*, 13, 339-351.

11 有效市场理论

Bachelier, L. (1900). *Théorie de la speculation* (Theory of speculation). Paris, France: Gauthier-Villars.

Ball, R. J., & Brown, E (1968). An empirical evaluation of accounting income numbers. *Journal of Accounting Research*, 6, 159-178.

Cowles, A., III. (1933). Can stock market forecasters forecast? Econometrica, 1, 309-324.

Cross, E (1973, November-December). The behavior of stock prices on Fridays and Mondays. *Financial Analysts Journal*, 29, 67-69.

De Bondt, W. F. M., & Thaler, R. (1985). Does the stock market overreact? *Journal of Finance*, 40, 793-805.

Dimson, E., & Mussavian, M. (2000). Market efficiency. *Current State of Business Disciplines*, 3, 959-970.

Fama, E. F. (1970). Efficient capital markets: A review of theory and empirical work. *Journal of Finance*, 25, 383-417.

Fama, E. F. (1991). Efficient capital markets: II. *Journal of Finance*, 46, 1575-1617.

Fama, E. F., Fisher, L., Jensen, M. C., & Roll, R. (1969). The adjustment of stock prices to new information. *International Economic Review*, 10, 1-21.

Grinblatt, M., & Keloharju, M. (2001). How distance, language, and culture influence stockholdings and trades. Journal of Finance, 56, 1053-1073.

Jensen, M. C. (1978). Some anomalous evidence regarding market efficiency. *Journal of Financial Economics*, 6, 95-101.

Jensen, M. C., & Ruback, R. S. (1983). The market for corporate control: The scientific evidence. *Journal of Financial Economics*, 11, 5-50.

Keim, D., & Stambaugh, R. (1984). A further investigation of the weekend effect in stock returns. *Journal of Finance*, 37, 883-889.

Klein, A. (1986). The timing and substance of divestiture announcements: Individual, simultaneous, and cumulative effects. *Journal of Finance*, 41, 685-696.

McConnell, J. J., & Muscarella, C. J. (1985). Corporate capital expenditure decisions and the market value of the firm.

Journal of Financial Economics, 14, 399-422.

Okhuysen, G., & Bonardi, J. -P. (2011). The challenges of building theory by combining lenses. *Academy of Management Review*, 36, 6-11.

Pearson, K. (1905). The problem of the random walk. *Nature*, 72, 342.

Rozeff, M. S., & Kinney, W. R. (1976). Capital market seasonality: The case of stock returns. *Journal of Financial Economics*, 3, 379-402.

Seyhun, N. (1986). Insiders' profits, costs of trading, and market efficiency. *Journal of Financial Economics*, 16, 189-212.

Shiller, R. J. (2003). *The new financial order: Risk in the 21st century*. Princeton, NJ: Princeton University Press.

Shiller, R. J. (2006). Tools for financial innovation: Neoclassical versus behavioral finance. *Financial Review*, 41, 1-8.

Subrahmanyam, A. (2007). Behavioral finance: A review and synthesis. *European Financial Management*, 14, 12-29.

12 伦理理论

Ambrose, M. L., & Schminke, M. (1999). Sex differences in business ethics: The importance of perceptions. *Journal of Managerial Issues*, 11, 454-474.

Arnold, D. G., Audi, R., & Zwolinski, M. (2010). Recent work in ethical theory and its implications for business ethics. *Business Ethics Quarterly*, 20, 559-581.

Audi, R. (2004). *The good in the right: A theory of intuition and intrinsic value*. Princeton, NJ: Princeton University Press.

Bentham, J. (1996). *An introduction to the principles of morals and legislation* (J. Burns & H. L. A. Hart, Eds.). New York: Oxford University Press. (Original work published 1789)

Brady, F. N. (1985). A Janus-headed model of ethical theory: Looking two ways at business/society issues. *Academy of Management Review*, 10, 568-576.

Brady, F. N. (1990). E*thical managing: Rules and results*. New York: Macmillan.

Brady, F. N., & Hart, D. (2007). An exploration into the developmental psychology of ethical theory with implications for business practice and pedagogy. *Journal of Business Ethics*, 76, 397-412.

Brewer, T. (2005, July). Virtues we can share: Friendship and Aristotelian ethical theory. *Ethics*, 115, 721-758.

Broad, C. D. (1959). *Five types of ethical theory*. Paterson, NJ: Littlefield, Adams.

Buckle, S. (2002). Aristotle's republic or, why Aristotle's ethics is not virtue ethics. *Royal Institute of Philosophy*, 77, 565-595.

Crane, A., Gilbert, D. U., Goodpaster, K. E., Miceli, M. E, Moore, G., Reynolds, S. J., Schminke, M., Waddock, S.,

Weaver, G. R., & Wicks, A. C. (2011, January). Comments on BEQ's twentieth anniversary forum on new directions for business ethics research. *Business Ethics Quarterly*, 21, 157-187.

Derry, R., & Green, R. (1989). Ethical theory in business ethics: A critical assessment. *Journal of Business Ethics*, 8, 521-533.

Fritzsche, D. J., & Becker, H. (1984). Linking management behavior to ethical philosophy-an empirical investigation. *Academy of Management Journal*, 27, 166-175.

Hodgson, B. J. (2001). Michalos and the theory of ethical theory. *Journal of Business Ethics*, 29, 19-23.

Hull, R. T. (1979, March 27). *The varieties of ethical theories*. Presented at the Buffalo Psychiatric Center, Buffalo, New York.

Hume, D. (2000). *A treatise of human nature* (D. F. Norton & M. J. Norton, Eds.). New York: Oxford University Press. (Original work published 1740)

Kant, I. (1993). *Groundwork of the metaphysics of morals* (3rd ed.). (J. W. Ellington, Trans.). Indianapolis, IN: Hackett. (Original work published 1785)

Kelly, E. I. (2005). Ethical disagreements in theory and practice. *Journal of Social Philosophy*, 36, 382-387.

Kohlberg, L. (1984). *The psychology of moral development*. San Francisco: Harper & Row.

Louden, R. B. (1996). Toward a genealogy of "deontology." *Journal of the History of Philosophy*, 34, 571-592.

Mill, J. S. (1998). *Utilitarianism* (R. Crisp, Ed.). Oxford: Oxford University Press. (Original work published 1863)

Moore, A. (2007). Ethical theory, completeness and consistency. *Ethical Theory and Moral Practice*, 10, 297-308.

Place, K. R. (2010). A qualitative examination of public relations practitioner ethical decision making and the deontological theory of ethical issues management. *Journal of Mass Media Ethics*, 25, 226-245.

Rawls, J. (1971). *A theory of justice*. Cambridge, MA: Belknap Press.

Ross, W. D. (1930). *The right and the good*. Oxford: Oxford University Press.

Sandier, R. (2010). Ethical theory and the problem of inconsequentialism: Why environmental ethicists should be virtue-oriented ethicists. *Journal of Agriculture and Environmental Ethics*, 23, 167-183.

Santas, G. (1993). Did Aristotle have a virtue ethics? *Philosophical Inquiry*, 15 (3-4), 1-32.

Schminke, M. (1997). Gender differences in ethical frameworks and evaluations of others' choices in ethical dilemmas. *Journal of Business Ethics*, 16, 55-65.

Schminke, M., & Ambrose, M. L. (1997). Asymmetric perceptions of ethical frameworks of men and women in business and nonbusiness settings. *Journal of Business*

Ethics, 16, 719-729.

Schminke, M., Ambrose, M. L., & Miles, J. A. (2003). The impact of gender and setting on perceptions of others' ethics. *Sex Roles*, 48, 361-375.

Schminke, M., Ambrose, M. L., & Noel, T. W. (1997). The effects of ethical frameworks on perceptions of organizational justice. *Academy of Management Journal*, 40, 1190-1207.

Sidgwick, H. (1981). *The method of ethics*. Indianapolis, IN: Hackett. (Original work published 1874)

Sim, M. (2010). Rethinking virtue ethics and social justice with Aristotle and Confucius. *Asian Philosophy*, 20, 195-213.

Velasquez, M. G. (1992). *Business ethics: Concepts and cases*. Englewood Cliffs, NJ: Prentice Hall.

13 场理论

Back, K. W. (1992). This business of typology. *Journal of Social Issues*, 48, 51-66.

Bourdieu, P. (1985). The genesis of the concepts of habitus and of field. *Sociocriticism*, 2, 11-24.

Bourdieu, P. (1988). *Homo academicus* (E Collier, Trans.). Stanford, CA: Stanford University Press.

Brunswik, E. (1943). Organismic achievement and environmental probability. *Psychological Review*, 50, 255-272.

Burnes, B. (2004). Kurt Lewin and the planned approach to change: A re-appraisal. *Journal of Management Studies*, 41, 977-1002.

Deutsch, M. (1954). Field theory in social psychology. In G. Lindzey (Ed.), *Handbook of social psychology* (pp. 181-222). Reading, MA: Addison-Wesley.

Diamond, G. A. (1992). Field theory and rational choice: A Lewinian approach to modeling motivation. *Journal of Social Issues*, 48, 79-94.

Einstein, A., & Infeld, L. (1938). *The evolution of physics*. New York: Simon & Schuster.

Gold, M. (1992). Metatheory and field theory in social psychology: Relevance or elegance? *Journal of Social Issues*, 48, 67-78.

Haveman, H. A., Russo, M. V., & Meyer, A. D. (2001). Organizational environments in flux: The impact of regulatory punctuations on organizational domains, CEO succession, and performance. *Organization Science*, 12, 253-273.

Houston, M. B., Bettencourt, L. A., & Wenger, S. (1998, December). The relationship between waiting in a service queue and evaluations of service quality: A field theory perspective. *Psychology & Marketing*, 15, 735-753.

Jones, E. E. (1985). Major developments in social psychology during the past five decades. In G. Lindzey & E. Aronson (Eds.), *Handbook of social psychology* (Vol. 1, 3rd ed., pp. 47-107). New York: Random House.

Lewin, K. (1936). *Principles of topological psychology* (F. Heider & G. M. Heider, Trans.). New York: McGraw-Hill.

Lewin, K. (1943a). Defining the "field at a given time." *Psychological Review*, 50, 292-310.

Lewin, K. (1943b). Psychological ecology. In D. Cartwright (Ed.), *Field theory in social science* (pp. 170-187). London: Social Science Paperbacks.

Lewin, K. (1946). Behavior and development as a function of the total situation. In L. Carmichael (Ed.), *Manual of child psychology* (pp. 791-844). Hoboken, NJ: Wiley.

Lewin, K. (1947). Frontiers in group dynamics. *Human Relations*, i, 143-153.

Lewin, K. (1951). *Field theory in social science* (D. Cartwright, Ed.). New York: Harper & Brothers.

Martin, J. L. (2003, July). What is field theory? *American Journal of Sociology*, 109, 1-49.

Maxwell, C. (1921). *Matter and motion*. New York: Macmillan.

Meyer, A. D., Gaba, V., & Colwell, K. A. (2005). Organizing far from equilibrium: Nonlinear change in organizational fields. *Organization Science*, 16, 456-473.

Riordan, D. A., & Riordan, M. E (1993, April). Field theory: An alternative to systems theories in understanding the small family business. *Journal of Small Business Management*, 66-78.

Sauder, M. (2008). Interlopers and field change: The entry of U. S. News into the field of legal education. *Administrative Science Quarterly*, 53, 209-234.

Scott, W. R., Ruef, M., Mandel, P. J., & Caronna, C. A. (2000). *Institutional change and healthcare organizations*. Chicago: University of Chicago Press.

Sjovold, E. (2007). Systematizing person-group relations (SPGR): A field theory of social interaction. *Small Group Research*, 38, 615-635.

Thornton, P. H., & Ocasio, W. (1999). Institutional logics and the historical contingency of power in organizations: Executive succession in the higher education publishing industry, 1958-1990. *American Journal of Sociology*, 105, 801-843.

Wheatley, M. J. (2006). *Leadership and the new science: Discovering order in a chaotic world*. San Francisco: Berrett-Koehler.

14 博弈论

Brandenburger, A., & Stuart, H. (2007). Biform games. *Management Science*, 53, 537-549.

Camerer, C. F. (1991). Does strategy research need game theory? *Strategic Management Journal*, 12, 137-152.

Fisher, L. (2008). *Rock, paper, scissors: Game theory in everyday life*. New York: Basic Books.

Green, K. C. (2002). Forecasting decisions in conflict situations: A comparison of game theory, role-playing, and unaided judgment. *International Journal of Forecasting*, 18, 321-344.

Harsanyi, J. C. (1967). Games with incomplete information played by "Bayesian"players, Part I. The basic model. *Management Science*, 14, 159-182.

Harsanyi, J. C. (1968a). Games with incomplete information played by "Bayesian"players, Part II. Bayesian equilibrium points. *Management Science*, 14, 320-334.

Harsanyi, J. C. (1968b). Games with incomplete information played by "Bayesian"players, Part III. Bayesian equilibrium points. *Management Science*, 14, 486-502.

Herbig, P. A. (1991). Game theory in marketing: Applications, uses and limits. *Journal of Marketing Management*, 7, 285-298.

Madhani, P. M. (2010, October-December). Salesforce compensation: Game theory. *SCMS Journal of Indian Management*, 7 (4), 72-82.

Miller, J. D. (2003). *Game theory at work: How to use game theory to outthink and outmaneuver your competition*. Blacklick, OH: McGraw-Hill.

Nash, J. (1951, September). Non-cooperative games. *Annals of Mathematics*, 54, 286-295.

Rasmusen, E. (1989). *Games and information*. Oxford: Blackwell.

Roy, A. (2003). Game theory in strategic analysis: A comparative study of two Indian joint ventures. *Journal of Management Research*, 3, 127-138.

Scharlemann, J. P. W., Eckel, C. C., Kacelnik, A., & Wilson, R. K. (2001). The value of a smile: Game theory with a human face. *Journal of Economic Psychology*, 22, 617-640.

Thomadsen, R., & Bhardwaj, P. (2011, February). Cooperation in games with forgetfulness. *Management Science*, 57, 363-375.

Van Lange, P. A. M., Agnew, C. R., Harinck, E, & Steemers, E. M. (1997). From game theory to real life: How social value orientation affects willingness to sacrifice in ongoing close relationships. *Journal of Personality and Social Psychology*, 73, 1330-1344.

Von Neumann, J., & Morgenstern, O. (1944). *Theory of games and economic behavior*. Princeton, NJ: Princeton University Press.

15 目标设定理论

Cheng, M., Subramanyam, K. R., & Zhang, Y. (2005). Earnings guidance and managerial myopia. Working paper. Los Angeles, CA: University of Southern California.

Earley, P. C. (1985). Influence of information, choice and task complexity upon goal acceptance, performance, and personal goals. *Journal of Applied Psychology*, 70, 481-491.

Galinsky, A. D., Mussweiler, T., & Medvec, V. H. (2002). Disconnecting outcomes and evaluations: The role of negotiator focus. *Journal of Personality and Social Psychology*, 83, 1131-1140.

Hollenbeck, J. R., & Brief, A. P. (1987). The effects of individual differences and goal origin on goal setting and performance. *Organizational Behavior and Human Decision Processes*, 40, 392-414.

Jackson, S. E., & Zedeck, S. (1982). Explaining performance variability: Contributions of goal setting, task characteristics, and evaluative contexts. *Journal of Applied Psychology*, 67, 759-768.

Larrick, R. P., Heath, C., & Wu, G. (2009). Goal-induced risk taking in negotiation and decision making. *Social Cognition*, 27, 342-364.

Latham, G. E, & Locke, E. A. (2006). Enhancing the benefits and overcoming the pitfalls of goal setting. *Organizational Dynamics*, 35, 332-340.

Locke, E. A. (1967). Motivational effects of knowledge of results: Knowledge or goal setting? *Journal of Applied Psychology*, 51, 324-329.

Locke, E. A. (1968). Toward a theory of task motivation and incentives. *Organizational Behavior and Human Decision Processes*, 3, 157-189.

Locke, E. A. (1996). Motivation through conscious goal setting. *Applied & Preventative Psychology*, 5, 117-124.

Locke, E. A., & Latham, G. E (1990). *A theory of goal setting and task performance*. Englewood Cliffs, NJ: Prentice Hall.

Locke, E. A., & Latham, G. P. (2002, September). Building a practically useful theory of goal setting and task motivation: A 35-year odyssey. *American Psychologist*, 57, 705-717.

Locke, E. A., & Latham, G. P. (2006). New directions in goal-setting theory. *Current Directions in Psychological Science*, 15, 265-268.

Locke, E. A., & Latham, G. P. (2009, February). Has goal setting gone wild, or have its attackers abandoned good scholarship? *Academy of Management Perspectives*, 23 (1), 17-23.

Locke, E. A., Latham, G. P., & Erez, M. (1988). The determinants of goal commitment. *Academy of Management Review*, 13, 23-39.

Locke, E. A., Shaw, K. N., Saari, L. M., & Latham, G. P. (1981, July). Goal setting and task performance: 1969-1980. *Psychological Bulletin*, 90, 125-152.

Ordofiez, L. D., Schweitzer, M. E., Galinsky, A. D., & Bazerman, M. H. (2009, February). Goals gone wild: The systematic side effects of overprescribing goal setting. *Academy of Management Perspectives*, 23 (1), 6-16.

Mussweiler, T., & Strack, E (2000). The "relative self": Informational and judgmental consequences of comparative self-evaluation. *Journal of Personality and*

Social Psychology, 79, 23-38.

Shah, J. Y., Friedman, R., & Kruglanski, A. W. (2002). Forgetting all else: On the antecedents and consequences of goal shielding. *Journal of Personality and Social Psychology*, 83, 1261-1280.

Staw, B. M., & Boettger, R. D. (1990). Task revision: A neglected form of work performance. *Academy of Management Journal*, 33, 534-559.

Wood, R. E., Mento, A. J., & Locke, E. A. (1987). Task complexity as a moderator of goal effects: A meta-analysis. *Journal of Applied Psychology*, 72, 416-425.

16 镜像理论

Beach, L. R., & Mitchell, T. R. (1987). Image theory: Principles, goals, and plans in decision making. *Acta Psychologica*, 66, 201-220.

Beach, L. R., & Mitchell, T. R. (1990). A contingency model for the selection of decision strategies. *Academy of Management Review*, 3, 439-449.

Beach, L. R., & Mitchell, T. R. (2005). Image theory. In K. G. Smith & M. A. Hitt (Eds.), *Great minds in management* (pp. 36-54). Oxford: Oxford University Press.

Bissell, B. L., & Beach, L. R. (1996). Supervision and job satisfaction. In L. R. Beach (Ed.), *Decision making in the workplace: A unified perspective* (pp. 63-72). Mahwah, NJ: Erlbaum.

Dunegan, K. J. (1995). Image theory: Testing the role of image compatibility in progress decisions. *Organizational Behavior and Human Decision Processes*, 62, 79-86.

Dunegan, K. J. (2003, Winter). Leader-image compatibility: An image theory view of leadership. *Journal of Business and Management*, 9, 61-77.

Gilliland, S. W., Benson, L., III, & Schepers, D. H. (1998). A rejection threshold injustice evaluations: Effects on judgment and decisionmaking. *Organizational Behavior and Human Decision Processes*, 76, 113-131.

Mady, S., & Gopinath, M. (2008). Consumer ethical identity: The role of personal values in the service encounter. *Advances in Consumer Research*, 8, 374-375.

Mitchell, T. R., & Beach, L. R. (1990). "... Do I love thee? Let me count..." Toward an understanding of intuitive and automatic decision making. *Organizational Behavior and Human Decision Processes*, 47, 1-20.

Richmond, S. M., Bissell, B. L., & Beach, L. R. (1998). Image theory's compatibility test and evaluations of the status quo. *Organizational Behavior and Human Decision Processes*, 73, 39-53.

17 制度理论

Aldrich, H., & Fiol, M. (1994). Fools rush in? The institutional context of industry creation. *Academy of Management Review*, 19, 645-670.

Battilana, J., Leca, B., & Boxenbaum, E. (2009). How actors change institutions: Towards a theory of institutional entrepreneurship. *Academy of Management Annals*, 3, 65-107.

Berger, P. L., & Luckmann, T. (1967). The social construction of reality. New York: Doubleday.

Dacin, M. T., Goodstein, J., & Scott, W. R. (2002). Institutional theory and institutional change. *Academy of Management Journal*, 45, 45-57.

Deephouse, D. L. (1999). To be different, or to be the same? It's a question (and theory) of strategic balance. *Strategic Management Journal*, 20, 147-166.

DiMaggio, P. (1988). Interest and agency in institutional theory. In L. Zucker (Ed.), *Institutional patterns and culture* (pp. 3-32). Cambridge, MA: Ballinger.

DiMaggio, P., & Powell, W. W. (1983). The iron cage revisited: Institutional isomorphism and collective rationality in organizational fields. *American Sociological Review*, 48, 147-160.

Garud, R., Hardy, C., & Maguire, S. (2007). Institutional entrepreneurship as embedded agency: An introduction to the special issue. *Organization Studies*, 28, 957-969.

Greenwood, R., & Hinings, C. R. (1996). Understanding radical organizational change: Bringing together the old and the new institutionalism. *Academy of Management Review*, 21, 1022-1054.

Hardy, C., Lawrence, T. B., & Grant, D. (2005). Discourse and collaboration: The role of conversations and collective identity. *Academy of Management Review*, 30, 58-77.

Hawley, A. (1968). Human ecology. In D. L. Sills (Ed.), *International encyclopedia of the social sciences* (pp. 328-337). New York: Macmillan.

Heugens, P. P. M. A. R., & Lander, M. W. (2009). Structure! Agency! (and other quarrels): A meta-analysis of institutional theories of organizations. *Academy of Management Journal*, 52, 61-85.

Koelble, T. A. (1995). The new institutionalism in political science and sociology. *Comparative Politics*, 27, 231-243.

Kostova, T., Roth, K., & Dacin, M. T. (2008). Institutional theory in the study of multinational corporations: A critique and new directions. *Academy of Management Review*, 33, 994-1006.

Kraatz, M., & Zajac, E. (1996). Exploring the limits of new institutionalism: The causes and consequences of illegitimate organizational change. *American Sociological Review*, 61, 812-836.

Landman, J. (1993). Regret: *The persistence of the possible*. New York: Oxford University Press.

Lincoln, J. R. (1995, March). [Review of the book The new institutionalism in organizational research.] *Social Forces*, 73, 1147-1148.

Oliver, C. (1991). Strategic responses to institutional processes.

Academy of Management Review, 16, 145-179.
Oliver, C. (1997). Sustainable competitive advantage: Combining institutional and resource-based views. *Strategic Management Journal*, 18, 697-713.
Peters, B. G. (2000). Institutional theory: Problems and prospects. *69 Political Science Series*. Vienna, Austria: Institute for Advanced Studies.
Phillips, D. J., & Zuckerman, E. (2001). Middle-status conformity: Theoretical restatement and empirical demonstration in two markets. *American Journal of Sociology*, 107, 379-429.
Phillips, N., Lawrence, T. B., & Hardy, C. (2004). Discourse and institutions. *Academy of Management Review*, 29, 635-652.
Scott, W. R. (1995). *Institutions and organizations*. Thousand Oaks, CA: Sage.
Selznick, E (1957). *Leadership in administration*. New York: McGrawHill.
Selznick, P. (1996). Institutionalism "old" and "new." *Administrative Science Quarterly*, 41, 270-277.
Sonpar, K., Pazzaglia, F, & Kornijenko, J. (2009). The paradox and constraints of legitimacy. *Journal of Business Ethics*, 95, 1-21.
Suddaby, R. (2010). Challenges for institutional theory. *Journal of Management Inquiry*, 19, 14-30.
Yang, Y., & Konrad, A. M. (2010). Understanding diversity management practices: Implications of institutional theory and resource-based theory. *Group & Organization Management*, 36, 6-38.

18 知识基础理论

Adler, E S. (2001). Market, hierarchy, and trust: The knowledge economy and the future of capitalism. *Organization Science*, 12, 215-234.
Ancori, B., Bureth, A., & Cohendet, P. (2000). The economics of knowledge: The debate about codification and tacit knowledge. *Industrial and Corporate Change*, 9, 255-287.
Balconi, M., Pozzali, A., & Viale, R. (2007). The "codification debate" revisited: A conceptual framework to analyze the role of tacit knowledge in economies. *Industrial and Corporate Change*, 16, 823-849.
Brown, J. S., & Duguid, P. (2001). Knowledge and organization: A socialpractice perspective. *Organization Science*, 12, 198-213.
Cabrita, M. R., & Bontis, N. (2008). Intellectual capital and business performance in the Portuguese banking industry. *International Journal of Technology Management*, 43, 212-237.
Conner, K. R. (1991). A historical comparison of resource-based theory and five schools of thought within industrial organization economics: Do we have a new theory of the firm? *Journal of Management*, 17, 121-154.
Conner, K. R., & Prahalad, C. K. (1996). A resource-based theory of the firm: Knowledge versus opportunism. *Organization Science*, 7, 477-501.
Dean, A., & Kretschmer, M. (2007). Can ideas be capital? Factors of production in the postindustrial economy: A review and critique. *Academy of Management Review*, 32, 573-594.
Felin, T., & Hesterly, W. S. (2007). The knowledge-based view, nested heterogeneity, and new value creation: Philosophical considerations on the locus of knowledge. *Academy of Management Review*, 32, 195-218.
Foss, N. J. (1996). Knowledge-based approaches to the theory of the firm: Some critical comments. *Organization Science*, 7, 470-476.
Foss, N. J. (2003). Bounded rationality and tacit knowledge in the organizational capabilities approach: An assessment and re-evaluation. *Industrial and Corporate Change*, 12, 185-201.
Gorman, M. E. (2002). Types of knowledge and their roles in technology transfer. *Journal of Technology Transfer*, 27, 219-231.
Grant, R. M. (1996a). Prospering in dynamically competitive environments: Organizational capability as knowledge integration. *Strategic Management Journal*, 7, 375-387.
Grant, R. M. (1996b, Winter). Toward a knowledge-based theory of the firm. *Strategic Management Journal*, 17 (Special Issue), 109-122.
Grant, R. M., & Baden-Fuller, C. (1995). A knowledge-based theory of inter-firm collaboration. *Academy of Management Best Papers Proceedings* (pp. 17-21). New York: Academy of Management.
Hakanson, L. (2007). Creating knowledge: The power and logic of articulation. *Industrial and Corporate Change*, 16, 51-88.
Hakanson, L. (2010). The firm as an epistemic community: The knowledge-based view revisited. *Industrial and Corporate Change*, 19, 1801-1828.
Kogut, B. (2000). The network as knowledge: Generative rules and the emergence of structure. *Strategic Management Journal*, 21, 405-425.
Kogut, B., & Zander, U. (1992). Knowledge of the firm, combinative capabilities, and the replication of technology. *Organization Science*, 3, 384-397.
Kogut, B., & Zander, U. (1993). Knowledge of the firm and the evolutionary theory of the multinational corporation. *Journal of International Business Studies*, 24, 625-645.
Kogut, B., & Zander, U. (1996). What firms do? Coordination, identity and learning. *Organization Science*, 7, 502-518.
Liebeskind, J. P. (1996). Knowledge, strategy, and the theory of the firm. *Strategic Management Journal*, 17, 93-107.

Madhok, A. (1996). The organization of economic activity: Transaction costs, firm capabilities and the nature of governance. *Organization Science*, 7, 577-590.

Martin-de-Castro, G., Delgado-Verde, M., Lopez-Saez, P., & Navas-Lopez, J. E. (2011). Towards an intellectual capital view of the firm: Origins and nature. *Journal of Business Ethics*, 98, 649-662.

Nahapiet, J., & Ghoshal, S. (1998). Social capital, intellectual capital and the organizational advantage. *Academy of Management Review*, 23, 242-266.

Nelson, R. R., & Winter, S. G. (1982). *An evolutionary theory of economic change*. Cambridge, MA: Harvard University Press.

Nickerson, J. A., & Zenger, T. R. (2004). A knowledge-based theory of the firm-the problem-solving perspective. *Organization Science*, 15, 617-632.

Nonaka, I. (1994). A dynamic theory of organizational knowledge creation. *Organization Science*, 5, 14-37.

Phelan, S. E., & Lewin, P. L. (2000). Arriving at a strategic theory of the firm. *International Journal of Management Reviews*, 2, 305-323.

Polanyi, M. (1966). *The tacit dimension*. New York: Doubleday.

Reed, R., & DeFillipi, R. J. (1990). Causal ambiguity, barriers to imitation, and sustainable competitive advantage. *Academy of Management Review*, 15, 88-102.

Schulz, M., & Jobe, A. (2001). Codification and tacitness as knowledge management strategies: An empirical exploration. *Journal of High Technology Management Research*, 12, 139-165.

Simon, H. A. (1991). Bounded rationality and organizational learning. *Organization Science*, 2, 125-134.

Soo, C. T., Devinney, D., Midgley, D., & Deering, A. (2002). Knowledge management: Philosophy, processes and pitfalls. *California Management Review*, 44, 129-150.

Tsoukas, R. (1996, Winter). The firm as a distributed knowledge system: A constructionist approach. *Strategic Management Journal*, 17 (Special Issue), 11-25.

Williamson, O. E. (1999). Strategy research: Competence and governance perspectives. *Strategic Management Journal*, 20, 1087-1108.

Winkin, . Y (1996). *Anthropologie de la communication. De la theorie au terrain (Anthropology of communication. In the theory of the field.)* Brussells, Belgium: De Boeck Université.

19 媒介丰富性理论

Bodensteiner, W. D. (1970). *Information channel utilization under varying research and development project conditions: An aspect of interorganizational communication channel usages*. Unpublished PhD dissertation, University of Texas, Austin.

Carlson, J. R., & Zmud, R. W. (1999). Channel expansion theory and the experiential nature of media richness perceptions. *Academy of Management Journal*, 42, 153-170.

Daft, R. L., & Lengel, R. H. (1984). Information richness: A new approach to managerial behavior and organization design. In B. M. Staw & L. L. Cummings (Eds.), *Research in organizational behavior* (Vol. 6, pp. 191-233). Greenwich, CT: JAI Press.

Daft, R. L., & Lengel, R. H. (1986). Organizational information requirements, media richness and structural design. *Management Science*, 32, 554-571.

Daft, R. L., Lengel, R. H., & Trevino, L. K. (1987). Message equivocality, media selection, and manager performance: Implications for information systems. *MIS Quarterly*, 11, 355-366.

Daft, R. L., & Macintosh, N. B. (1981, June). A tentative exploration into the amount and equivocality of information processing in organizational work units. *Administrative Science Quarterly*, 26, 207-224.

Davis, F., Bagozzi, R., & Warshaw, P. (1989). User acceptance of computer technology: A comparison of two theoretical models. *Management Science*, 35, 982-1003.

Fulk, J. (1983). Social construction of communication technology. *Academy of Management Journal*, 36, 921-950.

Fulk, J., Steinfeld, C. W., Schmitz, J., & Power, J. G. (1987). A social information processing model of media use in organizations. *Communication Research*, 14, 529-552.

Habermas, J. (1979). *Communication and the evolution of society*. London: Heinemann.

Habermas, J. (1984). *The theory of communicative action: Vol. 1. Reason and rationalization of society*. Boston: Beacon Press.

Habermas, J. (1987). *The theory of communicative action: Vol. 2. Lifeworld and social system*. Boston: Beacon Press.

Kock, N. (2005, June). Media richness or media naturalness? The evolution of our biological communication apparatus and its influence on our behavior toward e-communication tools. *IEEE Transactions on Professional Communication*, 48, 117-130.

Kock, N. (2009, June). Information systems theorizing based on evolutionary psychology: An interdisciplinary review and theory integration framework. *MIS Quarterly*, 33, 395-418.

Lan, Y. -E, & Sie, Y. -S. (2010). Using RSS to support mobile learning based on media richness theory. *Computers and Education*, 55, 723-732.

Lengel, R. H., & Daft, R. L. (1988). The selection of communication media as an executive skill. *Academy of Management Executive*, 2, 225-232.

Markus, M. L. (1987). Toward a "critical mass" theory of interactive media. Communication Research, 14, 491-511.

Markus, M. L. (1994). Electronic mail as the medium of managerial choice. Organization Science, 5, 502-511.

Mohan, K. , Kumar, N. , & Benbunan-Fich, R. (2009, March). Examining communication media selection and information processing in software development traceability: An empirical investigation. IEEE Transactions on Professional Communication, 52, 17-39.

Ngwenyama, O. K. , & Lee, A. S. (1997). Communication richness in electronic mail: Critical social theory and the contextuality of meaning. MIS Quarterly, 21, 145-167.

Rice, R. (1983). Media appropriateness: Using social presence theory to compare traditional and new organizational media. Human Communication Research, 19, 451-484.

Robert, L. P. , & Dennis, A. R. (2005). Paradox of richness: A cognitive model of media choice. IEEE Transactions on Professional Communication, 48, 10-21.

Russ, G. S. , Daft, R. L. , & Lengel, R. H. (1990, November). Media selection and managerial characteristics in organizational communications. Management Communication Quarterly, 4, 151-175.

Schmitz, J. , & Fulk, J. (1991). Organizational colleagues, media richness, and electronic mail. Communication Research, 18, 487-523.

Shannon, C. , & Weaver, W. (1949). The mathematical theory of communication. Urbana: University of Illinois Press.

Suh, K. S. (1999). Impact of communication medium on task performance and satisfaction: An examination of media richness theory. Information and Management, 35, 295-312.

Weick, K. E. (1979). The social psychology of organizations (2nd ed.). Reading, MA: Addison-Wesley.

20 心智模型理论

Axelrod, R. (Ed.). (1976). The structure of decision: The cognitive maps of political elites. Princeton, NJ: Princeton University Press.

Bara, B. G. , Bucciarelli, M. , & Lombardo, V. (2001). Model theory of deduction: A unified computational approach. Cognitive Science, 25, 839-901.

Cockburn, I. M. , Henderson, R. M. , & Stern, S. (2000, October-November). Untangling the origins of competitive advantage. Strategic Management Journal, 21 (Special Issue), 1123-1145.

Craik, K. (1943). The nature of explanation. Cambridge, MA: Cambridge University Press.

Cyert, R. M. , & March, J. G. (1992). A behavioral theory of the firm (2nd ed.). Malden, MA: Blackwell.

Dean, J. W. , & Sharfman, M. E (1993). Procedural rationality in the strategic decision making process. Journal of Management Studies, 30, 587-610.

Doyle, J. K. , & Ford, D. N. (1998, Spring). Mental models concepts for system dynamics research. System Dynamics Review, 14, 3-29.

Doyle, J. K. , & Ford, D. N. (1999, Winter). Mental models concepts revisited: Some clarifications and a reply to Lane. Systems Dynamics Review, 15, 411-415.

Dutton, J. E. (1993). Interpretations on automatic: A different view of strategic issue diagnosis. Journal of Management Studies, 30, 339-357.

Eden, C. , Jones, S. , & Sims, D. (1979). Thinking in organizations. London: Macmillan.

Fetzer, J. H. (1993). The argument for mental models is unsound. Behavioral and Brain Sciences, 16, 347-348.

Fetzer, J. H. (1999). Deduction and mental models. Minds and Machines, 9, 105-110.

Friedman, L. A. , & Neumann, B. R. (1980). The effects of opportunity costs on project investment decisions: A replication and extension. Journal of Accounting Research, 18, 407-419.

Gary, M. S. , & Wood, R. E. (2011). Mental models, decision rules, and performance heterogeneity. Strategic Management Journal, 32, 569-594.

Gentner, D. , & Stevens, A. L. (Eds.). (1983). Mental models. Mahwah, NJ: Erlbaum.

Haley, U. C. V. , & Stumph, S. A. (1989). Cognitive traits in strategic management decision-making: Linking theories of personalities and cognitions. Journal of Management Studies, 26, 477-497.

Johnson-Laird, P. N. (1983). Mental models. Cambridge, MA: Harvard University Press.

Johnson-Laird, P. N. (2006). Models and heterogeneous reasoning. Journal of Experimental and Theoretical Artificial Intelligence, 18, 121-148.

Kiesler, S. , & Sproull, L. (1982). Managerial response to changing environments: Perspectives on problem sensing from social cognition. Administrative Science Quarterly, 27, 548-570.

March, J. G. , & Simon, H. A. (1958). Organizations. Hoboken, NJ: Wiley.

Mathieu, J. , Maynard, M. T. , Rapp, T. , & Gilson, L. (2008). Team effectiveness 1997-2007: A review of recent advances and a glimpse into the future. Journal of Management, 34, 410-476.

Mohammed, S. , Ferzandi, L. , & Hamilton, K. (2010). Metaphor no more: A 15-year review of the team mental model construct. Journal of Management, 36, 876-910.

Peirce, C. S. (1931-1958). Collected papers of Charles Sanders Peirce (Vols. 1-9). (C. Hartshorne, E Weiss, & A. Burks, Eds.). Cambridge, MA: Harvard University Press.

Tolman, E. C. (1948). Cognitive maps in rats and men. Psychological Review, 55, 189-208.

Turner, J. , & Belanger, E (1996). Escaping from Babel:

Improving the terminology of mental models in the literature of human-computer interaction. *Canadian Journal of Information and Library Science*, 21, 35-58.

Von Hecker, U. (2004, Winter). Disambiguating a mental model: Influence of social context. *Psychological Record*, 54, 27-43.

Westbrook, L. (2006). Mental models: A theoretical overview and preliminary study. *Journal of Information Science*, 32, 563-579.

Zhang, Y. (2010). Dimensions and elements of people's mental models of an information-rich web space. *Journal of the American Society for Information Science and Technology*, 61, 2206-2218.

21 组织生态理论

Aldrich, H., & Auster, E. R. (1986). Even dwarfs started small: Liabilities of age and size and their strategic implications. In L. L. Cummings & B. M. Staw (Eds.), *Research in organizational behavior* (Vol. 8, pp. 165-198). Greenwich, CT: JAI Press.

Aldrich, H., & Ruef, M. (2006). *Organizations evolving* (2nd ed.). Thousand Oaks, CA: Sage.

Barron, D. N., West, E., & Hannan, M. T. (1994). A time to grow and a time to die: Growth and mortality of credit unions in New York City: 1914-1990. *American Journal of Sociology*, 100, 381-421.

Basil, D., Runte, M., Basil, M., & Usher, J. (2011). Company support for employee volunteerism: Does size matter? *Journal of Business Research*, 64, 61-66.

Baum, J. A. C. (1989). Liabilities of newness, adolescence, and obsolescence: Exploring age dependence in the dissolution of organizational relationships and organizations. *Proceedings of the Administrative Science Association of Canada*, 10 (5), 1-10.

Baum, J. A. C., & Oliver, C. (1991). Institutional linkages and organizational mortality. *Administrative Science Quarterly*, 36, 187-218.

Baum, J. A. C., & Singh, J. V. (1994a). Organizational niches and the dynamics of organizational founding. *Organization Science*, 5, 483-501.

Baum, J. A. C., & Singh, J. V. (1994b, September). Organizational niches and the dynamics of organizational mortality. *American Journal of Sociology*, 100, 346-380.

Bruderl, J., & Schussler, R. (1990). Organizational mortality: The liabilities of newness and adolescence. *Administrative Science Quarterly*, 35, 530-547.

Carroll, G. R. (1983). A stochastic model of organizational mortality: Review and reanalysis. *Social Sciences Research*, 12, 303-329.

Carroll, G. R., & Delacroix, J. (1982). Organizational mortality in newspaper industries of Argentina and Ireland: An ecological approach. *Administrative Science Quarterly*, 27, 169-198.

Carroll, G. R., & Swaminathan, A. (1991). Density dependent organizational evolution in the American brewing industry from 1633 to 1988. *Acta Sociologica*, 34, 155-175.

Darwin, C. (1859/2003). *The origin of species*. New York: Random House.

Fichman, M., & Levinthal, D. A. (1991). Honeymoons and the liability of adolescence: A new perspective on duration dependence in social and organizational relationships. *Academy of Management Review*, 16, 442-468.

Freeman, J., & Audia, P. G. (2006). Community ecology and the sociology of organizations. *Annual Review of Sociology*, 32, 145-169.

Freeman, J., Carroll, G. R., & Hannan, M. T. (1983). The liability of newness: Age dependence in organizational death rates. *American Sociological Review*, 48, 692-710.

Freeman, J., & Hannan, M. T. (1983). Niche width and the dynamics of organizational populations. *American Journal of Sociology*, 88, 1116-1145.

Freeman, J., & Hannan, M. T. (1987). The ecology of restaurants revisited. *American Journal of Sociology*, 92, 1214-1220.

Greiner, L. E. (1972, July-August). Evolution and revolution as organizations grow. *Harvard Business Review*, 50 (4), 37-46.

Hannan, M. T., Carroll, G. R., & Polos, L. (2003). The organizational niche. *Sociological Theory*, 21, 309-340.

Hannan, M. T., & Freeman, J. (1977, March). The population ecology of organizations. *American Journal of Sociology*, 82, 929-964.

Hannan, M. T., & Freeman, J. (1984). Structural inertia and organizational change. *American Sociological Review*, 49, 149-164.

Hannan, M. T., & Freeman, J. (1987). The ecology of organizational founding: American labor unions, 1836-1985. *American Journal of Sociology*, 92, 910-943.

Hannan, M. T., & Freeman, J. (1988). The ecology of organizational mortality: American labor unions, 1836-1985. *American Journal of Sociology*, 94, 25-52.

Hannan, M. T., & Freeman, J. (1989). *Organizational ecology*. Cambridge, MA: Harvard University Press.

Hawley, A. H. (1950). *Human ecology: A theory of community structure*. New York: Ronald.

Hawley, A. H. (1968). Human ecology. In D. L. Sills (Ed.), *International encyclopedia of the social sciences* (pp. 328-337). New York: Macmillan.

Hutchinson, G. E. (1978). *An introduction to population ecology*. New Haven, CT: Yale University Press.

Ingrain, P. L. (1993, August). *Old, tired, and ready to die: The age dependence of organizational mortality reconsidered*. Paper presented at the 66th annual meeting of the Academy of Management, Atlanta, GA.

Lomi, A., Larsen, E. R., & Freeman, J. (2005). Things change: Dynamic resource constraints and system-dependent selection in the evolution of organizational populations. *Management Science*, 51, 882-903.

McKelvey, B. (1982). *Organizational systematics: Taxonomy, evolution, classification*. Berkeley: University of California Press.

Monge, P., & Poole, M. S. (2008). The evolution of organizational communication. *Journal of Communication*, 58, 679-692.

Núñez-Nickel, M., & Moyano-Fuentes, J. (2006). New size measurements in population ecology. *Small Business Economics*, 26, 61-81.

Peli, G., & Nooteboom, B. (1999). Marketing partitioning and the geometry of the resource space. *American Journal of Sociology*, 104, 1132-1153.

Reydon, T. A. C., & Scholz, M. (2009). Why organizational ecology is not a Darwinian research program. *Philosophy of the Social Sciences*, 39, 408-439.

Rich, P. (1992). The organizational taxonomy: Definition and design. *Academy of Management Review*, 17, 758-781.

Scheitle, C. P. (2007). Organizational niches and religious markets: Uniting two literatures. *Interdisciplinary Journal of Research on Religion*, 3, 1-29.

Scholz, M., & Reydon, T. A. C. (2010). Organizational ecology: No Darwinian evolution after all: A rejoinder to Lemos. *Philosophy of the Social Sciences*, 40, 504-512.

Singh, J. V., Tucker, D. J., & House, R. J. (1986). Organizational legitimacy and the liability of newness. *Administrative Science Quarterly*, 31, 171-193.

Sorenson, O., McEvily, S., Ren, C. R., & Roy, R. (2006). Niche width revisited: Organizational scope, behavior and performance. *Strategic Management Journal*, 27, 915-936.

Stinchcombe, A. L. (1965). Organizations and social structure. In J. G. March (Ed.), *Handbook of organizations* (pp. 142-193). Chicago: Rand McNally.

Strauss, G. (1974). Adolescence in organization growth: Problems, pains, possibilities. *Organizational Dynamics*, 2, 3-17.

Young, R. C. (1988). Is population ecology a useful paradigm for the study of organizations? *American Journal of Sociology*, 94, 1-24.

22 组织公正理论

Adams, J. S. (1963). Toward an understanding of inequity. *Journal of Abnormal and Social Psychology*, 47, 422-436.

Adams, J. S. (1965). Inequity in social exchange. In L. Berkowitz (Ed.), *Advances in experimental social psychology* (Vol. 2, pp. 267-299). New York: Academic Press.

Ambrose, M. L., & Arnaud, A. (2005). Are procedural justice and distributive justice conceptually distinct? In J. Greenberg & J. A. Colquitt (Eds.), *Handbook of organizational justice* (pp. 59-84). Mahwah, NJ: Erlbaum.

Ambrose, M. L., & Schminke, M. (2009). The role of overall justice judgments in organizational justice research: A test of mediation. *Journal of Applied Psychology*, 94, 491-500.

Bies, R. J. (1987). The predicament of injustice: The management of moral outrage. In L. L. Cummings & B. M. Staw (Eds.), *Research in organizational behavior* (Vol. 9, pp. 289-319). Greenwich, CT: JAI Press.

Bies, R. J. (2005). Are procedural justice and interactional justice conceptually distinct? In J. Greenberg & J. A. Colquitt (Eds.), *Handbook of organizational justice* (pp. 85-112). Mahwah, NJ: Erlbaum.

Bies, R. J., & Moag, J. S. (1986). Interactional justice: Communication criteria of fairness. In R. J. Lewicki, B. H. Sheppard, & M. H. Bazerman (Eds.), *Research on negotiation in organizations* (pp. 43-55). Greenwich, CT: JAI Press.

Bies, R. J., & Shapiro, D. L. (1987). Interactional fairness judgments: The influence of causal accounts. *Social Justice Research*, 1, 199-218.

Choi, J. (2008). Event justice perceptions and employees' reactions: Perceptions of social entity justice as a moderator. *Journal of Applied Psychology*, 93, 513-528.

Colquitt, J. A. (2001). On the dimensionality of organizational justice: A construct validation measure. *Journal of Applied Psychology*, 86, 386-400.

Colquitt, J. A., Conlon, D. E., Wesson, M. J., Porter, C. O. L. H., & Ng, K. Y. (2001). Justice at the millennium: A meta-analytic review of 25 years of organizational justice research. *Journal of Applied Psychology*, 86, 425-445.

Colquitt, J. A., Greenberg, J., & Zapata-Phelan, C. P. (2005). What is organizational justice? A historical overview. In J. Greenberg & J. A. Colquitt (Eds.), *Handbook of organizational justice* (pp. 3-56). Mahwah, NJ: Erlbaum.

Cropanzano, R., & Ambrose, M. L. (2001). Procedural and distributive justice are more similar than you think: A monistic perspective and a research agenda. In J. Greenberg & R. Cropanzano (Eds.), *Advances in organizational justice research* (pp. 119-151). Lexington, MA: New Lexington Press.

Cropanzano, R., Byrne, Z. S., Bobocel, D. R., & Rupp, D. E. (2001). Moral virtues, fairness heuristics, social entities, and other denizens of organizational justice. *Journal of Vocational Behavior*, 58, 164-209.

Folger, R., & Cropanzano, R. (1998). *Organizational justice and human resource management*. Thousand Oaks, CA: Sage.

Folger, R., & Cropanzano, R. (2001). Fairness theory: Justice as accountability. In J. Greenberg & R. Folger (Eds.),

Advances in organizational justice (pp. 1-55). Lexington, MA: New Lexington Press.

Fryxell, G. E., & Gordon, M. E. (1989). Workplace justice and job satisfaction predictors of satisfaction with union and management. *Academy of Management Journal*, 32, 851-866.

Greenberg, J. (1988). Cultivating an image of justice: Looking fair on the job. *Academy of Management Executive*, 2, 155-158.

Greenberg, J. (1990). Organizational justice: Yesterday, today, and tomorrow. *Journal of Management*, 16, 399-432.

Greenberg, J. (2009). Promote procedural and interactional justice to enhance individual and organizational outcomes. In E. A. Locke (Ed.), *Handbook of principles of organizational behavior* (2nd ed., pp. 255-271). Hoboken, NJ: Wiley.

Lind, A. (2001). Fairness heuristic theory: Justice judgments as pivotal cognitions in organizational relations. In J. Greenberg & R. Folger (Eds.), *Advances in organizational justice* (pp. 56-88). Lexington, MA: New Lexington Press.

Martocchio, J. J., & Judge, T. A. (1995). When we don't see eye to eye: Discrepancies between supervisors and subordinates in absence disciplinary decisions. *Journal of Management*, 21, 251-278.

Shapiro, D. L. (1993). Reconciling theoretical differences among procedural justice researchers by re-evaluating what it means to have one's views "considered": Implications for third-party managers. In R. Cropanzano (Ed.), *Justice in the workplace: Approaching fairness in human resource management* (pp. 51-78). Mahwah, NJ: Erlbaum.

Thibaut, J., & Walker, L. (1975). *Procedural justice: A psychological analysis*. Hoboken, NJ: Wiley.

Thibaut, J., & Walker, L. (1978). A theory of procedure. California Law Review, 66, 541-566.

23 计划行为理论

Ajzen, I. (1985). From intentions to actions: A theory of planned behavior. In J. Kuhland & J. Beckman (Eds.), *Action-control: From cognitions to behavior* (pp. 11-39). Heidelberg: Springer.

Ajzen, I. (1991). The theory of planned behavior. *Organizational Behavior and Human Decision Processes*, 50, 179-211.

Ajzen, I. (2001). Nature and operations of attitudes. *Annual Review of Psychology*, 52, 27-58.

Ajzen, I., & Driver, B. L. (1992). Application of the theory of planned behavior to leisure choice. *Journal of Leisure Research*, 24, 207-224.

Ajzen, I., & Fishbein, M. (1980). *Understanding attitudes and predicting social behavior*. Englewood Cliffs, NJ: Prentice Hall.

Ajzen, I., & Fishbein, M. (2000). Attitudes and the attitude-behavior relation: Reasoned and automatic processes. In W. Stroebe & H. Miles (Eds.), *European review of social psychology* (Vol. 11, pp. 17-33). Chichester, UK: Wiley.

Ajzen, I., & Madden, T. J. (1986). Prediction of goal-directed behavior: Attitudes, intentions, and perceived behavioral control. *Journal of Experimental Social Psychology*, 22, 453-474.

Armitage, C. J., & Conner, M. (1999a). The theory of planned behavior: Assessments of predictive validity and "perceived control". *British Journal of Social Psychology*, 38, 35-54.

Armitage, C. J., & Conner, M. (1999b). Distinguishing perceptions of control from self-efficacy: Predicting consumption of a low fat diet using the theory of planned behavior. *Journal of Applied Social Psychology*, 29, 72-90.

Armitage, C. J., & Conner, M. (2001). Efficacy of the theory of planned behavior: A meta-analytic review. *British Journal of Social Psychology*, 40, 471-499.

Askelson, N. M., Campo, S., Loew, J. B., Smith, S., Dennis, L. K., & Andsager, J. (2010). Using the theory of planned behavior to predict mothers' intentions to vaccinate their daughters against HPV. *Journal of School Nursing*, 26, 194-202.

Bandura, A. (1986). *Social foundations of thought and action*. Englewood Cliffs, NJ: Prentice Hall.

Bandura, A. (1992). On rectifying the comparative anatomy of perceived control: Comments on "cognates of personal control". *Applied and Preventative Psychology*, 1, 121-126.

Bandura, A., Adams, N. E., Hardy, A. B., & Howells, G. N. (1980). Tests of the generality of self-efficacy theory. Cognitive Therapy and Research, 4, 39-66.

Bargh, J. A. (1996). Automaticity in social psychology. In E. T. Higgins& A. W. Kruglanski (Eds.), *Social psychology: Handbook of basic principles* (pp. 169-183). New York: Guilford.

Bargh, J. A., Chen, M., & Burrows, L. (1996). Automaticity of social behavior: Direct effects of trait construct and stereotype activation on action. *Journal of Personality and Social Psychology*, 71, 230-244.

Beck, L., & Ajzen, I. (1991, September). Predicting dishonest actions using the theory of planned behavior. *Journal of Research in Personality*, 25, 285-301.

Conner, M., & Armitage, C. J. (1998). Extending the theory of planned behavior: A review and avenues for future research. *Journal of Applied Social Psychology*, 28, 1429-1464.

Conner, M., Sheeran, P, Norman, E, & Armitage, C. J. (2000). Temporal stability as a moderator of relationships in the theory of planned behaviour. *British Journal of Social Psychology*, 39, 469-493.

de Vries, H., Dijkstra, M., & Kuhlman, P. (1988). Self-efficacy: The third factor besides attitude and subjective norm as a predictor of behavioural intentions. *Heath Education Research*, 3, 273-282.

Doll, J., & Ajzen, I. (1992). Accessibility and stability of predictors in the theory of planned behavior. *Journal of Personality and Social Psychology*, 63, 754-765.

Fishbein, M., & Ajzen, I. (1975). *Belief attitude, intention and behavior: An introduction to theory and research*. Reading, MA: Addison-Wesley.

French, D. P., & Cooke, R. (in press). Using the theory of planned behaviour to understand binge drinking: The importance of beliefs for developing interventions. British *Journal of Health Psychology*, 16.

Ganesh, G., & Barat, S. (2010). A theory-of-planned-behavior perspective on B2C e-commerce. *Review of Business Research*, 10 (3), 92-99.

Godin, G., & Kok, G. (1996). The theory of planned behavior: A review of its applications to health-related behaviors. *American Journal of Health Promotion*, 11, 87-98.

Hagger, M. S., Chatzisarantis, N. L. D., & Biddle, S. J. H. (2002, March). A meta-analytic review of the theories of reasoned action and planned behavior in physical activity: Predictive validity and the contribution of additional variables. *Journal of Sport and Exercise Psychology*, 24, 133-150.

Harris, J., & Hagger, M. S. (2007). Do basic psychological needs moderate relationships within the theory of planned behavior? *Journal of Applied Biobehavioral Research*, 12, 43-64.

Kraft, E, Rise, J., Sutton, S., & Roysamb, E. (2005). Perceived difficulty in the theory of planned behaviour: Perceived behavioural control or affective attitude? *British Journal of Social Psychology*, 44, 479-496.

Kuhl, J. (1985). Volitional aspects of achievement motivation and learned helplessness: Toward a comprehensive theory of action control. In B. A. Maher (Ed.), *Progress in experimental personality research* (Vol. 13, pp. 99-171). New York: Academic Press.

Liska, A. E. (1984). A critical examination of the causal structure of the Fishbein/Ajzen attitude-behavior model. *Social Psychology Quarterly*, 47, 61-74.

Madden, T. J., Ellen, P. S., & Ajzen, I. (1992, February). A comparison of the theory of planned behavior and the theory of reasoned action. *Personality and Social Psychology Bulletin*, 18 (1), 3-9.

McCarthy, A., & Garavan, T. (2006, Fall). Postfeedback development perceptions: Applying the theory of planned behavior. *Human Resource Development Quarterly*, 17, 245-267.

Moan, I. S., & Rise, J, (2006, December). Predicting smoking reduction among adolescents using an extended version of the theory of planned behavior. *Psychology and Health*, 21, 717-738.

Norwich, B., & Rovoli, I. (1993). Affective factors and learning behavior in secondary school mathematics and English lessons for average and low attainers. *British Journal of Educational Psychology*, 63, 308-321.

Orbell, S. (2003). Personality systems interactions theory and the theory of planned behaviour: Evidence that self-regulatory volitional components enhance enactment of studying behaviour. *British Journal of Social Psychology*, 42, 95-112.

Orbell, S., Hodgkins, S., & Sheeran, P. (1997). Implementation intentions and the theory of planned behavior. *Personality and Social Psychology Bulletin*, 23, 945-954.

Pellino, T. A. (1997). Relationships between patient attitudes, subjective norms, perceived control, and analgesic use following elective orthopedic surgery. *Research in Nursing and Health*, 20, 97-105.

Posner, M. I., & Synder, C. R. R. (1975). Attention and cognitive control. In R. L. Solso (Ed.), *Information processing and cognition: The Loyola symposium* (pp. 55-85). Mahwah, NJ: Erlbaum.

Rhodes, R. E., Courneya, K. S., & Hayduk, L. A. (2002). Does personality moderate the theory of planned behavior in the exercise domain? *Journal of Sport and Exercise Psychology*, 24, 120-132.

Rise, J., Sheeran, P., & Hukkelberg, S. (2010). The role of self-identity in the theory of planned behavior: A meta-analysis. *Journal of Applied Social Psychology*, 40, 1085-1105.

Sarver, V. T. (1983). Ajzen and Fishbein's "theory of reasoned action": A critical assessment. *Journal for the Theory of Social Behavior*, 13, 155-163.

Schifter, D. B., & Ajzen, I. (1985). Intention, perceived control, and weight loss: An application of the theory of planned behavior. *Journal of Personality and Social Psychology*, 49, 843-851.

Sheeran, P., & Orbell, S. (1999). Augmenting the predictive validity of the theory of planned behavior: Roles for anticipated regret and descriptive norms. *Journal of Applied Social Psychology*, 29, 2107-2142.

Sheeran, P, Orbell, S., & Trafimow, D. (1999). Does the temporal stability of behavioral intentions moderate intention-behavior and past behavior-future behavior relations? *Personality and Social Psychology Bulletin*, 25, 724-730.

Sheeran, P., & Taylor, S. (1999). Predicting intentions to use condoms: A meta-analysis and comparison of the theories of reasoned action and planned behavior. *Journal of Applied Social Psychology*, 29, 1624-1675.

Sheppard, B. H., Hartwick, J., & Warshaw, P. R. (1988).

The theory of reasoned action: A meta-analysis of past research with recommendations for modifications and future research. *Journal of Consumer Research*, 15, 325-343.

Sparks, P., Shepard, R., & Frewer, L. J. (1995). Assessing and structuring attitudes toward the use of gene technology in food production: The role of perceived ethical obligation. *Basic and Applied Social Psychology*, 16, 267-285.

Sutton, S. (1998). Explaining and predicting intentions and behavior: How well are we doing? *Journal of Applied Social Psychology*, 28, 1318-1339.

Terry, D. J. (1993). Self-efficacy expectancies and the theory of reasoned action. In D. J. Terry, C. Gallois, & M. McCamish (Eds.), *The theory of reasoned action: Its application to AIDs-preventative behavior* (pp. 135-151). Oxford: Pergamon.

Terry, D. J., & Hogg, M. A. (1996). Group norms and the attitudebehavior relationship: A role for group identification. *Personality and Social Psychology Bulletin*, 22, 776-793.

Triandis, H. C. (1977). Interpersonal behavior. Monterey, CA: Brooks/Cole.

van den Putte, B. (1991). *Twenty years of the theory of reasoned action of Fishbein and Ajzen: A meta-analysis*. Unpublished manuscript, University of Amsterdam.

Wang, Y. J., Hong, S., & Wei, J. (2010). A broadened model of goaldirected behavior: Incorporating the conative force into consumer research. *Review of Business Research*, 10, 142-150.

Warshaw, P. R., & Davis, F. D. (1985). Disentangling behavioral intentions and behavioral expectations. *Journal of Experimental Social Psychology*, 21, 213-228.

Wegner, D. M., & Bargh, J. A. (1998). Control and automaticity in social life. In D. Gilbert, S. T. Fiske, & G. Lindzey (Eds.), *Handbook of social psychology* (4th ed., pp. 446-496). New York: McGraw-Hill.

24 前景理论

Highhouse, S., & Paese, P. W. (1996). Problem domain and prospect frame: Choice under opportunity versus threat. *Personality and Social Psychology Bulletin*, 22, 124-132.

Kahneman, D., & Tversky, A. (1979). Prospect theory: An analysis of decision under risk. *Econometrica*, 47, 263-291.

Kanfer, R. (1990). Motivation theory. In M. Dunnette, & L. Houghs (Eds.), *Handbook of industrial and organizational psychology* (Vol. 1, 2nd ed., pp. 124-151). Palo Alto, CA: Consulting Psychologists Press.

Levy, M., & Levy, H. (2002). Prospect theory: Much ado about nothing? *Management Science*, 48, 1334-1349.

March, J. G., & Shapira, Z. (1987). Managerial perspective on risk and risk taking. *Management Science*, 33, 1404-1418.

Markowitz, H. M. (1952). Portfolio selection. *Journal of Finance*, 7, 77-91.

Mercer, J. (2005). Prospect theory and political science. *Annual Review of Political Science*, 8, 1-21.

Rieger, M. O., & Wang, M. (2006). Cumulative prospect theory and the St. Petersburg paradox. *Economic Theory*, 28, 665-679.

Steel, P, & Konig, C. J. (2006). Integrating theories of motivation. *Academy of Management Review*, 31, 889-913.

Swalm, R. O. (1966). Utility theory-insights into risk taking. *Harvard Business Review*, 44, 123-136.

Tversky, A., & Kahneman, D. (1981). The framing of decisions and psychology of choice. *Science*, 211, 453-458.

Tversky, A., & Kahneman, D. (1992). Advances in prospect theory: Cumulative representation of uncertainty. *Journal of Risk and Uncertainty*, 5, 297-323.

Wakker, P. P. (2003). The data of Levy and Levy (2002) "Prospect theory: Much ado about nothing?" actually support prospect theory. *Management Science*, 49, 979-981.

25 心理契约理论

Argyris, C. (1960). *Understanding organizational behavior*. Homewood, IL Dorsey.

Blau, P. M. (1964). *Exchange and power in social life*. Hoboken, NJ: Wiley.

Dabos, G. E., & Rousseau, D. M. (2004). Mutuality and reciprocity in the psychological contracts of employee and employer. *Journal of Applied Psychology*, 89, 52-72.

Guest, D. E. (1998). Is the psychological contract worth taking seriously? *Journal of Organizational Behavior*, 19, 649-664.

Hallier, J., & James, E (1997). Middle managers and the employee psychological contract: Agency, protection and advancement. *Journal of Management Studies*, 34, 703-728.

Levinson, H., Price, C. R., Munden, K. J., Mandl, H. J., Solley, C. M. (1962). *Men, management, and mental health*. Cambridge, MA: Harvard University Press.

McGaughey, S. L., & Liesch, P. W. (2002). The global sports-media nexus: Reflections on the "Super League Saga" in Australia. *Journal of Management Studies*, 39, 383-416.

McLean Parks, J., Kidder, D. L., & Gallagher, D. G. (1998). Fitting square pegs into round holes: Mapping the domain of contingent work arrangements onto the psychological contract. *Journal of Organizational Behavior*, 19, 697-730.

Morrison, E. W., & Robinson, S. L. (1997). When employees feel betrayed: A model of how psychological contract violation develops. *Academy of Management Review*, 22, 226-256.

Robinson, S. L., Kraatz, M. S., & Rousseau, D. M. (1994). Changing obligations and the psychological contract: A longitudinal study. *Academy of Management Journal*, 37, 137-152.

Rousseau, D. M. (1989). Psychological and implied contracts in organizations. *Employee Rights and Responsibilities Journal*, 2, 121-139.

Rousseau, D. M. (1990). New hire perceptions of their own and their employer's obligations: A study of psychological contracts. *Journal of Organizational Behavior*, 11, 389-400.

Rousseau, D. M. (1995). *Psychological contracts in organizations: Understanding written and unwritten agreements*. Thousand Oaks, CA: Sage.

Rousseau, D. M., & Greller, M. M. (1994). Human resource practices: Administrative contract makers. *Human Resource Management*, 33, 385-401.

Rousseau. D. M., & McLean Parks, J. (1993). The contracts of individuals and organizations. In L. L. Cummings and B. M. Staw (Eds.), *Research in organizational behavior* (Vol. 15, pp. 1-43). Greenwich, CT: JAI Press.

Rousseau, D. M., & Tijoriwala, S. A. (1998). Assessing psychological contracts: Issues, alternatives and measures. *Journal of Organizational Behavior*, 19, 679-695.

Schein, E. H. (1965). *Organizational psychology*. Englewood Cliffs, NJ: Prentice Hall.

Thompson, J. A., & Bunderson, J. S. (2003). Violations of principle: Ideological currency in the psychological contract. *Academy of Management Review*, 28, 571-586.

26 资源基础理论

Armstrong, C. E., & Shimizu, K. (2007). A review of approaches to empirical research on the resource-based view of the firm. *Journal of Management*, 33, 959-986.

Barney, J. B. (1991). Firm resources and sustained competitive advantage. *Journal of Management*, 17, 99-120.

Barney, J. B., & Clark, D. N. (2007). *Resource-based theory: Creating and sustaining competitive advantage*. New York: Oxford University Press.

Bowman, C., & Ambrosini, V. (2000). Value creation versus value capture: Towards a coherent definition of value in strategy. *British Journal of Management*, 11, 1-15.

Bromiley, P, & Fleming, L. (2002). The resource-based view of strategy: A behavioral critique. In M. Augier & J. G. March (Eds.), *Change, choice and organization: Essays in memory of Richard M. Cyert* (pp. 319-336). Cheltenham, England: Elgar.

Caves, R. E. (1980). Industrial organization, corporate strategy and structure. *Journal of Economic Literature*, 58, 64-92.

Conner, K. R. (1991). A historical comparison of resource-based theory and five schools of thought within industrial organization economics: Do we have a new theory of the firm? *Journal of Management*, 17, 121-154.

Conner, T. (2002). The resource-based view of strategy and its value to practising managers. *Strategic Change*, 11, 307-316.

Fiol, C. M. (2001). Revisiting an identity-based view of sustainable competitive advantage. *Journal of Management*, 27, 691-699.

Helfat, C. E., & Peteraf, M. A. (2003). The dynamic resource-based view: Capability lifecycles. *Strategic Management Journal*, 24, 997-1010.

Hoopes, D. G., Madsen, T. L., & Walker, G. (2003). Guest editor's introduction to the special issue: Why is there a resource-based view? Toward a theory of competitive heterogeneity. *Strategic Management Journal*, 24, 889-902.

Kraaijenbrink, J., Spender, J.-C., & Groen, A. J. (2010). The resourcebased view: A review and assessment of its critiques. *Journal of Management*, 36, 349-372.

Lockett, A., Thompson, S., & Morgenstern, U. (2009). The development of the resource-based view of the firm: A critical appraisal. *International Journal of Management Reviews*, 11, 9-28.

Makadok, R. (2001). Towards a synthesis of the resource-based and dynamic-capability views of rent creation. *Strategic Management Journal*, 22 (5), 387-402.

Miller, D. (2003). An asymmetry-based view of advantage: Towards an attainable sustainability. *Strategic Management Journal*, 24, 961-976.

Newbert, S. L. (2007). Empirical research on the resource-based view of the firm: An assessment and suggestions for future research. Strategic Management Journal, 28, 121-146.

Oliver, C. (1997). Sustainable competitive advantage: Combining institutional and resource-based views. *Strategic Management Journal*, 18, 697-713.

Peteraf, M. A. (1993). The cornerstones of competitive advantage: A resource-based view. *Strategic Management Journal*, 14, 179-191.

Peteraf, M. A., & Barney, J. B. (2003). Unraveling the resource-based triangle. *Managerial and Decision Economics*, 24, 309-323.

Peteraf, M. A., & Bergen, M. E. (2003). Scanning dynamic competitive landscapes: A market-based and resource-based framework. *Strategic Management Journal*, 24, 1027-1041.

Porter, M. (1981). The contributions of industrial organization to strategic management. *Academy of Management Review*, 6, 609-620.

Priem, R. L., & Butler, J. E. (2001). Is the resource-based "view" a useful perspective for strategic management research? *Academy of Management Review*, 21, 22-40.

Rumelt, R. E (1974). Strategy, structure, and economic performance. Cambridge, MA: Harvard University Press.

Teece, D., Pisano, G., & Shuen, A. (1997). Dynamic capabilities and strategic management. *Strategic Management Journal*, 18, 509-533.

Wernerfelt, B. (1984). A resource-based view of the firm. *Strategic Management Journal*, 5, 171-180.

27 角色理论

Ashforth, B. E. , & Johnson, S. A. (2001). Which hat to wear? The relative salience of multiple identities in organizational contexts. In M. A. Hogg & D. J. Terry (Eds.), *Social identity processes in organizational contexts* (pp. 31-48). Philadelphia: Psychology Press.

Biddle, B. J. (1979). *Role theory: Expectations, identities, and behaviors*. New York: Academic Press.

Biddle, B. J. , & Thomas, E. (1979). *Role theory: Concepts and research*. Huntington, NY: Krieger.

Callero, P. L. (1994). From role-playing to role-using: Understanding role as a resource. *Social Psychology Quarterly*, 57, 228-243.

Collier, P. J. , & Callero, P. L. (2005). Role theory and social cognition: Learning to think like a recycler. *Self and Identity*, 4, 45-58.

Connell, R. W. (1987). *Gender and power: Society, the person and sexual politics*. Stanford, CA: Stanford University Press.

Goffman, E. (1959). *The presentation of self in everyday life*. New York: Anchor Books.

Hall, D. T. , & Richter, J. (1988). Balancing work life and home life: What can organizations do to help? *Academy of Management Executive*, 2, 213-223.

Hilbert, R. A. (1981). Toward an improved understanding of "role". *Theory and Society*, 10, 207-226.

Jackson, J. (1998, August). Contemporary criticisms of role theory. *Journal of Occupational Science*, 5 (2), 49-55.

Linton, R. (1936). *The study of man*. New York: Appleton-Century.

Lynch, K. D. (2007). Modeling role enactment: Linking role theory and social cognition. *Journal for the Theory of Social Behavior*, 37, 379-399.

McCall, G. , & Simmons, J. (1978). *Identities and interactions*. New York: Free Press.

Mead, G. H. (1934). *Mind, self, and society*. Chicago: University of Chicago Press.

Merton, R. K. (1957). *On theoretical sociology*. New York: Free Press.

Montgomery, J. D. (1998, July). Toward a role theoretic concept of embeddedness. *American Journal of Sociology*, 104, 92-125.

Montgomery, J. D. (2005). The logic of role theory: Role conflict and stability of the self-concept. *Journal of Mathematical Sociology*, 29, 33-71.

Moreno, J. L. (1934). *Who shall survive*? Washington, DC: Nervous and Mental Disease Publishing.

Parsons, T. (1951). *The social system*. New York: Free Press.

Turner, R. H. (1962). Role-taking: Process versus conformity. In A. M. Rose (Ed.), *Human behavior and social processes* (pp. 20-40). Boston: Houghton Mifflin.

Zurcher, L. A. (1983). *Social roles: Conformity, conflict and creativity*. Thousand Oaks, CA: Sage.

28 自我决定理论

Brown, K. W. , & Ryan, R. M. (2003). The benefits of being present: Mindfulness and its role in psychological well-being. *Journal of Personality and Social Psychology*, 84, 822-848.

Deci, E. L. , & Ryan, R. M. (2000a). The "what" and "why" of goal pursuits: Human needs and the self-determination of behavior. *Psychological Inquiry*, 11, 227-268.

Deci, E. L. , & Ryan, R. M. (2000b). The darker and brighter sides of human existence: Basic psychological needs as a unifying concept. *Psychological Inquiry*, 11, 319-338.

Deci, E. L. , & Ryan, R. M. (2008). Facilitating optimal motivation and psychological well-being across life's domains. *Canadian Psychology*, 49, 14-23.

Deci, E. L. , Ryan, R. M. , Gagne, M. , Leone, D. R. , Usunov, J. , & Kornazheva, B. P. (2001). Need satisfaction, motivation, and wellbeing in the work organizations of a former Eastern Bloc country. *Personality and Social Psychology Bulletin*, 27, 930-942.

Gagne, M. , & Forest, J. (2008). The study of compensation systems through the lens of self-determination theory: Reconciling 35 years of debate. *Canadian Psychology*, 49, 225-232.

Hull, C. L. (1943). *Principles of behavior: An introduction to behavior theory*. New York: Appleton-Century-Crofts.

Kasser, T. , & Ryan, R. M. (1993). A dark side of the American dream: Correlates of financial success as a life aspiration. *Journal of Personality and Social Psychology*, 65, 410-422.

Kasser, T. , & Ryan, R. M. (1996). Further examining the American dream: Differential correlates of intrinsic and extrinsic goals. *Personality and Social Psychology Bulletin*, 22, 80-87.

Ryan, R. M. , Chirkov, V. I. , Little, T. D. , Sheldon, K. M. , Timoshina, E. , & Deci, E. L. (1999). The American dream in Russia: Extrinsic aspirations and well-being in two cultures. *Personality and Social Psychology Bulletin*, 25, 1509-1524.

Ryan, R. M. , & Connell, J. P. (1989). Perceived locus of causality and internationalization: Examining reasons for acting in two domains. *Journal of Personality and Social Psychology*, 57, 749-761.

Ryan, R. M. , & Deci, E. L. (2000a). The darker and brighter sides of human existence: Basic psychological needs as a unifying concept. *Psychological Inquiry*, 11, 319-338.

Ryan, R. M. , & Deci, E. L. (2000b, January). Self-determination theory and the facilitation of intrinsic motivation, social development, and well-being. *American Psychologist*, 55, 68-78.

Ryan, R. M., & Deci, E. L. (2002). An overview of self-determination theory: An organismic dialectical perspective. In E. L. Deci & R. M. Ryan (Eds.), *Handbook of self-determination research* (pp. 3-33). Rochester, NY: University of Rochester Press.

Ryan, R. M., & Frederick, C. M. (1997). On energy, personality, and health: Subjective vitality as a dynamic reflection of well-being. *Journal of Personality and Social Psychology*, 65, 529-565.

Ryan, R. M., Sheldon, K. M., Kasser, T., & Deci, E. L. (1996). All goals are not created equal: An organismic perspective on the nature of goals and their regulation. In P. M. Gollwitzer & J. A. Bargh (Eds.), *The psychology of action: Linking cognition and motivation to behavior* (pp. 7-26). New York: Guilford Press.

Sheldon, K. M. (2002). The self-concordance model of health goal striving: When personal goals correctly represent the person. In E. L. Deci & R. M. Ryan (Eds.), *Handbook of self-determination research* (pp. 65-86). Rochester, NY: University of Rochester Press.

Turban, D. B., Tan, H. H., Brown, K. G., & Sheldon, K. M. (2007). Antecedents and outcomes of perceived locus of causality: An application of self-determination theory. *Journal of Applied Social Psychology*, 37, 2376-2404.

Vansteenkiste, M., Simons, J., Lens, W., Sheldon, K. M., & Deci, E. L. (2004). Motivating learning, performance, and persistence: The synergistic effects of intrinsic goal contents and autonomy-supportive context. *Journal of Personality and Social Psychology*, 87, 246-260.

Vansteenkiste, M., Zhou, M., Lens, W., & Soenens, B. (2005). Experiences of autonomy and control among Chinese learners: Vitalizing or immobilizing? *Journal of Educational Psychology*, 87, 468-483.

White, R. W. (1959). Motivation reconsidered. *Psychological Review*, 66, 297-333.

29 意义建构理论

Cantril, H. (1941). *The psychology of social movements.* Hoboken, NJ: Wiley.

Cornelissen, J. P., & Clarke, J. S. (2010). Imagining and rationalizing opportunities: Inductive reasoning and the creation and justification of new ventures. *Academy of Management Review*, 35, 539-557.

Daft, R. L., & Weick, K. E. (1984). Toward a model of organizations as interpretive systems. *Academy of Management Review*, 9, 284-295.

Dunbar, R. (1981). Designs for organizational control. In P. C. Nystrom & W. H. Starbuck (Eds.), *Handbook of organizational design* (Vol. 2, pp. 85-115). Oxford: Oxford University Press.

Dutton, J. E., & Duncan, R. B. (1987). The creation of momentum for change through the process of strategic issue diagnosis. *Strategic Management Journal*, 8, 279-295.

Gioia, D. A. (1986). Symbols, scripts, and sensemaking: Creating meaning in the organizational experience. In H. P. Sims Jr. & D. A. Gioia (Eds.), *The thinking organization* (pp. 49-74). San Francisco: Jossey-Bass.

Gioia, D. A., & Chittipeddi, K. (1991). Sensemaking and sensegiving in strategic change initiation. *Strategic Management Journal*, 12, 433-448.

Goleman, D. (1985). *Vital lies, simple truths: The psychology of self-deception.* New York: Simon & Schuster.

Kiesler, S., & Sproull, L. (1986). Managerial response to changing environments: Perspectives on problem sensing from social cognition. *Administrative Science Quarterly*, 27, 548-570.

Luscher, L. S., & Lewis, M. W. (2008). Organizational change and managerial sensemaking: Working through paradox. *Academy of Management Journal*, 51, 221-240.

Maitlis, S. (2005). The social processes of organizational sensemaking. Academy of Management Journal, 48, 21-49.

Maitlis, S., & Lawrence, T. B. (2007). Triggers and enablers of sensegiving in organizations. *Academy of Management Journal*, 50, 57-84.

Maitlis, S., & Sonenshein, S. (2010, May). Sensemaking in crisis and change: Inspiration and insights from Weick (1988). *Journal of Management Studies*, 47, 551-580.

Milliken, EJ. (1990). Perceiving and interpreting environmental change: An examination of college administrators' interpretation of changing demographics. *Academy of Management Journal*, 33, 42-63.

Rudolph, J. W., Morrison, J. B., & Carroll, J. S. (2009). The dynamics of action-oriented problem solving: Linking interpretation and choice. *Academy of Management Review*, 34, 733-756.

Schwandt, D. R. (2005). When managers become philosophers: Integrating learning with sensemaking. *Academy of Management Learning and Education*, 4, 176-192.

Sonenshein, S. (2007). The role of construction, intuition, and justification in responding to ethical issues at work: The sensemaking-intuition model. *Academy of Management Review*, 32, 1022-1040.

Starbuck, W. H., & Milliken, F. J. (1988). Executives' perceptual filters: What they notice and how they make sense. In D. C. Hambrick (Ed.), *The executive effect: Concepts and methods for studying top managers* (pp. 35-66). Greenwich, CT: JAI Press.

Taylor, S. E., & Crocker, J. (1981). Schematic bases of social information processing. In E. T. Higgins, C. P. Herman, & M. P. Zanna (Eds.), *Social cognition* (Vol. 1, pp. 89-133). Mahwah, NJ: Erlbaum.

Thomas, J. B., Clark, S. M., & Gioia, D. A. (1993). Strategic sensemaking and organizational performance: Linkages among scanning, interpretation, action, and outcomes. *Academy of Management Journal*, 36, 239-270.

Weick, K. E. (1979). *The social psychology of organizing* (2nd ed.). New York: Addison-Wesley.

Weick, K. E. (1993). The collapse of sensemaking in organizations. The Mann Gulch disaster. *Administrative Science Quarterly*, 38, 628-652.

Weick, K. E. (1995). *Sensemakingin organizations*. Thousand Oaks, CA: Sage.

Weick, K. E. (2010). Reflections on enacted sensemaking in the Bhopal disaster. *Journal of Management Studies*, 47, 537-550.

Weick, K. E., & Roberts, K. H. (1993). Collective mind in organizations: Heedful interrelating on flight decks. *Administrative Science Quarterly*, 38, 357-381.

Weick, K. E., Sutcliffe, K. M., & Obstfeld, D. (2005). Organizing and the process of sensemaking. *Organization Science*, 16, 409-421.

Whetten, D. A. (1984, November-December). Effective administrators: Good management on the college campus. *Change*, 16 (8), 38-43.

30 社会资本理论

Adler, P. S., & Kwon, S. -W. (2002). Social capital: Prospects for a new concept. *Academy of Management Review*, 27, 17-40.

Arrow, K. (1999). Observations on social capital. In E Dasgupta & I. Serageldin (Eds.), *Social capital: A multifaceted perspective* (pp. 3-5). Washington, DC: World Bank.

Baker, W. E. (1990). Market networks and corporate behavior. *American Journal of Sociology*, 96, 589-625.

Belliveau, M., O'Reilly, C., & Wade, J. (1996). Social capital at the top: Effects of social similarity and status on CEO compensation. *Academy of Management Journal*, 39, 1568-1593.

Bolino, M. C., Turnley, W. H., & Bloodgood, J. M. (2002). Citizenship behavior and the creation of social capital in organizations. *Academy of Management Review*, 27, 505-522.

Bourdieu, P. (1986). The forms of capital. In J. G. Richardson (Ed.), *Handbook of theory and research for the sociology of education* (pp. 241-258). New York: Greenwood Press.

Bourdieu, P., & Wacquant, L. (1992). *Invitation to reflexive sociology*. Chicago: University of Chicago Press.

Colclough, G., & Sitaraman, B. (2005). Community and social capital: What is the difference? *Sociological Inquiry*, 75, 474-496.

Coleman, J. S. (1988). Social capital in the creation of human capital. *American Journal of Sociology*, 94 (Supplement), S95-S120.

Coleman, J. S. (1990). *Foundations of social theory*. Cambridge, MA: Belknap Press.

DeFilippis, J. (2002). Symposium on social capital: An introduction. *Antipode*, 34, 790-795.

Durkheim, E. (1960). *The division of labor in society*. New York: Free Press. (Original work published 1902)

Fine, B. (2001). *Social capital versus social theory: Political economy and social science at the turn of the millennium*. London: Routledge.

Fine, B. (2002a). They f**k you up those social capitalists. *Antipode*, 34, 796-799.

Fine, B. (2002b). It ain't social, it ain't capital, and it ain't Africa. *Studia Africana*, 13, 18-33.

Fischer, C. S. (2005). Bowling alone: What's the score? *Social Networks*, 27, 155-167.

Fischer, H. M., & Pollock, T. G. (2004). Effects of social capital and power on surviving transformational change: The case of initial public offerings. *Academy of Management Journal*, 47, 463-481.

Florin, J., Lubatkin, M., & Schulze, W. (2003). A social capital model of high-growth ventures. *Academy of Management Journal*, 46, 374-384.

Foley, M., & Edwards, R. (1999). Is it time to divest in social capital? *Journal of Public Policy*, 19, 141-173.

Fukuyama, E (1995). *Trust: Social virtues and the creation of prosperity*. London: Hamilton.

Fulkerson, G. M., & Thompson, G. H. (2008). The evolution of a contested concept: A meta-analysis of social capital definitions and trends (1988-2006). *Sociological Inquiry*, 78, 536-557.

Granovetter, M. S. (1973). The strength of weak ties. *American Journal of Sociology*, 78, 1360-1380.

Hanifan, L. J. (1916, September). The rural school community center. *Annals of the American Academy of Political and Social Science*, 67, 130-138.

Hansen, M. T. (2002). Knowledge networks: Explaining effective knowledge sharing in multiunit companies. *Organization Science*, 13, 232-248.

Haynes, E (2009). *Before going any further with social capital: Eight key criticisms to address*. (Ingenio working paper series: Instituto de Gestión de la Innovación y del Conocimiento). Valencia: La Universidad Politécnica de Valencia.

Inkpen, A. C., & Tsang, E. W. K. (2005). Social capital, networks, and knowledge transfer. *Academy of Management Review*, 30, 146-165.

Jacobs, J. (1965). *The death and life of great American cities*. London: Penguin Books.

Kostova, T., & Roth, K. (2003). Social capital in multinational corporations and a micro-macro model of its formation. *Academy of Management Review*, 28, 297-317.

Lin, N. (2001). *Social capital: A theory of social structure and action*. Cambridge: Cambridge University Press.

Loury, G. C. (1977). *A dynamic theory of racial income*

differences. In P. A. Wallace & A. M. LaMonde (Eds.), *Women, minorities and employment discrimination* (pp. 153-186). Lexington, MA: Lexington Books.

Maraffi, M, (1994). [Review of the book Making democracy work]. *American Journal of Sociology*, 99, 1348-1349.

Mix, T. L. (2011, May). Rally the people: Building local-environmental justice grassroots coalitions and enhancing social capital. *Sociological Inquiry*, 81, 174-194.

Morlino, L. (1995). Italy's civic divide. *Journal of Democracy*, 6 (1), 173-177.

Nahapiet, J., & Ghoshal, S. (1998). Social capital, intellectual capital, and the organizational advantage. *Academy of Management Journal*, 23, 242-266.

Portes, A. (1998). Social capital: Its origins and applications in modern sociology. *Annual Review of Sociology*, 24, 1-24.

Portes, A., & Landolt, E (1996). The downside of social capital. *American Prospect*, 26, 18-22.

Portes, A., & Landolt, P. (2000). Social capital: Promise and pitfalls of its role development. *Journal of Latin American Studies*, 32, 529-547.

Portes, A., & Sensenbrenner, J. (1993). Embeddedness and immigration: Notes on the social determinants of economic action. *American Journal of Sociology*, 98, 1320-1350.

Putnam, R. (1993). The prosperous community: Social capital and public life. *American Prospect*, 13, 35-42.

Putnam, R. (1995). Bowling alone: America's declining social capital. *Journal of Democracy*, 6 (1), 65-78.

Putnam, R. (2000). Bowling alone: *The collapse and revival of American community*. New York: Simon & Schuster.

Putnam, R., Leonardi, R., & Nanetti, R. (1993). *Making democracy work: Civic traditions in modern Italy*. Princeton, NJ: Princeton University Press.

Ritchie, L. A., & Gill, D. A. (2007). Social capital theory as an integrating theoretical framework in technological disaster research. *Sociological Spectrum*, 27, 103-129.

Simmel, G. (1971). *Georg Simmel on individuality and social forms* (D. N. Levine, Ed.). Chicago: University of Chicago Press.

Tönnies, F. (1957). *Community and society* (C. P. Loomis, Ed.). East Lansing: Michigan State University Press.

Uzzi, B. (1997). Social structure and competition in interfirm networks: The paradox of embeddedness. *Administrative Science Quarterly*, 42, 35-67.

31 社会认知理论

Bandura, A. (1986). *Social foundations of thought and action: A social cognitive theory*. Englewood Cliffs, NJ: Prentice Hall.

Bandura, A. (1988). Organizational applications of social cognitive theory. *Australian Journal of Management*, 13, 137-164.

Bandura, A. (1989, September). Human agency in social cognitive theory. *American Psychologist*, 44, 1175-1184.

Bandura, A. (1997). *Self-efficacy: The exercise of control*. New York: Freeman.

Bandura, A. (2001). Social cognitive theory: An agentic perspective. *Annual Review of Psychology*, 52, 1-26.

Bandura, A. (2002). Social cognitive theory in cultural context. *Applied Psychology: International Review*, 51, 269-290.

Bandura, A., & Locke, E. A. (2003). Negative self-efficacy and goal effects revisited. *Journal of Applied Psychology*, 88, 87-99.

Baumeister, R. F. (1990). Suicide as escape from self. *Psychological Review*, 97, 90-113.

Chatard, A., & Selimbegovic, L. (2011). When self-destructive thoughts flash through the mind: Failure to meet standards affects the accessibility of suicide-related thoughts. *Journal of Personality and Social Psychology*, 100, 587-605.

Chen, G., Gulley, S. M., & Eden, D. (2001, January). Validation of a new general self-efficacy scale. *Organizational Research Methods*, 4, 62-83.

Judge, T. A., Erez, A., Bono, J. E., & Thoresen, C. J. (2002). Are measures of self-esteem, neuroticism, locus of control, and generalized selfefficacy indicators of a common core construct?*Journal of Personality and Social Psychology*, 83, 693-710.

Scherbaum, C. A., Cohen-Charash, Y., & Kern, M. J. (2006, December). Measuring general self-efficacy: A comparison of three measures using item response theory. *Educational and Psychological Measurement*, 66, 1047-1063.

Stanley, K., & Murphy, M. (1997). A comparison of general self-efficacy with self-esteem. *Genetic, Social and General Psychology Monographs*, 123, 81-99.

Vancouver, J. B., Thompson, C. M., Tischner, E. C., & Putka, D. J. (2002). Two studies examining the negative effect of self-efficacy on performance. *Journal of Applied Psychology*, 87, 506-516.

Vancouver, J. B., Thompson, C. M., & Williams, A. A. (2001). The changing signs in the relationships among self-efficacy, personal goals, and performance. *Journal of Applied Psychology*, 86, 605-620.

Wood, R., & Bandura, A. (1989). Social cognitive theory of organizational management. *Academy of Management Review*, 14, 361-384.

32 社会比较理论

Alicke, M. D., & Govorun, O. (2005). The better-than-average effect. In M. D. Alicke, D. A. Dunning, & J. I. Krueger (Eds.), *The self in social judgment* (pp. 85-106). New York: Psychology Press.

Aspinwall, L. G., & Taylor, S. E. (1993). Effects on social comparison direction, threat, and self-esteem on affect, self-evaluation, and expected success. *Journal of Personality and Social Psychology, 64*, 708-722.

Blanton, H. (2001). Evaluating the self in the context of another: The three-selves model of social comparison assimilation and contrast. In G. B. Moskowitz (Ed.), *Cognitive social psychology: The Princeton symposium on the legacy and future of social cognition* (pp. 75-87). Mahwah, NJ: Erlbaum.

Blanton, H., & Stapel, D. A. (2008). Unconscious and spontaneous and... complex: The three selves model of social comparison assimilation and contrast. *Journal of Personality and Social Psychology, 94*, 1018-1032.

Brown, D. J., Ferris, D. L., Heller, D., & Keeping, L. M. (2007). Antecedents and consequences of the frequency of upward and downward social comparisons at work. *Organizational Behavior and Human Decision Processes, 102*, 59-75.

Buunk, A. P, Col. lins, R. L., Taylor, S. E., VanYperen, N. W., & Dakof, G. A. (1990). The affective consequence of social comparison: Either direction has its ups and downs. *Journal of Personality and Social Psychology, 59*, 1238-1249.

Buunk, A. P., & Gibbons, F. X. (2007). Social comparison: The end of a theory and the emergence of a field. *Organizational Behavior and Human Decision Processes, 102*, 3-21.

Buunk, A. P., Zurriaga, R., & Peiro, J. M. (2010, March). Social comparison as a predictor of changes in burnout among nurses. *Anxiety, Stress, and Coping, 23*, 181-194.

Collins, R. L. (1996). For better or worse: The impact of upward social comparison on self-evaluations. *Psychological Bulletin, 119*, 51-69.

Festinger, L. (1954). A theory of social comparison. *Human Relations, 7*, 117-140.

Gibbons, F. X., & Buunk, A. P. (1999). Individual differences in social comparison: Development and validation of a measure of social comparison orientation. *Journal of Personality and Social Psychology, 76*, 129-142.

Gilbert, D. T., Giesler, R. B., & Morris, K. A. (1995). When comparisons arise. *Journal of Personality and Social Psychology, 69*, 227-236.

Goethals, G. R., & Darley, J. M. (1977). Social comparison theory: An attributional approach. In J. M. Suls & R. L. Miller (Eds.), *Social comparison processes: Theoretical and empirical perspectives* (pp. 259-278). Washington, DC: Hemisphere.

Goffin, R. D., Jelley, R. B., Powell, D. M., & Johnston, N. G. (2009). Taking advantage of social comparisons in performance appraisal: The relative percentile method. *Human Resource Management, 48*, 251-268.

Goodman, P. S., & Haisley, E. (2007). Social comparison processes in an organizational context: New directions. *Organizational Behavior and Human Decision Processes, 102*, 109-125.

Gordijn, E. H., & Stapel, D. A. (2006). Behavioural effects of automatic interpersonal versus intergroup social comparison. *British Journal of Social Psychology, 45*, 717-729.

Hertel, G., Niemeyer, G., & Clauss, A. (2008). Social indispensability or social comparison: The why and when of motivation gains of inferior group members. *Journal of Applied Social Psychology, 35*, 1329-1363.

Hoorens, V., & Buunk, B. P. (1993). Social comparison of health risks: Locus of control, the person-positivity bias, and unrealistic optimism. *Journal of Applied Social Psychology, 23*, 291-302.

James, W. (1890). *The principles of psychology* (Vol. 1). New York: Holt, Rinehart & Winston.

Koch, E. J., & Metcalfe, K. P. (2011). The bittersweet taste of success: Daily and recalled experiences of being an upward social comparison target. *Basic and Applied Social Psychology, 33*, 47-58.

Kruglanski, A. W., & Mayseless, O. (1990). Classic and current social comparison research: Expanding the perspective. *Psychological Bulletin, 108*, 195-208.

Larrick, R. P., Burson, K. A., & Soll, J. B. (2007). Social comparison and confidence: When thinking you're better than average predicts overconfidence (and when it does not). *Organizational Behavior and Human Decision Processes, 102*, 76-94.

Levine, J. M., & Moreland, R. L. (1987). Social comparison and outcome evaluation in group contexts. In J. C. Masters & W. P. Smith (Eds.), *Social comparison, social justice, and relative deprivation: Theoretical, empirical, and policy perspectives* (pp. 105-127). Mahwah, NJ: Erlbaum.

Mahler, H. I. M., Kulik, J. A., Gerrard, M., & Gibbons, F. X. (2010). Effects of upward and downward social comparison information on the efficacy of an appearance-based sun protection intervention: A randomized, controlled experiment. *Journal of Behavioral Medicine, 33*, 496-507.

Moore, D. A. (2007). Not so above average after all: When people believe they are worse than average and its implications for theories of bias in social comparison. *Organizational Behavior and Human Decision Processes, 102*, 42-58.

Pyszczynski, T., Greenberg, J., & LaPrelle, J. (1985). Social comparison after success and failure: Biased search for information consistent with a self-serving conclusion. *Journal of Experimental Social Psychology, 21*, 195-211.

Santor, D. A., & Yazbek, A. A. (2004). Soliciting unfavorable social comparison: Effects of self-criticism. *Personality and Individual Differences, 40*, 545-556.

Schwinghammer, S. A., & Stapel, D. A. (2011). Measure by measure: When implicit and explicit social comparison effects differ. *Self and Identity*, 10, 166-184.

Sharp, M., Voci, A., & Hewstone, M. (2011). Individual difference variables as moderators of the effect of extended cross-group friendship on prejudice: Testing the effects of public self-consciousness and social comparison. *Group Processes and Intergroup Relations*, 14, 207-221.

Stapel, D. A., & Blanton, H. (2004). From seeing to being: Subliminal social comparisons affect implicit and explicit self-evaluations. *Journal of Personality and Social Psychology*, 87, 468-481.

Stapel, D. A., & Suls, J. (2004). Method matters: Effects of explicit versus implicit social comparisons on activation, behavior, and self-views. *Journal of Personality and Social Psychology*, 87, 860-875.

Suls, J. (1986). Notes on the occasion of social comparison theory's thirtieth birthday. *Personality and Social Psychology Bulletin*, 12, 289-296.

Suls, J., & Wheeler, L. (Eds.). (2000). *Handbook of social comparison*. New York: Plenum/Kluwer Academic.

Taylor, S. E., & Lobel, M. (1989). Social comparison activity under threat: Downward evaluation and upward contacts. *Psychological Bulletin*, 96, 569-575.

Willis, T. A. (1981). Downward comparison principles in social psychology. *Psychological Bulletin*, 90, 245-271.

Wood, J. V. (1989). Theory and research concerning social comparisons of personal attributes. *Psychological Bulletin*, 106, 231-248.

Wood, J. V. (1996). What is social comparison and how should we study it? *Personality and Social Psychology Bulletin*, 22, 520-537.

Zell, E., & Alicke, M. D. (2009). Self-evaluative effects of temporal and social comparison. *Journal of Experimental Social Psychology*, 45, 223-227.

Zell, E., & Alicke, M. D. (2010). Comparisons over time: Temporal trajectories, social comparison, and self-evaluation. *European Journal of Social Psychology*, 40, 375-382.

33 社会交换理论

Befu, H. (1977). Social exchange. *Annual Review of Anthropology*, 6, 255-281.

Blau, P. M. (1955). *The dynamics of bureaucracy: A study of interpersonal relations in two government agencies*. Chicago: University of Chicago Press.

Blau, P. M. (1960, May). A theory of social integration. *American Journal of Sociology*, 65, 545-556.

Blau, P. M. (1964). *Exchange and power in social life*. Hoboken, NJ: Wiley.

Blau, P. M. (1968). Interaction: Social exchange. *International Encyclopedia of the Social Sciences*, 7, 452-458.

Blau, P. M. (1994). *Structural context of opportunities*. Chicago: University of Chicago Press.

Burgess, R., & Neilsen, J. (1974). An experimental analysis of some structural determinants of equitable and inequitable exchange relations. *American Sociological Review*, 39, 427-443.

Coyle-Shapiro, J. A.-M., & Conway, N. (2004). The employment relationship through the lens of social exchange theory. In J. Coyle-Shapiro, L. M. Shore, M. S. Taylor, & L. E. Tetrick (Eds.), *The employment relationship: Examining psychological and contextual perspectives* (pp. 5-28). Oxford: Oxford University Press.

Cropanzano, R., & Mitchell, M. S. (2005). Social exchange theory: An interdisciplinary review. *Journal of Management*, 31, 874-900.

Cropanzano, R., Rupp, D. E., Mohler, C. J., & Schminke, M. (2001). Three roads to organizational justice. In J. Ferris (Ed.), *Research in personnel and human resources management* (Vol. 20, pp. 1-113). Greenwich, CT: JAI.

Ekeh, P. P. (1974). *Social exchange theory*. Cambridge, MA: Harvard University Press.

Emerson, R. M. (1962, February). Power-dependence relations. *American Sociological Review*, 27, 31-41.

Emerson, R. M. (1976). Social exchange theory. *Annual Review of Sociology*, 2, 335-362.

Gouldner, A. W. (1960). The norm of reciprocity: A preliminary statement. *American Sociological Review*, 25, 161-178.

Holmes, J. G. (1981). The exchange process in close relationships: Microbehavior and macromotives. In M. J. Lerner & S. C. Lerner (Eds.), *The justice motive in social behavior* (pp. 261-284). New York: Plenum.

Homans, G. C. (1958). Social behavior as exchange. *American Journal of Sociology*, 63, 597-606.

Homans, G. C. (1961). *Social behavior: Its elementary forms*. New York: Harcourt Brace.

Lawler, E. J., & Thye, S. R. (1999). Bringing emotions into social exchange theory. *Annual Review of Sociology*, 25, 217-244.

Levi-Strauss, C. (1969). *The elementary structure of kinship*. Boston: Beacon Press.

Makoba, J. W. (1993). Toward a general theory of social exchange. *Social Behavior and Personality*, 21, 227-240.

Mauss, M. (1967). *The gift: Forms and functions of exchange in archaic societies*. New York: Norton.

Molm, L. G. (1990). Structure, action, and outcomes: The dynamics of power in social exchange. *American Sociological Review*, 55, 427-447.

Molm, L. G., & Takahashi, N. (2003). In the eye of the beholder: *Procedural justice in social exchange. American Sociological Review*, 68, 128-152.

Popper, K. R. (1959). The logic of scientific discovery. New

York: Harper & Row.

Rudner, R. (1966). *Philosophy of social science*. Englewood Cliffs, NJ: Prentice Hall.

Sahlins, M. D. (1965). On the sociology of primitive exchange. In M. Banton (Ed.), *The relevance of models for social anthropology* (pp. 139-236). London: Tavistock.

Thibaut, J. W., & Kelley, H. H. (1959). *The social psychology of groups*. Hoboken, NJ: Wiley.

34 社会促进理论

Aiello, J. R., & Douthitt, E. A. (2001). Social facilitation from Triplett to electronic performance monitoring. *Group Dynamics*, 5, 163-180.

Allport, F. H. (1920, June). The influence of the group upon association and thought. *Journal of Experimental Psychology*, 3, 159-182.

Baron, R. S. (1986). Distraction-conflict theory: Progress and problems. In L. Berkowitz (Ed.), *Advances in experimental social psychology* (Vol. 19, pp. 1-40). New York: Academic Press.

Baumeister, R. F. (1984). Choking under pressure: Self-consciousness and paradoxical effects of incentives on skillful performance. *Journal of Personality and Social Psychology*, 46, 610-620.

Baumeister, R. F., & Steinhilber, A. (1984). Paradoxical effects of supportive audiences on performance under pressure: The home field disadvantage in sports championships. *Journal of Personality and Social Psychology*, 47, 85-93.

Beilock, S. L., & Carr, T. H. (2005). When high-powered people fail: Working memory and "choking under pressure" in math. *Psychological Science*, 16, 101-105.

Beilock, S. L., Kulp, C. A., Holt, L. E., & Carr, T. H. (2004). More on the fragility of performance: Choking under pressure in mathematical problem solving. *Journal of Experimental Psychology*: General, 133, 584-600.

Bond, C. F., Jr., & Titus, L. J. (1983). Social facilitation: A meta-analysis of 241 studies. *Psychological Bulletin*, 94, 265-292.

Broen, W. E., Jr., & Storms, L. H. (1961). A reaction potential ceiling and response decrements in complex situations. *Psychological Review*, 68, 405-415.

Burnham, W. H. (1910, May). The group as a stimulus to mental activity. *Science*, 31, 761-767.

Clayton, D. A. (1978). Socially facilitated behavior. *Quarterly Review of Biology*, 53, 373-392.

Cohen, J. L., & Davis, J. H. (1973). Effects of audience status, evaluation, and time of action on performance with hidden-word problems. *Journal of Personality and Social Psychology*, 27, 74-85.

Cottrell, N. B. (1972). Social facilitation. In N. B. McClintock (Ed.), *Experimental social psychology* (pp. 185-236). New York: Holt, Rinehart and Winston.

Cottrell, N. B., Wack, D. L., Sekerak, G. J., & Rittle, R. H. (1968). Social facilitation of dominant responses by the presence of an audience and the mere presence of others. *Journal of Personality and Social Psychology*, 9, 245-250.

Crawford, M. P. (1939, June). The social psychology of the invertebrates. *Psychological Bulletin*, 36, 407-446.

Criddle, W. D. (1971). The physical presence of other individuals as a factor in social facilitation. *Psychonomic Science*, 22, 229-230.

Duffy, E. (1962). *Activation and behavior*. Hoboken, NJ: Wiley.

Easterbrook, J. A. (1959). The effect of emotion on cue utilization and the organization of behavior. *Psychological Bulletin*, 13, 363-385.

Feinberg, J. M., & Aiello, J. R. (2006). Social facilitation: A test of competing theories. *Journal of Applied Social Psychology*, 36, 1087-1109.

Feinberg, J. M., & Aiello, J. R. (2010). The effect of challenge and threat appraisals under evaluative presence. *Journal of Applied Social Psychology*, 40, 2071-2104.

Gaumer, C. J., & LaFief, W. C. (2005). Social facilitation: Affect and application in consumer buying situations. *Journal of Food Products Marketing*, 11 (1), 75-82.

Geen, R. G. (1973). Effects of being observed on short and long-term recall. *Journal of Experimental Social Psychology*, 100, 395-398.

Geen, R. G. (1981). Evaluation apprehension and social facilitation: A reply to Sanders. *Journal of Experimental and Social Psychology*, 17, 252-256.

Geen, R. G. (1989). Alternative conceptions of social facilitation. In E B. Paulus (Ed.), *Psychology of group influence* (pp. 15-51). Mahwah, NJ: Erlbaum.

Geen, R. G. (1991). Social motivation. *Annual Review of Psychology*, 42, 377-399.

Geen, R. G., & Gange, J. J. (1977). Drive theory of social facilitation: Twelve years of theory and research. *Psychological Bulletin*, 84, 1267-1288.

Good, K. J. (1973). Social facilitation: Effects of performance anticipation, evaluation, and response competition on free association. *Journal of Personality and Social Psychology*, 28, 270-275.

Guerin, B. (1993). *Social facilitation*. Cambridge: Cambridge University Press.

Harkins, S. G. (2006). Mere effort as the mediator of the evaluationperformance relationship. *Journal of Personality and Social Psychology*, 91, 436-455.

Henchy, T., & Glass, D. C. (1968). Evaluation apprehension and the social facilitation of dominant and subordinate responses. *Journal of Personality and Social Psychology*, 10, 446-454.

Hull, C. L. (1952). *A behavior system*. New Haven, CT: Yale University Press.

Jamieson, J. P. , & Harkins, S. G. (2007). Mere effort and stereotype threat performance effects. *Journal of Personality and Social Psychology*, 93, 544-564.

Kelley, H. H. , & Thibaut, J. W. (1954). Experimental studies of group problem solving and process. In G. Lindzey (Ed.), *Handbook of social psychology* (pp. 735-785). Reading, MA: Addison-Wesley.

Landers, D. M. (1980). The arousal-performance relationship revisited. *Research Quarterly for Exercise and Sport*, 51, 77-90.

Lewis, B. P. , & Langer, D. E. (1997). Thinking about choking? Attentional processes and paradoxical performance. *Personality and Social Psychology Bulletin*, 23, 937-944.

McNamara, H. J. , & Fisch, R. I. (1964). Effect of high and low motivation on two aspects of attention. *Perceptual and Motor Skills*, 19, 571-578.

Park, S. , & Catrambone, R. (2007, December). Social facilitation effects for virtual humans. *Human Factors*, 49, 1054-1060.

Paul, G. L. , & Eriksen, C. W. (1964). Effects of test anxiety on time and untimed intelligence tests. *Journal of Consulting and Clinical Psychology*, 33, 240-244.

Sanders, G. S. , & Baron, R. S. (1975). The motivating effect of distraction on task performance. *Journal of Personality and Social Psychology*, 32, 956-963.

Sanders, G. S. , Baron, R. S. , & Moore, D. L. (1978). Distraction and social comparison as mediators of social facilitation. *Journal of Experimental Social Psychology*, 14, 291-303.

Schmader, T. , & Johns, M. (2003). Converging evidence that stereotype threat reduces working memory capacity. *Journal of Personality and Social Psychology*, 85, 440-452.

Sharma, D. , Booth, R. , Brown, R. , & Huguet, P. (2010). Exploring the temporal dynamics of the social facilitation in the Stroop task. *Psychonomic Bulletin & Review*, 17, 52-58.

Spence, J. T. , & Spence, K. W. (1966). The motivational components of manifest anxiety: Drive and drive stimuli. In C. D. Spielberger (Ed.), *Anxiety and behavior* (pp. 291-326). New York: Academic Press.

Strauss, B. (2002). Social facilitation in motor tasks: A review of research and theory. *Psychology of Sport and Exercise*, 3, 237-256.

Thompson, L. F. , Sebastianelli, J. D. , & Murray, N. P. (2009). Monitoring online training behaviors: Awareness of electronic surveillance hinders e-learners. *Journal of Applied Social Psychology*, 39, 2191-2212.

Triplett, N. (1898, July). The dynamogenic factors in pacemaking and competition. *American Journal of Psychology*, 9, 507-533.

Wankel, L. M. (1972). Competition in motor performance: An experimental analysis of motivational components. *Journal of Experimental Social Psychology*, 8, 427-437.

Weiss, R. F. , & Miller, F. G. (1971). The drive theory of social facilitation. *Psychological Review*, 78, 44-57.

Wine, J. (1971). Test anxiety and direction of attention. *Psychological Bulletin*, 76, 92-104.

Zajonc, R. B. (1965, July). Social facilitation. *Science*, 149, 269-274.

Zajonc, R. B. (1968). Social facilitation in cockroaches. In E. C. Simmel, R. A. Hoppe, & G. A. Milton (Eds.), *Social facilitation and imitative behavior* (pp. 73-90). Boston: Allyn & Bacon.

Zajonc, R. B. (1980). Compresence. In P. B. Paulus (Ed.), *Psychology of group influence* (pp. 35-60). Mahwah, NJ: Erlbaum.

35 社会身份理论

Ashforth, B. E. , & Mael, F. (1989). Social identity theory and the organization. *Academy of Management Review*, 14, 20-39.

Hogg, M. A. (1996). Social identity, self-categorization, and the small group. In E. H. Witte & J. H. Davis (Eds.), *Understanding group behavior*, Vol. 2: Small group processes and interpersonal relations (pp. 227-253). Mahwah, NJ: Erlbaum.

Hogg, M. A. (2006). Social identity theory. In P. J. Burke (Ed.), *Contemporary social psychological theories* (pp. 111-136). Stanford, CA: Stanford University Press.

Hogg, M. A. , Terry, D. J. , & White, K. M. (1995). A tale of two theories: A critical comparison of identity theory with social identity theory. *Social Psychology Quarterly*, 58, 255-269.

Horwitz, M. , & Rabbie, J. M. (1982). Individuality and membership in intergroup system. In H. Tajfel (Ed.), *Social identity and intergroup relations* (pp. 241-274). Cambridge: Cambridge University Press.

Huddy, L. (2001). From social to political identity: A critical examination of social identity theory. *Political Psychology*, 22, 127-156.

Lam, S. K. , Ahearne, M. , Hu, Y. , & Schillewaert, N. (2010, November). Resistance to brand switching when a radically new brand is introduced: A social identity theory perspective. *Journal of Marketing*, 74, 128-146.

Lewin, K. (1948). *Resolving social conflicts*. New York: Harper & Row.

Mael, F. , & Ashforth, B. E. (1992). Alumni and their alma mater: A partial test of the reformulated model of organizational identification. *Journal of Organizational Behavior*, 13, 103-123.

Rabbie, J. M. , & Horwitz, M. (1988). Categories versus groups as explanatory concepts in intergroup relations. *European Journal of Social Psychology*, 18, 117-123.

Rabbie, J. M. , Schot, J. , & Visser, L. (1987, July 16-18). *Instrumental intragroup cooperation and intergroup competition in the minimal group paradigm.* Paper presented at the Conference on Social Identity at the University of Exeter.

Schiffmann, R., & Wicklund, R. A. (1992). The minimal group paradigm and its minimal psychology: On equating social identity with arbitrary group membership. *Theory & Psychology*, 2, 29-50.

Tajfel, H. (1972). Social categorization. In S. Moscovici (Ed.), *Introduction to social psychology* (Vol. 1, pp. 272-302). Paris: Larousse.

Tajfel, H. (1981). *Human groups and social categories: Studies in social psychology*. Cambridge: Cambridge University Press.

Tajfel, H., & Turner, J. C. (1979). An integrative theory of intergroup conflict. In W. G. Austin & S. Worchel (Eds.), *The social psychology of intergroup relations* (pp. 33-47). Monterey, CA: Brooks-Cole.

Tajfel, H., & Turner, J. C. (1986). The social identity of intergroup behavior. In S. Worchel & W. G. Austin (Eds.), *The psychology of intergroup relations* (2nd ed., pp. 7-24). Chicago: Nelson-Hall.

Turner, J. C. (1982). Towards a cognitive redefinition of the social group. In H. Tajfel (Ed.), *Social identity and intergroup relations* (pp. 15-40). Cambridge: Cambridge University Press.

Turner, J. C. (1984). Social identification and psychological group formation. In H. Tajfel (Ed.), *The social dimension: European developments in social psychology* (Vol. 2, pp. 518-538). Cambridge: Cambridge University Press.

Turner, J. C., Hogg, M. A., Oakes, P. J., Reicher, S. D. & Wetherell, M. S. (1987). *Rediscovering the social group*. Oxford, England: Basil Blackwell.

36 社会网络理论

Baker, W. E., & Faulkner, R. R. (2002). Interorganizational networks. In J. A. C. Baum (Ed.), *The Blackwell companion to organizations* (pp. 520-540). Oxford: Blackwell.

Bavelas, A. (1948). A mathematical model for group structures. *Human Organization*, 7, 16-30.

Bavelas, A. (1950). Communication patterns in task oriented groups. *Journal of the Acoustical Society of America*, 22, 271-282.

Borgatti, S. P., & Halgin, D. (in press). On network theory. *Organization Science*.

Burt, R. S. (1992). *Structural holes: The social structure of competition*. Cambridge, MA: Harvard University Press.

Burt, R. S. (2000). The network structure of social capital. In R. I. Sutton & B. M. Staw (Eds.), *Research in organizational behavior* (Vol. 22, pp. 345-423). Greenwich, CT: JAI Press.

Burt, R. (2005). *Brokerage and social closure*. Oxford:
Oxford University Press.

Coleman, J. S. (1990). *Foundations of social theory*. Cambridge, MA: Belknap Press.

Comte, A. (1854). *The positive philosophy* (Vol. 2). (H. Martineau, Trans.). New York: Appleton.

Durkheim, E. (1951). *Suicide: A study in sociology*. New York: Free Press.

Embirbayer, M., & Goodwin, J. (1994, May). Network analysis, culture, and the problem of agency. *Administrative Science Quarterly*, 99, 1411-1454.

Erickson, B. H. (1988). The relational basis of attitudes. In B. Wellman & S. D. Berkowitz (Eds.), *Social structures: A network approach* (pp. 99-121). New York: Cambridge University Press.

Feld, S. (1981). The focused organization of social ties. *American Journal of Sociology*, 86, 1015-1035.

Freeman, L. C. (1978/1979). Centrality in social networks: Conceptual clarification. *Social Networks*, 1, 215-239.

Friedkin, N. (1980). A test of structural features of Granovetter's strength of weak ties theory. *Social Networks*, 2, 411-422.

Granovetter, M. (1973). The strength of weak ties. *American Journal of Sociology*, 78, 1360-1380.

Granovetter, M. (1985). Economic action and social structure: The problem of embeddedness. *American Journal of Sociology*, 91, 481-510.

Heider, F. (1946). Attitudes and cognitive organization. *Journal of Psychology*, 21, 107-121.

Kilduff, M., & Brass, D. J. (2010, June). Organizational social network research: Core ideas and key debates. *Academy of Management Annals*, 4, 317-357.

Kilduff, M., & Krackhardt, D. (2008). *Interpersonal networks in organizations*. New York: Cambridge University Press.

Laumann, E. O., Marsden, P. V., & Prensky, D. (1983). The boundary specification problem in network analysis. In R. S. Burt & M. J. Minor (Eds.), *Applied network analysis*. Thousand Oaks, CA: Sage.

Leavitt, H. J. (1951). Some effects of communication patterns on group performance. *Journal of abnormal and Social Psychology*, 46, 38-50.

Lewin, K. (1936). *Principles of topological psychology*. New York: McGraw-Hill.

Lin, N. (2002). *Social capital*. New York: Cambridge University Press.

Marsden, P. V. (1990). Network data and measurement. *Annual Review of Sociology*, 16, 435-463.

Mitchell, J. C. (1969). The concept and use of social networks. In J. C. Mitchell (Ed.), *Social networks in urban situations* (pp. 1-50). Manchester, England: University of Manchester Press.

Moliterno, T. P., & Mahony, D. M. (2011, March). Network

theory of organization: A multilevel approach. *Journal of Management*, 37, 443-467.

Moreno, J. L. (1934). *Who shall survive?* Washington DC: Nervous and Mental Disease Publishing.

Obstfeld, D. (2005). Social networks, the tertius iungens orientation, and involvement innovation. *Administrative Science Quarterly*, 50, 100-130.

Portes, A. (1998). Social capital: Its origins and applications in modern sociology. *Annual Review of Sociology*, 24, 1-24.

Simmel, G. (1950). *The sociology of Georg Simmel* (K. H. Wolff, Trans.). New York: Free Press. (Original work published 1908)

Stephenson, K., & Zelen, M. (1989). Rethinking centrality: Methods and examples. *Social Networks*, 11, 1-37.

Tichy, N. M., Tushman, M. L., & Fombrnn, C. (1979). Social network analysis for organizations. *Academy of Management Review*, 4, 507-519.

Travers, J., & Milgram, S. (1969). An experimental study of the "small world" problem. *Sociometry*, 32, 425-443.

Uzzi, B. (1996). The sources and consequences of embeddedness for the economic performance of organizations: The network effect. *American Sociological Review*, 61, 674-698.

Uzzi, B., & Spiro, J. (2005). Collaboration and creativity: The small world problem. *American Journal of Sociology*, 111, 447-504.

Wasserman, S., & Faust, K. (1994). *Social network analysis: Methods and applications*. Cambridge: Cambridge University Press.

Watts, D. J. (1999). *Small worlds: The dynamics of networks between order and randomness*. Princeton, NJ: Princeton University Press.

Wellman, B. (1983). Network analysis: Some basic principles. In R. Collins (Ed.), *Sociological theory* (pp. 155-200). San Francisco: Jossey-Bass.

Wellman, B. (1988). Structural analysis: From method and metaphor to theory and substance. In B. Wellman & S. D. Berkowitz (Eds.), *Social structures: A network approach* (pp. 19-61). New York: Cambridge University Press.

White, H. C. (1993). *Careers and creativity*. Boulder, CO: Westview Press.

White, H. C., Boorman, S. A., & Breiger, R. L. (1976). Social structures from multiple networks: Blockmodels of roles and positions. *American Journal of Sociology*, 81, 730-779.

37 利益相关者理论

Agle, B. R., Donaldson, T., Freeman, R. E., Jensen, M. C., Mitchell, R. K., & Wood, D. J. (2008). Dialogue: Toward superior stakeholder theory. *Business Ethics Quarterly*, 18, 153-190.

Altman, J. A., & Petkus, J. R. (1994). Toward a stakeholder-based policy process: An application of the social marketing perspective to environmental policy development. *Policy Sciences*, 27, 37-51.

Buono, A. E, & Nichols, L. T. (1985). *Corporate policy, values and social responsibility*. New York: Praeger.

Cennamo, C., Berrone, P., & Gomez-Mejia, L. R. (2009). Does stakeholder management have a dark side? *Journal of Business Ethics*, 89, 491-507.

Clarkson, M. B. E. (1991). Defining, evaluating, and managing corporate social performance: A stakeholder management model. In J. E. Post (Ed.), *Research in corporate social performance and policy* (Vol. 12, pp. 331-358). Greenwich, CT: JAI Press.

Clarkson, M. B. E. (1995). A stakeholder framework for analyzing and evaluating corporate social performance. *Academy of Management Review*, 20, 92-117.

Clifton, D., & Amran, A. (2011). The stakeholder approach: A sustainability perspective. *Journal of Business Ethics*, 98, 121-136.

Donaldson, T., & Preston, L. E. (1995). The stakeholder theory of the corporation: Concepts, evidence, and implications. *Academy of Management Review*, 20, 65-91.

Egels-Zanden, N., & Sandberg, J. (2010, January). Distinctions in descriptive and instrumental stakeholder theory: A challenge for empirical research. *Business Ethics*, 19, 35-49.

Freeman, R. E. (1984). *Strategic management: A stakeholder approach*. Boston: Pitman.

Freeman, R. E. (2002). Stakeholder theory of the modern corporation. In T. Donaldson & E Werhane (Eds.), *Ethical issues in business: A philosophical approach* (7th ed., pp. 38-48). Englewood Cliffs, NJ: Prentice Hall.

Freeman, R. E. (2004). The stakeholder approach revisited. *Zeitschrifl für Wirtschaftsund Unternehmensethik*, 5, 228-241.

Grafe-Buckens, A., & Hinton, A. -F. (1998). Engaging the stakeholder: Corporate views and current trends. *Business Strategy and the Environment*, 7, 124-133.

Green, A. O., & Hunton-Clarke, L. (2003). A typology of stakeholder participation for company environmental decision-making. *Business Strategy and the Environment*, 12, 292-299.

Greenwood, M. (2001, Spring). The importance of stakeholders according to business leaders. *Business and Society Review*, 106, 29-49.

Greenwood, M. (2007). Stakeholder engagement: Beyond the myth of corporate responsibility. *Journal of Business Ethics*, 74, 315-327.

Hambrick, D. C., & Finkelstein, S. (1987). Managerial discretion: A bridge between polar views of organizational outcomes. In L. L. Cummings & B. M. Staw (Eds.), *Research in organizational behavior* (Vol. 9, pp. 369-406).

Greenwich, CT: JM Press.

Harrison, J. S., Bosse, D. A., & Phillips, R. A. (2010). Managing for stakeholders, stakeholder utility, and competitive advantage. *Strategic Management Journal*, 31, 58-74.

Hillman, A. J., & Keim, G. D. (2001). Shareholder value, shareholder management, and social issues: What's the bottom line? *Strategic Management Journal*, 22, 125-139.

Kaler, J. (2003). Differentiating stakeholder theories. *Journal of Business Ethics*, 46, 71-83.

Key, S. (1999). Toward a new theory of the firm: A critique of stakeholder "theory". *Management Decision*, 37, 317-328.

Maignan, I., & Ferrell, O. (2004). Corporate social responsibility and marketing: An integrative framework. *Academy of Marketing Science*, 32, 3-19.

Mitchell, R., Agle, B. R., & Wood, D. J. (1997). Toward a theory of stakeholder identification and salience: Defining the principles of who and what really counts. *Academy of Management Review*, 22, 853-886.

Payne, S., & Calton, J. (2004). Exploring research potentials and applications for multi-stakeholder learning dialogues. *Journal of Business Ethics*, 55, 71-78.

Phillips, R. A., Berman, S. L., Elms, H., & Johnson-Cramer, M. E. (2010). Strategy, stakeholders, and managerial discretion. *Strategic Organization*, 8, 176-183.

Plaza-Ubeda, J. A., de BurgosoJimenez, J., & Carmona-Moreno, E. (2010). Measuring stakeholder integration: Knowledge, interaction and adaptational behavior dimensions. *Journal of Business Ethics*, 93, 419-442.

Rowley, T. J. (1997). Moving beyond dyadic ties: A network theory of stakeholder influences. *Academy of Management Review*, 22, 887-910.

Sirgy, M. J. (2002). Measuring corporate performance by building on the stakeholder model of business ethics. *Journal of Business Ethics*, 35, 143-162.

Stieb, J. A. (2008). Assessing Freeman's stakeholder theory. *Journal of Business Ethics*, 87, 401-414.

Walsh, J. P. (2005). Taking stock of stakeholder management. *Academy of Management Review*, 30, 426-438.

38 结构权变理论

Blau, P. M. (1970). A formal theory of differentiation in organizations. *American Sociological Review*, 35, 201-218.

Brech, E. F. L. (1957). *Organisation: The framework of management*. London: Longmans, Green.

Burns, T., & Stalker, G. (1961). *The management of innovation*. London: Tavistock.

Cao, G., Wiengarten, E, & Humphreys, P. (2011). Towards a contingency resource-based view of IT business value. *Systemic Practice and Action Research*, 24, 85-106.

Chandler, A. D., Jr. (1962). *Strategy and structure: Chapters in the history of the industrial enterprise*. Cambridge, MA: MIT Press.

Child, J. (1972). Organizational structure, environment and performance: The role of strategic choice. *Sociology*, 6, 1-22.

Child, J. (1973). Parkinson's progress: Accounting for the number of specialists in organizations. *Administrative Science Quarterly*, 18, 328-348.

Child, J. (1975). Managerial and organizational factors associated with company performance, part 2: A contingency analysis. *Journal of Management Studies*, 12, 12-27.

Darwin, C. R. (1909-1914). *The origin of species*. Harvard Classics, Vol. 11. New York: Collier.

De Rond, M., & Theitart, R. -A. (2007). Choice, change, and inevitability in strategy. *Strategic Management Journal*, 28, 535-551.

Donaldson, L. (2001). *The contingency theory of organizations*. Thousand Oaks, CA: Sage.

Donaldson, L. (2009). In search of the matrix advantage: A reexamination of the fit of matrix structures to transnational strategy in MNEs. In J. Cheng, E. Maitland, & S. Nicholas (Eds.), *Managing subsidiary dynamics: Headquarters role, capacity development, and China strategy* (pp. 3-26). Bingley, England: Emerald.

Drazin, R., & Van de Ven, A. H. (1985). Alternative forms of fit in contingency theory. *Administrative Science Quarterly*, 30, 514-539.

Fry, L., & Smith, D. A. (1987). Congruence, contingency and theory building. *Academy of Management Review*, 12, 117-132.

Galbraith, J. (1973). *Designing complex organizations*. Reading, MA: Addison-Wesley.

Galbraith, J. (1977). *Organizational design*. Reading, MA: Addison-Wesley.

Greenwood, R., & Miller, D. (2010, November). Tackling design anew: Getting back to the heart of organizational theory. *Academy of Management Perspectives*, 24 (4), 78-88.

Hage, J. (1965). An axiomatic theory of organizations. *Administrative Science Quarterly*, 10, 289-320.

Hui, P. P., Davis-Blake, A., & Broschak, J. P. (2008, February). Managing interdependence: The effects of outsourcing structure on the performance of complex projects. *Decision Sciences*, 39, 5-31.

Jurkovich, R. (1974). A core typology of organizational environments. *Administrative Science Quarterly*, 19, 380-394.

Lawrence, P., & Lorsch, J. (1967). Differentiation and integration in complex organizations. *Administrative Science Quarterly*, 12, 1-30.

Miles, R. E., & Snow, C. C. (1978). *Organizational strategy, structure, and process*. Tokyo: McGraw-Hill Kogakusha.

Miller, D. (1981). Toward a new contingency approach: The search for organizational gestalts. *Journal of Management*

Studies, 18, 1-26.

Mohr, L. B. (1971). Organizational technology and organizational structure. *Administrative Science Quarterly*, 16, 444-459.

Morgan, G. (1989). *Creative organization theory: A resource book*. Thousand Oaks, CA: Sage.

Morton, N. A., & Hu, Q. (2008). Implications of the fit between organizational structure and ERP: A structural contingency theory perspective. *Information Management*, 28, 391-402.

Nadler, D., & Tushman, M. (1980). A model for diagnosing organizational behavior. *Organizational Dynamics*, 9, 35-51.

Pennings, J. (1975). The relevance of the structural-contingency model for organizational effectiveness. *Administrative Science Quarterly*, 30, 393-410.

Perrow, C. (1967). A framework for the comparative analysis of organizations. *American Sociological Review*, 32, 194-208.

Perrow, C. (1980). *Organization theory in a society of organizations*. Unpublished manuscript, Red Feather Institute for Advance Studies in Sociology, State University of New York at Stony Brook.

Perrow, C. (1984). *Normal accidents: Living with high-risk technologies*. New York: Basic Books.

Pugh, D. S., Hickson, D. J., Hinings, C. R., & Turner, C. (1969). The context of organizational structure. *Administrative Science Quarterly*, 14, 91-114.

Pugh, D. S., & Hinings, C. R. (1976). *Organizational structure: Extensions and replications: The Aston Programme II*. Farnborough, England: Saxon House.

Qiu, J. X., & Donaldson, L. (2010, Autumn). The cubic contingency model: Towards a more comprehensive international strategy structure model. *Journal of General Management*, 36 (1), 81-100.

Randolph, W. A., & Dess, G. G. (1984). The congruence perspective of organization design: A conceptual model and multivariate research approach. *Academy of Management Review*, 9, 114-127.

Rumelt, R. (1974). *Strategy, structure and economic performance*. Boston: Division of Research, Graduate School of Business Administration, Harvard University.

Schoonhoven, C. B. (1981). Problems with contingency theory: Testing assumptions hidden within the language of contingency "theory". *Administrative Science Quarterly*, 26, 349-377.

Schreyogg, G. (1980). Contingency and choice in organization theory. *Organization Studies*, 1, 305-326.

Smith, W. K., & Lewis, M. W. (2011). Toward a theory of paradox: A dynamic equilibrium model of organizing. *Academy of Management Review*, 36, 381-403.

Taylor, F. W. (1947). *Scientific management*. New York: Harper. (Original work published 1911)

Thompson, J. (1967). *Organizations in action*. New York: McGraw-Hill.

Tosi, H. L., & Slocum, J. W., Jr., (1984). Contingency theory: Some suggested directions. *Journal of Management*, 10, 9-26.

Tucker, B. (2010). Through which lens? Contingency and institutional approaches to conceptualizing organizational performance in the not-for-profit sector. *Journal of Applied Management Accounting Research*, 8 (1), 17-33.

Umanath, N. S. (2003). The concept of contingency beyond "it depends": Illustrations from IS research stream. *Information and Management*, 40, 551-562.

Venkatraman, N. (1989). The concept of fit in strategy research: Toward verbal and statistical correspondence. *Academy of Management Review*, 14, 423-444.

Woodward, J. (1958). *Management and technology*. London: H. M. S. O.

Woodward, J. (1965). *Industrial organization: Theory and practice*. Oxford: Oxford University Press.

39 结构化理论

Anderson, P. (1983). *In the tracks of historical materialism*. London: Verso.

Archer, M. (1990). Human agency and social structure: A critique of Giddens. In J. Clark, C. Modgil, & S. Modgil (Eds.), *Anthony Giddens: Consensus and controversy* (pp. 73-84). Brighton, England: Falmer.

Callinicos, A. (1985). Anthony Giddens: A contemporary critique. *Theory and Society*, 14, 133-166.

DeSanctis, G., & Poole, M. S. (1994, May). Capturing the complexity in advanced technology use: Adaptive structuration theory. *Organization Science*, 5, 121-147.

Gane, M. (1985). Anthony Giddens and the crisis of social theory. *Economy and Society*, 12, 368-398.

Giddens, A. (1976). *New rules of sociological method: A positive critique of interpretative sociologies*. London: Hutchinson.

Giddens, A. (1979). *Central problems in social theory: Action, structure, and contradiction in social analysis*. London: Macmillan.

Giddens, A. (1984). *The constitution of society: Outline of the theory of structuration*. Cambridge: Polity.

Giddens, A. (1991). *Modernity and self-identity: Self and society in the late modern age*. Stanford, CA: Stanford University Press.

Greenhalgh, T., & Stones, R. (2010). Theorising big IT programmes in healthcare: Strong structuration theory meets actor-network theory. *Social Science and Medicine*, 70, 1285-1294.

Schneidewind, U., & Petersen, H. (1998, Winter). Changing the rules- NGO partnerships and structuration theory.

Greener Management International, 24, 105-114.

Stones, R. (2005). *Structuration theory*. Basingstoke, England: PalgraveMacmillan.

40 交易成本理论

Bidwell, M. (2010). Problems deciding: How the structure of make-orbuy decisions leads to transaction misalignment. *Organization Science*, 21, 362-379.

Chiles, T. H., & McMackin, J. E (1996). Integrative variable risk preferences, trust, and transaction cost economies. *Academy of Management Review*, 21, 73-99.

Coase, R. H. (1937, November). The nature of the firm. *Economica*, 4, 386-405.

Commons, J. R. (1934). *Institutional economics: Its place in political economy*. Madison: University of Wisconsin Press.

Dyer, J. H. (1997). Effective interfirm collaboration: How firms minimize transaction costs and maximize transaction value. *Strategic Management Journal*, 18, 535-556.

Dyer, J. H., & Chu, W. (2003). The role of trustworthiness in reducing transaction costs and improving performance: Empirical evidence from the United States, Japan, and Korea. *Organization Science*, 14, 57-68.

Geyskens, I., Steenkamp, J. -B. E. M., & Kumar, N. (2006). Make, buy, or ally: A transaction cost theory meta-analysis. *Academy of Management Journal*, 49, 519-543.

Ghoshal, S., & Moran, P. (1996). Bad for practice: A critique of the transaction cost theory. *Academy of Management Review*, 21, 13-47.

Hart, O. D. (1988, Spring). Incomplete contracts and the theory of the firm. Journal of Law, *Economics, and Organization*, 14, 119-139.

Hill, C. W. L. (1990). Cooperation, opportunism, and the invisible hand: Implications for transaction cost theory. *Academy of Management Journal*, 15, 500-513.

Jobin, D. (2008). A transaction cost-based approach to partnership performance evaluation. *Evaluation*, 14, 437-465.

Macher, J. T., & Richman, B. D. (2008). Transaction cost economics: An assessment of empirical research in the social sciences. *Business and Politics*, 10 (1), 1-63.

Poppo, L., & Zenger, T. (1998). Testing alternative theories of the firm: Transaction cost, knowledge-based, and measurement explanations for make-or-buy decisions in information services. *Strategic Management Journal*, 19, 853-877.

Poppo, L., & Zenger, T. (2002). Do formal contracts and relational governance function as substitutes or complements? *Strategic Management Journal*, 23, 707-725.

Shelanski, H. A., & Klein, P. G. (1995, October). Empirical research in transaction cost economies: A review and assessment. *Journal of Law, Economics, and Organization*, 11, 335-361.

Williamson, O. E. (1975). Markets and hierarchies: Analysis and antitrust implications. New York: Free Press.

Williamson, O. E. (1985). *The economic institutions of capitalism*. NewYork: Free Press.

Williamson, O. E. (1998). Transaction cost economics: How it works; where it is headed. *De Economist*, 146, 23-58.

Williamson, O. E. (2002). The theory of the firm as governance structure: From choice to contract. *Journal of Economic Perspectives*, 16 (3), 171-195.

Williamson, O. E. (2010, June). Transaction cost economics: The natural progression. *American Economic Review*, 100, 673-690.

结论

Aguinis, H., Boyd, B. K., Pierce, C. A., & Short, J. C. (2011, March). Walking new avenues in management: Research methods and theories: Bridging micro and macro domains. *Journal of Management*, 37, 395-403.

Anderson, L. W., & Krathwohl, D. R. (2001). *A taxonomy of learning, teaching and assessing: A revision of Bloom's taxonomy*. New York: Longman.

Bromiley, P., & Fleming, L. (2002). The resource-based view of strategy: A behavioral critique. In M. Augier & J. G. March (Eds.), *Change, choice and organization: Essays in memory of Richard M. Cyert* (pp. 319-336). Cheltenham, England: Elgar.

Eisenhardt, K. M. (1989). Agency theory: An assessment and review. *Academy of Management Review*, 14, 57-74.

Ghoshal, S., & Moran, P. (1996). Bad for practice: A critique of the transaction cost theory. *Academy of Management Review*, 21, 13-47.

Gioa, D. A., & Pitre, E. (1990). Multiparadigm perspectives on theory building. *Academy of Management Review*, 15, 584-602.

House, R., Rousseau, D. M., & Thomas-Hunt, M. (1995). The meso paradigm: A framework for the integration of micro and macro organizational behavior. In L. L. Cummings & B. M. Staw (Eds.), *Research in organizational behavior* (Vol. 17, pp. 71-114). Greenwich, CT: JAI Press.

Huselid, M. A., & Becker, B. E. (2011, March). Bridging micro and macro domains: Workforce differentiation and strategic human resource management. *Journal of Management*, 37, 421-428.

Ilgen, D. R., & Klein, H. J. (1989). Organizational behavior. *Annual Review of Psychology*, 40, 327-351.

Kavanagh, M. J. (1991, March). Our field of management has been suffering recently! *Group and Organization Studies*, 16 (1), 3-4.

Key, S. (1999). Toward a new theory of the firm: A critique of stakeholder "theory." Management Decision, 37, 317-328.

Kilduff, M. (2007). Editor's comments: The top ten reasons why your paper might not be sent out for review. Academy of Management Review, 32, 1199-1228.

Klein, H. J. (1989). An integrated control theory model of work motivation. Academy of Management Review, 14, 150-172.

Klein, K. J., & Kozlowski, S. W. J. (2000). From micro to meso: Critical steps in conceptualizing and conducting multilevel research. Organizational Research Methods, 3, 211-236.

LePine, J. A., & King, A. W. (2010). Editor's comments: Developing novel theoretical insight from reviews of existing theory and research. Academy of Management Review, 35, 506-509.

Locke, E. A., & Latham, G. P. (2006). New directions in goal-setting theory. Current Directions in Psychological Science, 15, 265-268.

Mathieu, J. E., & Chen, G. (2011, March). The etiology of the multilevel paradigm in management research. Journal of Management, 37, 610-641.

Moliterno, T. P., & Mahony, D. M. (2011, March). Network theory of organization: A multilevel approach. Journal of Management, 37, 443-467.

Okhuysen, G., & Bonardi, J.-P. (2011). Editor's comments: The challenges of building theory by combining lenses. Academy of Management Review, 36, 6-11.

Oswick, C., Fleming, P., & Hanlon, G. (2011). From borrowing to blending: Rethinking the processes of organizational theory building. Academy of Management Review, 36, 318-337.

Payne, G. T., Moore, C. B., Griffis, S. E., & Autry, C. W. (2011, March). Multilevel challenges and opportunities for social capital research. Journal of Management, 37, 491-520.

Pohl, M. (2000). Learning to think, thinking to learn. Cheltenham, Victoria, Australia: Hawker Brownlow.

Roberts, K. H., Glick, W., Weissenberg, P., Bedeian, A., Whetten, D., Miller, H., Pearce, J., & Klimoski, R. (1990). Reflections on the field of organizational behavior. Journal of Management Systems, 2 (1), 25-38.

Rousseau, D. M. (2011, March). Reinforcing the micro/macro bridge: Organizational thinking and pluralistic vehicles. Journal of Management, 37, 429-442.

Smith, K. G., & Hitt, M. A. (2005). Epilogue: Learning how to develop theory from the masters. In K. G. Smith (Ed.), Great minds in management (pp. 572-588). Oxford: Oxford University Press.

Suddaby, R., Hardy, C., & Huy, Q. N. (2011, April). Special topic forum- theory development introduction: Where are the new theories of organization? Academy of Management Review, 36, 236-246.

Tsang, E. W. K., & Ellsaesser, F. (2011). How contrastive explanation facilitates theory building. Academy of Management Review, 36, 404-419.

Turner, J. H. (2006). The state of theorizing in sociological social psychology: A grand theorist's view. In P. J. Burke (Ed.), Contemporary social psychological theories (pp. 353-373). Stanford, CA: Stanford University Press.

Weick, K. E. (1999). Theory construction as a disciplined reflexivity: Tradeoffs in the 1990s. Academy of Management Review, 24, 797-806.

Whetten, D. A., Felin, T., & King, B. G. (2009). The practice of theory borrowing in organizational studies: Current issues and future directions. Journal of Management, 35, 537-563.

Yammarino, F. J., Dionne, S. D., Schriesheim, C. A., & Dansereau, E (2008). Authentic leadership and positive organizational behavior: A meso, multi-level perspective. Leadership Quarterly, 19, 693-707.

Zahra, S. A., & George, G. (2002). Absorptive capacity: A review, reconceptualization, and extension. Academy of Management Review, 27, 185-203.

John Wiley 教学支持信息反馈表
www.wiley.com

老师您好,若您需要与 John Wiley 教材配套的教辅(免费),烦请填写本表并传真给我们。也可联络我们索取本表的电子文件,填好后 e-mail 给我们。

原书信息
原版 ISBN：
英文书名(Title)：
版次(Edition)：
作者(Author)：

配套教辅可能包含下列一项或多项
教师用书(或指导手册) ／ 习题解答 ／ 习题库 ／ PPT 讲义 ／ 其他

教师信息(中英文信息均需填写)
➢ 学校名称(中文)：
➢ 学校名称(英文)：
➢ 学校地址(中文)：
➢ 学校地址(英文)：
➢ 院／系名称(中文)：
➢ 院／系名称(英文)：
课程名称(Course Name)：
年级／程度(Year/Level)：□大专　□本科 Grade：1 2 3 4　□硕士　□博士　□MBA　□EMBA
课程性质(多选项)：□必修课　□选修课　□国外合作办学项目　□指定的双语课程
学年(学期)：□春季　□秋季　□整学年使用　□其他(起止月份_____)
使用的教材版本：□中文版　□英文影印(改编)版　□进口英文原版(购买价格为____元)
学生：_____个班共_____人

授课教师姓名：
电话：
传真：
E-mail：

WILEY-约翰威立商务服务(北京)有限公司
北京市朝阳区太阳宫中路 12A 号,太阳宫大厦 8 层 805-808 室,100028
Direct：+86 10 8418 7869
Fax：+86 10 8418 7810
Email：sliang@wiley.com　梁爽

北京大学出版社有限公司
北京市海淀区成府路 205 号北京大学出版社经管事业部,100871
电话：010-62767312
Email：em@pup.cn；em_pup@126.com
QQ：552063295